思想觀念的帶動者

文化現象的觀察者

本土經驗的整理者

生命故事的關懷者

心靈工坊 |PsyGarden|

Holistic

探索身體，追求智性，呼喊靈性

攀向更高遠的意義與價值

是幸福，是恩典，更是內在心靈的基本需求

企求穿越回歸真我的旅程

Mind:
A Journey to the Heart of Being Human

心腦奇航
從神經科學出發，通往身心整合之旅

丹尼爾・席格 Daniel J. Siegel, MD——著

宋偉航——譯

來自四方的讚譽

　　丹尼爾・席格於這一趟人心的探索之旅，打開了我們的心靈、扭轉了我們的心靈，而擴大了我們的世界。走過《心腦奇航》這一趟旅程，驀然徹悟：世人不論對彼此、對宇宙，都有休戚與共、牢不可破的關係。

——**丹尼爾・高曼**（Daniel Goleman）

著有《EQ》（*Emotional Intelligence*）、

《柔軟的心最有力量》（*A Force for Good*）

　　鑽研「心」的眾多學者當中，依我的看法就以丹尼爾・席格涉獵的最為廣闊。他提出人心具有涉身來源、關係因子，於生命的生態系統當中還有調節能量訊息流動的功能，這樣的洞見對我個人理解心靈和生命、對我理解療癒過程以及執業都有重大的衝擊。他最新的著作將我們對人際神經生物學以及自動調節的理解拉到新的高度。各位要是對療癒有興趣，本書堪稱必讀。

——**狄巴克・喬布拉**（Deepak Chopra）

著有《超基因讓你不生病》（*Super Genes*）

　　丹尼爾・席格以優雅的姿態融謙遜、篤定於一爐，引領大家走過生命最大的迷宮：「心到底是什麼？」本書帶我們一起思索生而為人到底是怎麼回事，我們的價值體系又是如何，探索幾則最教人困惑的生命課題。本書針對生而為人的種種，提出清晰且具詩情

的定義，不乏學術知性但又淺白易懂，堪稱哲學、神經生物學、科學、性靈薈萃的力作。下筆清晰明瞭又不吝放言高論，創新見解堪稱獨樹一幟，絕無僅有。

——艾拉妮絲·莫莉塞特（Alanis Morissette）

歌手、藝術家、作家

將最新的科學研究應用在安適、教育、公共政策方面，丹尼爾·席格實乃真正的先驅。他以《心腦奇航》一書帶領我們走上科學、哲學的探索旅程，跨越心純屬大腦活動的界線，對於我們怎麼思考、怎麼感覺、怎麼生活投下深遠的影響。

——雅莉安娜·赫芬頓（Arianna Huffington）

著有《愈睡愈成功》（*The Sleep Revolution*）

《心腦奇航》這樣一本書要寫出來，席格醫生實乃不二人選。融合科學、個人敘事、正念教育、新穎的比喻，為我們勾勒難以捉摸的心理運作面目，在不確定的世界追尋確定，從心靈駁雜的關係網中勤勤懇懇為我們裁剪出一襲自我。難怪席格有本事造福世上成千上萬的人。這一本新書可望為更多人打開心靈的視野。

——黛安·艾克曼（Diane Ackerman）

著有《人類時代》（*The Human Age*）

首屈一指的科學家追隨靈光洞識而走上了這樣的旅程，於探索心靈途中動輒有所創見，教人難忘。

——傑克·康菲爾德（Jack Kornfield）博士

著有《踏上心靈幽徑》（*A Path With Heart*）

席格其人思慮過人，下筆不時刺激思考……本書適時為變動不斷的研究領域勾畫概況，像是為探索人是什麼的科學、哲學寫下這樣的進度報告。

——《圖書館學刊》（*Library Journal*）

鞭辟入理、明白曉暢，帶我們探索人是什麼的「何能」、「何物」、「何時」、」「何處」，甚至「何以」等等問題。

——富比士（*Forbes.com*）

心腦奇航 ──────────────────────── |目次|
從神經科學出發，通往身心整合之旅
Mind: A Journey to the Heart of Being Human

編輯說明

1. 本書所有註解均為譯者註。

2. 本書另附有名詞對照表、參考資料，因紙張環保考量，僅收錄於心靈工坊官網（www.psygarden.com.tw）「心腦奇航」頁面。

精神健康追求的啟發性觀點

胡海國

財團法人精神健康基金會董事長

國立台灣大學醫學院名譽教授

　　「Mind」，是「精神」，是「心」。作者丹尼爾・席格的新作《心腦奇航：從神經科學出發，通往身心整合之旅》，是以他豐富的腦神經科學知識與臨床經驗為基礎，以敘事手法，討論美國時下有關「Mind」（精神、心）的種種迷思。作者綜合腦神經科知識、精神醫學、心理學、量子力學、數學與哲學的諸多觀點，融合他的臨床洞見，定義了「心」為「從涉身的、存在於關係上的能量訊息流動所組成的複雜系統中迸現出來的自動組織作用」。這看似火星文的工作性定義，恰如作者嚴肅的說：「本書談的是要超脫尋常習見的說法，為『心』摸索出定義」。作者的用意是藉此明確定義，尋找出一個「穩固的立足點，有科學基礎去看看營造精神（心）健康的工作，怎樣可以做得更為有效」。作者也因此提出一個「整合」的概念，把「系統分化的成分連接起來，促使系統的複雜度達到最大」，整合出健康的心理狀態，使個人因而感到安適、和諧，因此達到「靈活、有適應力、有凝聚力、有活力與穩定」簡稱「靈適聚活定」的精神健康狀態。使精神健康的追求有明確的目標與方法。

　　我認為台灣的讀者們，對「Mind」是「精神」、「心」、「心靈」、「心理」等用語也是莫衷一是。台灣的精神衛生或心理

衛生工作的進展，也因定義不明確，而面臨種種困境。本書確實提供一個思考的方向，對「Mind」的哲學觀念有興趣的讀者是很好的參考書，對「Mind」的病理與健康有興趣的讀者（含研究人員、助人專業人員以及一般讀者），本書確實是具有相當的啟發作用，我樂意推薦《心腦奇航：從神經科學出發，通往身心整合之旅》這本有價值的書，給有興趣的讀者。

把「心」還給「人」

洪裕宏

陽明大學心智哲學研究所教授

腦科學科普作家

　　這是一本很特別的書，《紐約時報》的暢銷書，值得所有的人閱讀。作者丹尼爾・席格是洛杉磯加州大學臨床精神醫學教授，在主流學界享有一席之地，然而在這本書中，他卻提出完全違反主流理論的看法，並且應用到臨床精神醫療上。簡單來說，席格反對「大腦時代」（上世紀最後十年）以來流行的主張，認為「心」是大腦的作用。席格認為大腦只是必要條件，心的運作不是只發生在頭顱內，身體也是必要的，他稱之為「涉身的」（embodied）。那麼，心是否就是發生在體表皮膚之內？也不是，席格認為身體外面的環境和社會也是心發生的要件，帶有「關係上的因素」。所以「心」是腦、身體與環境互動產生的。

　　這本書的特色是作者用很大的篇幅敘述他在生命經驗和學術研究生涯中發生的許多個人故事。這些故事要全部讀完，才能領會作者如何從心的主流看法逐漸轉向到整體性的觀點。在他體悟到把大腦活動當作心發生的充分條件是錯的理論之後，他嚴厲地批判主流醫學界是心盲（無心）的。如果心由大腦活動產生，治療精神病症當然就會側重於使用藥物來治療精神病。這等於把病人的「心」去掉，把「人」去掉，把病人當做生物機器，醫療就只是這個心靈機器的修理而已。

席格對精神醫學界的標準診療也很有意見。美國精神醫學學會出版了《精神疾病診斷與統計手冊》（DSM），俗稱精神疾病診斷的「聖經」。臨床醫生用這本手冊中條列的症狀來做為診斷依據。對席格而言，「人」不見了，「心」不見了。他說：「若臨床醫師不明瞭（DSM）診斷有其限制，就很可能在主觀的下行（Top down）濾網去製造自己對病人的認識。」藥物治療只能改變大腦，卻治不了「心」，也治不了人。人的本質就是心，而心不在頭顱內，也不在體表內，而在更廣泛的，可能包括全世界的時空之內。在主流學界內也不乏自我批判者。艾倫‧法蘭西斯（Allen Frances），一個頂尖的臨床精神學家，也是 DSM 第四版的召集人，出版了《救救正常人：失控的精神醫學》（*Saving Normal: An Insider's Revolt Against Out-of-Control Psychiatric Diagnosis, DSM-5, Big Pharma, and the Medicalization of Ordinary Life*），嚴厲批判 DSM 第五版，目前臨床上使用的最新版本，認為 DSM 第五版會造成數以百萬計的正常人被診斷為精神疾病患者。席格認為問題都出在主流醫學拿掉「人」，拿掉「心」了，主觀性在講求客觀的醫學中不見了。然而作為一個人，主觀性具有中心地位，醫學要注重主觀性，注重內在感覺。

「心」若不是大腦活動，那是什麼呢？席格認為心有四大面向：訊息處理，主觀經驗，意識和自動組織。雖然沒有人能定義「心」，或許「定義」不是那麼重要，為了研究與討論，席格提出了「心」的工作定義：具有涉身的來源，關係上的因子，自我組織，可以調節個體之內、之間的能量訊息流動。大腦內的神經放電是能量的流動，然而這樣的能量流動如何攜帶訊息？如何產生感覺經驗？如何產生意識？其實這些問題是「大腦時代」主流主張的盲點，也是哲學家查默斯（David Chalmers）所提出的「難解的問

題」（the hard problem）。能量型態不一定代表訊息，訊息具有意義，可以被能量型態攜帶。腦中的神經激發型態如何具有意義？這一直是認知科學和哲學關於意向性（intentionality）的核心問題。標準的解決辦法就是「意義不在頭顱」內。這支持了席格「涉身」和「關係」的說法。每一個個人都存活在身體以及他人（並加上環境）之中，心由這個場域中的能量訊息流動，透過自我組織而產生。

席格說：「生命隨能量訊息在現在一刻接一刻的轉化而穿行於空間，不斷迸現形形色色的或然。我們——也就是能量訊息流動——不斷迸現，也就不斷從潛能推展到突然，再回到或然的汪洋。」這段話非常濃稠，背後假設了許多層次的想法。作者已盡力用簡單語言說明。他用到了量子力學和玻姆（David Bohm）的物理學。意識是由「或然的汪洋」崩陷而來，他用「汪洋」來代表宇宙的根本實存模式，可以理解成「潛能的汪洋」，實在世界由這個潛能開展而來。歸根究底，我們每一個人都相互連結，整合成一體。世界是一個整體（wholeness），我們都是這整體的一部份，卻又擁有整體。席格所說的，「既是我，又是我們」，他創造了一個字「MWe」（大小我），既是「me」又是「we」。這聽起來很玄，但是想想 DNA，你身上每一個細胞都是你的一部份，但是每個細胞又擁有完整的 DNA，所有關於你的訊息。「一即多，多即一」在物理世界其實是常見的現象，例如碎形幾何（Fractal）和全像投影（holograph）。

席格如何應用到臨床精神醫療呢？「醫生要看進病人的內心，不僅身體，才好進行治療。」因為藥物治療只能修理大腦或身體，對席格而言，心理治療可能更根本。生病的原因是能量訊息流動產生混亂、僵化，因此要透過心理治療，敘事和自我故事是核心，來

整合訊息之流動。整合是健康的基礎，有整合才有安適。這本書不論在理論面，或在臨床面，都有很原創性的觀點。相信對任何讀者，或心理治療專業人士而言，都是很有啟發的一本書。

歡迎加入

1-1　開場

您好。

簡簡單單，從我這裡傳送到你那裡。

只是，知道有我這個人在對你打招呼，對你說這「您好」的那人，到底是誰？

而且，你是怎知道的？

還有，所謂知道，到底是什麼意思？

這本書就是要探討心（mind）的本質，探討你的「心」，探討你自己（self），探討你怎麼知道我對你說**您好**是在歡迎你，諸般有關「心」是「何人」、「何能」、「何物」、「何以」、「何處」、「何時」等等的大問。

有人用「心」來指「知性、智能」（intellect）、邏輯、思考、推理，作為「心靈、心胸」（heart）的對比，或是「情緒、情感」（emotion）的對比。但是「心」的字義涵蓋很廣，不論是在這裡還是其他著作，我的用法都不是這樣。我用「心」（mind），指的是我們活著的時候會有的主觀經驗，從感覺（feeling）到思緒（thought），從知性的想法到走在話語之前、蓋在話語之下的內在感官沉浸[1]，再到我們對他人、對我們所在的星球感覺到的關聯。「心」另也指我們的意識（consciousness），覺察（awareness）到自己感覺活著的感受，覺察到自己有所「察知」（knowing）的經驗。

---

[1]　**感官沉浸**（sensory immersion）：「虛擬實境」問世加上電腦遊戲盛行，這一用語大行其道，席格在此的用法固然著重在感官沉浸的本義，但也不脫虛擬實境講求的「身歷其境」。虛擬實境講的「感官沉浸」常和另一字：presence 連在一起，一樣是「身歷其境」的意思，可以互換，雖然是從 telepresence 縮減而來，但也一樣適用。

我們的心，是人之所以為人的基礎，是我們覺得此時、此刻、自己活著的感受當中最深的一層。

然而在意識之外，在意識因覺察而對自己活著有主觀的感覺之外，我們的心也涵蓋更廣大的作用，而將我們彼此、將我們和世界都牽連起來。這重要的運作過程也是心的一個面向，或許不易度量，但卻是生命不可或缺的一面。我們在之後的探索旅程會再深入探討。

我們的心對於今生在此的體驗，在核心或許有幾方面無法以數據量化，但是，我們的內在在主觀上便感覺到自己活著，覺得我們和別人、和世界都是有牽連的，這些感覺都是主觀的現象，也是真實確切的現象。生命的現實當中無法度量的這些部分，有許多名稱；有人說是我們的「基質」（essence），有人說是「核心」（core）、「靈魂」（soul）、「精神」（spirit），或是「本性」（true nature）。

而我，就叫它「心」（mind）。

而「心」是否僅僅是主觀（subjectivity）——也就是情緒、思緒、記憶（memory）、夢、內在的覺察、人我有牽連的感覺——的同義詞呢？假如心也包括我們覺察到內在有覺得自己一刻接一刻活著的感覺，那麼，心便又再多加了一層叫作意識的經驗，也就是我們之所以得以覺察並知道我們主觀生命（subjective life）推展（unfold）出什麼的憑藉。所以，「心」這名稱最起碼包含了意識以及我們覺察自己感覺的經驗，也就是我們的主觀生命。

心是主觀生命也是訊息處理器

不過，除了覺察，還有一件事也涉及我們所謂的「心」，也就是我們叫作無意識（non-conscious）的心理運作，例如思緒、記

憶、認定（belief）、希望、夢、渴求、態度、意向（intention）。有的時候我們覺察得到這些，有時則否。縱使有時覺察不到（說不定泰半還都覺察不到），這些沒有意識到的心理活動依然是真實確切的，會左右我們的行為。這些活動可以看作是我們思考、推理的一部分，是推動訊息流動、轉化的過程。而之所以覺察不到，可能便是因為這些訊息流動的時候並不在意識的經驗當中，因此不會引發主觀感覺。所以，這就看得出來在意識、在意識覺察得到的主觀經驗之外，毋須覺察便可以進行的訊息處理，這基本運作一樣可以涵蓋在「**心**」這名稱之內。

可是「心」也是訊息處理器，這又是什麼意思呢？訊息又是什麼呢？要是我們作決定、主動去做什麼事，是訊息在驅使的，那麼我們的「心」不管有沒有意識到，又是怎麼促使我們產生去做什麼事的意願呢？我們到底有沒有自由意志呢？假如我們的心涵蓋了主觀、意識還有訊息處理，屬於訊息處理一環的解決問題和行為控制自然也包括在內，那麼，心的基質具有哪些成份呢？從體會（felt sense）到執行控制（executive control）的這一串心理作用譜系，其中的「心質」[2] 又是在指什麼呢？。

對於我們的心，有這麼些常見的說法，涵蓋意識、主觀經驗還有訊息處理，而且顯現在你我習以為常的記憶、知覺（perception）、思緒、情緒、推理、認定、決定、行為等等，所

2　**體會**（felt sense）：美國哲學博士出身的心理學宗師尤金‧簡德林（Eugene Gendlin；1926-2017）於名著《專注》（*Focusing*；1978）提出的概念，指身體對當下情境的直接感應，偏向隱約、混沌，尚未形諸言詮。
　　心質（mind stuff）：英國數學家威廉‧柯里佛（William Clifford；1845-1879）提出過「心質」的假設，指現實中的一樣樣物質其實是心智的組成元素合成出來的，例如無機物的元素會帶動「心質」的元素，元素合成物質也就帶動心智去發覺到物質。後來轉義成為理念、意象等等精神活動內含的抽象元素。要是再延伸到通俗一點的用法，意思就是「心這東西」了。mind stuff 的中譯也有作「心理材料」者，於此試譯作「心質」。

以，把大家都知道的這些心理活動縮結在一起的應該會是什麼呢？假如心是一切的源頭，舉凡感官感受（sensations）、感覺、思緒，再到主動採取行動，這些為什麼全都涵蓋在「心」這個詞下面呢？我們要怎麼說「心」到底是什麼呢？

「心」這個詞心這實存（entity）抑或是所謂的心理運作，既可以當作名詞也可以當動詞來看。要是當名詞，「心」就有實物的意思，是穩固的東西，是可以拿在手上的，是可以據為己有的。你會擁有「心」，那是屬於你的。但是，這種名詞類的心質又是由什麼組成的呢？「心」要是看成動詞的話，那麼「心」就是動態的，是時時刻刻都在迸現[3]的過程。這樣的「心」始終都在活動，忙得不可開交，不斷推展，不斷在變。要是動詞類的「心」確實便是一種運作過程，那這樣的「動態質素」——我們心理生命（mental life）的活動又是什麼呢？不管作為名詞或動詞，「心」到底是怎麼回事呢？

有時我們會聽人說心有如「訊息處理器」（information processor）（Gazzaniga，2004）。這大概是說，我們會將想法或是事物做出表徵（representation）再予以轉化，會編碼（encode）、儲存以進行記憶，會擷取記憶，會從知覺轉進到推理再做出行為。這些心智活動的每一類都落在「心」處理訊息的過程當中。而我呢，既是科學家也是講師還是醫師，探索「心」這概念迄今三十五年不止，覺得最費解的就是這些說法這麼常見，可是盱衡探討「心」的種種領域，從臨床診療到教學到科學研究再到哲學思辨，

3　**迸現**（emerge）：emerge 的基本義是「出現」，這裡的用法是從亞理斯多德就有的 emergence，也是哲學說的 emgergentism，不論用在哲學、系統理論（system theory）、數學、社會科學、人文藝術等等，意思不外就是：「系統本有的作用因為相互作用而冒出來新的作用」。然於全書行文每逢 emerge 未必全然直指範圍較小的「迸現」，而是更常用的基本義，譯文自然看情況變換。

對於「心」到底是什麼的界定，除了把心的功能一一條列出來之外，若要針對心的基質提出清晰明瞭的看法，竟然一概付諸闕如。

心需要一個定義

而我身為心理衛生專業人員（精神科醫師兼心理治療師），也一直在納悶「心」究竟會是什麼，怎麼連起碼的工作定義（working definition）都找不到，這對我們這些臨床醫師的診療效力不知會打多少折扣。有**工作**定義，表示大家有所依憑，也可以依照統計數據和個人經驗作必要的調整。有**定義**，表示我們有辦法清楚說明心的基質。大家動輒就聽人在說「**心**」（mind），卻不太注意這名稱根本就沒有清楚的定義。不管是科學、教學、臨床等等專業領域，或於私人、於家庭的生活當中，關於「心」的定義都找不到，這就表示一定少了些什麼，至少就我自己「心」中的感覺來講，大家對心的了解、大家有關心的對話，好像都少了些什麼。

而對於「心」只見描述，連嘗試下個工作定義也沒有，我們還能說清楚心理健康究竟是怎樣的嗎？

假如我們就停在描述這樣的層次，只將心講成是思緒、感覺、記憶、意識、主觀經驗，那就看看接下來會走到哪裡去吧。例如，各位想一下自己的思緒好了，所謂「思考」究竟是怎麼回事呢？「思緒」又是什麼呢？有人可能會說，「喂，丹尼爾，當我覺得腦子裡有字句在跑，就知道我是在想事情啊。」那我就要問了，「知道」、「覺得有字」又是什麼意思呢？假如這是心智的運作，是動態的、動詞的訊息處理，那麼這處理的又是什麼呢？有人可能會說，「喔，我們不都知道這便是大腦在活動嘛。」這樣子去看大腦要是真沒錯的話，那可還真難想像怎麼竟然沒有人知道「自己主觀覺得自己在思考」的感覺究竟是怎樣從大腦的神經元冒出來的。像

思緒或是思考這般大家熟悉的基本運作，至今我們的，唔，心，可依然沒辦法有清楚的理解。

　　要是把「心」想成是動詞，是不斷推展、不停迸現的運作而不是──至少不僅是──名詞類的東西，不是靜態的、定型的現實，說不定還能對理解思緒大概是怎麼回事，也就是理解人心究竟是什麼，走得再近一步。我們將「心」描述成訊息處理器，是動詞類的運作，說的就是這意思。然而，不管我們是把「心」當作名詞用來指稱「處理器」，或是當作動詞用來指「處理」，我們對於人腦當中的訊息轉化究竟怎麼回事，還是深陷蒙昧找不到出路的。我們要是能夠找出「心」的定義，超越這些司空見慣但是十分重要、準確的成份描述，說不定就能站上更好的立足點；這樣不僅有利於釐清心到底是什麼，也有助於闡明心理安適大概是怎樣的狀態。

　　四十年來，這些問題便一直盤桓在我心頭。我處處感覺得到這些問題充塞我的意識，在睡夢中、在塗鴉的筆下擺佈我無意識的訊息處理，這些問題甚至主導了我和他人相處的方式。我的朋友、家人、老師、學生、同事、病人一個個都領教過我對「心」的基本問題窮追不捨的那一股勁兒。現在輪到你們了。不過，各位說不定也跟他們一樣，漸漸就會了解替這些問題找答案不僅過程本來就教人樂此不疲，得出的結果也能開拓出另一番大有用處的視野，能為大家指點出新的道路，而將人生過得更美好，將心志打造得更強健、更堅韌。

　　這本書談的便是要超脫尋常習見的說法，而為人類的「心」摸索出定義。一旦做到了，我們便能站上更為穩固的立足點，而有科學基礎去看看心理健康的維護工作怎樣可以做得更為有效。

1-2　心也在探究心

　　人類對「心」興趣可謂源遠流長，打從人類開始記下腦中所想時便於史有稽了。千萬年來，哲學家、宗教領袖、詩人、說書人便一直在苦思人類的心理生命應該要怎樣說明才好。所以，我們的心理似乎也在追究自己到底是什麼。說不定就是因為這樣，我們才會將自己所屬的物種叫作**現代智人**：意思就是「知者」暨「自知有知者」[4]。

　　只不過我們到底知道些什麼呢？我們又怎麼知道自己知道呢？我們可以經由內省和禪修來探索主觀的心理生命，也可以透過科學研究來探索心的本質。可是，既然我們在用自己的心，那又怎麼真的知道我們的心是怎樣的呢？

　　過去幾百年迄至現今，探討什麼是現實（reality）的實證研究，也就是我們人類名之為「科學」的心智活動，一直在對心的特質作有組織的探討（Mesquita,Barrett & Smith，2010；Erneling & Johnson，2005）。只不過推進到後文各位便會知道，雖然有多支科學是用心在鑽研「心」是怎麼回事，卻還是未能建立起通用的定義。針對心智活動的描述確實不少，例如情緒、記憶、知覺等等，但就是找不到定義。怪吧？各位搞不好還要問，既然連定義也沒有，那怎麼還拿來用的呢？**「心」**這個詞算是學術界拿來放在「未知項」作站位的大替身吧，算是沒有定義的「**參考項**」（reference term）。也有人認為**「心」**根本就**不應該**去作界定；有好幾位哲學、心理學的同儕便曾對我耳提面命，說我們要是拿字詞去為心下定義，反而會「對我們的理解設限」。所以，神奇著呢，學院裡對

4　**現代智人**（homo sapiens sapiens）：homo 意思是「人」，sapien 意思是「智／知」。

心鑽研又鑽研，討論又討論，詳細得不了，偏偏就是找不到定義。

找不到定義的心

在專門協助心理發展的實務領域，像教育和心理衛生，「心」一樣罕見定義。過去十五年我參加工作坊便屢屢詢問心理衛生或是教育界的專業人士，關於心理，他們可曾從哪裡學到過定義可供一用的。結果教人吃驚，也一致到嚇人。綜合全球各類別總計，十萬多名心理治療師只有百分之二到五的人就學時起碼在一堂課上聽到過心理的定義。不僅超過百分之九十五的心理衛生專業人員沒有**心理**的定義可用，連**健康**（health）一詞也一樣沒有定義。在教育界，我問過超過一萬九千人，從幼稚園到高中的老師都有，他們曾經聽過心理的定義的人數比例一樣很低。

所以呢，那麼多領域的專家學者都掌握不到，我們為什麼還要費力氣去作界定呢？這概念說不定根本就無法形諸字詞，根本就抓不到定義，所以，何苦偏要拿字詞去作說明呢？守著未知項的替身，接納玄奧難解，不好嗎？何必拿字詞來限制我們的理解呢？

在此我就提出一點淺見，說明為我們的「心」找出定義何以這麼重要。

假如我們針對心的基質拿得出明確的解答，針對心也找得到可以超越單純描述屬性和特質如意識、思緒、情緒等等的定義，那麼，我們在個人生活說不定便能擁有更健康的心理狀態，在家庭、學校、職場還有一般社會推動心理健康的工作也會更有成效。當我們為心理找到合用的工作定義，也就比較有能力去釐清健康的心理應該具備那些中心要素。做得到這些，我們對於世事說不定就有更好的準則可以依循，這說的不僅是關於個人的生活，也在人際的關係，在我們身在這星球與萬物眾生共同的生活。

探究「心」對心理健康有意義

　　別的動物一樣有心智，有感覺，也有知覺、記憶之類的訊息處理能力。但是，萬物眾生當中唯有人類的心理發展到這樣的地步，如今這星球的面貌都可以說是「人類時代」[5]了（Ackerman，2014）——沒錯，我們是有語言可以用來為萬事萬物指稱命名。在我們的星球步入嶄新的「人類時代」之際，為人的心拈出定義，說不定有助於找到更有助益、協力合作的方式，在這彌足珍貴但是前途艱險的星球，與其他的人、與萬物眾生共同存活下去。

　　「心」是我們有能力作選擇、作改變的源頭。假如我們要扭轉現今全球情勢的走向，我們能作的提議，便是要改變人們的心。拉近到個人的層次來看，假如我們確曾因為經驗或是基因的因素以致大腦的功能打了折扣，那麼，知道心理到底是什麼，應該有助於我們把改變大腦這一件事情做得更有效一點，如今已有許多研究發現心理是可以將大腦朝好的方向轉變的。沒錯：各位的心確實可以改變大腦。所以，心理確實既可以牽動我們的基本生理機能，也可以牽動我們的廣闊生態。而這些是怎麼做到的呢？這便是本書要探討的主題。

　　為心找出準確的定義，不僅是學術界在玩的把式，還能讓我們每一個人更有力量去將個人以及集體的生活打造得更健康，如此一來也就可望將世界打造得更安適。為了處理這些急迫的問題，本書，《心腦奇航：從神經科學出發，通往身心整合之旅》，自然需要嘗試去解決看起來簡單卻很棘手的問題：心是什麼？

5　**人類時代**（Human Age）：出自美國著名作家黛安・艾克曼（Diane Ackerman；1948-）的著作《人類時代》，艾克曼的用法又是出自一九八〇年代流行起來的「人類世」（Anthropocene），指地球的地貌、生態操在人類手中的時代。

1-3　通行的看法：心是大腦弄出來的

當代不少科學家例如生物、心理、醫學，有許多人都認為心僅僅是大腦神經活動的結果罷了。大家動輒聽到這樣的說法，其實是千百年的老生常談了。學術界經常掛在嘴邊的觀點，具體說起來是這樣的：「心是大腦弄出來的」[6]。

那麼多夙負名望、思深慮廣的學者都有這樣的看法，還個個堅信不疑，自然教人以為這樣的觀點說不定是簡單明瞭而且充分完整的事實。真是這樣的話，那麼我對你打招呼時，你內在、主觀的心理經驗便僅僅是大腦的神經放電[7]罷了。至於神經放電是怎麼推進到「察知」的主觀經驗，在我們這星球就還沒人搞得懂。不過，學界的討論是夾帶了假設，也就是有朝一日大家終究會搞清楚物質（matter）是怎麼轉化成心理運作的，只是目前還不知道罷了。

依我讀醫學院以及學術研究的訓練，我知道科學和醫學大多主張思緒、感覺、記憶等等經驗，也就是一般指為心理的內容或是活動，之得以形成，大腦扮演了中樞的角色。許多科學家都認為有所覺察的狀態、意識帶來的經驗，是神經運作的副產品。所以，假如**心等於大腦活動這簡單完整的等式**，真的可以是用來說明心的起源，那麼，針對心理的神經運作基礎，針對大腦如何引發感覺和思

6　**心是大腦弄出來的**（The mind is what the brain does）：著名人工智慧先驅馬文・閔斯基（Marvin Minsky；1927-2016）提出「心智會社」（Society of Mind）理論當中的基本主張，閔斯基從一九七〇年代開始思索「心智會社」，於一九八六年出版同名著作，發表完整理論，提出大腦是種種繁複機制協力合作的組織，也說「大腦恰巧是人肉機器」（the brain happens to be a meat machine）。

7　**神經放電**（neural firing）：指人體神經系統傳遞訊息的方式。神經元受到刺激而且達到閾值，啟動「電子化學能量轉換」（electro-chemical energy transformation），釋出神經傳導物質（neurotransmitter），引發下一神經元接著放電。席格於後文有詳細一點的解說，參見第？頁。

緒，針對所謂的「意識相關神經機制」[8]進行科學探索，或許是漫漫長途但終歸正確的方向。

威廉‧詹姆斯（William James；1842-1910）是醫師，常為世人奉為現代心理學之父。他寫的教科書《心理學原理》（*The Principles of Psychology*）於一八九〇年出版，他在書裡便寫過：「大腦是心理運作唯一的直接身體條件，這論點其實已經這麼風行了，我就不必多費唇舌再作說明，而逕行視之為假設一筆帶過就好。本書自此而後，多少便像是在證明這一假設正確無誤」（p. 2）。顯然詹姆斯認為大腦是理解「心」的中心條件。

詹姆斯另也說過，循「內省」（introspection）的途徑來了解心理運作，這樣的訊息來源「不容易處理而且容易出錯」（difficult and fallible）（p. 131）。有這樣的看法，加上主觀的心理經驗要進行量化十分困難，而量化又是許多科學家應用起統計分析不可或缺的評量過程，以至於研究神經運作、研究外在可見的行為，隨心理學、精神病學推進而顯得格外有吸引力，格外有用。

心等於大腦活動？

然而，各位頭顱裡的東西，也就是各位的大腦，真的便是心**僅此唯一**的源頭嗎？那整個人體呢？詹姆斯就說，「所以，身體經驗，尤其是大腦經驗，在心理生命內具的那些條件當中一定佔有一席之地，這是心理學需要考慮到的一點。」[9]。詹姆斯本人還有他

8　**意識相關神經機制**（neural correlates of consciousness）：美國神經科學家克里斯多夫‧柯克（Christof Koch；1956-）和英國著名分子生物學家、神經科學家、諾貝爾獎得主法蘭西斯‧柯里克（Francis Crick；1916-2004），於一九九〇年聯名發表論文，〈意識的神經生物理論〉（Towards a neurobiological theory of consciousness），提出「意識相關神經機制」的主張，而且界定為「大腦當中對應特定意識活動的最小神經活動組合」。

9　席格此處引文有誤，由譯者自行訂正。

那時代的心理學家都知道大腦是活在身體裡面的。為了強調這一點，我有的時候會用「涉身腦」[10] 這幾個字；結果我那十幾歲的女兒反應很強烈，說這樣的說法好滑稽。為什麼呢？她回答道：「爹啊，你什麼時候看過有大腦沒身體的？」。她說的還真沒錯，在現代大家老是忘記我們頭顱裡的大腦不僅是神經系統的一部分，也是整個身體系統的一部分。詹姆斯就說，「心理狀態也會引發血管口徑出現變化，或是改變心跳，甚或更難察覺的腺體和內臟的變化。如果把這些變化以及某心理狀態過後很久才會出現的情況全部考慮進去，那我們要是立下一條通則，說心一有變化，身體無不馬上或是之後跟著產生變化，這應該不會錯。」[11]

從這一段我們看得出來，詹姆斯也知道人的心不僅是包覆在頭顱裡面，也涉及全身。不過他強調的是生理狀態和心理是有關聯的，甚至是跟著心理狀態來的，然而生理卻不會引發或是創造心理活動。大腦在很早以前就一直被人看作是心理生命的源頭。心的運作在學術界等於是**大腦活動的同義詞**，而大腦活動指的又是包覆在頭顱裡的事，而不是全身。這樣的心理觀由下述常見引用的例子可見一斑：有現代心理學的文章為心理下過定義，還當作是完整的術語解釋來看：「（心理科學家把心理看作是在討論）大腦及其活動，包括思緒、情感、行為」（Cacioppo & Freberg，2013）。

這樣子認定「心」起自大腦的看法起碼有二千五百年的歷史。神經科學家麥可・葛拉齊亞諾（Michael Graziano）就說：「將意識連接到大腦的說法最早的科學記載可以回溯到西元前五世紀的

10　**涉身腦**（embodied brain）：美國哲學家約翰・塞爾（John Searle；1932-）認為「人」可以界定為「涉身腦」。塞爾以語言哲學、心智哲學的論述聞名。「涉身」意指人體的內在狀態（例如恆定、荷爾蒙的狀態），透過情緒對於大腦中的高等認知處理會有重大的影響；亦即人體對大腦的認知有直接的作用。

11　此處席格引文有誤，由譯者自行訂正。

希波克拉底（Hippocrates；c. 460 BC - c. 375 BC）……他明白心是大腦創造出來的，大腦死亡，心也跟著一點一滴死去。」他又接著引述希波克拉底在《論神疾》（On the Sacred Disease）中的說法，「『世人應該要知道我們的喜、樂、笑、鬧，還有我們的哀、痛、悲、淚，都是從腦部來的，也只是從腦部來的』……希波克拉底認定大腦是心的源頭，這樣的洞見有多重要不容輕忽半分。（因為此後二千五百年的神經科學就這樣子掀開了序幕。）」[12]（Graziano，2014，p. 4）。

　　將心的起源集中在頭顱中的大腦對我們了解心理障礙是極為重要的。舉例而言，精神分裂（schizophrenia；思覺失調症）或是躁鬱症（bipolar discorder）還有其他嚴重精神疾病如自閉症（autism），依現今的觀點，成因已經變成大腦構造有變異導致某些功能先天異常，而不再是因為父母做了什麼或是個人有性格弱點而引發的，這在心理衛生領域就是天翻地覆的轉捩，有助於找到效力最好的方式去協助有需要的人和家庭。

　　把問題的焦點轉移到腦部，罹病的個人或是他們家人因病蒙受的羞辱、責怪也就可以減少；許多人也因此受惠於精神藥物；因為藥劑中的分子一般認為能影響腦部的活動。而我說「認為」，是因為另也有研究發現病人心中信以為真想法療效一樣強大，也就是所謂的「安慰劑效應」（placebo effect）。有些症狀的病人有一定的比例會因為心裡的信念而帶動外在的行為和腦部功能同時顯著改

12　**麥可‧葛拉齊亞諾**（Michael Graziano；1967-）：普林斯頓大學教授，專攻心理學、神經科學。提出「注意力基模理論」（attention schema theory；AST），主張意識或是主觀覺察是大腦演化出來的，主觀覺察是大腦建構成的注意力基模。
　　《**論神疾**》（On the Sacred Disease）：常譯作《論疾病》，此處的 sacred disease 指癲癇，古希臘人認為癲癇是「神疾」，是神對人降下來的懲罰，希波克拉底於著作申論癲癇乃痰從腦部流到血管而引發的「人疾」，以之破解神疾。

善。這時候就讓人想起心理有的時候也會改變大腦，將這觀點加進來便能了解，對心理予以訓練，對於有些腦部出現變異的人可能也有所助益。

　　針對腦部特定區域受損的病人所作的研究，對於「大腦中心」（brain-centric）的心理論點又再提供了不少佐證。神經科學幾百年來一直知道腦部的特定區域若有特定損傷，某些心理運作例如思緒、情緒、記憶、語言、行為等等會跟著出現怎樣的變化，是可以預期的。將「心」連上大腦，在上一世紀對許多人不知有多大的助益，甚至救人一命。把焦點放在大腦及其對心理的衝擊，堪稱醫學對心理的理解、介入得以進步的重要條件。

　　不過，這些研究成果從邏輯或是從科學的角度來看，對於一般常說的「唯有大腦才會創造人心」的論點，並不等同支持。說不定腦和心其實是兩回事。換言之，即使大腦會塑造心理，也不等於心理不會塑造大腦。有了這一點了解，其實大有助於我們從現今稱霸的主流觀點，「心理運作等於大腦活動」，退後一步，打開心胸看向更廣闊的視野。

心的運作涉及整個身體和人際關係

　　了解大腦對了解心理固然十分重要，但是，不管創造、促成、構造心的是什麼，我們為什麼一定要把它限定在肩膀以上的地方呢？「**大腦活動等於心理運作**」這樣的主流觀點被哲學家安迪・克拉克叫作「**大腦為限**」（brainbound）模型[13]（2011，xxv頁），但

13　**安迪・克拉克**（Andy Clark；1957-）：歷任英、美多所大學，鑽研的主題涵蓋心智哲學，連結論（connectionism）、機器人學（robotics）、心理表徵等等。與多位學者創辦研究計劃CONTACT，探討環境對人類心智的影響。學說以「外延心理」（extended mind）最為知名，主張心理和環境有交互作用，從大腦到人再到環境再到大腦的迴路是人類認知的來源，以之和「**大腦為限**」相抗，主張人類的心智，也就是認知，會擴張到人身之外，甚至工具、器械等

也可以叫作「孤立腦」或是「頭骨腦」[14]的心理觀，這樣的觀點雖然流行，但是卻排除了人類心理生命當中的好幾項成份。其中之一便是我們的心理活動像是情緒、思緒、記憶，這些即使不是全然由我們身體整體狀態創造出來，也是身體直接的塑造結果。所以，心理可以看作是有**涉身的**（embodied，編按：即具體牽涉到身體運作的）來源，而不僅在於頭蓋骨內。另一基本課題是在我們和他人的關係，也就是我們生活的社會環境對心理生命也有直接的影響。在這方面也一樣，我們的人際關係可能也會創造我們的心理生命；我們的人際關係也同樣是我們心理生命的發端，而不單只有塑造的效力，而是具有創生的功用。所以，這樣子看，心理除了有涉身的來源，也是存在著**關係上的**決定因素（relational）[15]。

克莉斯汀娜·爾內林[16]論及語言的時候提出過這樣的論點（Erneling & Johnson，2005）：

學會表達出意思──也就是學會具有語義溝通效力的技巧──不僅要擁有特定大腦運作所需的特定構造而已。另也包括說出

等人工製品有的時候也可以算在人類的心智之內。「大腦為限」的模型主張人類的認知只限於在大腦之內，人身是大腦的外部工具，外在世界則是這樣的「大腦─人身」結構必須去察覺問題、解決問題的競技場。

14 **孤立腦**（single skull）：席格於《教孩子跟情緒作朋友》當中的用語，意思是把個人的大腦看作是隔離在頭蓋骨內的單獨器官。
    頭骨腦（enskulled）：澳洲神經科學家麥斯威爾·貝內特（Maxell Richrad R. Bennette；1939）和英國哲學家彼得·海克（Peter Michael Stephan Hacker；1939）撰文反對美國哲學家約翰·塞爾提出的「涉身腦」說法，指塞爾的「涉身腦」等於是以頭蓋骨為限的「頭骨腦」（enskulled brain）。

15 **關係上的決定因素**（relational）：神經生物學針對意識的相關研究有一名詞叫作「關係式心智」（relational mind），這是從意識當中的控制、處理機制以及大腦相關的神經生物作用等等的相互關係，來探討意識的內容是怎麼來的，和席格在此的用法有別，席格指的是關係也是心理上的決定因素。relational 的用法很廣，由於席格在此主要是指關係也是「心」的決定因素。

16 **克莉斯汀娜·爾內林**（Christina Erneling）：瑞典心理學家，教授心理學及社會科學哲學，著重學習和認知的課題。

來的話能讓別人當成是一段語言的溝通來對待。我在口頭上答應你一件事時候，我的大腦是什麼狀態和這件事沒有一點關係。重點反而是在我答應的事要被別人當作是答應了一件事來看。這就不僅是由個人的行為和腦部的運作在決定的，也要由意義和規則交織出來的社會網絡來決定。單單從大腦來解釋人類心理的基本現象，等於是單單從彈道的物理原理來看網球競技運動……除了從個人表現或是腦部結構或是運算構築（computational architecture）來分析心理功能之外，我們另也應該將語言溝通得以成立的社會網絡也納入考慮才行。（p. 250）

所以，我們最起碼也看得出來，在頭部之外，我們的身體以及人際關係對心理的影響恐怕不止於是情境因素（contextual factor）而已——也就是對於心理的運作，身體以及人際說不定也是基本的條件。換句話說，不論心是什麼，心的起源都可能和整個生理身體以及人際關係有關。所以，心不僅止於腦部的活動而已，這一點放在科學的層次來看，難道不也是言之成理嗎？我們難道不可以反過來把大腦放進更大的東西裡去嗎？我們難道不該把大腦看作是更廣闊的運作當中的一環，而且這樣的運作涵蓋了整個身體以及人際關係，而心便是從這當中出現的？要是心真的不僅是大腦因神經放電而造成的，那麼究竟**多出了些**什麼呢？

1-4　自我以及心於內在與關係上的起源

假如我們是怎樣的人——不論就個人的自我（identity）還是生活感受到的經驗而言——是隨著「心」的運作而出現的，是心理的

產物，是心理的功能，那麼我們是怎樣的人也就等於我們有怎樣的心。所以在接下來的旅程我們就要探索關於心的一切——也就是不僅針對你這個人，也要連同你這人的心、人類全體的心一併問下述問題：「何人」、「何者」、「何處」、「何時」、「何以」、「如何」。

應該沒人反對我們拿這共同的立場來作起點：心是由頭部的大腦功能和結構在塑造的，說不定還完全聽憑大腦功能和結構在決定。所以，大多數「心理／大腦」相關的研究得出來的這說法，我們就全心接納吧——接著，我們才會再提議將心擴張到頭顱之外。「**頭裡面的腦**」這概念只是當起點用，而且，搞不好也不會是終點。不止，我們一路往前推進說不定到頭來還必須放棄放大版的觀點，而回歸到一般常說的結論：「心是大腦弄出來的」。我在這裡的提議是，大家不妨將大腦看作是更豐富的故事當中十分重要的一環，而這涵蓋得更廣闊、更繁複的故事值得我們一探究竟，以造福世人。所以，接下來的探索旅程就會要投身到更豐富的故事當中，為心探尋更豐富的定義。

心是社會功能或神經功能？

不過，也有學者把「心」看作是獨立在大腦之外的。不少哲學家、教育家、人類學家長久以來一直將我們的心描述成社會建構出來的運作 [17]。在現代人對大腦的理解歸納出當今這樣的看法之前，這些社會取向的學者早早便將我們的自我，也就是從我們內在對自己的感覺到講出來的語言，看作是由嵌在家庭、文化當中的社會互動內蘊的肌理所孕育出來的。語言、思緒、感覺還有我們對自

17　這裡指的是「社會建構論」（social constructionism / construction），簡單來講就是我們的現實是經由我們對外在的經驗以及和他人的來往而塑造出來的。

我的感覺，便是由我們和他人的互動編織出來的。例如俄羅斯心理學家列夫‧維高斯基[18] 便認為思緒是人、我之間的對話內化而成的（Vygotsky，1986）。人類學家格烈戈里‧貝特森[19] 則認為心理是因社會而迸現而成的（Bateson，1972）。而我自己的敘事學老師，認知心理學家哲隆‧布魯納[20]，也認為故事是在人、我關係當中浮現出來的（Bruner，2003）。依照這幾類觀點，我們是怎樣的人，是我們的社會生命塑造出來的結果。

所以，我們在這裡就有了兩派看待「心」的觀點，兩邊還幾乎找不到共通點：一派將心看作是從社會功能來的，一派將心看作是從神經功能來的（Erneling & Johnson，2005）。每一派的視野都是探究人心的重要窗口。將這兩邊一分為二在學術研究說不定有用。依科學家特有的興趣或是感知現實的癖性來看，這樣子劃分說不定是可以理解、無法避免的結果。只不過，要是想看清楚「心」的真確的本質，這樣劃分就沒有用處了，畢竟心既涉及身體運作又落在

18　**列夫‧維高斯基**（Lev Vygotsky；1896-1934）：俄羅斯心理學家，英年早逝加上遭蘇聯裁政府箝制，生前文名不彰，直到一九六〇年代才因《語言與思想》（*Language and Thought*；1962）一書英譯，學說傳揚到西方世界方才如巨石投湖成為認知心理學的奠基磐石。他主張思想、語言在人類出生之初原本是分立的系統，約要到三歲的時候幼兒學到的語言才會和思想合一，形成「心智思索」（mental thought），口語和思想就此形成互賴的關係，心智運作體現於話語的結構，認知發展便是由語言內化而來。人類的思考沒有語言不成。而他認為人類的學習是以人際互動為基礎，也就是父母、照顧者、同儕、文化社會等等，對於幼兒的心智發展都有舉足輕重的影響。這樣的學習理論於西方再又衍生出「社會文化理論」（sociacultural theory）。

19　**格烈戈里‧貝特森**（Gregory Bateson；1904-1980）：英國學者，學說綜貫人類學、社會科學、語言學、符號學、控制論（cybernetics），尤以系統理論、控制論為貫串學說的主線。貝特森將「心」（mind）看作是「心智系統」（mental system），有能力在回應訊息、處理訊息的時候同時自行作修正，也不以人身體表為限，反對傳統的「心／身」或是「心／物」二元論，認為人類的意識是從人腦、人身、外在物質環境三方複雜的作互作用當中迸現出來的現象。

20　**哲隆‧布魯納**（Jerome Bruner；1915-2016）：美國心理學家，早年以《思考研究》（*A Study of Thinking*；1956）成為美國認知心理學的開路先鋒，一九六〇年代的研究重心放在教育心理學，針對兒童學習提出鷹架（scaffolding）論，與維高斯基遙相呼應。一九七〇年代轉移到語言發展，一九八〇年代循敘事研究風潮開始鑽研「敘事建構現實」（narrative construction of reality）理論，發表多部重要著述。布魯納依「社會建構論」的主軸，主張訊息、經驗起自社會互動而形諸敘事，認為敘事不僅在描述現實，也是我們建構現實、理解現實的途徑。

人際關係之中。

應該如何調和呢？畢竟兩派同是專心致志鑽研人心的學者多年殫精竭慮方才提出來的看法。有這麼兩派看法，一般認為是因為這是分從不同的兩種觀點來看人類的心理生命的。不過，這兩派會不會其實是一體的兩面呢？我們有沒有可能找到某一體系涵蓋心的源頭，既包含涉身的來源又有關係上的決定因素，而將身體內部的神經運作和人際上的社會兼籌並顧的呢？

1-5 這本書為什麼要談「心」？

總而言之，拿「心是人腦弄出來的」一句話來蓋棺論定，總讓人覺得不太對勁。我們務必打開心胸，唔，打開我們的心，去容納心理運作中繁複的一切。主觀不是大腦活動的同義詞；意識不是大腦活動的同義詞；我們具有深厚關係面的心理生命，也不是大腦活動的同義詞。意識的現實及其內在的主觀質感（subjective texture），還有心理於人際關係的社會面，在在至少要我們把思考放大，不宜單以頭顱內嗡嗡作響的神經活動作為心理的一切。

我知道許多現代心理學、精神病學、神經科學等等領域的學者所擁護的主流觀點，也是當代醫學和心理衛生領域的臨床醫師支持的觀點，和我在這裡說的路線大相逕庭。只是我有所質疑的心，教我不得不覺得這些主張不太對勁。

然而久經科學訓練，我也一定要以開放的態度去看待這些問題的其他選項，絕不斷然永久排除。身為精神科醫師的訓練，加上超過三十年的心理治療資歷，在在明白指出我診治的那一個個人，他們的心理好像不是以頭蓋骨內、不是以人身體表為限的。心就在身體之內——在整個身體之內——但是心也在個體和個體之間。心

就在人、我彼此的牽連當中，甚至擴及於大環境，擴及於我們的星球。

本書的寫作主旨，便在以直接而且沉浸的手法，擴大界線來談「心」到底是什麼。

所以，在此也請各位於一路前行之際，不忘保持開放的態度；愈走愈深入後，難免就要回頭重新檢視我們自己原先對心的看法。屆時是否會有新的看法出現，而對各位的生活有所助益？但願如此。大家一起走這一趟探險，到頭來搞不好是挖出來的問題比得到的解答要多。但也總願探尋人心的這一場歷險，即使最後大家還是莫衷一是，也依然有啟迪澄清的效用。

至於我們說心不止是框在頭顱當中的大腦活動，並不是要將人腦排除出去，而是要在人腦外加上別的。我們並不是要把現代科學的研究成果拋諸腦後；我們反而十分重視這些成果，而且要探究得更加深入，說不定拓展愈加開闊之後，還能為心到底是什麼勾勒出更宏大的真面目。我們以科學的方法開啟對話，邀集大家一起深入心的世界一窺究竟，不論是學者、臨床醫師、教育人士、學生、父母等等，任何人只要對心的運作和心理健康有興趣，無不都在邀請之列。這一趟旅程的目的是希望擴大討論、深入洞察、拓展理解。

而另外找一個詞來代表不同於「心等於大腦活動」的另一種運作，也是可行的方向。說不定還是不錯的解決方案。不過，我們走這一趟旅程不單是要拿名詞、定義、詮釋來作語義方面的討論而已。假如要指稱我們根本的存在，我們之所以是我們的關鍵，用「心」（mind）這一個詞正好，那我們就不妨看看是不是可以保留這詞的這些意思，看看這樣的「心」──也就是人之所以為人的關鍵──到底是在指些什麼。所以，要是這樣子說呢：我們將「大腦活動」（brain activity）改用來指稱神經放電，也就是單純指稱

頭顱內的神經活動，這樣說就簡單明瞭了。這樣我們便能自由探索心的現實，窮盡心的一切，而不必把我先前聽多了的那些爭論，又再掀起來一次。像有一說就認為放大視野去探索心是「反科學」（reverses science）的，這是我親耳所聞；而之所以說是反的，是因為放大便是在說心的運作不止於大腦活動而已。只不過，即使人類心智全然有賴於大腦的活動才能存在，也不等於心的運作和大腦活動是同一件事。

目前，我們的旅程還在起點，所以不妨暫時守著「心」這一詞不要放好了，看看之後會怎樣。到了後面有需要的話，再來選用新詞無妨。在大家即將一起踏上旅途之際，不妨就依日常用語的意思，同意此時此刻的「心」，指稱的那東西涵蓋得很廣，有的時候會是具有主觀性質的覺察，而且不管有沒覺察，還一概滿載訊息流動。

1-6　敬邀

仔細看過大量學術、臨床、通俗等等各類的著述之後，看得出來心既屬於**內在**（inner）又落在**人際**（inter）而帶有綜合性質的，只是在科學界、相關的專業領域或是公共領域，這樣的討論一概難得一見。有的把焦點放在內在，有的放在人際，偏偏就是不太看得到兩邊兼及並論的。因此，現在應該要提出一點什麼來協助推動對話，為心開拓格局更廣的觀點了。

我以「心」為主題而寫成的學術著作很多、涵蓋的內容很廣，例如《人際關係與大腦的奧祕》，《喜悅的腦：大腦神經學與冥想的整合運用》，《人際神經生物學袖珍指南》（*Pocket Guide to Interpersonal Neurobiology*）。也有討論臨床實際應用的，如《第七

感：自我蛻變的新科學》、《正念的心理治療師：臨床工作者手冊》。有為一般大眾——青少年和父母都在內——寫的多本著作探討日常應用如《青春：一場腦內旋風》，與瑪麗・哈澤爾（Mary Hartzell）合著的《不是孩子不乖，是父母不懂》，和蒂娜・布萊森（Tina Payne Bryson）合著的《教孩子跟情緒作朋友》以及《教養，從跟孩子的情緒做朋友開始》[21]。不過，再多寫一本書把重點沉沉壓在這麼特定的主題上面：「心」大概是怎樣，似乎也有必要，而且做得要更直接，更加整合一點。

閱讀本書同時，感受自己的心

這裡提到的整合（integration），我的意思是這樣的：由於心至少也包括我們內在覺得活著的主觀經驗，以及我們有意識的覺察當中感受到的涉身感覺，本書的重點既然放在心到底是什麼，那麼組織的章法自然最好要把讀者和作者，也就是你、我，全都請進來，一起充分安住在當下這一刻，在我們一路討論基本概念的時候一同感受、省察自己的主觀心理經驗。我們這一路的探討也應該對自己的內在經驗有所覺察，而不該僅止於討論事實、概念、想法，少了內在感受到的覺察和主觀的質感。所以，在我們前行的時候，就要有勞各位具有意識的心，也要去探索個人的經驗。將深刻感受

21　《人際關係與大腦的奧祕》（*The Developing Mind*），中譯本，洪葉文化，王豐彬譯。
　　《喜悅的腦：大腦神經學與冥想的整合運用》（*The Mindful Brain*），中譯本，心靈工坊，李淑珺譯。
　　《第七感：自我蛻變的新科學》（*Mindsight*），中譯本，時報出版，李淑珺譯。
　　《正念的心理治療師：臨床工作者手冊》（*The Mindful Therapist*），中譯本，北京：中國輕工業出版。
　　《青春：一場腦內旋風》（*Brainstorm*），中譯本，大好書屋，顧景怡譯。
　　《不是孩子不乖，是父母不懂》（*Parenting from the Inside Out*），中譯本，野人文化，李昂譯。
　　《教孩子跟情緒作朋友》（*The Whole-Brain Child*），中譯本，地平線文化，周玥、李碩合譯。
　　《教養，從跟孩子的情緒做朋友開始》（*No-Drama Discipline*）中譯本，采實文化，洪慈敏譯。

到的經驗加進想法當中，衝擊最為強大。這便是我以作者的身分對各位的邀請；各位要是願意，便可以讀者的身分參與。這樣一來，這本書便像是你、我之間的對話。我會提出想法、科學研究還有經驗，各位則可以帶動自己的心去接收，回應傳遞過來的訊息。隨著書頁、章節逐一開展，各位的心也會成為心理探索之旅不可或缺的一份子。

假如心果真也有關係上的因素，那麼本書在鼓勵各位思索自己內在感受到的經驗之餘，也應該要盡量體現到人、我的關係才行。各位讀的或許是我的手指頭敲打出來的字句，但我做這件事的目的，是要你我協力合作走這一趟發現之旅，是要你我的心盡可能投入，安住其間。

換言之，閱讀《心腦奇航：從神經科學出發，通往身心整合之旅》這本書的過程也應該要反映書籍的內容，也就是閱讀過程同樣是在探索「心」是什麼的旅程。

對於我們心理生命的內在面和人際面，就算只撇下其中一面不管，我們對心的探索也一定會漏掉最重要的原則沒考慮到。但是，我們要怎樣才能兼籌並顧呢？這裡倒是有一點建議。假如，我，本書的作者，不論於在身體上還是在智能上都能安住在場，那麼，各位，本書的讀者，說不定也可以。這便是我們結合兩邊的作法，而將科學和個人兩邊密密交織起來，去看清楚人心到底是什麼。

1-7 旅程路線圖

人生在世都是活在當下這一刻裡的。不論是正在感覺身體感受（bodily sensation），還是在透過以往經驗的濾網在思索現在，抑或是沉浸在回憶當中渾然忘我，這些一概屬於此時此刻。即使我

們是在期待未來、規劃未來，也一樣是在當下這一刻進行的。從很多方面來看——特別是「時間」萬一不是真的流動不歇的一元整體的話——那麼，我們擁有的便僅止於當下的這一刻，我們擁有的就只是現在而已[22]。心既在記憶當中出現，也在一刻接一刻推展的經驗例如感官沉浸當中出現，還在我們對未來經驗產生的心像（mental images）當中出現——也就是我們對接下來會怎樣的期待和想像。我們便是這樣將過去、現在、未來連接起來的，而且全都連接在當下的這一刻。而時間萬一不像我們想像的那樣——物理學家已經提出過幾種主張，後文會再作深入的探討——即使如此，變化一樣還是千真萬確，所以，將時間連貫起來雖說是心自行做出來的構念，卻是我們隨變化而將經驗錯綜連結起來的方式。心是滿載流動不止的變化經驗的。因此讀《心腦奇航》一書也會包含心對這些變化——也就是我們說起時間會用的「過去」、「現在」、「未來」——而產生的經驗。研究記憶的學者，安德爾・托爾文說我們把過去、現在、未來連接起來是在作「心理時間旅行」[23]（Tulving；2005）。假如時間是人心建構出來的，那人的心還真的會做「心理時間旅行」才是——這是我們在對生活中的心理經驗進行組織，也是我們在對變化進行表述。

22　席格的時間觀點走的路線是近幾年十分熱鬧的話題：許多科學家拿二十世紀初初年的愛因斯坦「相對論」（Relativity）作起點，來到二十一世紀初年，直指時間只是人類的錯覺，古往今來大家說的「時間流逝」只是人類心理的建構。例如量子力學宗師大衛・玻姆（David Bohm；1917-1992）就認為時間並不存在，我們只活在當下這一刻（moment），我們擁有的只是當下這一刻，當下這一刻內蘊古往今來的每一刻，當下這一刻便等於永恆。

23　**安德爾・托爾文**（Endel Tulving；1927-）：出身愛沙尼亞的加拿大認知神經學家，針對人類記憶而作的研究於心理學、神經科學影響極大。「心理時間旅行」（mental time travel），也就是「時間感覺」（chronesthesia），是托爾文在一九八〇年代首先提出來的假設，指人類的心智有能力知道時間是有古往今來的。

心的時間旅行

由於人類的心是隨時間在建構自我，而這一點又是心感覺到變化的源頭，我決定以「心理時間旅行」的架構來組織這本書。所以，我在書裡採用順時的結構，像敘事一樣展開，在敞開心迎向未來的時候也會回頭去思索過去和現在。

本書收錄的章節既有概念的討論，也穿插事實的陳述來協助表達，希望這樣讀起來便於記憶。心召回訊息最好的方式便是利用故事，而我們沉浸到故事當中有什麼感覺，看來是會左右這經驗在我們身上留下了什麼。我們一路往前推進的時候，我也會請各位針對心相關討論想一想自己的經驗。這就表示各位會讀到幾則我的故事，說不定還可以好好想一下甚至寫下自己的故事。

為了讓「過去—現在—未來」得以整合起來，為了讓個人切身的一面和思想概念這一面可以整合起來，我把書內穿插的敘事切成五年一期，簡單叫作「年代紀事」，協助我們在深入人心探險之際也便於組織時間、組織概念。但也請各位留意這些「年代紀事」未必一定按照時間順序排列。我們會探討自傳式省察，日常生活當中的心理主觀經驗，以及一刻接一刻的思慮沉浸，外加科學啟發的相關概念。這些都是多門學科研究出來的實證成果，我們在書中會作比較、對照，見解有合流的地方便依科學推論進行綜合、衍申。這些又再會有實際應用和內在省察交織進來。

隨著章節逐步推展，我也要請各位探究一下自己於此地此刻對自己主觀現實的省察。各位說不定會發覺自己在人生一段又一段的時期當中，心理有過怎樣的發展，因而迸現自傳式省察打入注意的焦點裡去；甚至未來可能如何，也可能敞開了多條嶄新的道路。這便是在請各位敞開心胸，迎進我們的心先天就會作的時間旅行。這些「過去—現在—未來」的經驗一旦冒出來，要是細細思索甚至寫

下來的話，可以加深經驗。只要我們活著便不僅等於感官感受，也等於在寫自傳，我們的「心」時時刻刻都在迸現，在回想過去之際迸現，在想像未來之時迸現。輸入的感官感受，對回憶的省察，有所想像，這些都是我們的心在作時間旅行時的基本（fundamental）組成，探索起來趣味十足——所以才說是 fun（有趣）— da（的）— mental（心理）嘛。

本書每一章從開始的年代紀事到結尾的省察提要，都有一節夾在中間專門討論科學概念，以利擴展、加深討論。我們來到夾在中間的這些段落時，就要將偏向自傳敘事的思索暫時打住，而將焦點放在前述有關心的敘事理論當中的核心概念或是問題，只不過這時談的重點在探討知性、概念架構。各位讀到這些偏重科學的段落時，可能會覺得我這樣子的溝通勾起的是很不一樣的心靈體驗，說不定比較抽象，隔閡感比較重，甚至覺得不太讀得下去。在此為突然變調先向各位致歉，但也請各位隨這樣的變化掉換一下經驗，說不定還能學到些什麼呢。人生的每一時、每一刻都一樣重要，不管興起的是什麼，都是有所貢獻的迸現。所以，何妨任由生活中的每一經驗都成為我們學習的機會。美國著名攝影家安瑟‧亞當斯（Ansel Adams；1902-1984）有一句話便常見人引述，「這麼多年磨練下來，我還懂得人生的每一次經驗都是探險。」

假如中間的那一節各位怎樣也讀不下去，想要跳過去就跳吧。畢竟這是你們也在走的旅程。但我還是要多勸各位再試一下，至少試上一次吧，多少讀一點，讓這樣的經驗帶你去了解你的心，了解我們是怎樣透過事實和故事來聯繫彼此。一路前行，沿途莫忘對自己的「心」做一下「感心覺思」（SIFT）的篩透：注意自己的感官感受（Sensations）、心像（Images），感覺（Feelings）、思緒（Thoughts）。各位就讓每一次的經驗成為思索的召喚吧，這是深

入了解自己這個人、了解自己的心的機會。這是你自己的探索之旅。

　　要是有人反而想要多讀一點概念方面的討論，想找純粹從理論出發、離主觀較遠的討論，那就需要去找其他比較符合典型的書來看了，這一本不是。這本書的寫作策略和組織結構，重點是在界定心到底是什麼，接納主觀現實，邀請各位在前行之際同時細心探索自身的經驗，希望能以科學的討論和思索的經驗來闡明心的本質。這本書以跨學科的途徑探討人心，縱使看起來不太像典型的科學書籍，但我相信應該還算符合科學標準。任何人想要對人類心智多了解一點的，想要營造更健康的心理狀態，這本書應該都有用處。

1-8　以字詞思索字詞的思索作用

　　即使我們用來聯繫的話語，像是我和你聯繫、你和自己聯繫，你在內在的思緒當中和自己聯繫，你在談話時將省察的內容和他人交流，或是在日記寫下自省的時候，其實便已經在塑造甚至限制我們對「心」的理解了。只要字句「送出去」讓大家知道，或甚至「留下來」只有自己知道，都已經在塑造我們的思緒、想法、觀念，限制我們的理解。大概就是因為這原因吧，先前才會有我講的那幾位學者力勸我對「心」不宜遽下定義，以免反而對理解造成限制。而且，單單因為這緣故，他們看到我寫了這樣一本書恐怕就不太高興了。只不過沒有言詞、沒有語言夾在我們個人之內、夾在我們彼此之間，要想交流想法即使沒有登天之難也像陸上行舟，遑論還要作探討，不管是作概念溝通還是科學實證都是如此。只是，像我這樣身為臨床醫師、教育人士外加是孩子的家長，利用字句為心找到具有真實基礎的定義，還是值得一搏的，說不定還有機會做出

　　　　　　　心腦奇航：從神經科學出發，通往身心整合之旅

有用的結果呢，關鍵就在於要認識到字詞有其限度。

檢視語言表達的限度

　　那就先在這裡花一點時間注意一下、檢視一下字詞以及字詞的限度吧——這樣你我也可以在這本書的開頭就先聯繫一番，再往下走。我們一旦開始寫東西或是講話，即使字斟句酌，字詞用得也都相當精確，我們所用的字詞先天就既會設限也在受限。任何事情只要以字詞為基礎，這樣的限制便是一大難關，不太好過。我要是音樂家、畫家，那大概還可以演奏沒有字詞的作品或是單憑色彩、對比在畫布上創作就好。我要是舞蹈家或編舞家，那大概還可以挑選動作編排舞作，只要能比較直接透露出心靈到底是怎樣就好。但我偏是個搖筆桿的，而這本書又是文字本，所以，目前我也只能用這些來和各位聯繫。我偏又迫不及待要探討聯繫你我的心靈，就算字詞既受限又設限也還是要用不行。所以，我們拿字詞作交流的時候，就對彼此、對自己相忍為安吧。但也請大家務必記得，字詞既能創造也能約束。只要隨時牢記這一點，便有助於大家對所作的探討以及隨之而來的概念式觀念，推進到更深一層去作理解。

　　假如大家能夠隨時隨地記得語言符號不過是我們分享訊息所用的形式，那麼字詞本身就能用來揭露人心的諸多面向。

　　舉例而言，假如我說我們「掌握」了「心」這觀念，大家應該看得出來我們的觀點也有強烈的涉身性質，因為我們選擇了涉身的字詞：我們要抓住東西就要伸手；我們要理解事情就要用心。我們理解，所以「掌握」到了。我們甚至懂得彼此的意思，因為我們「站在下面」（stand-under）[24]。這就是涉身語言展露出來的

24　Stand-under 是 under-stand（理解）兩邊換位。understand 在英語算是外來詞，是古英語 understandan 從古日爾曼語借了 under 和 standaną 來合成的。；under-stand / stand-under 這樣

心理。字詞便是訊息，因為字詞在組合出來的能量型態之外也代表了別的東西。然而，即使是代表，像是表示聲、光的符號，「**掌握**」、「**懂得**」這樣的字詞也無法完全抓到「深入領會」、「與真理同坐」[25]、「看透了」之類說法的精髓，說不定只要不是內在清晰透徹的感受就沒有辦法。

而用到「分享、共用、交流」（share）這樣的詞，即使只是自己在心裡默想，也有「**間際**」（betweenness）的意思，透露出心帶有關係上因素的這一面，而心的關係面向甚至會反映在我們的「**語言表達**」[26]上，也就是將我們心的內在形諸語言。又瞎又聾的海倫‧凱勒（Helen Keller；1880-1968）在自傳裡便寫過，在她和老師安‧蘇利文（Anne Sullivan；1866-1936）一起學會第一個字，「水（water」），剎那間她只覺自己的心智（mind）好像在那一刻誕生了（Keller，1903）。為什麼**一起**學會（共用）一個字會孕育出心智呢？我們是不是這樣才會用沒人知道的內在聲音在自言自語？在我們探究自己這個人、思索自己的人生時，我們的心與他人的心所分享的字詞便成為我們記在心裡的字詞。一如我們和他人是有關係的，我們確實和自己也是有關係的。在走這一趟旅程的時候務必時時牢記：我們用的語言、我們周遭環繞的語言，既錯綜連結又有闡明的效力，但也有禁錮的效應，三合一同時來，對於字詞在

的組合，當然免不了被人拿作文章，例如傳教：If you want to understand God, you must stand under God.（若要了解上帝，就要站在上帝之下）。寫歌：I think you stand under me if you don't understand me（你要是搞不懂我，就是站在我下面）。不過，古英語借自古日爾曼語的 under，原本的意思卻不是後人誤解的「在下」，而是「居中」（between）。所以，古英語拿來作「理解」用的字，是從「站在中間」來的，而不是「站在下面」。

25　**與真理同坐**（sit with truth）：出自十五世紀印度大詩人卡比爾（Kabir）的詩句英譯：I eat with truth, I sleep with truth, I sit with truth, I stand with truth.（我與真理同吃、同寢、同坐、同立。）

26　**言語表達**（languaging）：這是加拿大著名學者梅麗兒‧史韋恩（Merrill Swain）從維高斯基的社會文化理論（sociocultural theory；SCT）在二〇〇五年拈出來的用語，意指我們為了理解、解決問題、找出意義，而將腦中的想法用語言表達成為可見、可聽的產物，同時也因此是在透過語言打造我們的知識和經驗。

我們生活創造出來的這些連結、釋出、限制，我們必須竭盡所能有所覺察，無時懈怠。

　　然而，我們的語言列車一旦從沒有字詞的現實這一車站開出去，卻有可能偏離軌道，從原先要掀開真相、揭露深層意義的目標岔出去，而離事物的原本面目愈來愈遠。不過，這一部分雖然重要，但也只是我們探索心之旅程的一環而已，這一點還請牢記在心。依我們這樣的背景和旅程，還是要以共有的語言去協助我們掌握心的本然，互作交流，前方的道路才最容易走得過去。我們固然會談到科學和概念，但也會針對當下我們內在體驗到了什麼作直接的溝通。這些經驗字詞一開始還可以抓得到些許，但可能遠不足夠，至少不會是我們確切要講的意思。

　　在此我們就先老實承認這一點：有些話怎麼樣都很好用，像是「喔，其實比這還要複雜啦」，或者是「也不全是這樣子的」。講一講這樣的話當然不算錯，畢竟不管我們怎麼遣詞造句，我們的意思也不會全是這樣。我們要說的確實比這還要複雜。有的時候，真要講準確，那就閉嘴什麼都不要講最好。閉嘴通常確實也很重要。不過，姑不論字詞先天固有的限制，我們大概還是看一看是不是找得到字詞，是不是還有字詞表達出來的想法和經驗，可以貼近我們直接叫作「**真相**」的什麼吧。而且是千真萬確的，有預測值的，可以協助我們活得更充實、更真實的什麼。沉默不語是不錯的旅程起點。而言語也可以是上路之後強大的載具，供我們往前推進，釐清心的本然。言語說不定還可以協助我們推進到更深的聯繫，不僅去聯繫接收到我們字句的人，甚至聯繫我們自己，因為我們走這一趟也要留意心的本然在靜默當中豁然開朗的時候，我們的心又體驗到了什麼，甚至還不用字詞。

重視語言之外的感受

而在大家共用的每一列文字列車上面，我們也各有各的無字詞心理生命在湧動。對於無字詞的領域，有時是以不作言語來作對應最好，就像我們有的時候要「進場」[27]一下，好去留意內在的那一片汪洋。而我們可是有感官感受、心像、感覺，外加有言語和無言語的思緒等等，所以，這些字句在我們各自的心理生命勾起這種種的時候，就還有勞各位自行靜靜以「感心覺思」去篩透各自的心靈了。

我也在書裡加了幾幀照片作為非言語的門戶，因為我覺得有些時候視覺影像勾起的感受說不定比較切近我心裡想的，縱使你我看了同一張照片，心底浮現的未必一樣。要是有人看了照片覺得奇怪，想不透我選照片的時候是在想什麼，那很好啊。搞不好我自己也說不清楚為什麼。各位盡可以在自己心中逕行篩透你想像中的我的心是什麼樣子，各位也可以篩透自己的心，看看書中照片勾起些什麼來。各位會有各自的經驗，開放迎納心中迸現的一切，是我們走這一趟旅程可以擺出來的姿態。這一切無所謂對錯，不過是各位的經驗就是了。我只是想要各位去覺察到自己的心有多豐富飽滿，超乎本書所作的單純字面陳述。

我們兩方對於溝通這一件事只能盡力而為了，只要對於旅程的一切維持開放的態度，不要太計較終點會怎樣就好吧。重點是，

27　**進場**（time-in）：席格於《教養，從跟孩子的情緒做朋友開始》書中針對歐美流行的「出場」（time-out）教養手段（也就是孩子不乖鬧事的時候把孩子暫時「隔離」起來，類似「關禁閉」），有所針砭，進而提議要反過來，也就是把 out 改成 in，不要孩子一人「閉門思過」，而是陪孩子一起想一想是鬧什麼脾氣，又為什麼要鬧脾氣。席格於後文又再拈出「上場」（time-on）一詞（第？頁）。由於 time-out 的基本義是「暫停」，常見於運動場，加上於此有「隔離」的意思，故將席格這一組名詞試作「出場」、「進場」、「上場」。
席格拈出 time in 一詞也從父母教養子女的作法作引申出，依其網站所作的字義說明為：安靜下來潛心自省，專注在自己的感官感受、心像、感覺和思緒上面，有助於整合大腦。

這一趟旅程是隨一刻接一刻而不斷推展的，一如我們的心不斷在迸現。也就是因為這緣故，我們在書裡也要探討時間，探討安住當下到底是什麼意思。提這些問題的目的不在只是引發探討，另也在由提問觸發領悟。

所以，各位在這裡讀到的重點會集中在一些基本問題——都是追究起來十分有趣的問題——關係到心的種種組成，錯綜交織成一幅錦繡。我們一路前行的時候，陸續會檢視心的諸般面向：何人，何物，何處，何時，何能，何以。這是你我立足的共同點，像是一具六分儀指南針要帶我們走這一趟旅程，還附帶雙鏡頭。一個鏡頭是個人切身感覺到的經驗；我的就寫在內文裡面，各位的便是在各位的經驗迸現出來的時候好好省察一下。另一鏡頭則是科學和概念的推理，探尋科學有何發現及其牽連。

我會拿這樣的方式來籌劃旅程，原因之一，是想要各位以及我自己在對心靈探索的基礎科學理念有日漸深入的了解時，也能將個人對「心」的經驗融合進去。我希望各位讀這本書是「主動式閱讀」（active reading），會動用自己的求知欲和想像力外加自己對心理生命所作的省察，一起為我們的心建構科學基礎。這本書是質疑提問的書，隨我們一路探索心到底是什麼，而由大家共同寫就。文字只是起點，甚至僅僅是大家碰頭的集合地點而已。前方的行程，既藏在文字之下，也走在文字之前，還落在文字之外。

我不是講笑話的高手，我那幾個孩子動不動就要提醒我這點。但我想，在這一路探險的途中，我們一定會發覺許多弔詭，有兜頭一大桶冷水似的問題爭先恐後要冒出來。有的時候思索起心靈深層的東西，可是會教人頭昏腦脹的，但也有興奮莫名的時候。有的時候甚至歇斯底里。各位找得到許多書可以提供解答，有嚴肅的科學探討，有個人的思索。本書則是既有個人的思索也有科學的知識，

兩相結合，再密密穿插種種疑問，為大家前行的道路指引方向，希望既能引人入勝也能啟發洞察。

探討「心」會遇上的一大考驗，就是必須將心看作既是個人的切身經驗也是科學可以理解的作用、實存、客體或是東西。個人切身所知，不是外在觀察得到的，也不是可以量化的；客觀的知識則是外在可以觀察得到也是可以量化的；二者之間的緊張關係是先天固有的衝突，以致於上一世紀幾門重要學科有關心理的正規研究，遇到有關於主觀經驗的洞察和思索，十之八九都以退避為宜。然而，不論我們是誰、我們是怎樣的人、我們身在何時，我們的心是落在哪裡、是如何作用、我們又為什麼身在此間，無一不屬於我們心理生命本有的面向，而我相信這每一面向若要掌握得好，有賴於我們對生命這每一面向的核心，也就是心的主觀、客觀同都一體重視才行。

所以，你我便一起踏上旅程，縱身躍入生而為人的核心深處，去發現自己的心、探索自己的心、拿回自己心的主導權、呵護自己的心吧。

準備好要縱身一躍了嗎？——祝各位一路順利，歡喜而歸。

心為何物？

　　我們在這一章要提議將「能量訊息流
動」（energy and information flow）這系統
當中的一項功能，視作心的一面，以之作
為「心」的工作定義。這系統既在我們的
身體之內，也在我們和其他實存之間；這
裡所謂的其他實存，包括他人還有我們生
活所在的大環境。探索心的旅程從這裡開
始，應該相當有建設性。

2-1 為「心」尋找工作定義（1990-1995）

一九九〇年代有「大腦年代」[1]之稱。

而我覺得自己像是走進糖果店的小孩，就是愛把我這精神科醫師從病人那邊得到的經驗，拿去和我有關記憶、敘事的研究發現交織起來，不斷要連到那年代大腦科學研究出來的成果上去。那時我已經先完成了小兒科的臨床實習，後在精神科陸續完成成年、兒童、青少年三科的住院醫師訓練。之後，我到洛杉磯加大的「國家衛生研究院」（National Institute of Medical Health）去擔任研究員，專攻親子關係如何塑造心理的發展，之後又應邀出任洛杉磯加州大學兒童暨青少年精神科的臨床教學主任。我對於這一教職看得十分慎重，一直在思考該怎樣以發育期心理的全面視野，去結合大腦研究的新知以及我一直在學習的關係科學，做出一套核心課程，供那裡新一代的臨床醫師學習。在那期間我也邀集校內以前教過我的老師以及同事組織讀書會，鑽研的主題便是這一迫切的問題：心和腦有什麼關係？

探討「心」的讀書會

讀書會總共來了四十人，以學術界的研究人員佔絕大多數，也有一些是臨床醫師。涵蓋的領域很雜，如物理、哲學、計算機科學、生物學、心理學、社會學、語言學、人類學等等。關於大腦，我們這讀書會是拿得出定義的，也就是：頭部之內相互連接的神經元和細胞所組成的集合體，該集合體之於整個身體還有外在環境都

1　**大腦年代**（The Decade of the Brain）：美國國會圖書館（Library of Congress）暨美國（國家心理衛生研究院 National Institute of Mental Health）為了推廣美國社會大眾對大腦的理解，於一九八九年由美國布希總統簽署法令明定一九九〇至一九九九年為「大腦年代」。

Photo by Lars Ohlcker

有交互作用。至於人的「心」呢，要是讀書會中的神經科學家常說的那幾個字：「大腦活動」不算的話，那就沒有定義了。只不過這樣的看法人類學家不接受，語言學家也不接受。他們看的重點在人心運作的社會面，例如文化和語言。

我的敘事學教授，也就是先前提過的哲隆·布魯納，我上過他研究所的課，他就說敘事不是從一個人來的，而是要人、我相遇才會有的。我在學期報告提起過疑問，納悶受過創傷的大腦是要怎樣調控（mediate）敘事，他就特別提醒我不應該犯這樣的「錯誤」，說我應該要了解敘事是社會面的事。我們說的故事——透露我們的記憶和生命意義的生命敘事——是人心的核心運作。那時我正在鑽研依附關係（attachment）的研究，探討為什麼父母那一方的敘事會是親子依附關係最好的預測指標。經由周密的實證研究，我們知道個人的生命故事看似一個人在唱獨腳戲，卻和親子的人際互動有關係；而會促進孩子成長和發展的親子互動，我們就叫作「安全型依附」（secure attachemnt）。

之前我學到的觀念是敘事是屬於社會的作用，是人、我之間才會有的事。在一對一的關係當中，在家庭、社群當中，聯繫我們的便是這些故事。但我忍不住想問，在敘事之外，心是否還有別的成份，像是我們的感覺、思緒、意向、希望、夢、記憶，一樣和人際關係有深切的關聯。

我們在良師、同儕、益友、家人那邊找到的聯繫，會大幅改變我們。人與人的關係便像大熔爐，在我們生命推展之際淬煉我們的生命故事，捏塑我們的自我，孕育我們之所以為我們的經驗，釋放或是限制我們能夠成為怎樣的人。

雖然在那之前十年，我在醫學院學到的便是一個人的身體是疾病的源頭，也是醫療介入的目標；但是，對於人類的心，我怎麼

想就是覺得應該遠大於人的身體。同時我又學到敘事無處不在[2]，有其社會面等等高深的課題，確認我們人生有些極為重要的意義源頭──將我們綰合在一起、協助我們理解經驗、帶領我們從別人身上學習的一則則故事──就深植在人際關係的**間際**（between）當中。

這些心的成份當然和大腦功能會有關聯，這關聯神經科學已經知道上百年了。不過，拜近年大腦掃描技術進步之賜，這中間的關係又再闡明得更清楚、更精細。只是，如前所述，「大腦決定」的概念不等於「心」僅止於大腦之內，也不表示心理的運作等於大腦活動。

所以，我在那一門課的期末課堂報告回應布魯納教授，說我很想知道在人際關係當中，雙方大腦的神經運作對敘事的社會面會有怎樣的作用。他卻兩手朝我一揮，一臉不快，說不定還應該說是不解呢。這時我才了解不同的學科──在這裡是神經科學和社會學──要建立起橋樑可沒那麼容易。

摸索貫通之道

再後來我才知道有「**貫通**」[3]這樣的詞，可以用來表示在通常屬於獨立的學科之間也找得到共通的研究成果（Wilson，1998）。

2　**敘事無處不在**（narrative primacy）：指社會科學因「轉向敘事」（narrative turn）而無處不講敘事，可以敘事學理論大師羅蘭・巴特（Roland Barthes；1915-1980）說法來歸納：「敘事類型豐富，散見古往今來神話、傳說、童話、民間故事、小說、史詩、歷史、戲劇、啞劇、繪畫、彩色玻璃花窗、電影、漫畫、新聞、日常對話……敘事不僅形式不可勝數，也散見於各年代、各地方、各社會……各階級、各族群，無處不見敘事。」

3　**貫通**（consilience）：美國生物學家愛德華・威爾遜（Edward Osborne Wilson；1929-），有「社會生物學」（sociobiology）之父、「生物多樣性」（biodiversity）之父的美稱，一九九八年出版著作《知識大融通》（*Consilience: The Unity of Knowledge*；中譯：梁錦鋆，天下文化出版），討論貫通不同科學領域的方法可否延伸及於人文學科，而出現「貫通」（consilience），也就是串連不同學科的事實和以實事為基礎的理論，融會貫通，形成解釋的共同基礎。衡諸威爾遜的理論，不同學科實難以「融通」，應是貫通，故於此改作「貫通」。

所以，在我好像還不知道有這樣的詞彙時，我就已經在追尋理解「心」的貫通之道了。

即使種種學門及其旗手一時找不到交會的地方，現實恐怕也已經滿載這樣的貫通了。說不定神經和社會都是涵蓋在同一基本運作之內的──也就是不僅社會刺激對大腦的影響有如光線刺激對視覺神經的影響，而且還是一同落在一股基本的、流動的不知什麼當中。只是這不知是什麼到底是什麼呢？神經科學家和人類學家兩方是不是可以因此而開始協力合作搭起對話呢？只是，我們剛成立的四十人研究小組就是找不到共識。大家對「心」的定義莫衷一是，如果不說心是「大腦活動」，那就沒別的可說了，可是又很難對大腦和心的關聯歸結出共通的理解，遑論還要找到途徑讓大家進行有效、有禮貌的溝通。

看來是在解散邊緣。

那年頭，《精神疾病診斷與統計手冊》（*Diagnostic and Statistical Manual of Mental Disorders*；DSM）獨擅勝場，大家的焦點都在精神異常的疾病模式，藥物介入的聲勢愈來愈盛，科學的說法也認為心是大腦的產物，我們讀書會討論起這問題，氣氛也就相當緊張：心真的就只是大腦的活動？還是有什麼別的也包括在內？

既然對心到底是什麼都沒有共通的看法，大家自然相持不下。身為讀書會的召集人，與會的每一個人都和我略有私交，都是我親自邀請來的。這一群人原本就思慮周密，推動他們溝通、合作，對我來說自然責無旁貸。假如讀書會要維持下去，就一定要想些辦法才行。

再往回推十五年，我還在唸大學，曾在生化實驗室打工，負責找出鮭魚從淡水移棲到鹹水所需的酵素，晚上同時在自殺防治熱線當班。所以，我還是生物系學生的時候，就已經知道酵素是生存的

必要條件；而擔任心理衛生志工，也教我了解到危急的時候兩個人之間的情感溝通是什麼狀況，可能帶來生與死的差別。

所以我不禁想，酵素和情緒是不是有什麼共通點呢？鮭魚的生存和人類的自殺是不是有共通的機制？大腦和人際關係會不會也有什麼共通的成份？換句話說，假如能量啟動的分子運作過程是受測鮭魚因酵素而存活得下去的因素，假如兩個人的情感溝通能夠為人帶來希望，那麼，酵素於能量的作用和人類因情感聯繫而有的能量，二者是不是有什麼共通的基本轉化作用（transformation）正是生命存續的依憑？人類的大腦和人際的關係會不會有一些共通的基質？二者會不會是一體的兩面？由連接大腦和人際關係的基質，可以看出心到底是什麼嗎？這基質當中是不是有什麼是能讓讀書會裡的每一個人都可以接納，而替讀書會解危，免得大家因為氣氛緊張、彼此缺乏了解和尊重，而搞到不歡而散呢？

那禮拜讀書會第一次聚會之後，我一人到海灘散步，走了很久、很久。我在我長大的這一片海岸看浪花拍打沙灘，看得入神，心思隨著聖塔莫妮卡灣（Santa Monica Bay）的迤邐海岸線一路飄盪，也一路納悶。我看著大海、陸地銜接的一線沉思，想著我在這沙灘度過的人生，心頭洋溢起一股綿延的感覺，不知有什麼把古往和今來連在一起，將大海和陸地接在一起。剎時我覺得人的大腦和人際關係共有的元素好像就是波浪，一股股能量的波浪。波浪始終在變，海面每一刻都在掀起新一波浪濤，堆疊起不停湧動的波紋——也就是說，浪濤或起或伏不停在變，不停在推展，前浪、後浪不停交相推拉、擠壓。

海浪的啟發

能量波湧現的時候是有型態（pattern）的，因為一刻接一刻不

斷迸現的能量流動（energy flow）不會一成不變。能量出現的樣子不會始終一樣，像光波或是聲波就有頻率範圍和振幅密度[4]。就連時間也可以連接到迸現的能量型態上去，現代的物理學家就在探索他們新興的能量、現實理論。依這些新興的看法，過去已經定型的能量波會影響現在的能量波如何迸現，也會決定未來可能出現的能量波如何推展。定型，迸現，未定；能量從「或然」推展到「實然」[5] 這譜系上的變化，和時間說不定也有關係。

　　能量，依物理學家的說法，最好的描述便是可以去做什麼的「潛能」[6]。而「潛能」是依照或然推進到實然的機率譜（spectrum of probilities）在測量的——機率譜有時也叫作「波函數」或「機率密度曲線」（probability distribution curve）[7]。這樣的能量流動

4　席格說的「能量波」是量子能量波，是不可見的微觀態波頻。現代物理學認為萬事萬物最小的基本組成就是能量，而且如量子力學宗師尼爾斯‧玻爾（Niels Bohr；1885-1962）所說，是不停在旋轉、振動的能量渦旋，各有各的渦旋型態。這樣的最小單位還有微觀的「波粒二象性」（wave-particle duality），也就是兼具「波」和「粒子」雙重性質，有時會波動但粒子性質不明顯，有時又反過來像粒子但波動不明顯。不論人類肉眼可見的宏觀態還是不可見的微觀態，一切都在震盪送出波動。宇宙的一切都可以用「波」來描述。

5　**或然**（possibility）、**實然**（actuality）：席格於二○一○年的著作《正念的心理治療師：臨床工作者手冊》當中便已提出「或然平原」（plane of possibility）的構想（參見圖 2-2）。席格的「或然平原」雖然有量子力學的能量觀點作基礎，但是他的「或然平原」不是談物理的模型而是談心理的模型，他的用字、觀念雖然與物理學有交集，但他用的是這些字詞的基本義，何況物理學的英文用字也一樣是從大家通用的字詞來的，並未脫離通行的用法，不是「特殊」的名詞。所以。席格的這些用字雖然在物理學另有中譯，算是物理學的中文「夾槓」（jargon），但是在此回歸英文的基本義以及席格本來的用意，不採用中文物理學的夾槓。

6　**能量，依物理學家的說法，最好的描述便是可以去做什麼的「潛能」**（potential）：席格原文作：Energy，physicists say，is best described as a potential to do something。他在後文又再把這說法重提一次，而且明言是美國物理學家亞瑟‧扎雍克（Arthur Zajonc；1949-）、梅納‧卡法托什（Menas Kafatos；1945-）兩人私下對他說的（見第？頁）。這樣的說法雖然來自於物理學家，potential 於物理學也有 potential energy（位能）、quantum potential（量子位能）這樣的專有名詞，但是席格說的 potential 在他提出來的「或然平原」（plane of possibility）模型，意義偏向 potential 通行的基本義：「有可能」，所以在此的中譯不套用物理學的專有名詞，而以席格的論述為基準試作「潛能」（potential）。

7　**波函數**（wave function）：就是表達波動（抽象的數學波或機率波）的函數，物體例如電子這樣的粒子可以用波函數這樣的數學式子來作表示。量子力學運波函數來計算粒子出現在某一位置或是某一種運動狀態的機率有多大，叫作「**機率密度**」（probability density；probability distribution），一經測量就會出現「波函數塌陷」，而從機率（波）變成可以測量的量子態

在我們的經驗上並不是什麼像神祕魔法一類非科學的東西，而是我們人人存活的世界不可或缺的根本條件。我們雖然看不到自身周遭的能量場[8]，它的存在卻千真萬確，就像著名的科學家法拉第（Michael Faraday；1791-1867）兩百年前發現電解（electrolysis）和電磁（electromagnetism）的時候說的那樣。我們大概也不容易感受得到能量的源頭是一片或然的汪洋[9]，但是我們的覺察卻能體驗到或然迸現成為實然。那便是能量的流動，是機率的函數有了變化。燈滅了，燈又亮了。房間裡很安靜，但你後來開口講話。你看到有人朝你走來，原來是你的好朋友，然後對方給了你個熱切的擁抱。這些便是從或然推展到實然的轉化。這便是我們在生活當中時時刻刻都在體驗的能量流動。

能量的流動迸現有些是有符號值（symbolic value）的，具有能量型態本身之外的意義。從認知科學的領域，我知道這樣的符號意義可以叫作「訊息」（information）。我要是亂寫、亂講些沒人懂的東西，可能就沒有意義。但要是我寫的、說的是這幾個字：「金門大橋」，那就，嘩！能量有了訊息——不再是從一大片的或然汪洋當中迸現成為實然的單純能量而已，而會另外代表別的什麼。我要是再說「艾菲爾鐵塔」，那麼從近乎無限的潛能汪洋當中便會浮現出這樣的能量型態，形諸語言符號的訊息代表的就是巴黎的一座建築物。

（粒子），也就是從眾多變成單一，從可能（或然）變成確實（實然），換句話說，現象未經測量無一算是存在。這是量子力學獨有的觀點，量子力學的現象都是以機率在作描述。波函數就是一連串數字，每一數字代表系統當中的可能狀態。數字大小代表機率大小。

8　　**場**（field）：從法拉第發現，開始，物理學家便認為宇宙有兩類不同的物質，一類是原子、電子之類的粒子，一類是瀰散的空間的「場」，例如電磁場，重力場等等。

9　　**或然的汪洋**（sea of possibilities）：美國著名作家、另類療法名醫、新時代運動（New Age Movement）先鋒狄巴克‧喬普拉（Deepak Chopra；1946-）常用的說法，席格文中愛用的 dive in（潛入），infinite possibilities（無限的可能）一樣常見於喬普拉著作。

試著從「能量訊息流動」理解心

不過，倒也不是能量型態一概內含訊息。所以，人類大腦和人際關係共有的成份可能便是能量本身；要是想說得完整一點，那就乾脆把兩邊共有的成份叫作「能量訊息」（energy and information）應該也可以。許多科學家遇到別人問這問題，都會說只要是訊息便一定是由能量波（也就是能量型態）在攜帶的。另也有科學家認為宇宙基本上是由訊息構成的，能量型態便是從這現實的基礎浮現出來的，也就是說，宇宙是由訊息構造出來的[10]。所以，這兩派觀點各自都以能量轉化作為訊息在世界表達出來的方式，也就是「可以去做什麼」的潛能推展到「真的做出了什麼」的過程。能量要是一言以蔽之，就是這樣。以這兩派的視野來看，能量和訊息應該都是對我們相當有用的思考基礎，特別是搭配成一體作為概念來使用的話。

能量經時間不停變化，一路流動，於當下一刻接一刻不停推展開來，就會迸現出這樣的型態或是波紋。至於我們心理生命的經驗也是不斷在迸現、在改變，所以「流動」的觀念在這裡看起來就相當合用。而有些物理學家認為時間並不像我們想的那樣是一元的，時間並沒有獨立的實存在這世界流動，時間反而是我們察覺到變化而產生的心理建構[11]，即使這樣的說法到頭來發現竟然是真的，科

10　著名物理學家約翰・惠勒（John Wheeler；1911-2008），在一九九〇年提出「無一不是位元」（it from bit）的主張，it 指時空，意思是組成宇宙的最基本單位說不定就是訊息，算是量子訊息（quantum information）這一塊物理領域的開山祖師。

11　英國物理學家朱利安・巴柏（Julian Barbour；1937- ）英國物理學家朱利安・巴柏認為變化是真實的，時間則否，時間只是我們的心智覺察到變化而建構出來的，還把時間想成是會流動的。原先牛頓的古典物理認為時間、空間是絕對的存在，空間是永遠如一、恆長不動的，時間則是穩定流動、無法影響的。到了十九世紀、二十世紀初年，既有愛因斯坦（Albert Einstein；1879-1955）的「相對論」（Relativity）和明考夫斯基（Hermann Minkowski；1864-1909）的「時空體」（spacetime），又有量子力學攪局。不過，相對論的時間還是可以測量、可以改變，量子力學的時間卻算不上存在。例如一九七〇年代，美國物理學家約翰・惠勒和布萊斯・杜威特（Bryce Dewitt；1923-2004）做出方程式，就把時間從踢了出去。朱利安・巴柏接力出

學家還是一致同意現實滿是變化，即使在時間沒有，在空間或在機率曲線上面也滿是變化。而所謂機率曲線上的變化，就是指能量從開放未定的潛能朝實現為實然推進的運動。也因此我們可以用**流動**來表示時間、空間或是機率的變化，或甚至用在其他現實的部分也可以。流動就表示變化。我們還可以用「經時間」（across time）這樣的說法，像是「流經時間」（flow across time），直接代表追蹤這種流動的多種途徑，也就是我們生存的現實中的變化內含的種種維度。所以，對於「心」的核心成份，說不定可以拿「能量訊息流動」（energy and information flow）作為基本用語。

而那時，其實現在也是，我就覺得**能量訊息流動**應該可以拿來作為「心」源起的系統當中的核心組成。

可是，心的源起系統到底是指什麼呢？這系統的基本組成說不定就是能量訊息流動——可是，能量訊息流動又從是哪裡來的呢？

我沿著海灘信步漫遊，看著海浪，覺得海岸好像便是由細沙和海水一起創造出來的。迸現的海岸線像是從細沙和海水當中湧現的，而不是單憑細沙或是海水單方面便能出現。海岸既是岸，也是海。

而人的「心」，會不會也是這樣**既在「內裡」**（within）**也在「間際」**（between）的呢？

能量和訊息是在整個身體之內流動的，而非僅止於腦部。能量和訊息也會以溝通型態流動在人與人之間，流動在人與人所生存的大環境的關係當中——就像這一字一句從我這裡透過這一本書而傳

手將時間徹底消滅，直指時間根本就不存在，所謂時間只是因為變化而給人的錯覺，不僅完全推翻牛頓物理以直線、一元、流動來看時間的觀念，連愛因斯以時間為第四維的觀點也被打倒。巴柏認為我們的心智反應的只是一刻接一刻（moment by moment）的「現在」（Nows；巴柏特別用字），他認為每一刻都是完整、獨立的存在，他叫作「現在」，我們覺得時間流動，其實只是在穿行過一刻接一刻不斷出現的「現在」而已。

達到你那邊。所以，能量訊息流動應該可以說是既在我們的身體和身體的組成之間——也就是「別人」的世界和我們的環境——也在我們包括大腦在內的身體當中。我將**別人**加上括號，是要提醒大家這只是一個詞而已——我們往前繼續探索的時候，務必時時刻刻將「自己」（self）相對於「他者／別人」（other）的觀念牢牢放在心頭。

然而，要是在人的「內裡」和「間際」迸現的能量訊息流動便是孕生「心」的系統，那麼，心到底是什麼呢？不就是感覺、思緒、記憶啊，各位說不定會給這答案。沒錯，這些拿來描述心的內涵或是活動都是很好、很正確的說法。這些都是我們對心理生命的主觀現實能作的描述。這些重要的描述，許多學術領域都提出來過。只是，那些描述說的到底是什麼呢？很神奇呢，沒人真的知道。拿神經科學來看好了，我們已經提過，沒人搞得清楚神經放電是怎麼形成主觀感覺到的思緒、記憶或是情感等等的經驗。反正就是還沒人搞得清楚。

多年之後，大約有一百五十名物理學家參加了一場為期一週的聚會，我因此機緣而和哲學家兼物理學家米歇‧畢特勃勒[12]一起散步，兩人走了很久，談出來的結果是：我們都同意主觀說不定只是心的「質數」——也就是再也沒辦法化約的東西。那時我便看出這些質數類的主觀經驗，說不定就是從能量訊息流動來的。只是這是怎麼來的，我們兩個就是想不出來。不過，既然當質數來看，就表示沒辦法再化約成別的，那搞不好就連化約到單一的出處，像是大腦的神經放電，都沒有辦法。不過，看出主觀經驗和能量訊息流動

12　**米歇‧畢特勃勒**（Michel Bitbol；1954-）：法國學者，鑽研科學哲學，重點在量子物理與哲學的關係。席格文中所說的聚會，是二〇〇二至〇三年由「心靈與生命研究中心」（Mind and Life Institute）舉辦的討論會。

可能有關聯，起碼為我們找到了一處落腳的地方，供我們對心作更深入的理解。而孕生出心及其對生命的主觀質感的那一系統，其基本組成要是看作是能量訊息流動的話，似乎可以是我們深入理解的不錯起點。

對於人會覺察到主觀經驗，為什麼可能是從神經放電來的，我們雖然一樣搞不清楚，但這樣的意識經驗會不會也是能量訊息流動當中的質數呢？也就是說，要有主觀經驗就必須要有覺察，所以，說不定覺察和覺察推助的主觀經驗二者同樣都是能量訊息流動當中的質數。這樣的看法，對於心的這幾大重要面向究竟是怎麼出現的，雖然根本什麼也沒解釋到，但最起碼能為我們指點出正確的方向，好往下一段旅程前進。

我們另也可以從主觀這一質數，說不定連意識本身也加進來，往前再推進一步，問一問我們的思考、記憶或者是評價性情緒（evaluative emotion）是怎樣作訊息處理的。這些心理活動是怎麼構成的呢？

例如我要是請各位說一說思緒是什麼，各位大概會發覺這麼平常的心理活動到底包含了什麼，要說清楚竟然好難。如果再要你說清楚某一種感覺到底是怎麼回事，大概也是一樣。所謂怎樣的情緒究竟是怎樣，沒人真的知道。思緒或是感覺包含了些什麼，描述的說法很多，出版的書籍、文章成筐累筴的，只不過即使把這些精密複雜的科學、哲學或是思索所得的看法拿來細讀，或是直接找上作者討論他自己寫的東西，思緒、感覺的核心基質放進我的心裡來看還是難以捉摸的。

能量訊息流動於身體之內，也在個體之間

我們倒還有一點至少能講得明白一些，那就是將心看作是主觀

體驗到的能量流動型態,其內有的時候包含訊息。這便是很好的開始,這樣一來我們便有能量訊息流動可以用來追索心的源頭及其於大腦之內以及其他部位的所在位置。

我們的身體包含了大腦,這是我們的涉身腦。我們和其他人、和我們所在的星球也有所關係,這是我們於關係面的現實。能量和訊息在我們的身體之內流動(透過包括大腦的身體運作機制),也在我們彼此的身體之間流動(也就是在人際關係內的溝通)。

對於我們的生命,一般人不太會這樣子寫或這樣子講,這我知道。有個東西既在我們的之內又在我們之間,一體同在兩處,看起來怪怪的,違反直覺判斷,甚至根本不對。一九九二年我出席一場聚會,準備拿這看法對滿座四十人提出報告的時候就很緊張,生怕這樣的看法會讓別人覺得不對勁,沒有根據。不過,我們還是探討一下這樣的看法有什麼意涵,順著走下去又會走到哪裡去吧。

假如我說的能量訊息流動之涉身的、關係的系統,便是心的源頭,那麼,「心」在這系統中究竟要擺在什麼地方呢?沒錯,我們是提議這系統是由能量和訊息所組成,而會在時間、空間、機率密度或是其他的根本條件上面出現變化。這變化便叫作「流動」。而且,這流動既在身體之內也在個體之間。

所以,對於闡明「心」大概是**何物**又是在**何處**,我們是又靠近了一步。

可是,「心」在這樣的系統裡面到底又是什麼呢?說不定能量訊息流動在個體之內、之間推展的時候,我們的心理活動根本就是能量訊息流動的一項項質數。這樣的話,這系統便是心本身的源頭。可是,除了諸如感覺、思緒、行為等等心理活動之外,除了訊息處理之外,除了意識以及意識當中的質數——主觀感覺到的質感——之外,心會不會也包含了其他的東西呢?在一般描述「心」

的常見說法之外，從能量訊息流動出發是不是推演得出心的定義呢？

要處理這些基本問題，就必須將我們提議可能是「心」的源起系統好好檢視一下。

能量訊息流動系統有三項特性：(一)任由外力影響，來者不拒；(二)會混亂，意思大致就是可能會有胡亂推展的情況；(三)是非線性的（non-linear），意思是小小的輸入也可能導出很大、不容易預測的結果。數學家界定系統是否「複雜」[13]，便是用這三項特性作標準：開放、會混亂、非線性；尤其是第三項對有些人最為重要。

有的人一聽到**複雜**就緊張。想要生活簡單一點，當然可以理解。不過，夾纏（complicated）的複雜和錯綜的複雜不一樣。錯綜複雜在許多方面其實是簡潔優雅的。

這看法之所以重要，是因為從下述幾件事實和歸納推理，會再牽連出別的意涵。這裡的「系統」，其組成單位會有交互作用。而複雜系統有一特點，便是會有迸現出來的作用——也就是系統內的組成單位單純因為交互作用便會迸現出一些別的作用。在心的系統這邊，我們提出來作為核心屬性的幾樣組成單位，也就是心的系統的基質，便是能量和訊息。這些成份是怎麼交互作用的，便顯現在能量訊息流動當中。因此當我們問心為**何物**時，有一部分就是指這東西。至於是在**何處**呢？就在我們的身體之內——在整個身體之內，不僅僅是頭部而已——也在我們的身體之間——也就是在我們

---

13 **複雜系統**（complex system）：由多種成份組成的系統，而且內含的成份會有交互作用，所以大至宇宙、生態系、社會，小至城市、人腦、細胞都屬於複雜系統，研究複雜系統的學問因而既多且雜。常見以「節點」（node）代表各組成成份，由鏈路（link）代表交互作用，而呈網絡狀。

和別人、和身處的環境、和世界的層層關係當中。

複雜系統、自動組織、迸現

接下來,我們要講的便是複雜系統會迸現的一件事,名稱很有意思,叫作「**自動組織**」(self-organization),這是直接從數學拿過來用的,指的是複雜系統在形成的時候也同時在調整自己。換言之,從系統當中出現(也就是迸現)的這過程,是會以遞迴、強化自身的方式去組織自身的推展(也就是自動組織)。

假如你覺得這一段讀起來違反直覺判斷,絕對不是頭一個。這一段的意思是說新出現的東西會回過頭去調整它出現的源頭。這便是複雜系統迸現的自動組織。

而我就忍不住要想,要是能量訊息流動推展時便是由我們的心在進行自動組織作用,那會怎樣呢?不少人都說大腦是有自動組織功能的系統,但要是心不以大腦為限,這時又會是怎樣的狀況呢?有思想家已經將「心」說成是涉身的了(Varela, Thompson & Rosch 1991)。但要是心也完全存在於關係之中呢?要是人心這系統整體不單是在頭蓋骨內,甚至連身體的體表也算不上是界線呢?這系統會不會本身就是完足的,而且是開放的、會混亂的、非線性的能量訊息流動系統,既在身體之內也在人際之間的呢?假如這樣的話,那麼迸現出來的自動組織作用要是再說成既是從身體之內也是從各個身體之間產生出來的,不就有了數學作支持嗎?所以,能量訊息流動的系統並不是一體同在兩處,而是一體便在一處,但不受限於我們的大腦和身軀。

我們的頭顱和體表不是限定能量訊息流動的界線。

然而,對於心的運作既在身體之內也在個體之間,學界或是臨床醫師在過去甚至現在怎樣也不肯這樣子說。但是早在「大腦年

代」，心只等於大腦活動這樣的觀念泛濫成災時，我對心的基本想法卻已經是這樣，始終在我心底鼓盪。

心的主觀性質是很重要，我們對這主觀性質也覺察得到，但在這些之外——說不定連訊息處理也要劃分出去——我們是不是還可以這樣子去看：是既涉身也存在於關係之中的能量訊息流動所組成的複雜系統，其天然的自動組織作用，會不會是心的某些組成的源頭呢？

那天我從海灘漫步歸來，針對這問題又再多讀了一些東西，為下禮拜的聚會作準備。結果教我興奮不已。我在文獻裡是找不到有什麼論點可以支持涉身和關係兩邊是可以連接起來的，但是從數學講的複雜系統來看，同時也把心想作是人類開放式、會混亂、非線性的生命系統的一環來看，那麼，這便是合乎邏輯的推論了。我們要是把能量訊息流動看作是心的基本組成單位，那麼，神經科學家和人類學家兩邊畢生的研究心血，還有讀書會在座的每一個人，說不定就有了連通的橋樑，可以由大家協力搭蓋。下一禮拜，我便對聚會中的四十位學者提議，大家不妨考慮一下將這說法——**有涉身的源頭、關係上的因素、自動組織力、會調節身體之內、之間的能量訊息流動的迸現作用**——當作是心某一面向的工作定義。

精簡一點的話，心的這一自動組織作用可以扼要界定為：**會調整能量訊息流動的涉身的、關係上的作用。**

而這是出現在**何處**呢？在各位的身體之內也在彼的身體之間。而這又是**何物**呢？心至少有一面——並非心整體，但是心很重要的一項屬性——可以看作是能量訊息流動所產生的自動組織作用，而這樣子出現的自動組織作用同時又在調整能量訊息流動。

至於提議將心的某一面看作是從涉身的、關係上的自動組織作用迸現出來的，雖然未能解釋主觀經驗這一質數，但說不定終究和

主觀經驗還是有關聯的，只是怎麼樣的關聯我們還不了解就是了。要不然也可能是人類生存生命（lived life）當中的主觀經驗，雖然可能是從能量流動迸現出來的，卻又獨立在自動組織作用之外。這問題我們會在往下走的時候繼續追索。

這樣的觀點並沒有辦法解釋我們的意識——也就是我們有所覺察、有知道了什麼的感覺。我們也是在這樣的意識當中覺察到「已知」（the known），甚至覺察得到「知者」（knower）。不過，意識的這幾面便像我們在覺察當中感覺到的主觀經驗一樣，可能一樣起自能量流動，但終究不是落在心的自動組織作用之內。

訊息處理也一樣，可能是、也可能不是自動組織的一環；只是，調整能量訊息流動這件事在心的每一面好像都可以連接到自動組織的作用去。我們提出來心的四大面向：主觀、意識、訊息處理、自動組織，或許全都是有涉身的源頭和關係上的因素的，但是四者確切的相互關係如何，在之後一路推進都會是我們積極質問的重點，我們會以開放的態度去探索。

就算主觀現實、意識，甚至訊息處理終究還是落在我們的身體之內，甚至說不定還以大腦的範圍為限，也不宜輕忽心在自動組織的這一面是有可能同時落在身體內和人際關係兩邊的。不過，雲端運算以及電腦互聯對訊息處理的助益——這方面的處理至少還有一部分是由人在刻意推動的——我們看的愈多，就愈敢說心在訊息處理的這面確實有既在身體之內也在之間這樣的基本條件。這些問題，連同意識及其感覺到的主觀質感，在我們往前推進之後會再作進一步的探討。

為心區分出這些面向，在探討心何物、尋求定義的時候，有助於我們做得更自由、更充分。仔細作這樣的區分，也有助於減輕鑽研心的各路學者之間的緊張對峙，大家研究的說不定是心理經驗的

不同面向，只是沒了解到各自的研究很可能是落在同一心理現實當中，只是各有所偏罷了。語言溝通加上縝密思考，應該有助於事理愈辯愈明，促進各方協力合作、銜接溝通。

期待定義搭起探討平台

我在這裡要亟力澄清一點：為「心」下這樣的工作定義絕對不是在妄加對主觀現實、意識或是訊息處理的源頭作解釋。提出這樣的工作定義只是要搭起明確的工作平台，供大家蹤身躍入心的其他重要面向去作更深入的探索。

有學者聽到這樣的工作定義就很受不了，像有教授便親口對我說，「能量不是科學概念，絕對不能拿來描述大腦。」但要是物理學算是科學，那麼能量用在科學的主張應該也算數。再有一個相關的研究人員說這樣的看法是「把心從大腦劃分開來」，「把我們的科學價值往下拉」。大家的顧慮我們固然能夠體會，但這提議在我看來走的反而是反方向的。這樣的提議是在將不同的科學領域拉攏在一起而不是劃分開來，不像當代一些作法常見的結果（參考Mesquita, Barrett & Smith, 2010）。這樣的提議其實才不是在將大腦和心理劃分開來，而是認為二者有深層的互賴關係。這樣的觀點其實在將科學慣常略而不提但在人類的生命以及人類的心理當中十分重要的基本組成拉出來——也就是我們彼此之間以及我們和生存的世界之間的關係。

人腦、人際關係、人類的心是同一現實——也就是能量訊息流動——當中的三大面向。這樣子看到的視野，就是人類經驗的鐵三角。

這樣的看法並沒有將同一現實切成分開、獨立的斷片，這樣子看其實才是看出了其間有錯綜連結的本質。

表 2-1

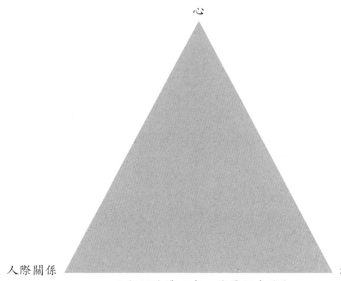

人類經驗鐵三角：能量訊息流動

　　這樣的定義也對心的「**何人**」、「**何物**」、「**何處**」、「**何能**」、「**何以**」的基本觀念有所提點。「何人」，這是由能量訊息流動在塑造的。「何物」，則在於能量訊息流動的交流、涉身和調整。「何處」，既在我們生來擁有的身體之內也聯繫到他人、他處以及自身之外的其他現實關係當中。而這些是怎麼推展出來的，也就是「何能」，我們會在下一章深入討論——不過從這樣的觀點出發，我們可以看出心便是從我們兼具在「內裡」和在「間際」這樣的性質迸現出來的。至於「何以」，這是很大的哲學課題，但從複雜系統的觀點來看，何以說不定也只是複雜這性質的迸現作用產生的結果，也就是自動組織這作用。

　　再來，心的**何時**問題又該怎麼看呢？我們對**何時**的感覺是隨能量一刻接一刻不斷迸現而推展開來的——即使在省察過去或是想像

未來也一樣。迸現就出現在當下這一刻、在接下來的當下一刻、又再接下來的當下一刻。放在經驗的層次來看，流動便是當下這一刻從未定的狀態推展到迸現再推展到定型，我們已經談過，這也是在重新設定「未來」、「現在」、「過去」的觀念。假如時間並不是不斷流動的實存，那麼，**流動**一詞依我們的定義就可以看作單純表示變化。沒錯，事物是可以隨時間推進而變化，但是變化是在空間當中推展開來的，甚至還是在能量訊息的其他面向推展的，像是在機率密度曲線上的位置一直在變。型態有變，機率密度有變，能量於諸多面向有變，例如密度、振幅、頻率、甚至形式，這些都是能量流動在引發的。

　　所以，當下這一刻便只是當下這一刻。變化幾乎是必然的。而這變化可以出現在我們說的時間——假如我們說的時間真的存在的話。變化也可以出現在空間，或是出現在能量本身的種種屬性當中。要是訊息在以符號作代表的時候，變化也可以出現在訊息上面。例如認知科學常說訊息本身會再推演出進一步的訊息處理。「**心理表徵**」（mental representation）這用語本身便比較像是動詞而非名詞——像是記憶的表徵好了，也就是記憶的**代—表**（re-presentation），會再產生別的「再—代表」，也就是回憶起更多事情，接連迸現更多記憶、回想、思緒、感覺。一

件件事情從當下一刻又
一刻不斷推展開來，能
量訊息流動無止無休、
不斷迸現，便造就了我
們。潛能轉化成實然，
機率就跟著變化。

關於心**何時**的謎團
和神奇，我們會在之後
的旅程再深入追究。但在目前我們可以想一想：「心」可是一刻接
一刻不斷在出現，而且，從能量訊息流動迸現出來的心理生命，面
目可能千變萬化——這千變萬化還持續不斷出現在當下這一刻——
而為心的何時面向添加了一層立刻、即時的感覺。我們講話的時
候、想事情的時候，甚至在我們記起過去積累的一刻又一刻現在進
而回起想已經消逝的定型時刻，或是想像未來開放未定的時刻，我
們的迸現便一直在推展，因而體驗到生命便是現在這一刻在迸現，
然後又再迸現現在這一刻、又再迸現現在這一刻。變動和轉化始終
都在迸現，就在一刻又一刻的現在，無止無休。

我提出來的工作定義大夥兒一致接受——這可是四十位術業各
有專攻的人士，涵蓋的學科相當龐雜呢。之後我們繼續定期聚會，
針對我們的心和大腦討論各種天馬行空、稀奇古怪的想法，維時長
達四年半。

2-2　心的系統：複雜系統，迸現作用，
　　　因果關係

假如我們把心想成是內含交互作用、成份錯綜連結的系統當中

的一環，而該系統涵蓋我們的身體、大腦還有生存的環境，社會關係也包括在內，那麼，心所在的系統何以看似一體同在兩處，說不定就有辦法調和了。為了要了解心的系統可能就是這樣，我們要先探討一下系統科學。

我們先從一般的系統開始。系統是由基本單位組成。這些成份會改變，會轉化，會在自體內有相交作用，若是開放的系統，那還會和周遭的世界有交互作用。例如雲便是這樣的開放系統。雲的基本組成單位是水分子和空氣分子。這些分子會交互作用、會變化、會改變形狀、會在空中移動。雲之所以叫作開放系統，便是因為雲會因為外在事物而受影響，像是下方的溪流、湖泊、海洋蒸發的水還有風、陽光等等。雲的形狀因為這些外在因素以及內部的空氣分子、水分子的作用，以致出現在空中的時候一直在變，始終不停。

系統的類型和規模都不會一樣，變化多端——有的是封閉式的，很龐大，例如宇宙。有的就是開放式的，規模大不到哪裡去，像空中的雲朵。人體也有許多系統，例如心血管系統、呼吸系統、免疫系統、消化系統等等。人體也有神經系統，而這便是開放系統的另一例子了；包裹神經系統的人體甚至人體之外的東西，像是各位現在在讀的這些字句，都會影響人體內的神經系統。其實神經系統的細胞是從胚胎的外胚層（ectoderm）——也就是胚胎的外層——長出來的，所以，我們的神經系統就像我們的皮膚，等於是內在和外在環境的介面（interface）。神經系統既然是身體的一部分，自然存在於整個身體的大系統當中。而身體由於是開放系統，也就會和大環境有交互作用。所謂「**內在**」、「**外在**」，不過是在為我們這開放系統的諸般面向在空間劃分區位罷了，而我們這開放系統可還是在日常生活當中不斷在推展的。

從系統科學理解心

至於心的系統，我們不妨以開放的態度來看，而不要把它限定在頭部內的神經系統這樣的內在面向就好。神經系統是有一部分確實就在我們的頭顱裡面——也就是我們簡單叫作「**大腦**」的。神經活動在頭顱裡面透過連結（linkage）而將大腦內部隔得很遠的

部位也可以錯綜連結起來。個別的細胞，也就是神經元，以及支持神經元的神經膠質細胞（glial cell），本身便是微觀系統（micro-system），包覆在細胞膜裡面。不過，即使這些細胞系統也是開放式的，是錯綜連結的，和身體其他細胞不論遠近也都有互賴的關係。一叢叢細胞集合成的神經核（nuclei），連接起來便形成一個個神經中樞（center），神經中樞又再屬於更大的神經區。有的神經元負責將各自分立的神經核、神經中樞、神經區連接起來，形成神經迴路（circuits）。這些大大小小的神經叢又可以再分成兩半邊，錯綜連結，而形成左右兩個腦半球（hemisphere）。

如此這般，從微觀系統到宏觀系統（macro system），神經系統便是由一層又一層具有交互作用的單位組織起來的，各單位本身又再是開放的子系統，將各自的結構和功能嵌合成更大的開放系統。這般錯綜連結的狀態，現在已經有了名稱，叫作「**連結體**」（connectome），顧名思義就可以知道頭部內的大腦本身便自成一個系統，是由許多錯綜連結的局部所組成的，進而又可以知道大腦在各部位之間發揮功能是怎樣的方式。而這樣的「頭部腦」（head-brain）又會再連接到神經系統的其他部分以及整個身體。我們現在甚至知道腸道內的細菌細胞，也就是我們的「生物群系」（biome），對頭部內的神經元，也就是大腦，在日常生活的功能也都有直接的影響。

不過，不管有什麼形形色色的事情在決定神經放電，大腦活動究竟是怎麼回事呢？要是再往下拉到細胞這一層來看，這問題就會變成神經放電到底是怎麼回事了。有些人可是相信神經放電便是心僅此唯一的源頭。而神經系統內的這一個細胞子集，同時也是人體的生理系統——**身體系統**——當中的一個子集，到底是做什麼的呢？**神經放電**，到底是在指什麼呢？

依我們目前的了解，所謂神經活動最基本便是指神經的基礎細胞，神經元，透過「電子化學能量轉換」（electro-chemical energy transformation）這一類的能量流動在活動、在連接彼此。不論這是在細胞膜這一層的「動作電位」（action potential），還是深埋在神經元內的「支撐細胞的中空圓柱體」微管（microtubule）中的能量作用，細胞和次細胞（sub-cellular）這兩層都會有能量變化出現。「動作電位」是由叫作「離子」（ion）的帶電粒子在神經元的細胞膜內外進出而產生出來的。這樣的流動相當於一電荷量，在輸送到長軸突（axon）的末端時，會有一種叫作「神經傳導物質」（neurotransmitter）的化學物質釋放到「突觸」（synapse）去，也就是兩個神經元之間的空隙。這一分子像是一把鑰匙，由下游神經元細胞膜上的受體（receptor），也就是或在樹突（dendrite）或在細胞體上負責接收的「突觸後神經元」（postsynaptic neuron），像鎖頭一樣接收過去，而會啟動或是抑制突觸後神經元的動作電位起始。不論是在細胞膜這一層，還是神經元以及其他細胞本身的內部組成單位，有待研究的其他作用可能還有很多、很多。但是，目前一般認為大腦活動便是由一種簡單叫作「電子化學能量」的東西在流動而製造出來的。我們用磁鐵和電力儀器便可以測到這樣的大腦活動；用磁鐵和電力刺激也可以影響這樣的活動。所以，這樣的能量流動是真實的、可測的。

　　所以，我們起碼可以說大腦活動是和能量流動有關聯的。

　　能量流動的型態要是代表別的東西，那我們便叫它「**訊息**」。依大腦科學的用語，科學家用「**神經表徵**」（neural representation）來表示某一類神經放電的型態代表了別的事情。如前所述，這是「代—表」，而不是原本的表現。至於心，我們用的便是「**心理表徵**」。大腦活動是由什麼構成的，最簡單的界定便是

這樣：能量訊息流動。

　　至於這樣的大腦活動，也就是神經放電，是怎麼變成主觀的心理經驗，那就還沒人搞得清楚了。如前所述，這是我們人類的一大未知項，而且是不常去討論的未知項。我們當然假定有朝一日我們會弄清楚大腦活動是怎麼產生出「心」的，但在目前，還是應該把這看法當作僅僅是猜測才好。儘管如此，我們還是有相當堅強的證據可以說大腦放電不管怎樣就是和意識、和情緒、思緒一類的主觀經驗，和覺察底下的無意識訊息處理，甚至和語言這樣的客觀輸出以及其他外在可見的行為，都有關聯。

　　既然大腦活動就像我們剛才描述過的其實便是能量流動，那就拿這樣的科學發現作起點，看看是不是可以循邏輯推理走到我們提議的放大版論述去。所以，我們不妨假設能量流動不知有什麼就是會孕生、引發、放任或者是推助心理生命迸現。這是很大的假設，但是很常見的認定，我們就試用一陣子看看會走到哪裡去好了。這其實便是現代科學的立場。心理運作是從神經放電來的。可是我們在此還要特別說明一下，就算會害各位覺得一講再講很嘮叨也罷：至今還沒有誰可以證明能量流動的物理作用，相對於我們生存生命當中的主觀心理經驗，二者是互有關聯的。一個人也沒有。有許多研究者是相信依他們的方向會走到證明這一步，說不定也真是如此，只是，目前還沒有誰真的知道這是怎麼回事。現代科學做的好像便是將「神經活動產生心理」的過程限定在頭部之內。所以，在此不妨就檢視一下假設心的起源一概是由頭部獨佔這樣的主張吧。

　　能量訊息流動既然是大型神經系統的一部分，自然不僅限於頭部，而是通行於身體各部位的。「平行分佈處理」（parallel-distributed-processor；PDP）系統是大腦當中像蜘蛛網一樣錯綜連結的神經迴路集合，連接到分佈整個身體的神經網絡，像是複雜

的自主神經系統及其分支出去的交感和副交感神經系統，心臟的內在神經系統，說不定連腸道複雜的神經系統也都在內（Mayer，2011）。舉個例子，經由研究可知，我們的腸道便有神經傳導物質例如「血清素」（serotonin），聯合生物群系，也就是寄居在人體消化道內的有機體，一起對我們的健康和心理狀態——也就是我們的思緒、感覺、意向、甚至行為等等——產生直接的影響，像是決定我們會伸手拿什麼來吃。（Bauer et al.，2015；Bharwani et al.，2016；Dinan et al.，2015；Moloney et al.，2015；Perlmutter，2015）。

心的運作涵蓋整個神經系統，且超越體表

由此，我們可以接下去想的問題自然就是：假如產生「心」的系統，像許多現代科學家提議的那樣，不管怎樣就是和頭部大腦內的神經活動分佈各處的能量流動有關聯，那麼，範圍更大、更基本的「能量流動產生心理運作」的過程，為什麼不能涵蓋整體的神經系統呢？假如心便是能量流動的產物或特性或一面——只是何以如此還沒有定論——那麼，從能量流動迸現出來的心理運作又為什麼要限定在頭蓋骨內，甚至限定在神經系統之內呢？畢竟能量流動也出現在頭部以外，甚至超出了我們神經連接得到的範圍。所以，頭部憑什麼就是心唯一的起源呢？這一「能量流動導出心理運作」，會不會也包括神經系統整體呢？而且，這樣的能量流動難道不能、難道不應該也涵蓋身體其他多處部位嗎？

所以，視野放大來看，我們現在應該要說心是全然涉身的，而不是單在頭蓋骨內的。

也因此，對於「心」起源的系統——心也是這系統的一面——我們最起碼也應該要建議主張這系統的基本組成有能量流動這一

項。而這能量有的時候還會等於或是代表其他的東西，這時候我們就說這能量帶有訊息了。所以，能量訊息流動是有可能帶有心不可或缺的成份在的。

這觀點雖然不太通行，不過我們可以這樣子來想：我們的心和能量訊息流動可能有基本上的關聯。如前所述，假如我們進一步想像這樣的心的系統是擴張出去的，超出身體體表之外、超出單一頭顱之外，甚至超出單一的個人之外，而有某種擴散，那麼心應該一樣會在這樣的擴散當中從人、我交流的能量訊息流動交織出來的社會關係迸現出來。這樣子想，我們對於心的基質大概會是什麼，就能有廣闊一點的領會了。而這時，心難道就不可以看作是嵌合在我們和他人、和環境的關係當中的嗎？從這樣的立場看到的心，既是全然涉身的，同時也嵌合在關係當中。這樣並不是在說大腦的活動不過是在回應他人發送過來的社會訊號；而是說心理除了會從身體之內的聯繫出現，也會從社會關係當中出現。產生能量訊息流動、決定能量訊息流動的，便是這樣的社會與神經聯繫。

所以就系統來看，能量流動不以頭顱或是身體體表為限。

而能量訊息流動既然涉身又嵌合在人際關係當中——不僅限於頭蓋骨內——便顯見我們提議為心的源頭系統涵蓋的是比較廣闊。假如這樣的看法沒錯，我們自然可以直接說心既是涉身的，也是存在於關係中的。

主張心具有關係上因素不算是新見解，不少社會學家、人類學家、語言學家、哲學家都可以為證。然而，看待心理的社會角度和神經角度這兩邊是要怎樣結合起來呢？當代不管哪一時期，都有社會神經科學家也領會到了人際關係的作用。只不過即使神經生物學的這一分支——神經生物學又是生物學的分支——往往也把心理

當作是大腦的活動而已，至於所謂的「社會腦」[14]，不過是在回應社會刺激罷了，一如大腦回應物理世界的光線、聲音，這樣我們才會看、會聽。依這司空見慣的說法，大腦不過是在針對大腦之外的刺激作反應，至於這刺激是物理這方面還是社會的，都一樣。所以放在當代這一路神經科學的視野當中來看，大腦活動依然是心的源頭。

但我在此建議大家至少考慮一下：心並非僅僅是大腦製造出來的，連社會腦也不是。我們的心，可能是從層級更高的系統運作當中迸現出來的，而不單是頭蓋骨內的事。

心的系統包含複雜系統內的能量流動，只是這樣從複雜系統迸現出來的東西，怎麼會和因果關係的感覺、和自由意志、選擇、變化的觀念有關聯呢？

量子力學的觀點

我們因為探討因果關係而創造出新知，為我們打開門戶，在世界施展新的運作，像我這時候就搭乘飛機繞著我們的星球跑，甚或還有人可以離開我們的星球前往太空中的目的地。物理學有一分支，「量子力學」（quantum mechanics），專門在探討能量的性質。量子力學便發現，現實是由一連串機率（probability）組成的，而不是古典物理或叫作牛頓物理說的絕對確定（absolute certainty）[15]。雖然量力物理有這樣的發現，但是物理學家針對「非

14　**社會腦**（social brain）：一九七〇年代科學家從靈長類的大腦在軀體所佔的比重比起其他脊椎動物都要特別大，而認為這靈長類為了應付特別複雜的社會才有的結果，是謂「社會腦假設」（social brain hypothesis）。美國精神病學家、神經科學家蕾思莉・布拉勒斯（Leslie Brothers）在一九九〇年甚至指明人的大腦有一組區域：杏仁核（amygdala）、眼眶額葉皮質（orbital frontal cortex）、顳葉（temporal cortex），專司社會認知，而叫這一組區域為「社會腦」。

15　在牛頓力學的物理世界當中，有「拉普勒斯惡魔」（Démon de Laplace）一說，指宇宙在現在的狀態既是過去的果也是未來的因，只要條件皆屬已知，就沒有機率一席之地，也就是「命定

定域性」或是「纏結」作用[16]所作的研究，卻又發現我們在此處改變電子的旋轉時，隔得很遠的彼處竟然會有電子幾乎同時跟著出現變化。這中間有前因後果的關聯嗎？有的人說有，有的人卻直接說這樣的發現——如今連質量（mass）也證實有這樣的現象——顯示即使我們看不出來其中有什麼關聯，事物錯綜連結的關係卻可能很深。而事物要是有錯綜連結的關係，就可以看作是有前因後果的影響。這裡有元素受到影響，那裡的元素也跟著受到影響。

所以，大腦會怎麼放電，可以看作是人的心在引發的；而人的心推展出怎樣的型態，也可以看作是大腦在引發的。心和大腦可能是錯綜連結的，可能會相互影響。至少我們現在知道因果關係的推演方向不要看得太死，前因後果走的方向是會變的——這一點十分重要，錯綜連結的事物是有交互作用的。以飛行作例子來看好了。我們知道重力（gravity）——關於重力，我們其實也還沒完全摸透呢——是力的起因，製造出小物體朝大物體靠近的運動。就像地球。我現在可以搭乘飛機升空航行，就是因為機翼形狀的結構特徵結合了力的原理，使噴射氣流於推動飛機前行的時候，也在機翼下方製造出大於機翼上方的壓力，托住飛機不往下掉——幸好如此。這便是機翼上方、下方空氣的壓力差對飛機飛行有因果的影響。奇妙吧？這全是人類憑心智想出來的呢。

人類的心智甚至發現重力一如速度會改變相關的「時間」作

論」（determinism）。但在二十世紀初期物理學界卻發現次原子層級的物理現象違反命定論，一概屬於隨機，古典物理的客觀絕對在量子力學都是以機率表現的不確定狀態。

16　**非定域性**（non-locality）：依照古典物理的「場論」（field theory），一個物體要影響到另一個物體，必須要有波或是粒子穿過兩物體間的空間才會造成影響。這叫作「定域性原則」（principle of locality）。可是量子力學卻有「纏結」（entanglement）現象打破了這一定理，是謂「非定域性」。這是說一對有交互作用的耦合粒子即使相隔很遠，若移動其中之一的位置，另外一個也立即跟著移動，這是愛因斯坦在一九三五年提出來的「詭異」現象，因為交互作用的速度超過了光速。這是屬純屬量子獨有的現象。

用[17]。沒開玩笑。重力和速度是會改變相關時間的性質。單單有這樣的發現便教人驚歎。我們對複雜系統的理解，一樣是由我們始終在好奇探究的心智創造出來的。只不過在複雜系統這裡，拿重力和速度作線性的因果思考就未必管用了。舉例而言，天上的雲朵是複雜系統，有其基本組成，空氣和水分子。雲朵之所以複雜，是因為雲朵這三項條件齊備：接受外來影響，會混亂，非線性。雲朵是開放任由風、陽光、水蒸氣去塑造的；而水分子還可以胡亂分佈；所以，小小的輸入也會導致難以預測的大結果。

例如雲朵變化萬端、無止無休的壯麗奇景，便是由空氣和水分子構成的複雜系統迸現的自動組織在創造的。沒有造雲機之類的東西在負責設計，也沒有重力這樣的力量在決定某一時刻雲朵會是什麼樣子。雲朵推展成什麼樣子，是迸現的結果，一刻接一刻不斷出現。水分子不算完全隨便亂來的，但也不是一個接一個乖乖排成直線的。

放下線性的思考慣性

自動組織不必靠設計師或是程式來進行。換言之，自動組織不是由什麼東西在促成的，它要迸現就迸現。自動組織是複雜系統固有的迸現作用，是系統中的複雜性自然出現的功能。自動組織的作用就在於不斷遞迴，不斷回頭去調整它所製造出來的東西。

要是有人就是放不下前因後果的線性觀念，讀到這裡大概就會倒退一步說，「欸，丹尼爾，為什麼迸現不是促成自動組織出現的**成因**呢？」假如各位把「迸現」想成是單純因為系統複雜而出現

17　重力一如速度會改變相關的「時間」作用：物理學有「重力時間膨脹」（gravitational time dilation）的學說，最早由愛因斯坦的相對論提出，後由廣義相對論實驗證實，指時間在宇宙不「重力」同區域的行進速度不會一樣，時空扭曲率因重力而變大的時候時間走得就比較慢。

的，那就未必要用前因後果的觀念來看。迸現不過是這樣的系統自然就會出現的狀況。這樣的系統並未真的導致迸現產生，而是迸現不管怎樣就是會出現。

　　自動組織是複雜系統自然就會生成的作用，還會把系統的複雜性愈放愈大，而在系統持續生成的過程當中不斷把系統推展得愈來愈複雜，一路從一刻又一刻的未定推展到迸現再推展到定型，一直在遞迴、在塑造自己。

　　假如有人就是愛作線性思考，認為天下事無不是因為甲而產生乙，這時自然還會再說，「喔，那麼那是系統裡的複雜性導致自動組織迸現，而這樣子去形成天上的雲的。」但要是各位願意敞開心胸，不排斥非線性思考，那麼，這樣的話各位可是講也不會講、想也不會想，而是立即便能領會自動組織是從系統自然生成的。自動組織並不真的是依照「甲**導致**乙」這樣的線性觀念而由系統產生出來的。自動組織只是複雜性本來就會有的東西。

　　有了自動組織是迸現來的這觀念，我們就可以理直氣壯拿違反直覺判斷的遞迴來丟掉各位很愛用的因果觀念。為什麼呢？就因為能量訊息流動；心很可能就是從能量訊息流動迸現出來的「質數」，之後再以自動組織作用回過頭去調整心的源頭，之後又再生成，又再回頭去自動組織，又再生，又再自動組織，如此這般往覆不斷。所以，我們是要怎麼說哪一個導致哪一個出現的呢？自動組織便是由自動組織製造出來的自動組織在製造的。這便是生命固有的遞迴屬性，也就是我們迸現之後又再回去塑造我們迸現的同一經驗。

　　所以說心搞不好自有其心理運作，大概就是這樣子的吧。各位可以體驗到自己的心，可以指揮自己的心，但就是沒辦法徹底控制自己的心。所以，我們才提議人的心是能量訊息流動迸現的自動組

織作用，而這能量訊息就流動在各位之內、在各位之間，以及各位和他人、和生存的世界的關係之內。

之後，我們會再探討自動組織會牽連出一組十分有趣的事。不過，目前大家還在吸收這些想法的第一階段，所以我還是先請各位想一想這一點就好：那就是放輕鬆，不要一個勁兒的找前因後果。自動組織就是會自動冒出來。我們可以削弱它，我們可以加強它，但是不管怎樣，它在複雜系統流動的時候就是會自動跑出來。

我們在追索心的自動組織運作時，千萬要記得有的時候我們必

須讓出路來，免得妨礙到自動組織。也就是說，我們要是像俗話說的順其自然，自動組織自然便會出現，不需要指揮，不需要設計，不需要什麼理事會的什麼長官去發號施令。不需要去找起因，不需要去找負責人，不需要找總管。自動組織不需要起因便能出現——只要我們讓出路來，系統自然便會有所迸現，而開始自動組織。也就是因為這樣，省察一下自己對於找出前因後果為什麼這麼執著，應該有一點用；要懂得放手，至少有的時候要懂得放手，任由天然的自動組織作用順勢推展。

2-3　省察提要：能量訊息流動的自動組織

針對多面的「心」的其中一面提出這樣的工作定義，不僅有利於大家深切合作，身為臨床醫師的我在診治病人的時候，也覺得像是戴上了新的鏡片去體驗、去看待他們的生活。有了新觀點，不表示原本位居核心的主觀經驗以及我們在親近關係上對此所作的分享就要退位；這樣的新觀點只是為心又再添加一層面向，而這一面和主觀可能有關，也可能無關。我們在意識當中雖然感覺得到生存生命內含的主觀質感，不過，後文便會論及，我們覺察的經驗是十分豐富的，大於內在感覺到的一切。心包含主觀經驗，包含我們之所以知道有那主觀感覺的意識整體，包含訊息處理，包含意識之內或是意識之下的訊息流動。

自動組織和意識以及意識的主觀經驗，可能有關聯也可能沒有。如前所述，我們怎樣思考，怎樣記憶，怎樣對世界形成概念，怎樣解決問題，這些連同其他別的一概都涵蓋在訊息處理之內。然而訊息處理是不是也落在自動組織當中呢？還是個別分立在自動組織之外呢？自動組織至少在表面看起來像是和心的訊息流動這一面

搭配得最為密切。

體驗主觀經驗的迸現

在這裡我就要請各位細想一下，到目前為止，我們探觸到了怎樣的根源。心說不定就是能量訊息流動迸現出來的；就這一點各位有何感想？各位感受得到自己生存的經驗當中迸現出來的主觀質感嗎？各位體內有能量在流動時，感覺得到那動勢嗎？那一刻接一刻的變化又是怎樣的呢？覺得自己活著的主觀感覺，說不定便是從能量流動迸現出來的。而能量流動在代表別了的東西時，也就是能量流動變成訊息時，此時在自己的主觀經驗當中感覺得到能量的型態是在「代一表」別的東西嗎？能量，還有「能量訊息」，一刻接一刻不斷迸現的時候，我們在自己的心理經驗當中應該是感覺得到的。

能量流動會迸現出來的幾樣作用當中，主觀經驗便是其一——這僅只是我們的提議——不過，已經由數學確立的自動組織作用也在能量流動的迸現的作用之列。假如各位想一想自己過的日子，是不是感覺得到一整天過下來好像不知有什麼在幫你組織能量和訊息流動？「你」這個人未必需要時時刻刻替自己打理一切，即使覺得好像需要。假如心的運作包含了自動組織的作用，那麼這作用自然會出現在生活當中。自動組織不需要指揮。有的時候我們放手不管，事情推展得反而更好。

所以，初步而言，我們是在將這系統的基質，也就是能量訊息流動，挑出來作為心的可能源頭。這是我們作的提議，我們現在就要將這提議的基礎剝開幾層來看。

主觀在能量訊息流動當中出現，可能就像質數一樣無可化約。意識和能量訊息流動說不定也有關聯，我們很快便會再深入探討。

心腦奇航：從神經科學出發，通往身心整合之旅

訊息處理則是能量訊息流動先天固有的。所以，心在這三方面——訊息流動、意識、主觀感覺到的生存生命——每一面都有可能是從能量訊息流動迸現出來的。

　　將心這麼多面都看作是能量訊息流動迸現出來的，有助於將心的內在面和人際面緊緊連接起來。由於能量和訊息既在身體之內也在個體之間，所以從中迸現的作用亦然。而將心看作既涉身的也是存在於關係中的，便有助於大家跳脫「心等於大腦活動」這般恐怕太簡單也限制太大的觀點，而讓研究文化的人類學家、研究群體的社會學家、甚至心理學家，還有像我這樣專攻家庭互動及其對兒童發展影響的精神科醫師，對於心能有互通的觀點：也就是人心除了源自生理、涉身的作用，也可以是源自對外的關係。換句話說，人的心是可以看似一體俱在兩處的，而這兩處又一併落在同一系統當中，這系統有錯綜連結的組成單位無法劃分。放在現實裡看，這並不是兩處地方，而是能量的同一系統而且會作流動。

　　這樣一來，就教人不禁要想一想劃分神經元突觸、細胞體（soma）的界線，劃分自我、社會的界線，這些都不必像舊日的模型，例如以前我在醫學院學到的「生理心理社會模式」[18]那樣，切得那麼僵硬。將心看作是迸現出來的，這模型的效力會很強大；而說心有一面是迸現出來的自動組織作用，會去調整能量訊息流動，對於背景形色色差別那麼大的一群人要集思廣義也是很雄厚的助力。我們先前已經主張心有一面向便是自動組織，而且以之作為「心」的工作定義，並不是在把心理經驗像是意識以及意識當中對

---

18 生理心理社會模式（biopsychosocial model）：由美國羅徹斯特大學（University of Rochester）醫學中心、醫學院的兩位醫生，喬治・恩格爾（George Engel；1913-1999）和約翰・羅曼諾（John Romano；1908-1994）於一九七七年合力提出，分從生理、心理、社會三方面以及三者的交互作用來了解健康、疾病、醫療。

於生存生命感覺到的主觀質感，或是思緒、記憶之類的經驗，排除在資訊處理之外。心理生命的這幾方面說不定有一天也可以看作是在自動組織之內的，但也可能不可以。無論如何，就當時的情況而言，有四十位科學家，學有專攻而且領域涵蓋很廣，竟然能夠集合在一句話的大旗之下，至少為心的這一面作出定義，堪稱壯觀的大集合。

心好像有「它自己的心」

這裡，我要再請各位想一下，是不是有的時候你就是覺得自己的「心」好像有「它自己的『心』」[19] 呢？舉例而言，假如訊息處理這樣的心理活動，像是思緒或是情緒，經研究發現其實便是落在心的自動組織當中，由於是屬於迸現的作用，那感覺起來自然就是自動出現的，而不必由什麼東西或是什麼人像是你自己去作指揮。這樣子說就像似曾相識了吧？這便是迸現作用給人的感覺——不需要有指揮作控制便會出現。換句話說，這中間沒有線性的因果律可言。心的自動組織作用會自行出現，也會回頭去調節自己。這就叫作遞迴性質，自己會自動加強自己的生成。各位可能覺得這樣的經驗就像是眼睜睜看著自己的生命一路推展，在自己之內、也在自己的對外關係當中，自己卻不必去當交響樂團的指揮或是電腦程式設計師。沒錯，自動組織的功能便是這樣。各位說不定感覺得到自己觀察到、注意到、辨認到了這樣的情況，即使有的時候各位根本就不想去控制這情況。這時候各位不過是把路讓出來，隨事情自己去自動安排。

但有的時候各位會不會也注意到事情發展得太離譜了，而覺得

19　**心好像有「它自己的心」**：美國神經科學家理查・雷斯塔克（Richard Restak；1942）於大腦年代出版過一本暢銷名著談大腦，《大腦有其心理》（*The Brain Has a Mind of Its Own*；1991）。

　　　心腦奇航：從神經科學出發，通往身心整合之旅

自己一定要出面行使意志進行控制不可？這大概就是意識中的意向插一腳進來了，也就是我們把意識和意向叫出來影響自己的經驗；這一點我們到後面幾章會再作探討。

意向和自由意志會影響我們的心理生命，不過恐怕未能完全控制。以我來說，以主動參與進行影響再加上天然固有的迸現作用，就十分契合我對自己心理生命的主觀感覺了。那各位的經驗是不是就契合呢？

心有自動組織作用，表示各位的心除了是從能量訊息流動迸現出來的，同時也會倒回頭去調整能量訊息的流動。為了處理這重要的課題，我就要請各位探討一下在概念架構（conceptual framework）當中，還有在你自己思索的時候，你的「心」是怎麼推展開來的。我要請各位看一看物理科學針對能量提出來的幾類觀點，都很有意思。我們接下來談這些觀點的時候，各位不妨試試看這些科學概念是不是能和自己生命的主觀經驗交織起來，甚至和你在當下讀到這些觀點時的感覺交織起來。我們拉近到切身的層次，深入探討一下一些物理學家對於能量流動的說法。能量的物理性質，先前已經提過，在許多物理學家眼中可以歸納為：可以去做什麼的「潛能」（Arthur Zajonc & Menas Kafatos，私下談話）。能量分成許多形式，從光到聲音再到電力、化學轉化，在所多有。能量也分成許多頻率，像聲波就有高音調到低音調，可見光也有色譜。我們看到的紅光或是黃光同樣都是光，只是波長的頻率有別。能量也有振幅的差別，從靜音、微光到刺耳的雜音和強光。振幅甚至密度都是用來表示強度的質和量的。能量也會有形狀、有質感，像光或聲音就有脈衝（pulse）、顏色、對比，這些都叫作能量的輪廓（contour）。

所以，我們看到能量具有多種性質：例如頻率、形式、振幅、

密度，形狀或是輪廓，甚至位置。我們的大腦、身體部位、身體本身和他人之間都有能量流過；我們的身體本身和生活的大環境間也會有能量流動。

能量在影響世界之際，在時間以及能量的各方面——例如密度、輪廓——也會有變化。像我在寫這些字句給各位看的時候，能量就在我的神經系統當中轉化，啟動我的手指頭打下這些字句，存入檔案，最後送到各位面前，有印成紙本的，有呈現在數位螢幕上的，也有轉換成空氣傳播的聲音的，端看各位是從怎樣的途徑接收我傳送過去的能量。這便是流動。這中間有變化——位置的變化，也就是從我傳送到你那裡去；甚至有幾樣屬性也會改變，例如形式或是頻率。

先前已經談過，訊息可以看作是具備符號值的能量型態。心的訊息處理作用是從能量變化的曲線型式，也就是流動型態，將曲線上面代表別的東西的能量提取出來。這東西，我們就叫作訊息。不過，要是說能量屬於根本，那麼訊息似乎又是獨自從心理生命迸現出來的。能量自有其曲線型式，自有其多種屬性，帶不帶訊息值都一樣。

能量流動的型態涵蓋輪廓、強度、頻率、形式等等變化。這裡提出一個新的字首縮寫以便記憶：CLIFF。所以，在說起我們可以調整能量訊息流動時，說的便是我們可以監控、調節能量的「輪位強頻式」（CLIFF），也就是感受到能量的輪廓（Contour）、位置（loocation）、強度（intensity）、頻率（frequency）、形式（form）而且加以塑造。

我們內在的能量、我們和別人之間、和大環境之間的能量，都是可以調整的。所謂調整包含了「感受」和「塑造」這兩道過程，就像騎腳踏車或是開車，針對要去的地方改變車行的速度和方向。

心腦奇航：從神經科學出發，通往身心整合之旅

但這是在空間當中調整運動。我們在調整能量訊息流動的時候，卻是在自己的體內、在彼此之間、在自己和外界之間，對能量進行監測和修正。能量調整——心自動組織的基本功能——既出現在身體之內，也出現在身體之間。

對於我們的心是怎樣在生活當中時時刻刻都感覺到能量的流動、在塑造能量的流動，利用這一組「輪位強頻式」變項來得出概念相當好用。

不過能量另有一面就比較抽象了，但是對於大家思索心是怎樣從能量流動當中迸現出來，又是怎樣去調整能量流動的，一樣切中所需。

心也是一種可能性

能量就像我們先前討論過的那樣，也可以看作是一片遍佈潛能的地方。這些潛能在一些量子物理學家眼中便是宇宙最基本的性質，而可以看作像一道山陵線那樣由無窮無盡的潛能這一頭迤邐到另一頭，而由一樣潛能冒出來成為確定的現實。這樣子看的話，能量流動的現實——也就是能量是怎麼變化的——就可以像先前略略說過的那樣，視作能量從或然轉化為實然的運動，也就是在一大片潛能當中，種種的或然有一樣得以實現。而這時能量還是會繼續流動，因為能量也可以回頭再變回去成潛能。很抽象也很怪？我知道，但這也是許多物理學家眼中宇宙真正的本質。等我們推進到後文開始詳細探討意識的經驗時，會再回頭來談實然這樣從一片潛能的汪洋當中浮現，由意識本身來看，說不定會帶出很刺激的可能發展。

我們一般是活在古典牛頓物理的分析層次上的，看的是大東西，想的是明顯可見的力如何在塑造我們的世界，例如一輛車沿著

高速公路開下去或是飛機在空中飛。但是還有另一層次，量子力學，帶我們看出世界並不是滿滿的絕對，而是或然和機率。其實現代的財務金融以及先進的運算技術便都是以量子理論為基礎的。我提起這些，是因為把心看作是從能量流動迸現出來同時也在調整能量流動，那就需要想一想這裡提出的能量流動到底是什麼。

心的基本組成，能量和訊息，可以看作是比飛機、卡車要小，比大腦要小，甚至比神經元都還要小的單位。所以，雖然我一再確認我這時候搭乘的飛機是依照主流的古典牛頓物理定律設計出來的，我們可以放心，依照重力和氣流的特性，我們一定會浮在空中不往下掉。但是人的「心」就不太一樣了。舉個例子吧，我們這飛機在下午準備起飛之前，有技師按錯了按鈕，搞得緊急逃生滑梯彈出來。

技師的「心」畢竟不像飛機精密、穩固的結構。他可是會分心的，說不定是在想剛才和同事吵架，或是家裡有孩子教他很煩惱，再要不就是其他成千上萬的心思或是感覺忽然冒出來，片刻就足以害他一時失神，注意力不集中。而注意力——這可是能夠指揮能量訊息的流動的——便攸關心的基本運作。

所以，技師在他的覺察當中的「知道」這一部分，在那一刻說不定不是完全投注在切實檢查飛機狀況。也就是他的注意力分散掉了，他的覺察填滿了別的能量和訊息，以致他自動伸手去按按鈕，想也沒想，渾然不覺他啟動了逃生滑梯，結果嚇了大夥兒一跳，害得我們得在幾小時後搭乘另一架飛機。這便是量子力學講的一系列機率密度。所以，心的主模式說不定是量子力學的機率而不是什麼牛頓的壓力定律。把古典物理學應用在人心上面，就表示心的某一部分要是壓迫到另一部分，結果應該可以預測，跟我們身在五英里的高空不會掉下去一樣確定明白。我們當然希望飛機是牛頓式機

械——根據的是已知的作用力定律，可靠、可以預測。只是，心未必依照這樣的古典物理觀念在運作。

現實的量子性質或者說是機率性質，在愈小的東西愈容易看得出來，雖然我們也已經在大一點的東西發現量子的性質了，但也不過是大於一粒原子罷了。機械師的心理組成比飛機的機身要小，所以不太可能就變成了有此可能，以致於砰一聲逃生滑梯就彈了出去。我看現在乾脆幫他取個小名叫「量子技師」好了。

能量是很小的，縱使效應會很大。能量不宜根據古典牛頓物理的觀點看作是只會製造壓力的力，譬如托起這架飛機的空氣；能量也可以從一大片平坦的潛能上升到一塊塊機率愈來愈大的高原，最後爬到幾座高聳的確然狀態的尖峰，然後又再塌下來，回到高原再回到一望無際的或然平原（plane of possibility），這裡就一大片平平的，機率低到接近零了。換句話說，假如可能發生的事情有一兆件那麼多的話，其中一件事會冒出頭的機會就很低了。這便是潛能的汪洋，是一大片無邊無際的或然平面。

之後在第九章，我們會探討怎樣用這樣的看法來了解意識。在我們深入探討「覺察輪」（Wheel of Awareness）的經驗時，各位便能親自探索量子論以機率來看能量的觀點可以如何協助我們深入了解人類的心。這樣的練習說不定也可以把我們的討論推進到自動組織和意識經驗可能有所重疊的地方。屆時，我們也會探討「圖表2-2」上半部的心理經驗和下半部的大腦神經運作有何關聯。

這一章我們一直在談心是從能量訊息流動迸現出來的，提過不論頭顱或是體表都不是限定能量訊息流動的界線，所以心最起碼在自動組織這方面是迸現出來的，既涉身又有關係因素。先前已經談過了，訊息處理說不定便是能量訊息流動的基本作用，注意力則可以偵測、指揮能量訊息在身體之內、之間的流動。至於意識及其主

圖表 2-2

心理經驗

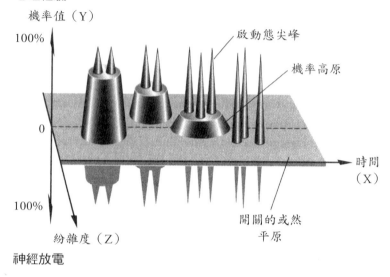

機率值（Y）

100%

啟動態尖峰

機率高原

0

時間
（X）

100%

開關的或然
平原

紛雜度（Z）

神經放電

觀感覺是否也是迸現出來的呢？或許是或許不是；是不是也連接到自動組織去？或許有或許沒有。這問題目前我們維持門戶大開，不作決定。

不過，假如能量訊息流動便是心的源頭，是我們這個人的源頭，而且能量訊息流動既在身體之內也在個體之間，那我們是要怎麼知道「我」是從哪裡算起又到哪裡為止呢？這一章稍早我們已經談過所謂「自己」的界線問題。

今早日出時我出外散步，沿著面向大西洋的冬季清冷海灘信步前行，寒風迎面襲來，頓時發覺冷風的感受決定了這一刻我覺得自己活著的經驗，因而開始傾聽心底的疑問，問這能量流動到哪裡會停住……這寒風是不是我的「心」的一部分呢？假如我任由寒風的感受流佈全身，填滿我整個人，那麼，這可不可以看作是感官感

受到我「自己」的經驗？而讓我身體冒出來的感受流經我這個人、我的心，會不會也是心的能量流動在作用呢？要是這樣的話，那麼「我的心」當中的修飾語「我的」，說不定就要界定得更清楚一點了，劃出比較明確的界線，要不然我說「我的心」時，不就很可能把萬事萬物都涵蓋進去了嗎？這樣的開放系統，界線是在哪裡呢？

而我學來的概念——也就是心以訊息處理作用去建構想法、過濾能量而成為訊息的成果——還有我相信我是什麼人的這種感覺，也就是建構我成為我的那作用，會限制我對自我的經驗嗎？那這也不多多少少變成了我自己在自證、自限我對我自己的感覺了嗎？看吧，這就是遞迴式自動組織在作用。而這種遞迴式學習是不是會對我的感官感受流動進行自動組織，從而製造出我對「自己」的知覺和認定，將能量流動中的訊息變成「我」還有我是誰的符號，使得這個「我」知道也相信我和寒風不是一體的，我和世界不是一體的？

對於我的訊息流動當中會歸納概念、有拘束力的濾網，我是不是可以檢視一下，作些改變，而去放大我覺得自己是什麼人的感覺，也等於是去擴張我的「心」，打開我迸現出來的自動組織作用，迎進自己在這世界有更廣闊的歸屬感呢？

在我們的探索當中，能量及其界線的問題對於了解人心、對於心理怎樣才算健康，都有既深且廣的牽連。而濾網的拘束力還有好多藏在意識省察不到之處，都還在自動過濾，左右我們覺得自己誰。但我們未必是自己的思想要我們相信的那一個人。我們要是限制我們對自己的感覺，把自我劃分在他人、在周遭世界之外，變成截然分立的狀態，那也就是為自己的安適設限。有那麼多研究以及古傳的智慧都指明了人是需要聯繫到「大於自己」（bigger than the self）的某種什麼去的（Vieten & Scammell，2015）。最近有一場會

議，二十幾國的代表出席，會中便深入討論了所謂「自己」的本質，談到我們必須將我們對自己的感覺拓展到個人的身軀之外，以利促進個人和我們星球的福祉。

說不定我們自己本來就不是這麼小，只是被我們——我們心理屬於內在、切身、自有的感受——弄小了。所以等我們談到時間未必像我們想的那樣時，我們便會探討時間要是嵌合在心的「**何人**」、「**何時**」的問題裡去，可以又再擴張這方面的討論。我們的心把自己限定在身軀之內、把時間想成是流動的，弄出這樣的錯覺以致我們只會放不下一己的過往、瞎操心不確定的未來。這種對自我、對時間的錯覺，恐怕也限制了我們在當下所能擁有的自由。了解到這一點，有助於我們專注投入當下這一刻，專注於努力掌握當下這一刻豐富的潛能，無所遺漏。

心從能量流動當中迸現說不定便是為了實現潛能，推助或然朝實然推展。要是這樣，那麼健康的心理又應該是怎樣的呢？要是心真有一面便是出現在身體之內、之間的自動組織，那麼自動組織的作用是要怎樣放大到極致呢？

心在安適或不適時
如何運作？

　　我們談過，「心」是從能量訊息流動
逆現出來的，既在身體之內、也在個體之
間；我們也針對心的某一面向提出過工作定
義──也就是從能量訊息流動逆現出來之涉
身的、關係的自動組織作用，這作用又會再
回頭調整能量訊息的流動。這樣的工作定義
會牽扯出不少事情，這一章便要深入探索：
我們之所以覺得安適，是不是因為自動組織
調整的作用很好呢？要是不好，是不是就會
引發失調呢？自然我們會接著問：自動組織
的作用要怎樣放大以促進健康呢？我們將由
這問題檢視有關心理健康的幾種說法，也談
一談如何營造心理健康。

3-1　自動組織，失而復得（1995-2000）

　　這時來到了大腦年代的中期。

　　這時期我們四十位學者組成的讀書會依然定期碰頭，討論心、大腦、人際關係、生活的種種關聯。我們有合作，有客客氣氣的衝突，有聯繫，有對話，但不管怎樣我們的重點都在努力釐清生而為人便會遇上的諸般問題。而這時期我除了躋身同儕一起進行學術追求，另也擔任心理治療師，看遍老老少少、形形色色的凡人因為五花八門的問題而長陷苦惱，例如嚴重的精神障礙像躁鬱症、強迫症（obsessive compulsive disorder），或是關係衝突，因創傷和失依（loss）而來的後遺症等等。我妻子和我當時已經有了兩個年紀還小的孩子，所以這日子是過得團團轉。

　　　　　　　　　　心腦奇航：從神經科學出發，通往身心整合之旅

一天傍晚我接到一通電話，是湯姆·惠特菲爾（Tom Whitfield）打來的。他是我的恩師，在我醫學院一年級後成為我生命中很重要的人。湯姆在電話裡聽起很很虛弱。他跟我說，醫師診斷出他得了癌症，不久人世。

我放下話筒，呆呆看著窗外。

湯姆對我來說就像父親，醫學院一年級的暑假我到他那裡去打工；他在西麻薩諸塞（Western Massachusetts）的柏克夏（Berkshires）主持社區小兒科護理教學。他就這樣成了我在波士頓之外的避風港。我被湯姆收為學生，後來還變得比較像兒子。我不僅認他作學業的老師、人生的導師，也是生命中的父親。

醫學院二年級開學後那幾個月，我遇到的老師老是不把病人、學生當作是有「心」的人來看。我的意思是他們根本不去注意感覺、思緒、記憶或是意義之類的事。這些心理內在的東西，我那些主治醫師好像從來就沒想到過。後來我才看清這些教授醫師專心致志的事情只在於病人的生理問題，對於病人生命的中樞所在，也就是位居心的核心的主觀經驗，他們是不管的。

我在大學的訓練雖然是生物化學，對於分子以及分子的交互作用要怎麼去想、去測量，十分熟練，我卻從來沒把人想

作是一堆化學物質而已。之後我們會再討論一九七〇年代晚期、一九八〇年代初期我讀醫學院那期間，早些年醫學院對學生的社會化訓練好像就是要我們去把一個個人看成是「東西」就好，而不是有內在主觀經驗的聚合體——也就是有心的生命體。

我在醫學院頭兩年不知有過多少次衝突，不時就聽別人訓我，說我老是在問病人生病的感覺，或是生病對他們人生的意義，「這不是醫師該做的事」，到最後逼得我作出艱難的抉擇，不想再置身這樣的教育環境。所以我輟學了。

輟學後，我覺得我一定辜負了湯姆對我的期許。我心裡總有一種感受，覺得他希望我跟他一樣當上小兒科醫師，說不定還可以搬去他和太太佩格（Peg）住的小城定居下來，和他一起執業。我自己把他們對我的期待想的這麼高，結果作繭自縛，我在那一年後便開始拉遠自己他們的關係。再後來我重返校園，最後還是留在波士頓完成醫學院課程，也真的選擇了小兒科，湯姆和佩格似乎都很欣慰。可是等我搬到加州，一年後選擇轉到精神科，我再度覺得他們夫婦大概又要覺得我沒出息了——竟然放棄當時大家在醫學院說的「真正醫學」（real medicine），去搞什麼心靈這種軟骨頭的科別，天知道那是在搞什麼名堂。那時候還有幾個同學、老師跟我說，「只有最差勁的醫學院學生才會選精神科。」

那天早上我和湯姆講完電話，前塵往事驀地在心頭飛速掠過。故事從我心裡的墟隙一湧而出，沖進意識的戲劇殿堂；這是被湯姆的消息震撼得跳出來的敘事。

恩師與我之間的「心」共鳴

一九八〇年代初期，我在小兒科才當了一年的醫師，便發覺自己更想直接處理「心」的問題，便真的轉進了精神科。在我轉進精

　心腦奇航：從神經科學出發，通往身心整合之旅

神科住院醫師培訓的第二個月，湯姆和佩格來看我，也在我家住了幾天，以便觀賞一九八四年洛杉磯奧運的比賽。他們來看我，我很緊張，擔心這、擔心那的，生怕他們對我離開湯姆的小兒科領域去找自己的路走會不表同意。可是他們到了之後，頭一頓晚餐便教我我又驚又喜，鬆了好大一口氣，因為湯姆自己在當了三十年的小兒科醫師之後，竟然也「落跑」，改行當起了心理治療師，運用催眠術協助有肥胖、成癮之類醫療問題的人。顯然我的心想像出各式各類的景象投射到湯姆身上，還自以是真的、正確的，但其實都是我自己心裡的恐懼對外的投射，沒有根據。

我那想東想西的「心」，捏造出各式各類的擔憂，有的從記憶來，有的從想像來，織成擔心這、擔心那的，再像十字繡一樣繡出一幕幕敘事。自己嚇自己的故事感覺起來跟真的一樣。

這一次重逢，把我瘋瘋癲癲的心思都融化掉了。由這一次經驗，也可見我們自己的心發明出來的故事，對我們對自己的感覺有那麼強大的塑造力。那之後又再過了幾年，我們便會發現大腦中線區（midline）有主動式的「內建模式」迴路 [1]——之後會再深入討論——似乎便是我們心中不斷吱吱喳喳在講自己和別人閒話的神經連結。我把這叫作「人我」（OATS circuit）迴路，因為這一組迴路專門在指揮我們的注意力去放在他人和我們自己（to others and the self）上面。所以，那天我的「人我」迴路忙得不得了，一直在擔心我教湯姆多失望，湯姆很可能會嫌棄我。

等我的「人我」迴路發神經的症頭過去，重新建立連結，重新

1　**內建模式**（default mode）迴路：神經科學中的「內建模式網絡」（default mode network；DMN）是人腦一組交互作用的大腦區域，在沒做什麼事的時候，像是放鬆休息或是發呆作白日夢，大腦有許多區域的神經元依然在「幕後」活蹦亂跳，十分忙碌，這就叫作「內建模式網絡」。default mode 於電腦雖然通稱「預設模式」，不過人腦非電腦，毋須勞駕程式設計師去預設什麼，故改作「內建模式」。

適應之後，湯姆和我還一起參加心理治療研討會，我對他和佩格的感覺也更加親近。我們關係重建之後，我在精神科培訓的那些年，我們始終保持聯絡，關係輕鬆、融洽。

但這時候，在那一次奧運賽事還有我的「人我」迴路重新接線過後十多年，接到湯姆的電話，我呆呆坐在窗邊發愣，心情好沉重，提不起一絲力氣，有好深、好深的悲傷從我體內升起，壓得我坐在椅內站不起來，好像有一輩子那麼久。

幾年前，我另一位恩師羅伯·史托勒（Robert Stoler）才因為車禍慘劇而過世。接下來是湯姆了。我那時的年紀已經三十好幾，但還是覺得這些重要的依附關係，我生命中的這幾位父親角色，依然是決定我是什麼人的重要依據。依附關係不會因為我們離家自立而告斷絕；我們在生活當中依然需要有幾位重要的親近人物常相左右，供我們尋求指引和慰藉。失去這樣的依附對象，對我來說像是失去一部分的我。先是羅伯驟逝，承受過失依的悲痛，這時候再聽到湯姆罹癌的診斷，教我開始覺得絕望、無助沉沉壓上心頭，直墜谷底。

我接到湯姆罹癌的消息時，已經下定決心要離開學術界。那時我在洛杉磯加州大學任教，主持兒童暨少年精神科醫師的教育課程。幾經深思，也和我的幾位指導教授討論之後，我了解到，或者應該說是感覺到吧，我的職業道路必須拐彎了，我總覺得身體裡面有什麼不太對勁。所以我選擇離開。

原先我一直以為我會當上全職的教授，在學術界工作、終老，可是情況有變。我的興趣在橫跨多門學科綜合概念；但是，現代以研究為基礎的學院驅策全職教師走的方向理所當然是以高度集中、界定狹隘的實證研究作為主要目標。這樣子看來，我這人顯然就不太適合了。我著迷的是想法，我愛的是科學的新發現，我熱衷的是

將實證的知識和實際的應用結合起來，但我就是不太喜歡專注在單一的領域、單一的主題、或是單一的研究專題裡面就好。所以，我決定離開。

一九八○年代末期我還在臨床醫師培訓的階段，拿到過研究獎學金，主題是以科學有關大腦記憶的研究結果去探討依附、敘事和發展。從那時起，我便對諸般人際關係的經驗會影響心理健康的發展十分著迷，也曾提出創傷未能化解而對人的主觀生命以及人際關係會有負向影響，根源說不定可以從大腦發揮功能的方式來找。我在研究結束尚未離開學院的那一段時期，對於記憶、創傷、大腦的相關看法，在我到校外講課時都拿出來講過，也以這些為學術期刊寫一些文章，為出版社的書籍寫相關的篇章，還簽約要寫一本教科書。只不過這時既然都想離開學術圈了，那又何必再寫一本學院用的教科書呢？乾脆投身私人執業過日子不好嗎？我不是本來就愛照顧病人，覺得臨床工作既有趣又有成就感的嗎？費那力氣寫書幹麼呢？這樣的問題在我接到湯姆罹癌的消息之前，早就在我心裡躲著要竄出來了。我在得知消息之後，馬上安排行程回東岸看他。

心的陷落與思索

我搭上飛機準備橫越美國大陸，腦中滿是種種影像、感受、回憶、思緒，有關生命，有關失依。那時我手上有一本新買的筆記本，綠色的無格日誌，專門為這一趟長途飛行買的，我便動筆寫了起來。我覺得有好多事情要說，有關於我即將失去湯姆的個人心理創傷——他是我生命中的父親角色——也有我以精神治療師的身分學到諸多關於悲傷、療癒的事，有我在臨床和研究兩方面學到依附、創傷、大腦相關的事，還有心、人際關係的事，等等。

我回東部待了六天，那六天我筆下的字句泉湧如注，停不下

來。我差一點寫成泉湧如「汗」，不過，其實也確實是這樣的感受：筆下的故事像是從全身上下的每一個毛孔流洩出來，結合了當下我體驗到的主觀現實以及我鍾愛的科學研究。我就在這一本綠色的日誌上面寫完了書稿，書名叫作《星期二到星期天》（Tuesday-Sunday）。我那一趟探病之行的每一天便是一章，記下心中遇到創傷性失落（traumatic loss）時的掙扎。我寫大腦，寫人際關係，寫我即將失去湯姆的痛苦——寫我到醫院看他，寫我和他來往的回憶，寫我們生命的故事——連我內心虛構的事向外投射而扭曲了確實的事實，也一併寫了進去。我不管三七二十一，什麼都寫。湯姆躺在醫院病床休息時，我就把我正在寫的東西說給他聽。他聽我說那些似乎相當開心，照樣用他徐緩優雅、教人安心的維吉尼亞腔調，給我他從來不吝給我的支持，「就是要這樣啊，丹尼爾！」我和他共同走過這麼幾趟旅程，已經重拾這一份支持。

數月之後，湯姆逝世。我在綠色日誌上面將經驗之流轉化為一字一句的工作也作了了結。我把個人的省察和科學的探討交織起來，整理出完整的草稿，依照合約訂下的截稿日期將書稿送到出版社。幾個禮拜過後，我接到出版社的回應：你寫了什麼鬼啊？這哪是你要寫的教科書？——這叫作回憶錄！所以，我欠他們一本教科書。

剎時又深又重的哀傷席捲過來，因為失去湯姆本來就哀痛的我，心頭的沮喪又累積得更沉重，壓得我陷入無力、無助的失聯感（disconnection）。湯姆不在了。羅伯也不在了。我在學術圈的位子也沒有了。長年努力要將內在、外在連接起來，將主觀、客觀連接起來，這下子像是撞上了一堵銅牆鐵壁，穿不透。那時我只覺得自己大概永遠沒有辦法找到門路去將個人的志趣和職業的要求結合起來；主觀和科學這兩邊，至少依我的努力，看來是會繼續涇渭分

明下去，各據兩邊。我心頭的沮喪像是把我心裡的空氣一股腦兒全抽乾了，憋得我再也沒有一絲力氣去表達我的悲傷，或是感覺得到一絲希望，看不到哪裡有出路可以走。我覺得要窒息了，麻痺了。

我陷在重重的黑霧當中，便出門走走，走了很久，不知何去何從。這海灘在我小時候、在我後來思索心的問題的時候，始終都能啟發我的靈感，這時候對我的狀態卻幫不上忙，不過是讓我盲目亂走找不到希望而已。後來，我決定我該做的便是把個人生活和術業專攻一分為二。反正我就是要想辦法把自己切成兩半就是了，也就是把我的世界切碎但只要兜得在一起就好，所以，心、物必須二分，主觀經驗也要隔離在客觀科學之外。

然而，那一陣子診療病人的專業工作卻一直把我拖回去面對主觀的確是真的事。我不直接處理病人的主觀現實，就沒辦法好好進行治療。我的科學訓練也一直要我相信，我們總應該有辦法將實證的見解和情緒的知識銜接起來才對。科學和主觀總應該要找出共通的交集才好。職業和個人這兩邊，也不必老是一分為二合不起來。只是我怎樣也看不到前方有路可走，找不到途徑去將一分為二的兩邊拉得靠近一些互通有無。

逆勢出書主張對心的觀點

在這期間，市面又出版了幾本新書，一再以篩選過的科學推論強調父母對子女發展的影響少之又少，僅有的大概只是父母遺傳給子女的基因罷了。而像我這樣的一個人，和湯姆、羅伯有深切的來往，也是人子、專長在研究依附關係的科學家、臨床醫師、左支右絀的父親、關心時事的公民，看到這麼離譜的論點當然火冒三丈，雖然擁護這些主張的人堅信他們的說法是有科學家清楚明白的論證作依據。

而我依自己的科學訓練以及我對科學文獻的了解，卻深切覺得這些人寫書主張父母的教養方式無關緊要，是絕對不對的。在那時期，政府原本撥發給社區高風險家庭輔導的經費也被刪除，理由便是不應該浪費大家的錢，因為輔導父母根本幫不了孩子——反正基因不是把什麼都決定好了麼。那樣的挫折感反而刺激我開始從傷痛中恢復，父母的教養方式無關緊要的論調，反倒成為我求之不得的最大動力。原本瀰漫心頭的迷霧就此散去，我決心要對這樣的信念給予迎頭痛擊。

　　我把我那一本綠色日誌從櫃子裡翻出來，也打開電腦把《星期二到星期天》的書稿檔案叫出來。接下來好幾天，我便忙著把稿子當中我對實證的硬資料以及縝密的科學推論所作的省察抓出來，穿插、交織成一份新的書稿。這一次我的目的便是要提出一份鐵證，還最好是顛撲不破的論證，以科學方法釐清我們的人際關係——我們和父母的關係也包括在內——十分重要。書稿後來取的書名就叫作《人際關係與大腦的奧祕》。我也很欣慰可以向大家報告，這本書像是防火牆，那時政府想要刪除社區輔導補助款的政策被擋下來，這本書還算有棉薄之功，而專門協助高風險兒童及其家庭的經費自然也包括在內。

　　我向各位透露這故事，是因為這是我走向探討人心旅程的轉捩點。學術出版一般都將個人切身、內心的省察看作是「不適合」放在專業或是以科學為基礎的書內。同儕評閱（peer-review）的文章看起來也一樣，要把個人對心理生命的內心看法寫進去？想都別想！有一家出版社甚至說我把身為精神治療師的內在心理生命寫出來，是「有失專業的」——我應該留著寫在自己的日誌裡就好。

　　假如考慮到傳播知識不應該以個人的意見為準，而須以仔細觀察的現象作基礎，那麼他們的立場就很好理解。其實，早在約一百

年前，學院內的心理學便已經站在類似的立場上了。主觀在學院的殿堂顯然早就不在心理研究的「合格」資料之內。

但要是「心」便是科學研究的對象呢？要是主觀現實也是心真實存在的一面呢？要是這樣的話，不潛入主觀經驗，不將我們體驗到的現象想辦法說清楚，那是要怎麼去探索人心呢？排除主觀取向的研究，難道不會漏掉心最重要的那一部分嗎？把心最重要的主觀抽掉，這樣子去談心難道沒有「架空」之嫌？這一點我們在下一章會作詳細一點的討論。

《人際關係與大腦的奧祕》出版之後，我數度應邀到工作坊去授課，教導父母怎樣去理解依附關係的相關研究，又要怎麼應用在子女的教養上面。《人際關係與大腦的奧祕》的應用指南，《不是孩子不乖，是父母不懂》，是我和我女兒的幼兒園園長瑪麗・哈柴爾一起主持父母工作坊之後合寫的，還被好幾出版社退過稿呢。我們每次詢問出版社為什麼退稿，每次聽到的理由都一樣，家長們又沒要你們去教他們當好父母需要「反求諸已」（look inward），去對自己有更深入的理解；他們只要你們說清楚孩子是哪裡有毛病，又該怎樣去糾正孩子就好。

但是，瑪麗和我心裡清楚，我們主張父母應該反求諸己、由內而外的做法，實證研究的結果反而是支持的。所以，各位可以想見這中間的衝突和連番遭到退稿對我們是多大的打擊。科學研究的結果很明確：小孩子的依附關係，最好的預測指標便是父母本身是不是懂得自己的童年經驗對自身的發展有什麼影響——這不是唯一的指標，但在文獻當中是屬於強力指標，由這指標可以看出小孩子的韌性（resilience）和安適感是否能有健全的發展。我們兩人緊守科學的結果，不放棄，後來也有幸找到出版社願意出版。

研究心靈科學，是需要我們將內在的省察加在主觀、個人切身

體驗到的現實去的。尋求理解，創造意義，省察記憶，覺察自我，調節情緒，維持開放、清晰透徹的心理狀態，這些都是父母這邊可以支持孩子發展韌性的主觀心理經驗。從實務的角度來看，這些都是教得來的能力，可以塑造孩子的發展。這樣一路看下來，由心靈科學可知我們的人際關係對於我們是什麼樣的人、可以當什麼樣人，其塑造力不下於人體和大腦。我們可以將這看作是全然涉身、又存在於關係中的「心」本來就有的自動組織力。人與人之間的關係是會左右身體之內、之間的能量訊息流動的走向和狀態的。這些關係會塑造我們一輩子。

那時這一份談教養的稿子頻頻被退，傳達給我的訊息直接而且熟悉：「講事實就好，不要提感覺。」可是談起心，我們要怎樣略過心理生命中的主觀感覺還能進行討論呢？屢遭退稿的打擊好像還加深了我失去湯姆的悲傷，因為這樣一來我失去的不僅是湯姆，還包括我們這麼多年感情內含的意義。後來，《人際關係與大腦的奧祕》的續篇，也就是以反求諸己、由內而外的方向來談教養的《不是孩子不乖，是父母不懂》，一樣數度被出版社拒於門外，又再勾起了先前的沮喪，我也再度陷入無助的感覺無法脫身。

失去湯姆，隨著人生一刻、一刻往前推展，益發成為我生命中的苦痛。但在湯姆生前，不管在彼此的互動上，或在我的內在力量上，我都因他獲益良多。人生本來就無處不見得失，只是這時候處處都是痛苦。我們的依附對象會塑造我們這個人。只是生命當中，或者是「心」當中，這麼重要的一塊磐石一旦不在了，教人如何是好呢？

我們生命隨能量訊息在現在一刻接一刻的轉化而穿行於空間，不斷迸現形形色色的或然。我們——也就是能量訊息流動——不斷迸現，也就不斷從潛能推展到實然，再回歸到或然的汪洋。這是

不是「理智化」（intellectualization）的作用呢？幫我把那時期失依的痛苦現實，即使後來提筆寫起這些事依然不減的痛苦，擋得遠一點？失去你愛的人，而且還是塑造你成為你的那一個人，是十分慘痛的感覺。

然而事實如此，我們無論如何也擋不下現在這一刻接著一刻往前流動。我們是可以活得像化石，沒有一絲感覺，和誰都沒有關係。我們擁有的軀體不會一刻接一刻長存不滅；是啊，即使化石也會消失無存。只不過面對生命注定無法恆久，卻還是渴求永存不朽、只想緊緊攀住我們愛的人、自己的生命不放，似乎是深植於人性當中的掙扎。這情況，我們家的好友，已故詩人、哲學家約翰・奧唐納休[2]，有過很美的說法。他於棄世之前曾經接受電台訪問，問到他是不是還有未了的心事，他說，「時間像是掌中細沙」，不論怎麼努力都留不住。

我在寫這一段有關湯姆的往事時，當年往下沉的心情歷歷如昨。回憶起湯姆已經把沮喪重新帶回心頭；等再談起羅伯，又再把沮喪放大；因為他們在我的生命是劃歸為同一類的失依，都是生前、死後對我十分重要的人。常聽人說，悲傷需要時間化解。可是話說回來，既然時間未必是真的，那麼，能化解悲傷的到底是什麼呢？悲傷總教我覺得卡住了，進退失據，有的時候還覺得悲傷以及往事突然大舉來襲，堵在心頭。再也沒有哪一未定的時刻，可以用來安排去看一看湯姆，再也無法選擇與他聯繫。活性悲傷（active grief）怎樣就是不肯放鬆，緊繃著就是要人不好過。我不會叫它

2　**約翰・奧唐納休**（John O'Donohue；1956-2008）：愛爾蘭哲學家、天主教神父，以黑格爾（Hegel）哲學在德國拿到神學哲學博士學位，返鄉之後改為鑽研冥契派神學家艾克哈特（Meister Echkart），以愛爾蘭語出版詩集、著作名揚國際，四處講學、上電台、電視接受訪談，居爾特（Celt）古老的靈性觀隨他重新躍上世界舞台。

「疾病」（disease），但它就是填滿了「不適」（dis-ease）的感覺。我不在狀況內，所以是「失常」（dis-order）。有的時候我還沒辦法好好做事，什麼都像「失能」（dis-function）了。我有一點亂亂的，也就是狀態不太好。

而這所謂心理的狀態不太好，到底是指什麼呢？

我們現在也可以問，這所謂的「好」到底是指怎樣的情況呢？而「不好」，又是怎樣呢？

各位大概會說，你這樣很正常，湯姆過世了嘛。我也不會否認。可是，我忍不住要想，從這樣的經驗可以學到什麼呢？悲傷會不會是一扇窗，讓我們看到窗內是安適感暫時遇到了考驗？我們是不是可以從悲傷的主觀經驗學到一些什麼，而對健康的心理應該怎樣客觀看待能夠有所助益？

這麼多事情一口氣擠在一起，打得我不太平衡得過來。一天天過去了，幾個月後，等到我能夠領會我應該接受失依的現實，也就是要接受過去的那些時刻，那些我和湯姆於真實時間有所聯繫的時刻，不管是誰做了什麼都已經是定型的時刻，不能改變了，這時，緩解才稍稍爬進心底一些。感覺像是有一種真實填滿我整個人吧。悲傷，還有寬宥，便是要接受自己無力改變過去。走這一趟過程，需要我捨得放下湯姆塑造出來的那一個我，讓新的一個「我」可以迸現出來珍惜湯姆，珍惜我和湯姆共同有過的聯繫，即使我再也沒辦法打電話給他，再也沒辦法找時間去看他。

我這些年為我第一本書下過的工夫，也等於是對真實的追尋，超乎個人一己的追尋。我那一本綠色的日誌就這樣出現了新的敘述，是我省察失去湯姆而領悟到的事情。就在我為我和湯姆的關係尋求理解的時候，就在我思索關於我們是什麼人、我們又是怎樣塑造出來的，我們的科學和社會究竟是怎麼看的時候，好像不知有什

麼就將這些全交織在一塊兒了。

　　只是，這到底怎麼回事呢？關於我的心，我的悲傷能跟我們說些什麼呢？

悲傷痛苦是怎麼回事？

　　理解我們的人生、人際關係、內在經驗，好像會把現實的許多方面都拉進來。彷彿是把過去抓過來交織進現在裡面一起去塑造未來。這些心智為時間所建構的表徵，不過是讓我們有通用的時間概念去把時間看作是流動的，而讓我有辦法將這樣的觀念從一個人的心裡傳達到另一個人的心裡去。可是，要是我們有的只是現在這一刻，那麼，完全安住在當下這一刻，就不僅是要感覺到現在這一刻完整的感官感受，也要開放迎納我們對過去的每一刻當下，也就是我們經驗過的、叫作「過去」的定型時刻所作的省察，還有我們期待的未定時刻，也就是正在等待我們、會變成下一刻現在的那一刻刻，也就是「未來」。

　　然而沮喪、失依、無助、無望阻斷了我對未來的感覺，封閉了我開放的感覺。我好像不是卡在找不到出路的感覺裡，就是塞滿了入侵的過去回憶。我就這樣奇奇怪怪的擺盪在「僵化」（rigidity）和「混亂」（chaos）之間，以致我的悲傷也滿載不適和痛苦。

　　由於那時這一重大問題，「心理健康」到底應該是什麼狀態，一直盤桓在我心底無法排除，我便開始回去省察我看過的一個個病人以及自己當時的經驗。失去湯姆而感覺到痛苦，到底是怎麼回事？沒辦法將個人和職業、將主觀和客觀、將內在和人際結合起來而感覺痛苦又是怎麼回事？在身體之內、在個體之間、在健康、在不健康、在安適、在不適，在這種種之內作用的到底是什麼？我再轉向我們那四十位學人組成的讀書會提過的心理觀出發，以求挖掘

出更深入的理解。

　　我就這樣在數學講的複雜性挖掘到大為有用的洞見；我們在前一章提過「迸現」和「自動組織」便是因為數學而有了更深入的理解，後文會再作進一步探討。我們體驗自動組織的途徑，有一條便是在我們各自之內以及在我們彼此之間出現的故事，也就是協助我們了解自己人生的敘事。悲傷是為了理解個人的存在而有的深刻感官沉浸，而理解是我們的心進行敘事的驅力。

　　我以前的敘事學教授布魯納會說，只要遇到「悖離典律」[3]——也就是出現了不符期待的狀況（Bruner，2003）——我們的生命故事便會出現。失依，便是與我們的期待不合的狀況。為了要處理不合預期的變化，結果便出現悲傷這樣的心理掙扎。布魯納還形容敘事是有動作、有意識的一片風景。我們在研討會上便討論過這表示我們的故事是以事件的物質面還有事件中人的內在心理生命為焦點的。這樣子敘事，這樣子說故事，一概是在由內而外為自己的人生尋求理解。

　　所以，在我的覺察填滿了失去湯姆的主觀經驗時，我也覺得有一股敘事的驅力升起，取而代之。而這是要將內在的狀況表達於外的驅力，由不得我控制。有的時候我還覺得我說的故事好像不是真的由我在寫，而是透過我在寫。而這樣的敘事驅力，也就是想要理解在我的內裡和間際，我的心到底出了什麼事，便以我寫的那一本綠色日誌作為發洩的場地。

3　**悖離典律**（canonical violation）：哲隆・布魯納在一九九一年發表〈敘事建構現實〉（The Narrative Construciton of Reality）一文，針對敘事提出八大要件，此處的「悖離典律」便是八大之一的「典律與悖離」（canonicity and breach）。

一股敘事驅力升起尋求對痛苦的理解

湯姆過世，我寫的《星期二到星期天》被退稿，我的書寫著寫著也開始從個人切身轉向普遍共有——因為我覺得有必要以專業知識作一點貢獻，以科學研究的成果來說明父母的教養方式有多要緊，我們的人際關係影響的不僅是童年的發展，還包括往後一輩子的健康——即使有此種種，我還是覺得我的兩隻手只是被故事借去自說自道的工具。這樣專心致志做一件事情，燃燒熊熊的熱情，敘事不請自來，在我是前所未有的經驗。我只覺得敘事像是在利用我這個人去講它要講的故事，利用我內在的切身經驗去講更浩大的故事，超出我自有的旅程，而屬於更廣闊的現實。

這時候再想一想，這樣的情況應該就是布魯納所謂「敘事是社會過程」的意思了。這要怎麼說得清楚，我也不真的知道，但我就是覺得自己的心理生命不僅限於我這一副身軀之內，而是落在超乎軀體的更宏大的運作當中。我有幾個朋友問過我，吃了那麼多次閉門羹，為什麼還要堅持下去。我能作的答覆就只是說這時候已經不是我這個人在寫書了，而像是這書在寫我這個人。沒錯，敘事和故事確實是我從個人內在、切身的經驗發揮出來才成立的。但我也覺得身上有一股難以抑制的驅力，就是要弄清楚出現不符期待的狀況到底是怎麼回事，說不定這裡的不符期待冒犯的還是絕頂重要的事——怎麼有那麼多人公然表示父母的教養方式無關緊要，眾口鑠金，還害得為有需要的兒童規劃的專款竟然要被刪，這也侵犯到了社會責任感。所以，我停不下筆。這時候回想起來，感覺就是像有一個從事心理治療的專業人士，有科學訓練的精神病醫師，遇上合理的期待遭到破壞，結果就認為抽絲剝繭把事情講清楚是十分重要的事。科學、專業社群、父母、社會大眾都有必要體認人際關係有多重要。可能就是這些事在我這身軀裡面製造出這樣的感覺吧，因

而認定心理衛生這領域必須搞清楚心到底是什麼，一如我必須搞清楚失去湯姆在我到底代表了什麼意義。

我這人是不可以劃分為二的，一邊劃分為是職業版的自己、另一邊劃分為個人版的自己，就算出版界逼我也不行。

但我還是選擇將個人和職業兩邊劃分開來。其中一邊的敘事驅力是要以科學方法去勾畫主觀經驗之於依附關係有多重要，另一邊則是個人的省察，留給自己知道就好。先劃分，再來解決兩邊的衝突。

我在這幾年間迭經失與得，飽嚐痛苦和熱情的暴烈夾擊。我這人的感性是十分強烈的，但不因此減損我身為科學家、臨床醫師而應該把核心概念看得清楚的眼光。所以，我還是深吸一口氣，將稿子當中涉及個人心路歷程的部分盡數刪除，寫下專門教科書《人際關係與大腦的奧祕》，也做到了出版社要求的科學標準，說不定也符合預定讀者群也就是學術界的標準。

不過，我們叫作主觀現實的生命這一面，其真實比起科學即使未有過之也無不及，所以，這兩方真要結合起來，應該怎麼做才好呢？兩相整合起來又會是什麼情況呢？我想這便是我寫完第一份書稿之後萌生的敘事驅力。

悲傷出現的時候就悲傷，我覺得沒什麼不好。為什麼不乾脆表達出來呢？不作遮掩，將人人都有的人性一面既在個人的層次也在專業的領域傳達出去，會怎樣呢？我們之於生活、之於溝通，彼此之間難道不能充分展現生而為人、生而為我的一切，即使只是在著述當中？必須清晰透徹的時候不妨也帶一點活力或是興奮，即使用的是提問題、開玩笑或是講一講弔詭什麼的手法，同樣不也不錯不是嗎？不管怎樣試試看，是什麼就是什麼，對他人也是這樣相待，應該沒什麼不好的吧。科學的著作，特別是討論心理這樣的課題，

納入主觀成份怎麼會就不合標準了呢？

我現在看得出來那些年的生命歷程在許多方面都可以說是自動組織的奮鬥過程。一心一意要理解人心——弄清楚「心」到底是什麼，怎麼發展的，大家又該怎樣相互扶持、營造出健康的心理，一起活得精采——便是那一陣子推動我大步向前的熊熊烈火。

3-2　分化與連結：整合出健康的心理狀態

心有很多面，有意識及其主觀質感還有訊息處理等等作用，要是再在心的定義加上自動組織這一項，就不僅開拓出一塊可以挖掘的領域以供更深入的探討，說不定還可以協助我們說清楚所謂健康的心理到底有哪些組成。

假如討論起「心」便停留在一般常見的描述上面，像是心理的活動就是感覺、思緒之類的，我們真有辦法說清楚健康的心理到底是怎樣的嗎？健全的意識到底是怎樣的呢？所謂健全的主觀生命大致是怎樣的狀況，我們又能有什麼說法呢？既然都搞不清楚思考、感覺到底是什麼了，又要怎麼去說明健全的思考、感覺應該是要怎樣的呢？

我們先前便提示過，自動組織說不定和意識、思考、感覺、行為有關。說不定從自動組織甚至還可以釐清主觀的感受到底是怎麼回事。但也許到頭來發現這些事情彼此沒有一點關聯。不論到最後一般拿來描述心理生命的心理成份是不是終究可以想作是落在自動組織裡面，自動組織既然已經有了界定，那最起碼就可以對心理能夠自行進行調節的這一面作探討。心並不是一元的，這一點似乎還算是普遍的共識。

我們起碼也將心的的某一面向界定成為：**從涉身的、關係中的**

能量訊息流動組成的複雜系統當中迸現出來的自動組織作用。這不僅讓心有工作定義可以討論、爭辯，也有助於進一步去界定健康的心理狀態到底應該怎樣。假如心是自動組織的作用，那麼，最佳的自動組織作用又是怎樣的呢？

從我讀醫學院起，我在臨床工作便一直注意到有一種情況十分常見——那時我連複雜理論也沒聽過，也還沒遇上失去湯姆這樣的事。我發現的是我的病人求助時的狀況，不脫這兩類：要不是覺得生活變得**僵化**，像是覺得好多事情一成不變，單調乏味，沒有活力；就是覺得**混亂**，像是生活隨時會有突發的事情，難以掌握，動輒便有情緒、回憶、思緒侵入，滿是不安。不論是精神創傷的後遺症還是先天的精神障礙，僵化和混亂都像是「組織」我這些病人生活的共通困擾，在他們的生活當中填滿了痛苦。

所以我不禁要想，這樣的混亂或是僵化是怎麼來的呢？

僵化和混亂是受苦者的共通困擾

我的醫學臨床工作後來又加入了研究工作，這樣的問題在我心頭始便終糾纏不去。心到底是什麼？健康的心理狀態又是怎樣的？為什麼「不適」、「不快」、「痛苦」、「失能」的人都會出現同一類混亂、僵化或者是混亂兼僵化的模式？

我在大腦年代剛開始的時候邀集四十位科學家組成讀書會，當時沒想到不過是安排大家一起討論心是什麼，竟然對界定心理健康像是踢出了臨門一腳。在我提議將心看作是迸現式的自動組織作用，具備涉身、人際關係的成份，有調節能量訊息流動的功能，獲得讀書會同儕接受之後，我這位臨床醫師兼科學家心頭的疑問就換成了：那麼，最佳的自動組織作用是怎樣的呢？混亂和僵化會不會也是自動組織的一部分呢？

等我把科學著述讀得更廣、更深一點，也和數學家、物理學家討論過複雜理論和系統科學（systems science）之後，方才了解原來複雜系統要是不在最佳的自動組織狀態，就會偏向這兩種狀態之一：混亂抑或僵化。

真是神奇。

我便再回頭去找當時精神疾病的聖經來看，《精神疾病診斷與統計手冊》——美國精神醫學會（American Psychiatric Association）一九八〇年出版的第三版（*DSM -III*）、一九八七年的修訂第三版（*DSM III-R*）、一九九四年的第四版（*DSM-IV*），是我那時看的版本。後來又有新的版本；二〇〇〇年的修訂第四版（*DSM-IV-TR*）和二〇一三年的第五版（*DSM-5*），而我要談的模式依然在列。結果我在書裡發現每一症候群的每一症狀都可以改設想為混亂抑或僵化的例子。例如躁鬱症病人有「躁狂」（mania）的混亂和「憂鬱」（depression）的僵化。精神分裂（思覺失調）的病人既有混亂侵入的「幻覺」（hallucination）也有固著的錯誤想法叫作「妄想」（delusion）而造成麻痺的僵化，以及社會隔離和退縮造成的負面症狀如情緒麻木。有過精神創傷而且未能化解的人，有「創傷後壓力症候群」（posttraumatic stress disorder；PTSD）的人，也可以看作既滿是混亂（侵入式身體感受、心像、情緒、回憶）也滿是僵化（迴避行為、麻木、失憶）。

不論起因是先天的還是後天無法承受的「創傷」經驗，備受精神痛苦折磨的癥兆似乎不外就是混亂抑或僵化或是二者兼具。

而我又忍不住想了，要是我們有辦法窺探一下人的大腦，尋找自動組織受損的徵象，不知會怎麼樣呢？大腦發揮功能的時候看得到嗎？在讀過科學著作，找了多位科學家談過，細細思索這些經驗之後，我覺得複雜理論應該可以轉譯成普通的白話，而說這理論的要旨是這樣子的：系統內要是有下述兩種運作在交互作用便會產生最佳自動組織；一種是系統的成份進行**分化**（differentiate），使得各成份都是獨一無二、各自完整的一體，另一種便是將系統分化的成份**連接**（link）起來。而將分化的成份連接起來，可以用「**整**

合」（integration）這樣的普通詞彙來表示[4]。

整合促使最佳自動組織的作用得以出現，系統的功能因而變得靈活（flexibility）、有適應力（adaptability）、有凝聚力（coherence；這裡意思是聚合為一體不致散落，也就是堅韌resilience），有活力（energy），穩定（stability）。這樣整合出來的能量流動，可以用一個新的字首縮寫來表示：「靈適聚活定」（FACES）（靈活、有適應力、有凝聚力、有活力、穩定）。整合的「靈適聚活定」流動會創造出合諧感，像聖詠團集體合唱，聲部雖然有別，但會以和聲音程整合起來。聽到或是唱出和聲歌曲的感覺，各位應該都懂——歡欣快樂，洋溢生命力。

這時我腦中也浮現一個比喻，整合就像河流，一道和諧的長川夾在兩側分別是混亂和僵化的堤岸之間。

那麼，安適感是不是從整合迸現出來的呢？

而有心理痛苦的人是不是在大腦和身體以及人際關係的整合作用有所損傷呢？對於這樣的人，不論痛苦是起源於先天因素還是後天經驗，我們是否能夠協助他們改變大腦的整合，讓他們學會放大自動組織作用去達到最佳狀態，而朝「靈適聚活定」的流動推進？只不過這些問題在那年頭還找不到什麼可以求得解答的，但也在我心頭生了根，成為迫不及待要解決的問題。

我在寫《人際關係與大腦的奧祕》期間幾經奮鬥，終於看出自動組織是由「分化」、「連接」這兩道機制錯綜連結而朝「最大複雜度」（maximal complexity）推進的。系統**分化的單位連接**起來，促使系統的複雜度達到最大，也就是產生了「靈適聚活定」的流動。所以，自動組織是複雜系統朝最大複雜度推進的自然驅力。

4　關於分化、連結、整合的概念，二〇〇四年有學者提出「訊息整合理論」（integrated information theory），請參見第九章註3。

系統的最大複雜度帶來和諧的感覺

大多數人看到「最大複雜度」這名稱都覺得陌生，甚至望而卻步。各位說不定會想，我要的是簡單一點的日子，不是複雜。但其實，我們要的一般是糾葛少一點的日子——這和複雜少一點是不一樣的。所謂「複雜」真要追究起來，可是優雅帶著簡潔的。複雜度推到最大，其實既有和諧的感覺，也有和諧的物理現實。最大複雜度帶著「靈適聚活定」的流動，穿行於時間、空間或說是或潛能當中吧——也就是一刻接一刻不斷的流動——而這「靈適聚活定」流動說是像聖詠團在以優美的和聲吟唱聖詩也可以，給人的感覺是每一組成單位各有各的和聲，但是集體吟唱起來連接得又極為和諧。「整合」給人的感覺便是有聯繫的（connected）、開闊的（open）、和諧的（harmonious）、迸現的（emergent）、迎納的（receptive）、投入的（engaged）、洞悉的（noetic；就是有所知道的感覺），慈悲的（compassionate），同理心的（empathic）。看起來我這人用字首縮寫用上了癮。所以，在這裡呢，「聯開和現容入悉仁理」（COHERENCE）便代表協調一致的「靈適聚活定」流動內在固有的特點。（要是有誰不喜歡這樣的記憶工具，在此致歉）

系統分化的單位連接起來便能得出最大複雜度。雖然有一個常用語在數學家那邊從來沒這樣子用過，但我們不妨這樣子用，這一個詞就是：**整合**。自動組織便是以整合創造出和諧的「靈適聚活定」流動穿行時間的。

（順便解釋一下，數學不用整合這一個詞，是因為**整合**依數學家的看法意思就是「相加」——也就是部分合成一體的「和」〔summation〕。但在我們這裡的用法，**整合**的意思是系統的組成單位依然保有原本的分化但功能是相互連接的。所以，依我們這裡

心腦奇航：從神經科學出發，通往身心整合之旅

圖表 3-1

整合的長川

為**整合**下的定義，我們說的整合是「整體大於局部的總和」的整合。但在數學，**整合**單純指稱「總和」〔the sum〕。還有另一相關但沒那麼明確的作用叫作「**綜效**」〔synergy〕，也就是系統的組成單錯綜連結，形成大於聯合起來的效應，而放大個別單位各自的效能。由於整合是跟著未受限制的自動組織作用而自然迸現的，我們不妨就說這是「心」一路推展、以自動組織的作用去調節能量

訊息流動而有的「迸現綜效」（emergent synergy）。）

所以，整合可能就是健康的基礎。

假如整合便是自動組織創造「靈適聚活定」流動的途徑，那麼，整合可不可以拿來當作心理健康的工作定義呢？在我們人際關係的生命當中看不看得到整合呢？我們在大腦及身體合為一體的這副身軀——也就是分化的局部協力合作的整體當中——看不看得到整合呢？

而且這樣的假設：整合便是健康的基礎，後來於科學研究外加新千禧年科技進步的助力，都找得到支持了。例如那時期過後再過幾年就看得到馬庫斯・萊希里（Marcus Raichle）和他在聖路易（Saint Louis）華盛頓大學（Washington University）的同事（Zhang & Raichle，2010），發現因為先天的發展因素而非後天經驗而罹患精神疾病的人，例如精神分裂症、躁鬱症或是自閉症病人，他們大腦當中便有幾處重要、分立但是錯綜連結的區域其實整合得不好。這就可以說是這樣的人其大腦內的解剖結構或是功能並未建立起分化抑或連接的作用，或者是分化和連接二者皆無。即使病症和個人的先天體質無關而是從後天經驗來的，像是童年受到虐待或是疏忽，例如哈佛大學的馬丁・柴舍（Martin Teicher）後來作過的多項研究（Teicher，2002），也發現這類發展創傷（developmental trauma）影響到的幾處重要區域，都是位在連接分化區域的部位：「海馬迴」（hippocampus）負責將隔得很開的記憶區連繫起來；「胼胝體」（corpus callosum）職司連接大腦分化的左、右兩半邊；「前額葉區」（prefrontal regions）則是將大腦的上半區、下半區連接到身體軀幹和社會外界。

這些都是那時期之後研究出來的結果，支持我們以整合作為健康基礎的基本假設。不過，那時的科技發展還未能像現在這樣讓

我們一窺大腦的究竟，所以，那時的基本問題是：這每一症狀，不論起因是後天的痛苦經驗還是先天的體質因素，會不會都是自動組織作用受限的狀況？假如要有最佳自動組織作用帶動「聯開和現迎入知情理」和「靈適聚活定」的流動迸現，必須先有整合才行，那麼，整合會不會就是心理健康的基礎呢？

我們的看法是：有整合，才有安適。

而健康的心會在身體之內、個體之間創造整合。

自從這樣的看法第一次提出來，到目前為止二十四年期間出現的研究都支持我們這樣的主張。我們這裡用的是「支持」，可不是「**證實**」；在目前這時候，我們能說的頂多就是連番出現的研究成果，領域形形色色，從檢視大腦到探討人際關係在所多有，都支持我們這樣的假設。

健康的心有創造整合的天性

關於整合，也有一些趣味小事可以一談。整合既是作用，也是結構的屬性：所以既看得到各分化部位的能量訊息流動相互連接（動詞類的作用），也看得到各分化部位於結構有所連接（名詞類的結構）。例如現在利用腦電波儀（computerized electroencephalogram）或是血流功能掃描（functional blood flow scan），如「功能磁振造影」（fMRI；functional magnetic resonance imaging），看得到大腦內的分化部位有功能上的連接。由於後來又再有多種新技術問世，以前看不到的大腦內部結構整合現在都看得到了，所以我們現在才會知道有「連結體」這樣的東西。「人類連結體研究計劃」（Human Connectome Project；HCP）才剛提出研究報告，指出其實整合較強的連結體和正向的生命特質是有關聯的，相互連接比較不好的連結體則和負向的生命特質有關聯

（Smith et al.，2015）。不過，這些先進的技術在當年那時候還只是幾位獨創性強的神經科學家在腦子裡想像出來的點子罷了；我們那時候雖然提出整合便是健康的基礎，但一時間還找不到後來這些教人興奮的實證來作支持。

整合放在人際關係一樣可以研究。由我們怎樣尊重異己、怎樣以慈悲心進行溝通作為人際的連接，可以看出人際關係的整合狀態。像是安全型依附便可以想成是整合式關係。熱烈的愛情關係也可以看作是整合式的。

而神奇的來了，我在重看《人際關係與大腦的奧祕》第二版的時候，發覺當時已經發表的研究結果竟然大體都指向這樣的觀念，這觀念雖然還只能說是「可能」但簡單得不得了：整合式關係會加強大腦整合。大腦內的整合，至少依現有的研究可以研判，便是自動調節（self-regulation）的基礎，自動調節則是安適和韌性的起源核心。我們如何節調情緒、思緒、行為、人際關係，靠的是我們腦內的整合纖維（integrative fibers）。腦內的整合促成大腦各分區得以相互協調、平衡——也就是有所調節。如此一來，神經整合看起來便像是自動調節的基礎了；而大腦內的整合又可以由人際關係的整合來塑造。

為什麼確實可能是這樣的呢？我們往下推進就會多了解一些，不過，既然能量和訊息流動在身體之內、個體之間，那麼心在哪裡，整合就出現在哪裡，在我們之內也罷——也就是在我們的身體之內——在我們之間也罷——也就是在我們的人際關係當中。

所以，整合便是在我們的身體之內、之間放大自動組織的效能。

複雜系統當中的自動組織自然便會推進去將各個分化部位連接起來。這就表示我們天生便有驅力在朝健康推動。回想一下先前

談過系統是既在我們之內也在我們之間的事就可以了。系統的所在並不是既然在這裡就不可能在那裡，但也不真的是既在這裡也在那裡。系統是既在身體之內同時也在個體之間，同一系統，同一流動。我們是活在能量訊息流動的汪洋當中，這汪洋漫溢在我們之內，也漫溢在集合他人及環境的廣大世界。

數學家雖然已經判定自動組織之所以能將複雜度放大到極致，能將複雜系統的調節放大到極致，靠的是分化的局部得以連接；但是，對這連接作用他們卻還沒有拈出正式的名稱。我們在這裡倒是可以拿常見的普通詞彙，**整合**，來指稱這樣的作用。整合是「心」這一複雜系統內含的自然驅力。自動組織從複雜系統當中迸現，同時又在自動調節複雜系統的生成，「做」的就是整合這一件事。說不定就是因為這樣，我才覺得是書在寫我——也就是自動組織在以敘事進行理解之際，也在推動整合。我先前因為悲傷而陷入混亂、僵化，這是未能整合的徵兆。敘事的驅力便是利用我們理解自身經驗、尋找意義的過程，進行整合，而要推動我的生命也就是迸現「我」的這系統重新回歸和諧。我，既是人，也是專業人；我的整合出現在許多、許多方面，而且是一股腦兒同時出現。既出現在我**之內**，也出現在我和他人的連繫當中，出現在我和世界**之間**。

那一年我回美東再見湯姆一面，我的心單靠它本身，不需要我再刻意怎樣或是下什麼決定，便自動開始為我的生命、為我和湯姆的關係、為湯姆罹癌而且不久於人世尋求理解。尋求理解，是心得以將身軀之內、之間兩邊整合起來，將我們對過去、現在、未來的感覺整合起來，所需的基本動能。而現在我們可以將這看作是自動組織的天然動能，要把我從僵化和混亂當中拖出來；而由複雜理論我們知道系統的自動組織作用要是未能達到最佳狀態，便會淪為僵化和混亂。我還在「急性悲傷」（acute grief）期的時候，不論是僵

化引發的耗竭（depletion）或是回憶和情緒胡亂入侵，都透露出整合受損。

而療癒便是在整合。

療癒來自整合

要從悲傷復原需要自動組織以整合去轉化失依。不論感覺像是滅頂還是受困，都是我們在改變、迸現、流動之際未能一路從未定沿著機率密度曲線連接到實然再回到未定。我們反而一直逆向回到早先我們和失去的那人聯繫的原點，只不過那人已經不在那裡了，以致迸現也一路將我們推向僵化和混亂。療癒的過程一旦推展開來，便是在朝完整一體推進，完整一體是健康和療癒的根源。一步步趨向完整，表示一塊塊分化的部位又開始連接起來。療癒來自整合。

放大來看，這種整合的感覺也有完整的感覺。物理學家大衛‧玻姆[5]在他的經典著述《整體性與隱秩序》當中寫道：「現在『內隱』（implicit）一詞是從動詞『暗含』（to implicate）來的。意思是『捲在裡面』（就像『相乘』〔multiplication〕的意思是『疊起來很多次』〔folding many times〕）。所以，從這裡我們說不定可以進而去探討下述看法：每一局部也可以說是把全體的結構『捲在』它裡面。」（1980 / 1995，p. 149）。這捲在裡面的，玻姆就叫作「內捲秩序」（enfolded order）或是「隱秩序」（implicate

---

5 **大衛‧玻姆**（David Bohm；1917-1992）：美籍物理學宗師，於量子理論、神經心理學、心理哲學都有重要貢獻。第二次世界大戰隨老師「原子彈之父」歐本海默（Julius Robert Oppenheimer；1904-1967）參與曼哈頓計劃（Manhattan Project）。一九五〇年因麥卡錫迫害（MaCarthyism）被捕，之後去國離鄉，輾轉流離多年，於一九五七年落腳英國，在大學任教，開始和英國物理學家巴塞‧海利（Basil Hiley；1935-）合作鑽研玻姆提議的隱秩序、顯秩序構想，於一九八〇年出版《整體性與隱秩序》（*Wholeness and the Implicate Order*）一書。

order）。玻姆進而提出假設，「**隱秩序整體**不論什麼時候都存在，也因此從這隱秩序孕生出來的結構整體，不必去把時間放在首位考慮也可以進行描述。這樣一來，結構的定律於不同面向就有不同程度的纏捲程度了。」（p. 155）「**所存在的**始終都是眾多集合的總體，全體俱在，或在捲（enfoldment）的階段或在展（unfoldment）的階段，排成整齊的序列，大體是彼此交相混雜、滲透，遍及空間各處。……要是這過程的整體背景有變的話，顯現的就會是嶄新的模式。」（p. 184）到了後文便會談到這樣的觀點為我們打開了新的門戶，供我們潛入一層又一層的現實裡去；這一層層現實古典物理沒看到，但在上一世紀由量子論提點了出來。玻姆還主張，「物質的諸般量子特性從隱秩序來作描述，比起傳統的機械秩序要更一致許多。所以我們在這裡就要提議隱秩序應該可以看作是物質的基本性質。」（p. 184）

從「整體性」、「隱秩序」的觀念來看世界，常常就是帶著我們從「系統」的角度來作思考——也就是基本單位一起相互作用而創造出迸現——而不是一部分獨自和另一部分相互作用。這樣的系統觀一開始未必好懂。不過從數學的觀點來看，「整體性」的觀念有助於我們看清楚，要理解自動組織的迸現性質，還是要先去領會這當中有纏捲或是隱含的特性才好，這可是複雜系統迸現的整體所具有的基本性質。

回頭看大腦年代那時候，關於自動組織大家問過許多問題，像是：這樣子下去，我們在有心理障礙的人的大腦當中，是不是終究會看到動詞型或是名詞型整合其實是受損的呢？我們有沒有辦法在大腦推助整合，而且在醫療介入之前、之後的評估看出這一點差別呢？我們可以借助人際關係去帶動別人重新組織大腦進行整合嗎？我們是不是可以利用自己的心去加強人際關係以及大腦兩方面的整

合呢？

以整合為健康的基礎、以整合受損為不適、失常的基礎──這在原先只是結合科學推論、臨床經驗以及個人思索而得來的基本看法，之後有一些初步研究的成果發表，也發現這樣的看法依實證研究的結果說不定還不是無稽之談。不過，支持整合受損與安適受創有關聯，像是早些年數學家提出來的觀點還有記憶和情緒相關的科學研究──這些我們在後面幾章會再談到──只是幾道箭頭，為我們指出了大方向。這樣的想法是不是站得住腳還有待更多研究，特別是更進步的科技協助，才能釐清。

既然都將心明確界定為涉身的、存在於關係中的自動組織作用，也將**健康界定為整合的狀態**，那這時候應該還算是有立場提出幾項假設公告周知，讓大家經由省察個人經驗、公開臨床介入或是周詳的實證研究等等途徑來進行探討。健康的心理狀態既是從身體內的整合迸現出來的，也是從個體之間的整合迸現出來的──也就是我們和他人、和地球的關係，這便是心理衛生、神經科學等等眾多學科都可以鑽研的課題。所以，對心和心理健康作出這樣的定義，就像是搭起廣闊的平台，供大家繼續探討還有體驗生命中的安適應該怎樣要營造。

3-3 省察提要：整合和安適

在此，我就要請各位回想一下自己可曾有哪些時候日常生活有過僵化和混亂的經驗。說不定是和朋友起了口角，覺得對方根本沒在聽你說話，之後心裡湧起強烈的情緒嚇你一跳。說不定是你滿心的期待落空以致悶悶不樂，「提不起勁兒來」。再要不就是有的時候心情驀地就會低落，可是腦子亂糟糟的，抓不準心情突變

是為了什麼。這些狀況都偏離了「靈適聚活定」流動所會有的和諧狀態，可能不久就會過去，只維持幾秒或幾分鐘甚至幾小時吧。總之，就是沒有了靈活、適應、凝聚（意思是：即使尚在流動的經驗也始終把持得住，穩固不散）、活力或是穩定的感受。日常生活不時就會出

些什麼狀況，帶出這樣的片刻，把我們拉得撞上整合長川的兩側堤岸，不過，我們倒是不會卡得太久。我們不時是會有僵化、混亂冒出來，但不會困在流動長川之外的淺灘久久出不來。這都是一時片刻的事，是從和諧的流動長川岔出去的短暫脫軌；都是日常生活司空見慣的事。

　　但也有時候可能就教人覺得自己好像捲在混亂沖刷過來的情緒、記憶或是爆發行為失控的洪流裡面久久無法脫身；再有時候是僵化沉沉壓了過來，教人覺得無力擺脫千篇一律的思緒、行為，像是上癮一樣，或者是有違和（malaise）、生活乏味的感覺，像是頹廢（demoralization）、沮喪或是憂鬱。這些狀態要是反覆出現，持續的時間也比較長久，就表示你的生活有未能整合的情況。

整合是和諧經驗的源頭

　　整合是一種逬現出來的功能綜效，出現在許多方面，有在我們身體內部涵蓋大腦的許多區域，也有在我們和他人以及所在大環境的關係內的。我們只要進入整合式的流動，便會浮現完整、飽滿、

自在、包容的感受。整合是和諧經驗的源頭。整合出現時，連接起來的各單位自有的特性並不會消失。因為這一重要條件，所以連接不等於相加（addition）或是融合（fusing）、混合（blending）；整合也不等於「同質」（homogenization）。整合比較像是水果沙拉而不是冰沙。

　　要是分化或是連接二者少了一項，整合便算受損，那就可能會有僵化或是混亂的經驗出現了。而發覺到有整合不全的狀態，是邁向健康的第一步。下一步端看情況要是屬於分化受損的話，便將注意力指向加強分化，要是屬於連接不全，便將注意力放在加強連接。

　　我自己發覺當生活出現整合受損時，問自己這問題其實是不錯的起點：「我的生活於目前是不是有什麼在引發僵化或是混亂呢？」整合至少有九大範疇需要探討（我在《第七感》書中已有深入的討論，在這裡提綱挈領說一下），所以，我們可以列一張檢查

　　　　　　　心腦奇航：從神經科學出發，通往身心整合之旅

表，先看看生活到底是出了哪些事，再看看要怎樣從整合受損一步步走出來，邁向整合成功的安適。

這裡略提一則簡單的介入事例。與我十分親近的岳父尼爾‧威爾奇（Neil Welch）過世之後我很傷心。來到尋求理解的階段時，我還是任令覺察充滿哀傷和失落。一連好幾個月，沉重而有氣無力的感覺時有時無、來來去去，直到一年過去，我才覺得輕鬆一點，比較有活力了。可是有天我一早醒來，想起了他，馬上又覺得心頭沉甸甸的。這是怎麼回事呢？我決定拿簡單的整合技巧來試一下。我把自己可能有的情緒狀態輪番想過一回，即使是沒有覺察到的也包括在內，然後運用「叫出來安撫」（named it to tame it）的技巧，一一點名上陣，輪流用左右手輕拍一下左肩、右肩。我把可能的情緒盡量多想一些，為了怕漏掉，我還依字母順序來叫名。像是負面的 A 字開頭情緒有憤怒（anger）、冷漠（apathy）、期待性焦慮（anticipatory anxiety）等等。正面的有佩服（awe）、欣賞（appreciation）、依附（attachment）等等。如此這般一路推展下去，雖然 Z 字開頭的我想不出來，但還是仔細找過一遍。等到我把情緒一一劃分開來，連接到意識，配合身體左右對稱拍打，結束之後，我其實還覺得相當痛快呢！那一天過得很開心。

各位不妨試一試。整合這概念最神奇的地方就在於簡單又直接，不論想法還是作法都是。混亂或是僵化代表整合遇到障礙。分化和連接都有可能受損，而整合需要有分化和連接作配合。一待整合重返生活，就會讓人覺得有「聯開和現容入知情理」式的「靈適聚活定」流動迸現出來了。

而我既然身為教育人員又是臨床醫師，我有沒有辦法鼓勵他人重組自己的大腦、身體、人際關係而朝整合推進呢？假如親子間的依附關係真的可以刺激大腦中的整合纖維增長，那麼我們說是療癒

核心所在的整合增長，精神治療師在於治療關係當中是否有辦法協助病人培養呢？

我開始拿這些想法用在我所治療的精神病患身上，而我最先做的，便是不再單單把人硬塞進可能略顯狹隘的診斷類別裡去就好，而是另行對病人作混亂和僵化的評估。接下來，我再試行評估整合受損大概會落在病人生命的哪些方面或是範疇？一待評估結果出來、釐清整合不全的狀態之後，就可以把治療介入的焦點明確集中在需要分化、連接的範疇上。而在大腦年代那期間，我覺得最神奇的就是有些來找我治療的病人，先前在我這裡或在別的醫師那裡病情原本都沒有變化，在我這麼做後卻開始好轉，生活中的靈活性、適應力、凝聚力、活力、穩定性都開始加強。而這「靈適聚活定」的轉變，重心是在活力和安適這兩項。所以，所謂的心理健康此時就可以看作是從整合迸發出來的一種「聯開和現迎入知情理」：有聯繫、開闊、和諧、投入、迎納、迸現、洞悉、慈悲、有同理心。這時候講的整合，不再單以減輕症狀就算治療；以減輕症狀作為治療目標根本就是在離目的地愈走愈遠。現在我們這樣的整合走向，勾劃出了健康的工作定義，是可以作為我們努力邁進的目標。

有問題的範疇浮現出來之後，就依照這些範疇有無分化、連接，狀態又是如何，來為個別病人規劃特定的治療方向。要是分化較為薄弱，就需要下工夫去辨識構造不良的部分，推助發展。要是連接比較不好，就要發揮創意，看看有什麼作法可以將注意力導向分化部分的連接與合作。治療性介入這時就變成了刻意以策略去營造整合迸現綜效，而提升安適感。

走這方向之所以有效力，是因為這是以健康為基礎（health-based）的。我們每一個人都走在整合的道路上，沒有走到的一天，也沒有走完的一天。整合指的是方向，不是目的地。以健康為

基礎也能為病人注入力量，而有力氣去找到自己內在的方向；我要做的，便是指導他們練就終身受用的技巧，供他們奮發生活，編出安適的生命舞蹈。

整合就是力量。

九大整合範疇

接下來探討這些整合範疇時，也請各位不妨想一想這每一範疇在自己的生命經驗有過什麼體會。各位可以回想是不是有什麼時候生活陷入混亂或是僵化。自己的心理生命於內在或是人際是否有未能分化、連接的部分？回頭檢視當時的情況，感覺得到那時自己的生命說不定有什麼是未能整合的呢？單單是感覺一下混亂和僵化的起源便是重要的起點，由此可以進而探索自己的日常生活，整合扮演的是怎樣的角色。有的時候介入做起來很簡單，像我先前說過自己去覺察情緒的狀態再進行整合，就是一例。別的介入手法可能就比較繁複了，步驟較多，較花時間。

要將現實概念化、將整體劃分為許多局部，能用的方法很多。在我這邊，病人遇上的、同儕說過的、或是我自己切身體驗過的萬般問題，都可以劃分成九大範疇來勾勒。有人可能覺得表列太長了，而寧可把整合匯聚為涵蓋很廣的一件事情來看。不過，說不定也有人覺得分成二十八大範疇才對呢。悉聽尊便。這不過是分門別類的手法而已；過去二十年我倒一直覺得我這作法相當有用，也算完備。

在此先作個大概的提示：每當我們講起一塊整合範疇的時候，不妨先想一下自己生命在這一方面有什麼是可以作分化的。對分化有了清楚的概念，就可以再問這問題：生命在這部分分化出這麼幾面，是要怎樣錯綜連結起來呢？這便是分化之後再作連接——也就

是整合。未必容易做到，但就是這麼簡單。連接起分化過後的部分，和諧自然推展出來；整合被擋，混亂或僵化或是混亂兼僵化就隨之出現。

所以，在此便將這些範疇逐一道來，看看在各位自己的生命當中有什麼感覺吧：

「**意識整合**」（integration of consciousness）是指我們將意識中的「察知」從「已知」分化出來，然後將注意焦點輪番移到各已知的組成去，作有條理的分化和連接──已知的組成包括「前五感」，我們身體內部的「第六感」，也就是「內感覺」（interoception），我們的「第七感」，也就是思緒、感覺、心像等等的心智活動，還有我們的人際關係帶出來的「第八感」，也就是我們之於他人、之於地球的聯繫。意識很難形容，遑論要下定義，不過把意識想作是我們怎麼在作覺察，說不定最為有用。我們有自己在「察知」這樣的主觀經驗，也有對覺察到的東西的主觀經驗。這樣子看，意識便涵蓋了「察知」、「已知」甚至「知者」；這些我們會在後文談得詳細一點，屆時會討論到「覺察輪」（Wheel of Awareness），用覺察輪作直接練習，協助意識整合。

假如你覺得自己好像「迷失在〔覺察輪的〕軸圈」，對於自己是怎樣的人，被某一種感覺、思緒、記憶主宰，看不到從輪軸往外擴張的寬闊視野，這時你的意識整合大概就失衡了。整合遇到考驗的時候，混亂或是僵化、思緒或是記憶可能就會主宰你的經驗。這時各位就可能會發覺意識整合練習對於創造安適感、自在感頗有助益。

「**兩側整合**」（bilateral integration）關係的是大腦左、右兩半邊的分化。大腦左、右半球有分別，運作的「模式」（modes）跟著就有分別，但要是兩邊有類似的運作，那麼有些神經啟動就還是

左右兩邊一起共用。我們會在後文針對左、右半腦的分化再作討論，這裡還請容我只先指出，左腦的邏輯、語言、線性以及直義語言（literal）處理，相較於偏向語境、非語言、影響身體、情緒比較直接的右腦模式，可謂涇渭分明。所以，找到方法既讓左腦、右腦同都得以發揮，又讓左腦、右腦得以相互連接，便可以促成兩側整合。胼胝體便是連接兩半腦的重要結構。由研究已知發展創傷會削弱這一塊整合區域增長（Teicher et al.，2004）。有意思的是，「正念冥想」（mindfulness meditation）也已證明有助於這一塊整合區域增長。

對於大腦劃分成兩半球，而且兩邊的訊息處理模式有別，大家的看法相當紛歧，但要是這樣子看就簡單明瞭了：右腦模式塞滿了能量訊息流動，會感覺，遍佈情境，植根於體感受，經由非語言

圖表 3-2

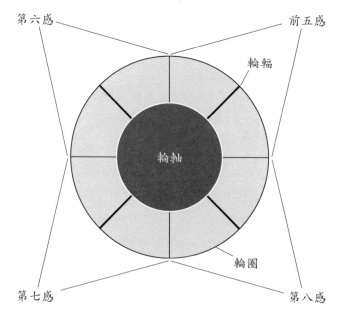

第六感　　　　　　　　　前五感

輪輻

輪軸

輪圈

第七感　　　　　　　　　第八感

的訊號例如眼神接觸、面部表情、說話聲調、身體姿勢、手勢動作以及回應的時機、強度等等，傳送意義或是理解意義。相較之下，左腦模式由於是依照邏輯尋找因果關係、使用話語，為經驗塗抹上的色彩就很不一樣了。兩邊的半腦都很重要，也共用神經功能，不過，兩邊卻也僅此唯一，無法取代。各位說不定覺得自己的生活好像是由其中一種「處理模式」凌駕在另一模式上面，或者有時感覺像是這樣吧。例如有的人遇到壓力是以偏向左腦主宰的模式來應付，結果就把自己覺得受不了的內在情緒／身體狀態隔離開來。所以，遇到壓力就偏向左腦可能引發僵化。另有些人的反應則相反，遇到橫逆就會被紛至沓來、未能調節、右腦模式主宰的感官感受淹沒在混亂當中。若要整合兩邊的模式，就要重視兩邊的差異、加強兩邊的連接。

「**垂直整合**」（vertical integration）是指我們和身軀的聯繫，而讓體內流動的感官感受從「下層」上升到「上層」由腦皮質負責調控的覺察裡去。在科學領域，這種內感覺稱為「**第六感**」（sixth sense）──也就是體內知覺。身體基礎療法[6]以及正念練習都會用到內感覺，而內感覺便是垂直整合的重要類型。

假如各位跟很多人一樣，便會發覺求學的經驗是都在強化我們「只有肩膀以上活著」，以致絕少會花時間沉浸到身軀的感官感受裡去。垂直整合可以教你發動身體的訊號，例如從心臟、腸道開始，一路在你的心理生命、意識當中奮力往上推進，為你重要的身體智慧源頭掙得該有的重視。各位說不定還感受得到自己無法調節身體訊號的地方就是混亂的所在，自己阻斷體訊號的地方就是僵化狀態的所在。所以，垂直整合就是要反過來，要開放迎納「身體智

6　**身體基礎療法**（body-based therapy）：整脊、推拿一類操作肢體的療法。

慧」，接收重要的內感覺訊號但不至於被訊號淹沒。

「記憶整合」（memory integration）是指我們將「內隱記憶」的分化組成——知覺（perception）、情緒、身體感受、行為計劃（behavioral plan）還有心理模型（mental model）和促發——連接在一起而形成外顯（explicit）的事實記憶和自傳記憶[7]。內隱記憶在我們很小的時候便開始作編碼（encoding），持續終身不斷。外顯記憶的編碼通常起自我們一足歲後，供我們將內隱記憶的組成整合為規模更大的記憶拼圖，這樣才能靈活看出我們生存經驗的全景。海馬迴是整合記憶的重要區域，發展創傷則會損害這區域增長。創傷一般都會損害到這裡的整合功能，以致身體感受和情緒的內隱編碼雖然無損，但未能整合。結果便是記憶會不請自來，讓當事人明明就不覺得自己把過去的事情叫了回來，但記憶卻入侵進來，胡亂飄移，一團混亂搞得人心煩氣燥，當下的感覺像是出了什麼事，但其實都是內隱記憶在作怪而已。而有了整合好的外顯記憶，便能辨認出這些記憶是從過去的經歷來的，而且還可能是化解創傷不可或缺的整合對象。

各位可曾有過心裡滿是雜亂的情緒，或是做出來的行為反應連自己都不太明白？這般未能整合的內隱記憶忽然啟動，有時會教人十分困惑甚至痛苦。有時這樣的記憶甚至還會直接導致我們封閉自己，不去接納新的經驗。辨認出這些便是潛伏的未整合內隱記憶，有助於你掙脫這樣的狀況，而改去留意這些記憶怎麼會啟動，以備

7　**內隱記憶**（implicit memory）：有關技術、操作的無意識長期記憶，所以也叫作「程序記憶」（procedural memory）。
促發（prime）：與無意識的內隱記憶有關，某一種刺激經由聯想帶出另一種刺激。另也指因為經驗累積容易出現某一反應。一九七〇年代初期開始這方面的研究。
外顯記憶（explicit memory）：可以有意識去回想起來的長期記憶。
事實記憶（factual memory）：關於明確事情的記憶。
自傳記憶（autobiographical memory）：對自己過去的事情的記憶。

下次不會再因此而失能。在這方面，寫日誌是不錯的起點，把自己對內在經驗的省察記下來，不要設限，從中抽絲剝繭，尋找任何可能的源頭。

「敘事整合」（narrative integration）指的是將生存生命當中分散的記憶成份編織起來，從中擷取意義，以求理解自己的人生。我們先前已經提過，敘事算得上是我們內在固有的整合作用，而且會動用到別的整合範疇——像是記憶、意識、垂直甚至兩側這幾類整合，而將偏好用邏輯的線性序列來講事情而在世事之間尋找因果關係的左腦，連接到自傳式記憶主宰的右腦。敘事會駕馭自己的許多面向去整合出理解。

各位可能發覺對於自己是怎樣的人，心裡面說的始終是固定不變的故事，是你覺得熟悉、安心的故事，但是對於自己可以成為怎樣的人，這故事卻也同時設下了限制。各位要是回想一下自己從童年起一路是怎麼走過來的，說不定就會發覺自己的生命故事沒有多少變化。要想找出自己的自我感覺內含怎樣的敘事結構，寫日誌一樣是很有用的探索手法。各位在日誌中會發現什麼，說不定會嚇各位一跳。開放敘事迎納新的輸入，即使只是省察自己作過的省察，對於釋放內心的種種也十分有效。只要有勇氣割捨熟悉和可測，通常是可以活出新的生命故事。

「狀態整合」（state integration）說的是人人都有許多種心理狀態，也就是有經過分化的種種面向，這些都可以相互連接，隨時間而對自己形成連續但非同質的感覺，而在眾多包夾的心理狀態當中固定在某一種狀態裡面，創造出「心理凝聚」（mental coherence）。所謂「狀態」，是由多種功能聚合起來形成一個人的存在形式，而牽涉到我們的敘事、記憶、情緒以及行為模式。有些狀態要是反覆出現，塑造出個人的自我，就可以叫作「自我狀態」

心腦奇航：從神經科學出發，通往身心整合之旅

（self-state）。

　　舉例而言，有人可能有愛交際的這一面反覆出現，但這人其實還有另一面，卻是在獨處的時候才會煥發生氣。這兩種狀態說的都是同一個「我」。然而，遇到是要去和人交際、還是一人獨處這樣的選擇題，要如何解決二者的衝突？由「狀態整合」可知，我們可以在重視差異之際同時促進連接，也就是尊重生命的每一面，尊重自己之所以是這樣的人——我們是由異質的一面面自我決定出來的。就算陷在特定的狀態裡，一樣可以學習整合，例如保有自己愛玩愛鬧的那一面但依然是成熟的大人。狀態整合讓我們有力量去發覺自己層層疊疊的經驗到底都蘊含了些什麼，重視自己面貌繽紛的存在，好好維護內在的溝通和外在的生活日程，對於構成自己是什麼樣的人的每一面內含的不同需求，都能以愛多加尊重。

　　「**人際整合**」（interpersonal integration）是指我們在人際關係當中對於人、我的差別能夠重視、支持，進而懷抱尊重、善良、慈悲去進行溝通，加強彼此的連接。我們的人際關係有很多種，從親密的一對一到大一點的團體如家族、學校、社群、文化等等。而不論關係深淺、親疏、廣狹，整合創造出安適的原理應該都能穩穩成立；整合不僅是孕育健康關係的有用途徑，也是維護健康關係的有效途徑。

　　而各位要是省察一下自己目前的人際關係，覺得這樣的基本整合作用，也就是既尊重人我差異又促進關懷聯繫，在自己身上是怎樣的情形的呢？過去的人際關係，像是童年時期的，對於各位人際往來的整合有沒有支持的效用呢？調整自己的頻道去接收別人的內在世界，尊重別人的主觀經驗，能讓我們在親密的私人關係當中有所整合；對於宗教、族裔、性別、性取向、學習模式、經濟背景、教育經驗等等差別無不給與尊重，方能推助我們在社群以及大文化

當中加強整合，再由整合去提升安適。

「**時間整合**」（temporal integration）是在處理由人心創造出來、由腦皮質進行調控的時間感覺為我們生命製造出來的存在課題：也就是在不確定當中渴求找到確定；面對瞬息變滅的現實渴求恆常持久；知道人生而有涯而渴求永存不朽。我們的時間經驗可能起自我們覺察到變化；而我們依人類的理解力去拿「過去」、「現在」、「未來」的概念來表示這樣的變化時，可以想見會遇到什麼重大課題：既然知道人生苦短，那又要如何為自己找到平靜和目標呢？

當一個人並不容易，既接受不確定又渴求確定，既接受人生無常又渴求永存常在，既接受生而有涯又渴求長生不死──在兩相牴觸的夾縫當中找到執兩用中之道，便是整合的精義。回頭思索我們遇到的這些挑戰，針對人類存在內含的這些矛盾學習掌握、尊重，有助於建立整合。

最後，還有一件事情可以叫作「**氣場整合**」（transpirational integration），或叫作「**自我整合**」（identity integration），說的就是我們「吐納貫串」其他八大整合範疇，而對自己在生活、在世界到底是怎樣的人，萌生更廣潤的領會，氣場整合或自我整合便油然而生。自我整合講的是我們既有自有的內在也有人際的外在，尊重我們既屬於個人獨有也和外在有所聯繫，自我整合方才得以推展。

所以，各位是否覺得自己的生命好像既有私人專屬的我（小我），也有一個錯綜連結而出現的的我們（大我）？二者在生命當中要是只有其中一個得以發展，那日子不是一片混亂就是充塞僵化。各位要是想一下近年自己的自我，也就是既是「小我」（我）也是「大我」（我們）的自我，是怎樣推展開來的，會不會覺得心中像有一塊空白，可供自己去想見一個嶄新的整合自我出現，像是

把分化的那一個**我**連接到另外一個我們叫作「大小我」（MWe）的**我們**那裡去呢？

在一路往下討論大小我的時候，這九大範疇說不定可以作為相當有用的參照系，協助我們思考在從生到死的一輩子當中，這涉身的佑存在於關係之中的「心」對我們的安適能有何種影響。作這類應用上的劃分，泰半有助於釐清在安適狀態當中能量訊息流動的整合運作是怎樣，而在不安適的狀態當中的非整合運作又是怎樣。

現在回想起來，便發覺依我失去湯姆時的悲傷狀態，我在這九大範疇全都遇上了考驗。遇上喪親失依的變故，有的時候是會教人沉溺在覺察輪的輪圈一帶，沉溺在輪圈屬於「已知」的心像、情緒、記憶當中，而無力連通到輪軸那裡比較靈活、空闊的「察知」。我們的右腦模式要是填滿了自傳式記憶，專注在外部的左腦模式便會去找那已經離世的人但找不到，兩相衝突沒辦法解決，兩半腦之間就這樣無從聯繫和協調。垂直整合這時就帶出了種種身體感受、肺腑來的感覺（gut feelings；直覺）、心臟的內在神經系統發送出來的訊號等等，潮湧而來，把整個人淹沒在「心口堵著一塊大石頭」、「心痛如絞」一類的感官感受裡面。我們依附的對象不在了，失依在腦皮質屬於現實，以致調控親密關係的大腦邊緣系統變得無從安頓。其他的範疇如記憶、敘事、狀態、人際關係也在在無法迎納分化的狀態再去連接起來。這時候就會有不請自來的記憶入侵，講起我們哀悼的那人的故事，過去、現在、未來的整合也會錯落不齊；我們內在的種種狀態原本在依附對象那裡找到的安頓——也有人把這依附對象說成是界定我們是誰的「自體客體」[8]——便不再有良好的整合，我們的人際聯繫甚至可以說是真

8　**自體客體**（self-object）：這名詞出自漢茲・柯胡特（Heinz Kohut；1913-1981），柯胡特於一九六〇年代提出「自體心理學」（self psychology），對心理分析、治療有重大的影響。他認

的切斷了。人生本來就不得不面對生與死、無常和不定這樣的時間課題，這時候再加上失依，人生底層的存在課題也就遇到重大考驗了。所以，關於自我整合，我發覺湯姆在世的時候我對自己是什麼人的感覺是充實飽滿的，但這感覺在他重病、不久人世、迄至垂死期間，像是被打得粉碎。

深切的悲傷是滿滿伴隨混亂與僵化的。

而想辦法找出哪些區域需要整合、需要進行分化和連接，可能便是化解悲傷的基本條件。那時第一千禧年已近末了，我也在努力化解悲傷，接納學院出版的現實，面對所屬社群以及門診工作的現況，同時還在將自動組織、整合等於健康這樣的理念綰合起來，希望有所助益。我在奮鬥，竭盡所能要在自己的生命當中開闢出一條整合的路來。

以前和同儕見面，為病人進行診療，省察我自己的生命經驗，提筆著述，每一樣都是獨立的沉浸體驗，到了大腦年代最後幾年就交織起來了，綰合成實在的感受，覺得像真的，覺得關於人心的科學研究不應該把內在主觀生命切割出去，身陷混亂和僵化的精神病人所需要的診療也不應該把這切割出去。

要不是有事情擋下整合，阻撓分化或是連接，我們一般是不必再費力氣去作整合的。所以，這件事的關鍵就在於凡是有阻撓分化或是連接的障礙出現，我們都不應該任其阻擋天生的整合驅力。整合既出現在身體之內，也出現在人際之間。要做到整合，有的時候單純就是「別擋自己的路」，由整合自行去推展就好，而不用「賣力推動」整合。但也有的時候還是必須費神去找出阻撓整合的障礙何在，用心去將障礙抵銷、排除、消滅。有的時候也必須費神

為健康的自體必須滿足自戀的需求，要是身邊的人都只是滿足自己自戀需求的「客體」（像小嬰兒就處理這階段），那些人便是自己的「自體客體」。

去啟動分化的作用，之後，就放整合出閘吧；這意思就是任由自動組織的天然驅動去自行迸現。複雜系統本來就會自動連接起分化的成份而迸現自動組織的作用，這便是複雜系統的整合。這樣子看，整合——就是具備和諧、健康和韌性——就可以視作生命的天然驅力。而從各範疇的整合以及整合所需的自動組織可以看出心理生命以及心理安適是怎麼從身體之內、之間產生出來的。

假如整合便是獲致健康、韌性、安適，甚至創造力和人際聯繫的基本過程——我們很快便會探討到這一點——那麼整合就會有變化多端的面目。所以，整合不是在說你要怎樣才會過得快樂。整合講的絕對不是斬釘截鐵的步驟，要大家照本宣科去愛人、去和人來往。這裡講的是自動組織和整合應該可以作為基本立場，供我們往前一起作進一步的探索。

自動組織不需要指揮、不需要程式便可以運作。自動組織是複雜系統天然就有的屬性。假如我們願意接受人類的心有一面便是能量訊息流動在身體之內以及人際之間的自動組織作用，那麼，由這主張便會再推演出我們的心的天性上的目的便是整合。我們可以相互扶持，將我們天生進行整合的自動組織驅力釋放出來。而整合可不可以拿來作為生命的目標，大家是不是可以用開放的態度好好想一下呢？目前這還只是提議，不是定論。世間推展出來的一切獨特的型態和互動，在下面要是能夠營造出更強大的整合，說不定便是我們生而為人來人世走這一遭最重要的理由。

整合會再衍生出整合。整合能為我們的生活注入溫暖和親和。善良和慈悲之於我們自己、之於他人、於之我們的星球，便是寫得大大的整合。

心的主觀現實
是真的嗎？

　　這一趟旅程現在已經走到世紀之交，
即將迎進新一輪的千禧年。此前我們針對心
理生命談過兩大觀點：（一）有涉身的、存在
於關係中的自動組織作用；（二）整合便是自
動組織的天然驅力，自動組織還會放大能量
訊息流動到最佳狀態，成為健康的基礎。但
在我們往前多走幾步進入新千禧年之前，我
們要先退後一步，回到一九八〇年代初期和
一九七〇年代晚期，看看人心的探索旅程在
那期間挖掘出了什麼。

4-1　適應心盲的醫學界（1980-1985）

　　一九八○年的元旦。我從二十二歲走向二十三歲的路程正好過半，讀醫的第二年走到過半，輟學他去也一樣走到半途。過去一年過得麻麻木木，失魂落魄，原先以為富意義的職業道路，這時卻覺得接不上線。那時正逢寒假，有高中好友邀我回洛杉磯參加派對，一堆老青春聚在一起大啖家常菜，吃吃喝喝外加聊天敘舊。回到長大的地方覺得安心又自在，從兒童時期到少年時期再到大學，我都在這裡度過。我在派對邂逅一名年輕女子，維多莉亞，兩人互相傾訴自己的故事，談自己在做的事，想把自己是誰講清楚。有機會聊了那麼一次，感覺和人又有了聯繫，在我心裡重新燃起了火花，感覺自己好像又活過來了。這樣的火花先前一年在美東的新英格蘭

　　　　　心腦奇航：從神經科學出發，通往身心整合之旅

好像被隆冬苦寒的歲月凍得一絲不剩。這時我又覺得自己是真的存在，重新歸位，一顆心警醒而活潑。維多莉亞還在唸大學，但已經在教芭蕾，我對她在洛杉磯加大讀舞蹈系十分有興趣。我記得以前唸高中時我就很愛跳舞，唸大學時還參加了學校的國標舞團，後來在醫學院時，連院裡一年一度的表演我還去幫人家編舞。這些往事想起來覺得好活，好真，和學校的聯繫好實在。但是進了醫學院後，我的人就在變了；感覺像是我和自己的聯繫斷了線──比被隆冬的寒氣凍僵還要嚴重；那樣的感覺像是不知有什麼在一點一滴死去。

總想熱切關注人心

　　一九八○年的寒假過後，我回到波士頓繼續醫學院的課業。到了二年級，臨床的實習課程增加很多，例如「臨床醫學導論」（Introduction to Clinical Medicine；ICM）。一九七八年我讀一年級時，滿心期待的臨床經驗結果不如人意。我那時的第一批病人有一位年輕女子罹患嚴重肺疾。我一坐在她身邊就感覺得到她有多哀傷，感覺得到她眼見面前的漫漫長路盡是痛苦的療程，心底充滿了絕望。我向主治醫師報告她的病史時，也將她的情緒作了一番說

明，說時忍不住哽咽。我的臨床指導老師是小兒科外科醫師，便數落了我一句，「你太容易激動了」，說我應該專心去管病人的症狀就好，不要去管病人其他的事。我回答說我會努力，我的主治醫師瞄我一眼，眼睛裡有懷疑和不屑。這時正好有電話進來打斷我們談話，留我在一旁傷腦筋，不知道接下去要再怎麼說。等她掛掉電話，又再把主治醫師的架子擺在我面前，我竟然一開口就說我祖母剛過世，所以，我想是因為我也很傷心所以……這時電話又響了，我趕忙坐下，心想，這下子好了，再下去要怎麼辦？等我的主治醫師再回頭來和我談的時候，只強調我應該拿出更專業的樣子來，之後便打發我走了。

我這一年醫學院一年級的實習課，隔週有一天下午又要回醫院作臨床實習，這一次是看到一位年紀和我一樣的病人。他罹患罕見骨疾，骨頭正在溶解。他說他也想當醫師，但是依身體的狀況，他想不出未來怎麼有機會學醫。他覺得無助又恐慌。我強壓下心裡的感覺，不去想他大概永遠進不了醫學院。我專心作筆記，查看他的化驗數據，為他的病史作摘要，查閱病情的相關資料，就踩著沉重的步伐又再朝我主治醫師的辦公室走去。這一次我報告病例就純粹不帶感情了——專心就事論事，只講臨床相關的細節，單純就醫學的角度來看這位病人。可是，我卻覺得自己的心像是死的，和我肺腑裡的感受是完全切斷的，離那一位年輕人好遠、好遠。我的指導老師微微一笑，對我說我做得「很好」。我記得那時我愣愣看著她，覺得不可思議。她這是在教我怎樣融入醫學的大環境，怎麼和我的心、和我病人的心切斷聯繫，怎麼和我的人性切斷聯繫！說不定哪一天我會變得和她一樣，那不就表示我失敗了。那時我覺得自己好像卡在很詭異、沒辦法解決的困境裡面。適應但是失敗；走自己的路結果被當掉。我覺得好難受，之後再也沒去見她。

我醫學院一年級要結束時，申請到湯姆・惠特菲爾那裡去打工，就是後來成了我恩師的那位小兒科醫師。那時我被情緒混亂搞得筋疲力竭，看了湯姆在柏克夏主持的夏令臨床指導簡介，十分心動。那裡有組織在協助貧困家庭尋求醫療和社會支援，湯姆便在那裡帶學生一起幫忙。那一年暑假我們因為工作關係而來往密切。湯姆在診所工作時，我有機會就近觀摩。湯姆開車循鄉間小路去探訪偏僻人家時，我也有機會當跟班；入冬之後，住在那樣地方的人家往往變成與世隔絕，孤立無援。於此期間，我們不僅十分親近，我在上一章已經提過，我們還發展出父子一樣的關係。湯姆對我像是父親，我對湯姆像是兒子。湯姆指導學生最有用的一課便是這一句老話，「所謂照顧病人，便是要去照顧生病的那個『人』」。湯姆是個感情豐富的人，年輕時背過的詩，你隨口提一個字他馬上可以再背出來，眼睛總是閃著淘氣的光，還有很機智的幽默感，感染力很強。湯姆手上始終有事情要忙，不是這方案就是那計劃的，在辦公室內是如此，回到家也還是一樣，不是要烤派餅就是要搬柴火。我們兩個一聊可以好幾小時不停，要不也可以在他的花園裡埋頭做事一聲不吭。即使我幫他除草不小心把他的九重葛給「除」了，他也不過是重重歎一口氣，告誡我「意外難免，丹尼爾──下一次注意就好。」入秋之後，我離開柏克夏要回波士頓，滿心期待自己能夠堅守湯姆的諸般教誨。

　　一九七九年秋天我回到波士頓，開始第二年的醫學院課業，這時的課程就從教室移到醫院去了。隨著一九七九年逐漸步邁向終點，我們的「臨床醫學導論」課也開始了，終於可以多做一些以病人為主的工作，我相當高興。我也喜歡校園裡的課程，畢竟我本來就熱愛科學，特別是生物學，樂於多學一些人體的知識。雖然那時還年輕，才二十出頭的年紀，但我已經覺得自己並未真的開始學習

怎樣去活——不過，我們現在已經知道那樣的年紀還算是青春期風暴的強烈期，青春期的大腦依然還在重組。那時我學的大多是我們人不管在身體之內或之外，死掉的方式還真多——有因為醫學上的疾病而死的，有因為人我之間的失聯而死的，甚至有因為內在生命的狀況而死的。

而疾病和失聯的關係隨處可見。一九八〇年春，也就是醫學院二年級快結束時，我的病人當中有一位年輕的非裔美籍男子，他哥哥幾年前因為鐮狀紅血球貧血症（sickle cell anemia）而過世。我們發現這病人有憂鬱症，瀰漫絕望和無助，這和他相信自己終有一天也會因為有鐮形細胞特徵（sickle cell trait）而死，有一部分關係。他和我花了兩小時多談他得了這種病的感覺，在我聽他說他的事時，他的面部表情、說話聲調、手勢，在在流露他對這種病的感覺。我們說的話固然重要，但是說出來的話只是更大的故事——也就是這是個怎樣的人——當中的一環而已。關於他生命的來龍去脈，非言語的訊息透露出來的意義，不亞於他說出來的一字一句。我努力鼓勵他去看見他其實還有很多希望，醫學研究也已經有了新的進展，而且他的鐮狀細胞特徵比起他哥哥全面發病終至喪命的那一種，有很重大的差別，只是這一點先前沒人對他作過充分的說明，所以，他的狀況不是一定就會致死。顯然在這之前從來沒人花過時間好好陪過他，感覺一下他到底在怕什麼，將醫學知識和人性溝通結合起來，協助他釐清心裡的困惑。事後，他說和我談過之後感覺好多了；至於我自己呢，假如當醫師為的就是這樣的結果，那我也覺得我選擇讀醫是正確的決定。

面對醫學院社會化滿是掙扎

這是一九八〇年我醫學院二年級快要結束的時候，新英格蘭洋

溢新春繁花綻放的希望和光彩，我也應該去見我的主治醫師還有二年級的同班同學了。別的同學講起病人的病史、症狀、檢查結果、檢驗數據評估、疾病摘要，在在符合我們一年級時學到的標準。他們一個個輪流報告，重點都擺在患病的器官。大家在更衣間講的差不多也就是這些；我們進入現代醫學的社會化歷程就是這樣一路走下去的。我有些同儕會說：「今天看到了好棒的一顆肝」，或是「那顆腎臟真漂亮」。而且不是在說笑話呢。他們的知覺好像全部繞著疾病和器官在打轉，而和病人及其人生沒有關係。人的心，很快就不見了，而由人體的實體構造以及功能取代。客觀、可見、實體的人體是確實存在的東西，主觀的心理現實則否，不像甲狀腺、肝臟一樣明明白白讓人摸得到，沒辦法像心臟或是大腦一樣作電腦掃描，以致人的心就這樣從大家眼前溜走，在專注於檢測的醫學眼之前變成隱形的了。即使新生的季節迸發耀眼的陽光，也沒辦法為遮得漆黑的年歲驅散一些黝暗。

如今，我也明白醫學界的社會化過程把病人的「人」去掉，為什麼像是根深柢固拔不掉的了。與其去接觸心理經驗傳來的痛和苦——病人那邊的，但說不定連醫師還有醫學院學生自己的也包括在內——檢驗體液可要簡單得多，對於情緒也安全得多。「非人」（dehumanizing），意思就是把人的心去掉，在這裡就表示把「心」從醫學的關注焦點去掉。結果，我們的心看得到物質世界，卻看不見人心。這失去的到底是什麼？生而為人的那一顆心，不論是病人的還是醫師的，在看得清物質世界雪亮的眼睛之前，竟然消失無蹤——我們這一班醫學生可還只讀到二年級而已呢。

那一天下午我是全組最後一位作報告的，報告的便是那有鐮狀細胞特徵的病例，報告時也談起了他的恐懼、他絕望的感覺、他和哥哥還有家人的關係、他正處於發展的那一階段，得了這樣的病

對他生命的意義，等等。下課後，老師要我留下來，我在心裡猜他是不是要問我怎麼知道重點應該放在了解病人對患病的感覺，我又是怎麼和病人有所連結的。行醫不就是這樣嗎？「丹尼爾啊」，帶我們這組的主治醫師開口說了，「你是不是想當精神科醫師？」我回答，「沒有啊」，還跟他說我醫學院才讀到二年級，還不知道想專攻哪一科。我真正想過要進的那一科就只有小兒科。他再說了，「丹尼爾」，頭一歪，「那你爸爸是精神科醫師？」我回答，「不是」，想起了我那知性比較重的機械工程師老爸。他當然不是精神科醫師。他那邊我認識的人也沒一個是精神科醫師。其實呢，我長那麼大除了小時候看的小兒科醫師，還沒有誰是醫師的。「喔，你這樣問病人他們的感覺、他們的人際關係、他們的生命故事，都不是醫師在做的事。你假如要做這些，那就去當社工。」

那天下午，我真的找了一下學校附近的社工組織，也查了心理學的課程，但是抓不準我轉出醫學院到底是不是好決定。隨著二年級僅剩的幾個月一天天過去，雖然隆冬的酷寒化作開春綻放的繁花，我卻覺得刺骨的寒意愈來愈重。我也不再過河到劍橋（Cambridge）去跳舞了；劍橋鎮上每逢星期三便有地方上的學生和居民集合起來一起跳舞，叫作「舞動自由」（Dance Free），即興隨音樂忘情起舞。——多年過後，我才聽說摩里（Morrie），就是米奇・艾爾邦（Mitch Albom）寫的名著《最後十四堂星期二的課》（*Tuesdays with Morrie*）裡的主人翁，也在那裡跳舞，有一張他在我們舞蹈廳跳舞的照片就放在書的扉頁。而我回憶失去湯姆的紀事，書名也叫《星期二到星期天》，後來想起來覺得像是離奇又美妙的巧合，寫的都是恩師面對死亡的紀事，竟然也都有星期二。那時甚至沿著公園步道散步對我也不再是賞心樂事。我沖澡連水沖上身體也感受不到。真是愈來愈麻木。

身體是智慧的井，滿溢真理。但是我的井枯竭了。我的儲值舞蹈卡是空的，也就是作廢了的意思；我對未來的期待也一樣涓滴流失到一無所剩。不過，我的邏輯腦還是在想，「都很好啊」。我的成績不錯，醫學院的課業我也按步就班在往前走。可是，我在心底卻覺得空空蕩蕩。我的思考腦塞滿了矛盾和困惑。我到底該聽哪一部分的我呢？我的邏輯腦，還是我的情緒和身體感受，也就是直覺的智慧之井呢？

　　一九八〇年的晚春時節，醫學院二年級下學期快要結束了，我修的「臨床醫學導論」舉行期末考。我分派到的病人是個白髮蒼蒼的老先生：他踏著沉重的步伐慢慢走進診間，對我說，「醫師，早啊，」然後顫巍巍坐進椅內。我問他春天的天氣這麼好，那他好不好呢？他說他早上才自殺過，沒成。我大學時在自殺防治熱線打工做過的功課，馬上轟隆隆啟動。當年讀南加大（USC）時，有一間小小的閣樓可以俯瞰校園一條歡欣熱鬧的大道，我們就在那裡學到有人在生死交關的時候，為那人保住一絲生機的關鍵就在於要把自己放進他們內在經驗的頻道裡去，把注意力集中在他們的感覺、思緒、他們的生命故事。先前便已提過，我們可以把這叫作心的「感心覺思」──專注在感官感受、心像、感覺、思緒，這些是我們隨時隨地都有的內在經驗樑柱，是我們之所以是我們的關鍵，是我們生命意義的來源，是我們內在的主觀現實。

　　所以，我便以「感心覺思」進入這人的心，和他一起探討他為什麼會走到這般危急的地步，竟然想要自己了結自己的性命。沒多久我就覺得肩頭被人戳了一下，是我的主治醫師，把我的注意力抓到他靠我耳邊的臉上──「做體檢就好！」他壓低聲音，類似耳語，透著不悅。所以，我幫老先生做了體檢，而且在診療枱上生平第一次親眼看到癲癇大發作。主治醫師對此無動於衷，只注意不讓

他摔下地，其他便放著不管，隨癲癇發作慢慢自動平靜下來，然後才跟我說，「把體檢做完。」我把他的體檢做完之後，便問主治醫師我們就算別的什麼都不管，但起碼也要把他——也就是那病人——轉診到精神科的門診去才好吧，主治醫師答應了——只不過轉診這一件事，就主治醫師的職責而言，難道不應該是必要而且恰當的處理，而不是多此一舉嗎？

「這些酒鬼就愛搞這一套——癲癇發作啊鬧自殺什麼的。你和他們聊太多什麼人生、什麼感覺了。不過，你體檢倒是做得很好，所以，你考試算是過關了。」

我後來在《第七感》當中談過，在好像既看不見心又不講意義的醫學界裡面尋找意義，遇到這樣的事情，在我年輕的心活像蓋棺敲下去的釘子，教我覺得好難過，好困惑，全身像是麻痺了一般。難道我讀醫學院就是要變得像那些主治醫師一樣？那我是在治療什麼？注意我們生命的內在世界對於所謂的治療，難道不該也有一席之地嗎？醫療真的就可以變成「心盲」（mindless；無心）了嗎？我的夢想完全破滅，覺得茫然失據。

然而，我的邏輯腦還在勸我自己，我讀的是醫學院，還是哈佛大學呢，我總應該有辦法從這些德高望重的大教授身上學到一些東西的，那就不要去管別的了吧，我應該想辦法去適應，依邏輯來講，當醫師不就是要這樣才對的麼，我應該做得到。可是，我體驗到的麻痺感覺從邏輯沒辦法找到解釋，我也老是覺察到有失聯的身體感受，還動輒就有跳上火車逃之夭夭的心像浮現，有絕望的情緒興起，老覺得這一切根本都不對，完全沒辦法從邏輯推理來解釋。那時要是我對自己的心理狀態做一下「感心覺思」的篩透，而且做得清楚明白，就會了解我的心底有十分不安、萬分迷惘的東西正在往上竄。

幾經苦苦思索、煎熬，把這些感官感受、心像、感覺、思緒一一細想一番，加上有學長作了一番溫和的督促——對他我永遠感謝——我決定輟學。這樣的決定甚至不算是想法，而是打從心底深處我就是知道我應該要輟學，只是在這時候清清楚楚浮了上來。

　　表面看來我很困惑，很迷惘；幾經思量之後，我知道這般亂七八糟的狀況一定要叫停才行。不過我去見學務長時，她卻亟力勸我休學而不要輟學。我對她說，把人弄成「非人」的地方我才不想回來。但她說，「一年的時間，你怎麼知道你會想要怎樣？」我頓了頓，直直看向她，說我不想再回來了。「可是，」她還是十分和氣，再說一遍，「你怎麼知道你以後想做什麼？」她說的沒錯，我很茫然，這時候都不知道我到底想做什麼了，遑論一年以後。所以，我想她說的對，我其實什麼也搞不清楚。我唯一搞得清楚的，就是我什麼都搞不清楚。

　　「好，」她再往下說，「那這樣子吧，你寫一篇文章把你要做的研究計劃寫給我。」研究？我回問她一句。「對，我們這裡是研究機構，你要研休，就一定要提交研究計畫。」我愣了一下，不太懂她的意思；但心裡想，這樣總比輟學要好。我看了看她眼中溫煦、支持的光，便跟她要了一張白紙和筆，寫下一句話作為我的研究計劃。我記得我寫的是：「我要申請研究休假一年去想清楚我是誰。」

　　她看了看我寫的句子，微微一笑，說，「這樣最好。」

休學之路，從「心見」看見曙光

　　我在休學期間去做了很多事。去學芭蕾、現代舞、爵士舞。查了查相關的編舞課。跑到加拿大去，隨便跳上鐵路列車就穿越秋天的平野朝西邊的洛磯山脈（the Rockies）揚長而去，後來又再

往北推進到溫哥華島（Vancouver Island）。我生平第一次放任自己這麼長一段時間，不按照別人的安排去過日子，放任意義從自己的內在自動迸現，而不再像以前一樣一直聽憑周遭的外在期待來替我作決定。那一次漫遊讓我有不少個人的體悟，其中一項還和生命的諸多巧合有關，是我們無從預測、無從計劃的。我回洛杉磯時，先前新交上的朋友維多莉亞在她家的後院辦了一場野餐會。我在那裡又邂逅了她隔壁的鄰居，她這鄰居那時剛開始利用一本書在教課：貝蒂‧愛德華茲剛出版的《像藝術家一樣思考》。愛德華茲是以採訪心理學家羅傑‧史貝里有關「裂腦病人」（split-brain patients）研究的幾篇訪問稿為草稿，寫出這樣一本書[1]；那時史貝里再過沒多久就會獲頒諾貝爾獎。史貝里於其裂腦研究發現我們的大腦左、右兩邊各具不同的功能。現今由於科技進步，讓我們知道左、右腦重疊的狀況比以前所知要多；但是，在左、右半腦運作有別的這一點上面，當年史貝里的研究結果整體而言依然算是相當牢固（McGilchrist，2009）。不論現在對這些有多少爭議，在當時我自己的經驗是相當明確的：利用愛德華茲著作當中的練習題，我確實可以沉浸到嶄新的方式去看世界。我不再聽憑分析、分類、命名、歸類作主宰，而開始看得見周遭世界的質感和對比──這樣的世界以前不是我的知覺體驗得到的。我不再把世界劃分成一小塊、一小塊的，而看得到整體進入我的心裡，有前所未有的清晰和活潑；感

---

1 **貝蒂‧愛德華茲**（Betty Edwards；1926-）：美國著名美術教師，一九七九年出版暢銷名著《像藝術家一樣思考》（*Drawing on the Right Side of the Brain*），任教於加州大學長灘分校（California State University，Long Beach）期間於該校創立「半腦研究教育應用中心」（Center for the Educational Applications of Brain Hemisphere Research）。
羅傑‧史貝里（Roger Sperry；1913-1994）：美國神經生物學家、心理學家。所謂「裂腦病人」是指癲癇患者進行「胼胝體橫切手術」（Corpus callosotomy）將左、右腦分離以減輕症狀。史貝里在一九五〇年代開始針對裂腦病人進行研究，經由實驗發現左、右兩邊半腦的功能有別，而於一九八一年獲頒諾貝爾獎。

覺像是換上了新的眼睛去看世界。做那些習題的時候，連時間也好像不一樣了；沉浸在看、沉浸在畫，即使兩小時過去也覺得時間像是靜止不動。這樣的知覺不僅是消融掉時間感而已，我和周遭世界有深切關係的感覺，好像也重新又在我身上活了過來。

所以我就加入了維多莉亞和同事在洛杉磯加大拍攝藝術演出的工作，負責替他們拿麥克風。手裡舉著長長的麥克風杆，我聽到的聲音開始變多。即使到現在我還是很難形容那感覺，但在那時，依我個人直接、切身的經驗，我就是覺得我身上不知有什麼很深沉的東西在變化。我覺得自己變得比較活，對外的聯繫感比較強，覺得自己比較像是屬於這世界的一份子，而這世界還展現了新的深度和細節。我在許多領域都交上了新朋友，從舞蹈到詩歌都有，生活變得好充實。

對生命有了這些新的體驗，教我莫名就是覺得有清晰透徹的感覺在迸現，足以去思考我下一階段的學業應該何去何從。我應該把精力、時間、生命投注在什麼上面呢？由於熱愛舞蹈，又加入了拍攝舞蹈等等的藝術演出工作，我開始了解到我沉迷的其實是內在的經驗，對於舞蹈的表相倒沒那麼大的興趣。由於這樣的領悟，我便清楚知道選擇舞蹈這一行，不論是當舞者還是作編舞，我餓死的機會都滿大的。這期間，我還在洛杉磯幫我祖母一起照顧臥病的祖父，陪他度過生命最後的幾個月。所以到了這時候，我開始覺得很想要動了，準備好要掀開人生的新頁了。

似乎我體驗過的這一切，從大學時期參加自殺防治服務到後來醫學院的內心掙扎，關係的全都是我們的內在世界，也就是我們的心。我在休學的那一年期間，自己拈出了一個詞，「心見」（mindsight），用來表達我們怎麼看待人的心，怎麼去感知、去尊重自己以及他人的心。畢竟我還是需要我那清晰透徹的感覺可以長

久延續，需要有牢固的理念，需要有語言的符號，作為我可以依憑的訊息，在我上路前行之後保護我一路順利，不論此行我會走到哪裡去。這時我已經決定回醫學院重拾課業，在我又泡在醫學訓練的社會化過程當中時，「心見」這樣的觀念說不定有助於我活下去不致滅頂。

心見涵蓋三種能力，也就是要能培養洞察力（insight）、同理心和整合力。我們每一個人應該都有做到的潛力，只是要看發展出來的實際能力有多有少。洞察力是指覺察得到自己內在的心理生命。同理心是指感受得到另一人的內在生命。至於整合力，先前便已提過，指的是將分化的部分連接起來形成凝聚的一體。放在「心」的觀點上看，整合力就是善良和慈悲，也就是我們尊重人人都有脆弱的時候，樂於主動協助他人掙脫痛苦。那麼，這三種心見的組成是要怎麼聯合起來運作呢？有了心見，我們會以善良和慈悲對待自己。有了同理心，我們會以尊重和關懷去對待別人的心。心見便是這樣涵蓋洞察力、同理心和整合力。心見這樣的想法既深刻又有支撐力，給我勇氣，得以重返校園面對醫學體系的社會化過程；這時候我可是有了先前沒有的力量和決心。

人是真的有心的。我的人生到目前為止走了這麼幾趟旅程，尤其是在休學期間還擺脫了外在構造的組織來作依循，沒有別人擬訂的計劃和期待，讓我得以接觸自己自由迸現的心，讓我徹底看清楚心的主觀現實確實是真實存在的。即使像現代醫學的教學觀點或者是文化價值觀這類外在的世界，所作所為都沒把內在世界當作真實、確鑿或是存在的，心見這樣的想法有助於提醒我自己在觀看物質世界的視覺之外，還有另一種不一樣的知覺透鏡，可以讓我們看到心。我們有多種感官，有多種視覺，心見這樣的概念和能力有助於我們看見心的存在，看見自己和他人的心。橫亙在我面前的社會

化過程不認為心是存在的，所以在我走上這一條路時有心見在手，說不定有助於我免於精神錯亂。就算醫學界像是得了「失心」瘋，往後幾年的學醫歲月，我說不定還是可以靠心見來協助我保住我自己的心。

4-2　心見之於保健與療癒

　　幾十年後會有多份研究報告發表，指出病人找醫師看病，即使時間很短，看的也是平常的感冒一類，醫師看病時要是也能照顧一下病人內在主觀的經驗，其實是可以引導出具有療效的人際互動，而促進病人的免疫系統更加強健——結果是感冒痊癒的時間可以縮短一天。單單是發揮同理心，也可以說是以自己的心見去看到別人內在的主觀經驗，便能直接影響一個人的生理狀態。（Rakel et al.，2011）。

　　別的研究則指出傳授醫師心理方面的知識，教他們以正念覺察來平衡情緒，有助於維持同理心，減少陷入倦怠（burnout）的風險（Krasner et al.，2009）。另有多項研究也指出醫學院教導學生同理心，有助於學生日後勝任醫者的工作。（Shapiro, Astin, Bishop, & Cordova，2005）

同理心對心理安適的意義

　　只是我在讀醫學院的時候，一次次聽到的都是同理心——將心比心去體會別人的感受、思緒、記憶、意義——不是醫學的臨床工作該做的事。但我當學生時老是聽人灌輸的那些，在醫學訓練其實不僅是錯的、是受到誤導的，甚至還會導致病人得不到最好的治療。如今，我們在科學方面是有更好的了解，但是，現代

醫學的社會化過程卻沒趕上這些「新」發現的腳步，而這些新發現卻證實古傳的良醫智慧確實有用：照顧病人就是要去照顧生病的那個「人」。所以，我們可以透過心見去體會、去表達我們所作的照顧。

但是，把重點放在主觀、無法度量、無法從外部直接觀察得到的內在現實，對於人的安適為什麼會那麼重要呢？我們需要探討的是一人注重另一人的內在主觀經驗，對於健康、對於促進健康的人際關係，為什麼是不可或缺的條件，發揮的又是什麼作用。

而對這基本的問題，有簡單的解答如下：我們感覺到別人的內在生命時，就可以真的去就彼此作分化，而在想要知道主觀經驗的時候再將彼此連接起來。所以，我們有這樣的提議：注重主觀是人際整合的門戶。個別的兩個實存，兩個個體，在主觀經驗得以注重、尊重、分享的時候，便能銜接成為連接起來的的系統。

人我的主觀經驗是由協調同頻（attunement）在作聯繫，這樣才能創造整合。

整合則可以為我們放大自動組織的效能。

關注彼此，主觀獲得重視，我們就會覺得比較舒坦，思考比較清晰，身體的功能也發揮得較好。

套用數學用語，兩個人分享內在的主觀狀態，相較於兩個人冷淡的交談或是一人忽略另一人的內在狀態，系統的複雜度會往上拉。而把複雜度放大到極致，就是數學說的複雜系統的自動組織作用自然會有的驅力。要是改用更好懂的說法，這就是將心比心去體會他人的感覺能夠建立起人際整合，因而產生和諧。洞察力、同理心、善良、慈悲的威力之所以強大，就是因為這緣故；而洞察力、同理心、善良、慈悲都是起自整合，也都是最佳自動組織當中的成份。

主觀經驗是真實的，是人際聯繫、彼此整合的大門。就是因為這樣，我才會跟各位說人際關係當中有同理心，會強化人的免疫系統，創造出深邃的安適感。一個人的主觀經驗得到他人的關注和尊重，也接收到他人的同頻溝通，那就是兩個分化的個人有了連結，也就是這人和另一人有了聯繫。而有了這樣的人際整合，雙方的整合狀態同都有所提升，心情自然就好，健康自然就好。拿複雜科學的用語來講，就是這時候的整合狀態是單獨一人達不到的強度。所謂整體大於局部的總合，就是這意思。主觀之所以重要得不得了，也就是因為這緣故。關注人、我彼此的主觀生命會提升整合，進而也提升了和諧和健康。

接下來我們就要把心見的透鏡放在同頻的人際關係的心理機制上面。這樣一來，很快就會發現經由心見，兩人的內在狀態能夠協調校準，兩相銜接，對於雙方連接起來的系統可能都有重大的影

響。從同理心來的同頻，讓雙方分化的個體得以連結起來。這樣的同理心聯繫也是整合的類型。

想要理解這樣子連結起來到底有什麼正面的效應，依照我們從一開始到現在一直遵循的模式，也就是把人心看作是更大的系統當中的局部，不僅超乎頭顱的界線也超越身體體表，有助於我們作這方面的科學探索。當我們的心有所聯繫的時候，會改變人的身體——我們因為和別人有聯繫而得以成長、復原。不過，這裡說的人際聯繫顯然不是在說大家手拉手有肢體接觸就好。人際聯繫是要我們將自己內在的主觀經驗——不是眼睛看得見的，而是需要以心見來感覺的——相互協調校準，連接起來。心見是社會智力（social intelligence）和情緒智力（emotional intelligence）之下的基礎機制。知道別人的心理狀態如何，是內在和人際安適的基礎。同頻、同理的溝通才有人我的聯繫。

只不過在實質上，所謂人際聯繫到底是連接起了什麼？要是酵素可以促成分子結構改變形狀和功能，那麼情緒溝通到底聯繫了什麼？

這些問題的答案便在能量和訊息。只要想一想能量訊息是怎樣在身體之內和個體之間流動，我們就可以從整合來了解分化的組成單位在身體之內和個體之間連接起來何以會產生安適。要是把主觀經驗加進來，就看得出來主觀經驗說不定就像我們先前講的一樣，也是從能量訊息流動迸現出來的。

身心為一體的系統

放在哲學、科學的視野來看，我們是把它看成一個系統，是「一元論」（monism）的，而不是將心理和身體劃分為二的「二元論」（dualism）。羅傑·史貝里早在一九八〇年便寫了一篇文

章說明這一點，他在〈唯心論，對；二元論，錯〉（Mentalism，Yes；Dualism，No）當中說道：

依我們目前的「心理─大腦」理論，一元論必須將主觀的心理性質納入作為因果現實（causal reality）來看待。「物理主義」（physicalism）或是「唯物論」（materialism）就不是這樣子的了，此二者已知是唯心論的反面，歷來都把心理現象排除在因果構念（causal construct）之外。我說自己是「唯心論者」，那就會把主觀心理現象當作是主要的、有因果效力的現實，是經驗到的主觀，既不同於內含的生物化學元素也不止於這些元素，還無法化約成這些元素。還有，我也要把這樣的立場，把據以立論的「心理─大腦」理論，界定為一元論，視之為二元論的大剋星。（p. 196）

史貝里接下去再探討他所重視主觀的論點是建立在牢靠的生物學視野上的，說不定還是醫學應該完全接納的：

高一級的心智模式和程式一旦由神經活動產生，便具備自有的主觀性質和進程，依其自有的因果律和法則去運作、去相互作用，而且前者不同於神經生理學的因果律和法則，也無法化約為後者。……心理實存超乎生理實存，一如生理實存超乎（細胞）、分子、原子、次原子等等實存。（p. 201）

主張主觀的心理生命起自神經行為也會影響神經行為，這想法是可以連接到我們說主觀在內在生命以及人際領域同都佔據首要地位的。接下來，再將主觀經驗和自動組織各自都是從能量流動迸現

出來的，也應用上去，那就可以把主觀——心的首要經驗——連接到整合——心的自動組織流動的首要作用。在這裡我們就要轉向現今的一門科學，同時也是心理學的分支，找一些相關的實證發現用一用。

我們要是拿整合作為透鏡來檢視正向心理學（positive psychology），就會得出下述的觀點：出現正向的情緒，像是喜悅、愛、佩服、快樂，可以看作是整合程度在往上提升。我們就是因為這樣，心情很好。負向的情緒像是生氣、悲傷、害怕、厭惡、羞愧，就可以看作是整合降低，心情自然不好。這樣的負向情緒要是相當強烈而且久久不去，就容易因為整合經常長時間降低，而教人陷入僵化或是混亂。

這觀點立足的基礎，是一九九○年代就已經提出來的基本情緒觀點，我在《人際關係與大腦的奧祕》書中作過探討。情緒變化可以看作是整合出現變動。整合的程度有變，我們的情緒就有波動。假如整合往上提升，感覺就是正向的，心情自然就好。正向的情緒是有建設力的，因為正向的情緒會推升我們整合的狀態。再如整合降低，感覺就會消沉，心情就會不好。這類負向情緒則是有殺傷力的，出現的時候通常挾帶威脅，以致我們切斷自己和他人的聯繫，切斷自己和自己的聯繫。

如今我不禁會想，醫學界的社會化過程說不定還會害得年輕學生——甚至連為他們授業解惑的主治醫師也一樣——不去感覺他人的痛苦，以至於自己的無助一樣也感覺不到呢。沒有適當的訓練和支持，講求的想來就是適者生存，那就乾脆切斷感覺以保護自己為先好了，以免自己的覺察接收到內在的絕望。雖然這樣一封閉起來，最後對誰都沒有好處，但這是可以理解的，是走投無路、往往還是無意識的求生本能，因為不想讓負向的感覺侵逼過來壓垮自

己。幸好要是能夠發展心見技巧，例如慈悲和同理心，培養社會溝通、正念覺察、理解自我的能力，年輕的臨床醫師還是有辦法從善良、慈悲培養出人際聯繫而造福大家，醫、病同蒙其利。

我們接下來再往下走就要探討溝通，也就是人我共享能量訊息流動何以能將兩個分化的生命連接起來成為整合的一體。這問的大概就是為什麼將心比心去接收別人的主觀經驗、運用心見去感覺別人的內在生命，可以推展出健康，以及是怎麼推展出來的。假如整合便是安適得以出現的機制，那麼，重視人我彼此的主觀經驗是可以創造出人際整合、營造出健康的。而心見便能推助整合。心見於醫學可以看作是推助健康和療癒不可或缺的工具，說不定在每一個人的日常生活當中也是。

4-3　省察提要：主觀據有中心的地位

還記得鮭魚可以從淡水換到鹹水但會不死嗎？在各位的生命當中，各位生存的世界又是怎樣在包圍、塑造、說不定還在創造你這個人，縱使眼前便有無窮無盡的萬般可能，但你還是會被推著朝某一方向走上某一條道路而不去改變？沉浸在有人叫作「社會場」[2]（Scharmer，2009）的領域當中，會左右我們的心理功能，我們自己甚至還覺察不到。有人會說這不就是心靈迸現的一部分背景嘛，另也有人大概會說這是創造我們之所以成為我們的環境。而我們在

2　**社會場**（social field）：奧圖・夏莫（Otto Scharmer；1961- ）提出來的說法。夏莫任教於麻省理工學院，也是「自然流現研究中心」（Presencing Institute）的共同創辦人。他說他的「社會場」指的是「諸多個人、團體、組織、體系之間的關係結構，由其間的關係網孕生集體的行為和後果……當今的社會體系卻大多在集體製造沒人想要的後果。這樣的後果就出現在環境、社會、文化頻遭摧毀。」（見：*The Blind Spot: Uncovering the Grammar of the Social Field*）。夏莫的「社會場」不同於法國社會學家皮耶・布迪厄（Pierre Bourdieu；1930-2002）說的「場域」（field），故以「社會場」作區別。

此則要說這是塑造我們內在汪洋的外在汪洋。心見帶我們看見這一片心靈的汪洋，看見內在的汪洋，也看見環繞在內在汪洋周圍的另一片汪洋，我們就是由這兩片汪洋塑造而成的。

假如我們從來就沒想過外在環境從我們來到人世一開始便一直在對我們的內在經驗敲敲打打，大概會絕難想像我們其實是根深柢固的社會動物。內在的心理汪洋是由環繞在周圍的心理汪洋塑造出來的。就是因為這樣，社會場不僅可以看作是在模塑我們的心理生命，社會場也還是了解人心何物的基本源頭。

人際亦是心的源頭

我們一般自然覺得自己是自己這一顆心的主人，要不也至少會想當自己心的主人，覺得自己的心是由自己在控制的，自己這一艘

心腦奇航：從神經科學出發，通往身心整合之旅

船是自己在當船長的。我們要是把心單單限定在大腦裡面，要不然放大一點到整個身體界定出來的自己去也好吧，那就抓得到想要控制、擁有的那一股渴求是怎麼回事了。依這樣的觀點，我們的心是起源自自己身體內的某一處地方，是起源自我們的大腦，起源自我叫作「小我」的那一副體表包覆的身軀。可是，說不定人的心其實還要更廣大，也就是說我們的心以及心對我們自己的感覺，其實不僅源出自內在生命，也同樣源出自人際生命。

而心理生命的外在因素，也就是在身體本身以及周遭的社會、物質大環境間的能量訊息流動，要是打斷了我們的整合，那麼想辦法將我們從外在的箝制當中拖出來，說不定是保住我們的自我感覺甚至精神正常的必要條件。就我個人而言，我在醫學院的體驗就是這情況。由於掌握不到情勢，我只懂得竭盡所能打進那世界。後來因為拉開了距離，給自己一塊心理空間，加上有**心見**一詞作為語言符號支撐我認為「心」確實為真的經驗，才得以重返那世界，而且即使廣大的社會場還是不接受內在的價值，我依然可以固守不放。

所以，創造出我們的人際因素也同時在扼殺我們的時候，有什麼可以協助我們解套脫身的呢？身陷危局卻有辦法適應，並不是心理安適的徵兆。我最近才到羅馬尼亞去教過課，在那裡的牆上看到一幅海報，表達出來的意思和一般掛在吉杜·克里希那穆提（Jiddu Krishnamurti）名下的這一句話如出一轍：「身在病入膏肓的社會還適應良好，絕對不算健康」（It is no measure of health to be well adjusted to a profoundly sick society）。確實如此，我心裡想，一針見血。所以，遇到不健康的外在力量正在塑造我們，我們應該怎麼判定要快快脫身才好呢？

在混亂和僵化開始主宰我們的經驗時，依照我們一路討論的架構可以推知這便是整合遭到阻斷的徵象。我們既然認為有整合才有

Photo by Kenji Suzaki

健康，而每一個生命體都有權利擁有安適，那麼整合便應該是為我們指引方向的「真北」（true north）；即使社會領域的外在羅盤指的方向不一樣，我們也應該以心理的真北作為依歸。所以，各位是否曾經覺得周遭的社會互動、集體行為不怎麼健康呢？要是的話，各位是不是就看得出來那便是環繞在自己四周的汪洋未能整合，混亂或是僵化便是出自那片汪洋呢？各位的職業或是私生活要是有缺乏和諧的地方，各位應該如何回應呢？要是改變體制的奮鬥沒有成效或者改變根本就不可能，我們的內在羅盤對於身處混亂風暴或是僵化荒漠當中的自己，應該會有幫助。萬一改變真的根本就不可能，有時我們就需要離開一陣子，等到有清晰透徹的感覺浮現，再回去推助那世界朝更強健的整合前進。

　　面對生命前行的道路，即使內在、周圍的兩片汪洋有諸多內在或是外在的因素需要考量，具有洞察力、同理心和整合力的心見可

　　　　心腦奇航：從神經科學出發，通往身心整合之旅

以協助我們作出抉擇，這樣才有辦法刻意去創造更強大的整合和安適。有了這樣的心見省察，我們才有辦法用心去改變生命的道路，而不單單是被動接受世界對我們的安排。

讓心見協助我們面對紛亂的外在

而外在世界是怎樣在塑造我們，大概是沒辦法循邏輯的思考來看待的；這一切不過就是內在有失聯、不滿的感覺，由夢境、心像、欲求透露出來，想要掙脫一切卻被我們忽略、壓抑，直到最後乾脆全部一頭鑽入底層不管我們了。只是，這些縱使從意識心理消失，也不等於內在的騷動跟著不見；這些只是在我們醒著的時候暫時不來騷擾，不再進入我們清醒的覺察而已，說不定時間還不會太久。但在無意識的心理當中，這些並未消失，就等著看什麼時候要再直接侵襲過來。訊息處理並不需要意識便能衝擊我們的生活。「心」大於意識為我們帶來的一切。

說到這裡，就要提起這重要的問題了：主觀經驗是心的一部分，而且主觀經驗是落在我們體驗得到的覺察當中，是我們生存生命感覺到的質感，但是，心並不在覺察之內，所以說，心是我們沒感覺到的質感，還是我們有感覺到的質感？我們要是假設主觀的定義、主觀經驗的定義，便是生活感覺得到的質感之類什麼的，我們難道不需要有覺察來感覺質感的嗎？我們在意識之外能有主觀嗎？假如答案是不能，當然就表示覺察之外的訊息處理——從多種實證研究我們已經知道是有這樣的事——並不等同於主觀經驗。這也就表示，有些經驗，例如意義浮現，我們自己未必察覺得到。

有的人在了解到心有一部分源自社會場，非自己所能控制，可能會大吃一驚；這時候要是再知道我們於自己、於意識經驗之外，另有別的事情對我們一樣有強大的衝擊力，應該一樣會大吃一驚，

因為這表示我們自己並非全然由我們自己控制。所以，不論影響是起自內在而且是無意識的，還是起自外在而是社會性的，有的人由於愛掌握控制權，接受有無意識心理和社會心理存在，對他們便是嚴重的威脅。因為有這些內在和外在的心理現實，表示我們不是自己的主宰，我們不在自己完全的掌握當中。也就是說人的心，是可以有它自己的心。有些人在十幾歲心智覺醒時，對這一點便有初次的領會。

一般人在進入青春期後常會開始思索人生。這時可能就看得出來別人交到我們手中的世界，未必是我們自己想要的世界。不過，介於童年、成年之間，青春期喜愛追求新奇、創造探索的階段過去之後，就進入必須承擔責任的時期，這時大多數人也會把求新求變扔到腦後，說那是幼稚不成熟或是青春期的叛逆，不屬於現在的成人生活。我在《青春，一場腦內旋風》書中便向青少年或是以前當過青少年的成年人（大多數人都應該是吧）提議，我們在人生的這一重要階段還是有辦法探索重大的挑戰和機會。所以，成年人也不妨想一想自己先前一樣迸發過的情緒火花、對生命的熱情，後來到了必須安身立命，必須迎合他人期待的人生階段時，未必一定要拿生活的諸般責任來將之澆熄。青春期的特質可以歸納為「情緒社交新變探索」（ESSENCE），包括了「情緒火花」（emotional spark），「社交參與」（social engagement）、「求新求變」（novelty-seeking）、「創造探索」（creative exploration）。青春期於大腦成長、重組時展現的「情緒社交新變探索」，到了成年期其實還是在繼續成長，迄至終身不斷的。青春期大腦重組是會一直延續到二十好幾甚至接近三十歲。

在生活當中找到空閒，每天抽出幾分鐘、幾小時安靜獨處，周末時可以拉得更長，要不也可以安排出更長的時間暫時放下日常

　心腦奇航：從神經科學出發，通往身心整合之旅

一成不變的生活，在在都能讓我們省察一下自己的入生走到哪裡去了，自己的心是不是渴求汰舊迎新，能有新一波清晰透徹的感覺興起，去過不一樣的生活。雖然我才二十出頭，春青期不算過去，還在讀醫學院，就已經做過這樣的事，但是人生不管活到什麼年歲，花一點時間省察走過的生命道路都是很重要的事。生命有一塊地方蘊含了極強的能量可供我們向內反芻思索，在他人加諸我們的期待——也包括我們加諸他人的期待——日復一日不停壓榨，逼得我們不得不叫暫停「出場」（time-off）的時候，給自己一點「進場」的時間，在人生道路為自己找到新的存在形式。

重視主觀經驗才能活出整合

　　從前面說的醫學院那幾段小故事，可以知道有的時候覺醒不是從邏輯推理來的。有的時候身陷混沌，要求清晰的呼聲是從我們的身體智慧[3]來的，也就是從我們的心窩或是肺腑的感官感受，從我們的心像和感覺，從好像不合情理所以乾脆不理的思緒當中迸現出來的。然而，接收這些非理性的訊號，探索這樣的訊號可能是什麼意思，說不定還是各位有生以來做過最合理、最重要的一件事呢。

　　這說的不是要你自私自利，而是開放迎納個人的追尋、發現。

　　問這樣的問題，在各位走過的青春歲月說不定曾經就是大事。既想要有歸屬又想要走自己的路，兩頭拉扯的張力在那樣的人生階段確實無處不見。我們要怎樣才能既融入群體成為一員，同時又能做真正的自己呢？人人都想要既合群又鶴立雞群。等到我們打進了

3　**身體智慧**（body's wisdom）：狄巴克‧喬普拉於名著《不老的身心》（*In Ageless Body, Timeless Mind*；1993）提出十點快樂之道，第一條便是：傾聽自己身體的智慧（listen to your body's wisdom）。喬普拉一貫主張身體的智慧雖不可見卻殆無可疑，認為人體的免疫系統、消化系統甚至細胞，其維生、運作的智慧都不下於大腦，而且一九八〇年代中期開始便在由醫學研究予以證實，掀起醫療革命。

超乎家人、朋友的廣大世界，就有機會釐清自己在他人的期望之外還可以去做怎樣的人。要了解自己，我們便要轉向覺察去注意自己的感覺，轉向主觀的內在生命。要是找不到橋樑進入內在世界，進入內在的汪洋，也就沒辦法找出內在的羅盤供我們尋找自己的道路。

重視我們的主觀經驗，是活出整合生命的必要條件。

這些主觀的感官感受即使除了自己沒有別人偵測得到，也都是真實的。主觀經驗不是別人可以客觀注意到的，所以我們才會用上「主觀」一詞，畢竟這是唯有主體才會真的知道的經驗。對這一點，有經典句如下：就算你看的是紅色，我看的是紅色，也永遠沒人知道你看到的紅色和我是不是真的一樣──也因此知覺（連同其他一切心理活動）最終都是主觀的。

我們可以把這一整章說成是在力邀各位覺醒過來看清自己能作的抉擇，在生命當中為心闢出一塊場地，供自己去尊重主觀，去自由成長、自由表達，同時也去尊重創造你之所以為你的內在和外在世界。我們可以醒過來去看清楚主觀的心理生命在生命當佔據的是怎樣的中心的位置。

所以，十三世紀波斯的冥契詩人魯米（Rumi）在詩作〈拂曉微風〉（The Breeze at Dawn）當中督促大家：你醒了，別再回去睡了。

拂曉微風有祕密要跟你說／不要回去睡了！／務必去要到你真心要的。／不要回去睡了！／世人來來去去／踏過兩方世界交會的門檻／大門是圓的，是開的／不要回去睡了！（Barks，1995，p. 36）

說不定他說的兩方世界便是實體視力感知到的客觀領域，以及心見感知到的主觀領域。

　　實體視力固然十分重要，但還是有所不足或是不全，只是有的時候變成了我們生命的主宰。這一點是我們可以超越的。我們可以多多專注生命的主觀現實，至少可以拿心的「感心覺思」來作開始，培養善用心見的習慣。各位不妨多去注意身體內在的**感官感受**有多豐富。這些感官感受是不是有助於你去對自己的生活狀況有更深入的洞察呢？當有**心像**冒出來的時候，你聽不聽得到內在傳來的聲音，感覺得到所說訊息的意義，用心眼看得出來細節清晰、歷歷如繪的影像呢？心像有很多種，有的會落在非話語的領域；接收得到這些像是開了一扇重要的窗口，讓你看進自己的心裡去。而情緒冒出來的時候，你是不是**感覺**得到你內在的心理生命有情緒像山脈在感情的大地風景上面迤邐起伏？假如你像我們先前說過的一樣，把情緒看作是整合出現變動，那你是不是感受得到所出現的變動是整合降低而把你朝混亂或是僵化拉過去，或是整合升高而為你帶來有所聯繫的和諧感呢？又再如**思緒**出現，這些有話語或是非話語的意義是怎樣填滿你的覺察呢？思緒不過是豐富又複雜的心的一端，有助於我們知道想法，把我們從現在即刻切身的一切拖出去，而可以去省察過去、計劃未來，發揮用處。

　　我們可以用這種種方式來對自己的心進行「感心覺思」的篩透，這也是我們探索自我和他人主觀領域的起點。而我們在以善良、慈悲趨近主觀感覺的時候，就能把整合帶給別人同時也帶給自己。聯繫——重視人我彼此脆弱的主觀現實，協調一致去同頻接收——便是這樣子教人心情變好的：聯繫提升我們的整合，從而為我們創造出更和諧、更活潑、更健康的生活。我們便是這樣運用心見去推助我們的自動組織朝向整合和安適。

我們是何人？

　　我們已經一起走了這麼一段旅程，探
討過「心」起自自動組織作用，自動組織又
有天然的驅力會朝整合推進——也就是將系
統當中分化的局部連接起來——而去放大自
動組織作用達到極致。我們也談過對自我和
他人的主觀內在現實投以專注和重視，有助
於放大自動組織作用。自動組織、整合、主
觀都是心的基本組成。這一章，我們就要以
「我們是什麼人」為重點來繼續討論心是什
麼？如何運作？答案可能不像我們想的那般
簡單。

5-1 探索自我之下層層疊疊的經驗 （1975-1980）

　　我在春春期中段剛進大學的那幾年，也像很多十幾歲的孩子一樣，覺得內在有一股力量在推著我去探索世界，嘗試用種種方式去體驗現實。我還在大學攻讀生物學的時候，就已經深入探究生命的分子機制，在實驗室尋找我上一章講過的酵素；這一種分子說不定可以解釋鮭魚為什麼可以從淡水移棲到鹹水而不會死。我對生命十分著迷，覺得我們會活著、會呼吸、會和別人來往、會生殖，真是太神奇了。另也有好多日子我晚上在自殺防治熱線當班，專心投入情緒溝通，在電話兩頭建立起聯繫，在危急的關口搶救人命。有一年夏天，我又留在實驗室研究酵素，同時間也去修習道家的課程，學習道家哲學的肢體表達：太極拳。隨著一連串動作流轉，手心朝下、朝下作平衡，身體右轉，左轉、展開、收攏，剎時就教人覺得好和諧，好有效。這般由身體帶動的警醒清明，安住當下，感覺很像是安適的精髓。後來我在大學的舞團跳國標舞時，不論是在體育館內練習還是在露天球場的草皮為校隊的主場比賽作中場表演，舞步的流動都教人覺得像是在搭起不知什麼樣的關係，而且好真實，就落在我們生命的核心，注入滿滿的安適感。

　　真是教人迷醉的時光。

　　這些層層疊疊的

現實教我好不著迷。我從實驗室擺盪到自殺防治中心，從太極拳教室擺盪到舞池，我的自我好像跟著在變，但也始終保有共通的核心，這核心不僅在於我是什麼人，也在於生命。那時我也搞不清楚要怎麼去想這些事，但我作筆記，把這一鍋奇奇怪怪的大雜燴記了下來。

一場墜馬意外的體悟

到了大學快畢業時，我到墨西哥加入「世界衛生組織」（World Health Organization）的計畫，研究巫醫（curandero），也就是民俗醫士。我們去的地區新蓋了一座水壩，就是墨西哥市（Mexico City）南方的「米蓋阿萊曼大壩」（La Presa Miguel Aleman），為當地帶來現代化的急迫壓力，正在改變那一帶的社群以及地方醫療服務。我的研究計劃需要採訪地方上的醫士，所以，一天早上我騎馬去作採訪，卻因為馬鞍鬆了，害我兩腳卡在馬鐙裡面被馬拖著跑，他們說我在礪石和岩塊上面被馬拖了有一百碼那麼遠，我的頭隨狂奔的馬蹄在地上一路磕磕絆絆過去。等我騎的受驚小馬終於停下腳步，隨行的同伴後來跟我說，他們都覺得我一定小命不保，要不也至少會斷了脖子什麼的。幸好沒有，只斷了幾顆牙和鼻樑，手臂也有傷。不過，頭部的創傷卻引發全面失憶（global amnesia），為時約達一天。

也就是說，那一天我的腦子十分清醒，卻不知道我自己是什麼人。

在那二十四小時，再稀鬆平常的事情在我的感官感受也變得奇奇怪怪。例如拿玻璃杯喝水就變成了莫名奇妙的事。先是看到亮晶晶的容器折射出來晶瑩的閃光，然後牙齒涼涼的，有液體好像流進頭部的一個洞裡，滑過一堆頂端凹凹凸凸、兩側卻是平滑的突

起——就是我們叫作牙的那一堆東西——感覺涼涼的,滑來滑去,流過一塊可以動的、厚厚的、可以嚐味道的東西,就進入身體中段那裡,冷冷的,會打寒顫,感覺還會擴散。而那時候芒果當然也不

叫「芒果」；芒果的顏色也不叫「芒果黃」（mango's yellow）。只知道圓圓的形狀教人看得目不轉睛，表皮十分光滑，還會發亮。就是頂部怎麼有粗粗的一塊。一層層切開來後，深深淺淺的顏色會有變化。香氣飄散送到頭部，很教人沉醉。裡面多汁的東西給人的感覺和裡面發散出來的香氣交織在一起。

這便是我不知道我是誰的一天紀事。我並不害怕我不知道我是誰；我的人時時刻刻都被感官沉浸填得滿滿的；感覺起來，怎麼說呢，可以說是完整飽滿吧。我不覺得自己少了什麼，也不會想要去哪裡，不會想要做什麼，而是任由經驗流盪。我的身軀和這樣的經驗之間沒有隔著什麼東西，僅此唯一的，便是有個「我」在這裡。

等到我，「丹尼爾」這個人漸漸回來了後，我也開始想得起來過去的事了，但這時候我的過去卻沒有以前的那種份量，或說是沒以前那麼嚴肅吧。就好像社會習俗裡的這個「丹尼爾」，外在的結構不再有以前那樣的意義了。我有二十四小時不是「丹尼爾」這傢伙，卻完全清醒，完全明白，對刺激該有的反應一樣不少，卻沒有一堆亂七八糟的記憶來標記我的自我，也沒有瀰天蓋地的過去經驗拿往事作為透鏡來幫我過濾世界。就這樣，我對自己的感覺，我對我的心到底是怎麼回事的感覺，反而出現了另一番面貌。假如頭在地上亂撞一通會把「我」的感受從腦子當中打出去，腦子卻還是十分清醒、明白，那麼，這個「我」到底是什麼呢？

所以說，哪怕你個人的自我，連同自我夾帶的歷史、學習、判斷、知覺濾鏡等等包袱，一概暫停不用，要不至少也沒拿來當作那麼具體實在的藍圖去要你照表操課，你依然還是清醒明白的人——說不定還更清醒明白。

我覺得那一天我「什麼人也不是」，卻過得像是是沉浸在「此時—此地」（now-here）。等「丹尼爾」這人回來了後，連結號就

被我挪了一下，而像是拉開了距離，有時還甚至覺得自己像是落在
「不知—何地」（no-where）。這時候杯子裡的水就覺得和我隔了
一層，芒果這東西也開始叫作芒果了。只是，這樣子我體驗到的不
再是水果整體，而偏向語言設下的限定。

　　後來我聽說迷幻藥會引發這種活像第一次看見東西的「知覺突
變」（altered perception），我在墨西哥墜馬之後的狀況大概就是這
樣。有意思的是有些研究也發現罹患「創傷後壓力症候群」（Post
Traumatic Stress Disorder）的人，施以迷幻劑控制治療也有正面的療
效。那一次墜馬之後的經驗正是機會，讓我學習到我們在個人自
我、個人信念、個人期待底下還有另一層的「知」。我不知道那時
的「我」有這樣的變化應該要叫作什麼才好，所以始終沒對誰提起
過，只把它劃歸為生命的棒喝吧，像是我差一點進了鬼門關，看看
生命何其脆弱，教我要懂得放鬆，懂得感謝我的脖子還能動，我還
活著，我還清醒，還有覺察，諸如此類。那時我沒想過這是上天給
我的厚待，但現在我知道，墜馬一事便是旦夕禍福的經歷成了禍福
相依的轉捩點——即使當時我還未能領悟。

5-2　下行，上行

　　由上而下的「下行」和由下而上的「上行」[1]，說的是心和
大腦怎麼進行處理訊息。雖然這樣的說法有時也用來指身體處理

1　**下行**（top-down）：從上到下的處理模式，運用情境訊息（contextural information）進行模式辨
　　認。英國心理學家理查·格烈戈里（Richard Gregory；1923-2010）於一九七〇年指人類的知覺
　　不僅是被動接收刺激，還有從上到下的建構作用，利用過去的經驗和既有的知識針對刺激作出
　　推論。
　　上行（bottom-up）：從下到上的處理模式，由刺激發動，處理感官訊息，所以也叫作「資料
　　驅動處理」。

訊息的解剖學部位——像是位於上方的「高層腦皮質」（higher cortex），位於下方的「低位腦幹」（lower brainstem）以及邊緣系統——但是，分層的處理雖然無關解剖學的上、下位置，也用到了「上行、下行」，指的是訊息處理到什麼程度。依我們這裡要用的觀點，下行式處理是指我們用過去的經驗為事情歸納出大致的梗概，這梗概或者叫作「心理模型」（mental model），或者叫作「基模」（schema）。舉個例子，假如你看過很多狗，你就會對一般的狗歸納出大概的心理模型。下一次你再看到一隻長毛的犬科動物晃悠悠走過，你的下行式處理就會利用這樣的心理模型去過濾傳來的視覺材料，而不會去看清楚眼前這一隻狗有什麼與眾不同的地方。你就只是拿狗的概括形象疊在此時此地為你製造出狗的神經表徵的能量知覺流上面。我們的覺察真正有的，其實就是我們的經驗經下行處理過濾之後的合成體罷了。所以，從上到下的「上」，指的是以前的經驗已經啟動，以致對於此時此地出現的事物，我們不太會去注意到有什麼獨特、鮮明的細節。下行式處理概括出來的「狗」的觀念，會將你對面前這一隻活生生的狗的知覺予以遮蔽、設限。下行式處理的好處是讓你的生活有好一點的效率。一隻狗嘛，我知道那是什麼，不需要花額外的力氣去管那些無關緊要、不構成威脅的枝節，這樣我們就可以把有限的力氣用在別的地方。省時，省力，所以知覺的效率也高。這便是下行式處理。

反之，你要是從沒見過「針鼴」（spiny anteater），那你生平頭一遭在山間步道遇到一頭這樣的動物時，你一定會看得目不轉睛，動用起你的上行式處理，像嬰兒般睜大眼睛去細細打量。這樣的眼睛連通到的大腦迴路，不會透過先前經驗的下行式濾網去塑造、改變當時的知覺。眼睛輸送的純粹感官感受，你能吸收多少就吸收多少，而不會動用下行的濾網，用你以前見過的去改變或是限

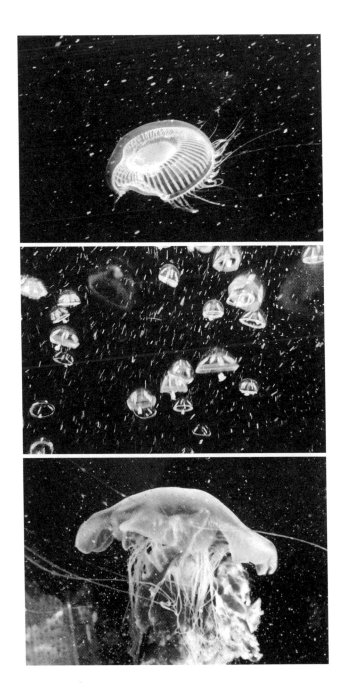

制你現在看見的。

常常習於下行主宰的生活

我們到國外旅行，上行式知覺能讓我們全程朝氣蓬勃，時間好像拉得比較長，日子過得好像比較滿，才幾小時看進去的東西比平常一個禮拜還要多。**看見**在上行式知覺代表我們對新奇的東西更加注意，看得出明擺在眼前與眾不同的地方。艾倫‧蘭格[2]說，這便是「專注」（mindfulness），也作了很多研究，指出開放迎納當下每一刻的「新」，對健康是有益的（Langer，1989／2014）。國外旅遊的新奇體驗相較於家鄉日常的單調沉悶，也提醒我們困守司空見慣的風景過的是怎樣的日子：下行主宰上行，搞得我們看什麼都覺得稀鬆平常。家鄉的一條街上，有的東西不見得比第一次造訪的國外城鎮少，但是被新奇感一襯托，就顯得呆板無趣了。這種「習而不察」的狀態，可以叫作「下行主宰」（top-down dominance）。先前學到的東西會製造出下行濾網，用來過濾輸送進來的資料，看見從沒見過的東西所會注意到的事反而就這樣看不到了。這種下行主宰真要說也可以說是經驗和知識的副作用。算是「精通」的缺點吧——知道的太多，反而不會去看清楚。我們當然認得「狗」啊，別管了，何必費力氣去注意我們已經認識得很清楚的東西。注意力要留給比較要緊的事情去用，不必浪費在熟悉的東西上面。先前經驗得來的知識，有助於我們選擇要去注意什麼，這樣分配注意力的效率才會好，行為反應也才比較有效、比較快。

---

2 艾倫‧蘭格（Ellen Langer；1947-）：哈佛大學史上第一位女性終身職心理學教授，專攻老化、控制錯覺（illusion of contol）、取決（decision-making）等領域，也在「用心」（mindful）、「不用心」（mindless）的研究方面有卓著的貢獻，一九八九年出版《用心法則》（*Mindfulness*），製作出「蘭格專注量表」（Langer Mindfulness Scale），有「用心／正念之母」（mother of mindfulness）的封號。曾說過她認為「用心」便是「單單注意到新鮮事」。

可是效率好，也會因此而丟掉一些東西。我們等於像是走過玫瑰花叢停也不停一掠而過，認得花叢叫作玫瑰，知道玫瑰是怎樣的花，卻不會停下腳來沉浸到花香裡去，不會去注意花瓣繽紛的色彩和質感。

這兩種知覺模式（perception mode）可以依照一大通則來作劃分。在上行式處理，心像是感官經驗的輸送管；在下行式處理，心還附帶是訊息建構器。輸送管是要讓東西自由流通的，會推送流通，但不會作多少改變。建構器就要有材料輸入作為能量，進而才會自行作輸出；這是在作轉化，把能量轉變成另一種東西，而在原先的感官流之外多建構出一層新的表徵訊息。

而心便既是上行的輸送管，也是下行的建構器。

所以，「我們是什麼人？」，這問題的解答有一部分就在於想一想：人，不管怎麼說，最起碼也等於是這樣的輸送管加建構器。我們在生活當中要是只用到其中一方，功能便可能受阻。沒有建構器，我們沒辦法學習；沒有輸送管，我們就沒有感覺。這聽起來像不像是很偏激的建構器在講的話？不過我的輸送管心理還是督促我看開一點算了——說不定只當輸送管也不錯。但是，我要是真表達出這樣的想法，那可就連我的輸送管也要聯合建構器一起挺身而出捍衛建構器——由此可見，二者都很重要。你難道不用思考？不用感覺？二者都很重要，各司其職，在我們活著的經驗當中扮演不一樣但都一樣重要的角色。一方沒有另一方來平衡，我們的生活就會受限。二者進行分化然後連接，我們才有整合。

我們已經提出過心既有涉身的來源，也有關係上的決定因子。我們作溝通的時候，常常是以下行送出字詞組成的語言包，內含的敘事、解釋都已經在建構現實，供我們交流。我們即使竭盡所能只用字詞去描述經驗而不作解釋，用的也還是語言做出來的建構。

上行、下行的大腦機制

那在大腦中是怎樣的呢？能量和訊息是既流動在身體之內，也在個體之間的。神經系統連同大腦在內，對於塑造我們涉身的能量流動型態，有很重要的作用。也就是因此，對於我們的心到底是什麼、我們是什麼人，大腦研究對這問題整體即使還沒有大用，起碼在釐清心的內裡的這一面還是有很多貢獻。所以我們就可以問了，將「心」分化成輸送管、建構器，從神經處理來看對我們的理解有什麼幫助嗎？有兩項研究的成果與這問題應該有一點關係。

其中一項是最近研究的成果，發現大腦內有兩塊不同部位不的迴路各自負責調控二者之一。偏重在側邊（lateralized）區域的處理程序，涵蓋的感官訊息輸入區包括「前腦葉」（anterior insula；有的人說前腦葉是「腹外側前額葉皮質」ventrolateral prefrontal cortex 的一部分）還有調控意識的「背外側前額葉皮質」（dorsolateral prefrontal cortex；這是在大腦前端的上層區域，就在前額後面、兩眼上方到兩眼側邊那一帶）。請注意這些區域都用上了「**外側**」（lateral）一詞。我們的注意力要是集中在每一刻的感官感受，這些側邊的迴路似乎就會活躍起來（Farb et al.，2007）。反之，產生思緒的迴路似乎位在中央部位。這一區有一部分和一些科學家說的「內建模式」所在區域重疊；我們先前對「內建模式」帶過一筆。這便是我們討論過的「人我」迴路，負責建構各式各類關於他人以及自己的下行式嘮叨閒話。

感官感受的上行傳輸量有多少，大概就看我們要有多少吧。由於我們是活在軀體之內，我們心理內在的經驗就是由生理器官在塑造的，生理器官則讓我們從外在世界引進能量流動。我們有「前五感」：視覺、聽覺、嗅覺、味覺、觸覺，我們有運動帶來的「肢體

感受」，有從身體內部傳來的訊號帶給我們的「體內感受」[3] 這些感覺外在世界以及身體內在的知覺能力，是從促成能量流動的生理神經機器來的。這些能量型態可以代表能量流動本身之外的事情，而由能量型態帶出來的訊息就成為離子在細胞膜內外流進、流出，同時釋出化學物質作為一部分的神經活動路徑。

心理內在的上行式經驗有時可以想作是我們的生理盡可能要貼近當下這一刻（present），就像同音的 pre-sensed 於字面的意思：「感受到之前」。我們的感官感受其實已經由受體和神經路徑的有限範圍在為我們過濾現實了；不過這裡說的「有限」是神經構築[4] 設定出來的，在這層次不是經驗能作多少改變的。我們也沒必要把**感官感受**叫作是下行處理的程序，反倒可以用感官感受來表示我們想要得到的上行最大值。

不過，在我們的外在感官例如眼睛、耳朵或是我們的內在受體像肌肉、骨骼、內臟發送訊號上傳到中樞神經系統之前，能量訊息流動就已經存在。這些感官能量在往大腦的方向流動，源源不斷沖進大腦的時候，我們就會從感官感受轉進到知覺的層次──所以，我們要完完全全全身在這世界，就以感官感受最為接近。沒錯，我們說不定永遠沒辦法完整抓到「感受到之前」的能量流動，永遠沒辦法在感官受體的限制插進來攪局之前就先真的身在世界當中，但我們可以想辦法貼近，而我們也要說「**上行**」的意思也正就是在竭盡所能去貼近流動的現實。

反之，輸送迴路送出去的上行感受集合起來形成知覺，甚至進

3　**肢體感受**（proprioceptive sense）：指身體姿勢及各部位如筋肉關節給人的感受。
　　體內感受（interoceptive sense）：體內狀態有變化給人的感受。
4　**神經路徑**（neural pathway）：大腦中由神經元連結起來將訊息從一區域傳送到另一區域的路線。
　　神經構築（neural architecture）：神經元組成的結構以及相互連結形成的網路。

一步進入建構的程序，開始思索某一感受或是知覺的意義，將之聯絡上思想、記憶，這時我們便在利用靠近中央區域的迴路活動了。這一帶涵蓋了幾處不同的部位，包括中線一帶的前額葉腦皮質以及「楔前葉」（precuneus）、「內葉」（medial lobe）和「顳葉」（temporal lobes）、「側頂葉皮質」（lateral parietal cortex）、「下頂葉皮質」（inferior parietal cortex）等等區域外加「扣帶迴皮質」（cingulate cortex）。各位要是對這些下行模式的名詞沒有興趣，不用擔心。這是「觀察用」（observing）迴路，落在我們先前提出來而且名稱比較好記的**內建模式網路**當中；內建模式是大腦內的重要系統，位居大腦中線一帶的前、後區域，在發育期間逐漸成熟，「整合成一套聚合、錯綜連結的網路」（Farb et al.，2008）。

我們先前說過這迴路之所以叫作「內建」，是因為運用電腦掃描來看，大腦沒在活動的時候，放電的情況還是十分強勁，但未指派一定的事情要去執行，這便是神經活動的底線。而這迴路牽涉到什麼呢？自己和他人——也就是「人我」系統。其實呢，有些神經科學家已經提過這樣的內建模式迴路內含的組成是我們個人自我感覺的源頭，可能還和我們的心理健康有牽連（Bluhm et al.，2009；Raichle & Snyder，2007）。有關正念冥想的一些研究也指出，長期修練冥想可以促進這系統整合得更好。我們是會思索的社會動物，所以即使沒有特別的事情要做，不過是閒晃盪而已，我們還是自然會去注意自己和他人，這是基線活動——即使在電腦掃描大**轟炸**的時候還是不變。

我那一次墜馬，說不定就是這樣的「人我」系統暫時休兵。那時，離這下行迴路較遠的建構器沒有一起工作，所以那期間時時刻刻不斷輸送過來的直接感官輸入也就比較容易被我覺察到。沒有先前經驗和個人自我在作下行式濾網，不論我看什麼都等於是生平第

一次看到。側邊的感官上行輸送迴路還有中線的下行建構器兼觀察迴路，二者的啟動已知是交換式的：也就是一邊啟動另一邊就會關閉。所以，我的中線建構迴路被撞得斷線停機一天，但是側邊的感官輸送系統完全無損，以致我只有心理內在機器的輸送管可用，反而體驗到了更充實、更豐富的上行式感官世界。

建構的下行處理會分成幾層。其中之一是在知覺這一層，所以我們看到司空見慣的狗時，狗只是狗。我們確實是感受到了視覺輸入的那一隻狗，但是感知起輸入的訊息卻沒多仔細。我們也可以不沉浸到源源不斷輸送來的感官感受，而是拉開一些距離，像旁觀一樣去體驗「丹尼爾正在看一隻狗，看得津津有味呢。走囉，別看了。」這時候就是有個人的自我在指出是誰在作這樣的觀察了。一旦我主動將自傳式記憶、事實記憶連接上語言，下行模式就成了主動的建構器，「人我」活動也就會被擠到賽場外去。

像瀑布一樣往下沖刷的下行模式，輕易便可以從直接的感官感受拉開一點距離而轉進到觀察經驗。這時候我們便是在觀察，不在感受。這樣的觀察又再可以產生界定完整的見證（witness）──所謂見證，是要從距離拉得更開的立場去看事情的。所以，我們這時也就再朝下行模式推進一步，去陳述我們見證到了什麼、觀察到了什麼。沒錯，各位的「人我」迴路說不定注意到這裡又來個字首縮寫，而忽然想到：丹尼爾原來是個縮寫狂呢！我們就是這樣子在「察證述」（OWN）我們的經驗：觀察（observe）事情，見證（witness）事情，然後敘述（narrate）事情。

我們從連接到先前經驗的下行建構迴路去觀察、見證、敘述我們的經驗時，相對於單純沉浸在現在時時時刻從輸送迴路發送來的上行感官流，就拉開了比較大的距離了。這是我們一天又一天、一刻又一刻都活在下行或上行、建構或是輸送當中必須要有的平衡。

語言就是從這樣的觀察流動當中迸現出來的。這樣也就看得出來為什麼以言語述說世界，會把我們從周遭豐富的感受拉出去一段距離。這並不是在說語言不好，但是語言確實會把觀察、見證、敘述拉得離感受流動遠一點——兩邊涇渭分明，雖然都很重要，但也相互抑制。

再一種可能的神經機制是從比較老的幾項研究來的，雖然立論沒那麼紮實，但應該還算有用。這說的是我們可能還有另一種神經路徑可用，這不是在取代「感受／觀察」或是「側邊／中線」二分，而是在這兩種涇渭分明的迴路之外額外加上一類。這一機制目前還只是可能存在，即使到頭來沒辦法證實確實存在，拿來作比喻一定還是有用。只是要證明這是確實存在的神經機制而不單是有用的比喻，可能就難辦了，因為這牽涉到腦皮質的微觀構築（micro-architectural）屬性，而不是全腦區域；全腦區域相較於偏側、中線的區域，在掃描儀上是比較容易看得出來的。

從大腦皮質的分層理解上行、下行

幾十年前，維農・芒凱索[5]等多位神經科學家（Mountcasle，1979）指出過腦皮質內的能量流動是雙向的（bidirectional）。大腦最上面的部分，也就是腦皮質，是由垂直的柱狀體所組成的，大多有六層細胞的縱深；最上面一層編號「一」，最下面一層編號「六」。腦皮質疊得一層又一層，看起來很厚，但是六層細胞其實相當薄，大概像六張紙牌疊起來那樣而已。我們的腦皮質等於是在為世界畫神經「圖譜」（map）——像我們感知到的、構想到的，同時也在接收我們視覺、聽覺的感官輸入，而將我們感知到的描畫

5　**維農・芒凱索**（Vernon Mountcastle；1918-2015）：美國神經科學家，一九五七年代發現大腦皮質柱，一舉扭轉了腦皮質的研究，為現代神經科學奠下基礎，人稱「神經科學之父」。

成更廣闊的圖譜，建構我們對自己、對他人的概念。

　　所以，雖然尚待證實，但是我們上行的感官流動可能就是起自下面的那幾層——第六到第五、第四層。

　　我們若是看到以前見過的東西，先前的經驗便會循下行的路線——在這裡可就是名副其實在往下走了，也就是從第一層到第二層到第三層，如此這般啟動下行的過濾流，指揮皮質的輸入去繪製圖譜。依照他們提議的機制，我們一看到一隻長毛動物屁股後面拖著長長的尾巴搖啊搖的，就會從第六到第五到第四層的路徑將這感官接收進來。這便是上行的感官輸入。這便叫作「輸送」（conduition），這是我根據 conduit（導管、水管、水溝、渠道）一字而自創出來的字。不過，要是我們以前見過這東西，而且叫它作「動物」或者是「寵物」、「狗」，甚至更明確的名字像「查理」，這時先前的知識就會從第一到第二再到第三層去開啟記憶，

表 5-1

皮質柱六層結構示意及上行、下行訊息流動主張

層別	下行	下行主宰	下行
1	⬇	⬇⬇⬇	⬇
2	⬇	⬇⬇⬇	⬇
3	⬇	⬇⬇⬇	⬇
覺察	⇨→⇨→	→⇨⇨⇨	⇨→→→→→
4	↑	↑	↑↑↑↑
5	↑	↑	↑↑↑↑↑
6	↑	↑	↑↑↑↑↑
	上行	上行	上行主宰

下行及上行

而啟動嵌在記憶當中由皮質畫出來的圖譜，再去影響當下這一刻的經驗。換句話說，上面幾層的皮質層是沿著同一根皮質柱在傳送先前的經驗，即使接收到的感官流走的是從第六到第五到第四的上行方向也一樣。這樣的下行流動自然是因為偵測到能量型態才會啟動，而讓專屬這一刻感官流的能量流動得以製造出來——而這看法之所以神奇、重要，就在這裡。

換言之，這機制有一部分的組成可以偵測熟悉的能量型態而進行下行流動。這裡的偵測作用一定是直接連接到型態知覺和記憶系統去的。假如感官感受輸送進來的，符合先前學習而來的型態，那就會開啟下行過濾。

這樣子看的話，我們的感官上行輸送等於是知覺下行建構所用的燃料和材料。下行來的輸入在第三層銜接第四層的交會點「撞上」」（crashing）上行來的輸入，會決定我們運用覺察或沒用覺察所得的知覺內容有多詳細。假如我們體驗到很多穿過下行濾網而傳過來的上行輸入，就會有很多感官感受的細節。覺察也就填滿了新鮮事的豐富內涵。很多下行主宰的功能都等於建構器，在將原先上行傳來的流動經由詮釋、轉化成為心理模型和概括的知覺圖譜（perceptual map），以致我們只認得這是狗，只知道個大概就放下不再去管了。這樣覺察到的細節死板乏味，再豐富的內涵也會變得了無生氣，勾不起興趣。

下行處理會一而再、再而三去擋下上行輸送來的輸入，因為下行處理認定它看到的不會有錯，不再「需要」上行送過來的輸入。下行這樣子處理是在盡它的本份，效率也好，攔住我們不要對感官流的細節太過追究。不過就是隻狗嘛，別管了，走吧。

有一項研究成果很有意思，說不定和這樣的主張搭得上關係；這研究是從比較人猿神經解剖來的（Semendeferi，Lu，Schenker &

Damasio，2002）。人類和人猿大腦的差別經研究發現主要是在腦皮質。雙方的分別包括人腦兩側分化的程度比較高，經由胼胝體形成的連接也比較強健。還有，這樣一來，人腦由於分化、連接的程度比較高，整合的程度跟著也比較強。不止，在人類腦皮質的前額葉區第三、第四層旳「神經纖維網」（neuropil）——也就是執行「神經計算」（neural calculation）的細胞體（cell body）——在人腦比在我們人猿親戚的大腦要稠密得多。沒人知道這到底是什麼意思，但可能表示人腦處理上行、下行介面的能力比較強；這是一種平衡作用，只有大腦前額葉區這一部分內的神經計算才有辦法執行。要不然這也可能只是代表我們下行密集的建構功能壓過上行這邊，而且氣勢洶洶如泰山壓頂。有的心智訓練有助於強調出上行、下行的區別——我覺得正念冥想就應該可以——要是檢驗一下做過這樣的訓練之後皮質柱在這三、四層的部位會不會變得更稠密，對於未來的研究應該頗有助益。

容我再作一次下行式提醒：這裡從皮質柱的角度來作的種種劃分，還只是假設，尚祈各位理解。我對一位神經科學家提過這樣的看法，得到的回應是：「大腦不是這樣子運作的。」說不定他講的沒錯。但也可能是我們還沒有可用的技術去檢視皮質柱這層次的訊息處理而已；總之，研究根本就還沒開始。所以，大家的感官心理應該要開放一點，不要過早關閉可能的大門。這也是上行的優點，要我們下行愛搞分類的心理機制隨時隨地提高醒覺。單單因為建構器認定這樣便是真的，不等於偏重輸送的上行處理不會發現感官現實根本不是這麼回事。這也是科學研究整體需要面對的挑戰——大家愈來愈專精，開始拿語言套在事實上面，很可能反而和事實脫節。這一趟探索之旅一開始我們便表達過這一層憂慮，說過運用字詞去反映心的非字詞世界，務必小心再小心。時時刻刻將下行建構

必須注意的事情放在心裡，有助於接下來的旅程。

無論如何，一般的共識便是不管神經機制對心的運作有何貢獻，下行和上行是我們體驗世界的不同方式（參見 Engel，et al.，2001）。

不管我們必須處理什麼狀況，下行建構都有助於提高效率。下行模式有助於我們在人世行走。口渴的時候喝水，就不必像我在墨西哥墜馬之後那樣把經驗裡的感受組成一一拿來驚喜讚歎一番，或像我頭一次冥想過後那樣。有的時候我們確實需要喝完水就拍拍屁股走人，不必囉嗦。但另一方面，我們年歲漸長、經驗日多，下行建構也會跟著更加霸道。徹底由下行模式稱霸的生活，離當下的上行感官流動太遠，是會教人覺得像是切斷了生機活潑的感覺。輸送管裡的感官流就是鮮活的當下。我們是在「此時—此地」。概念建構雖然重要，沒有輸送來的感官流作搭配，只教人覺得呆滯死板，時、地都像隔得很遠，這樣的生存狀態要是推到極端，可是能教人身陷「不知何地」。

我這人酷愛思考、建構理念。但是，我們過的日子要是只有建構而未能連接到輸送源流，過的就是未整合的生活，也就容易倒向混亂和僵化。所謂和諧，是要輸送和建構都一體重視。

假如我們重視生活中的上行模式，懂得好好維護——或者是在我們的個人自我稱霸生活之前，就把上行模式從生命最早的那幾年再找回來——可能會過得更充實、更豐富、更有意義。我們可以學習去多多活在當下川流不息的感官流內，少幾分只有建構的疏離世界。而要找回上行模式，大概會包括我們說過的每一類可能機制，既加強側邊感官輸送迴路以及皮質柱第六到第四層的上行流動，也降低我們觀察、見證、敘事建構迴路的主宰勢力，減少皮質柱從第一到第四層的下行流動。

人心遇上的煎熬形形色色，在所多有，就在於「人我」迴路以及「新皮質」（neocortex）強健的上半部那幾層（1，2，3）。由這些可能機制可知，能量訊息流動的整合要是受損，大腦大概是源頭之一。這是什麼意思呢？假如感官流就像輸送管，那我們應該可以假想那裡會自然迸現出什麼作用來，像是自動組織創造整合和安適的驅力。反之，相對的中線下行建構迴路還有腦皮質構造精密、進行建構的的上半第一、二、三層，在某些人或在某些狀態可能就會冒出什麼型態去限制整合自然迸現。我們先前提過種種精神失常的症候群當中，沒有哪一症狀不可以看作是混亂或僵化或是混亂兼僵化，由這樣子來看說不定就有辦法作說明了。既然混亂、僵化起自整合受損，自然看得出來整合受損為什麼會是精神痛苦的源頭。這樣的心靈煎熬在我們的生活會表現為混亂和僵化。到目前為止，針對嚴重精神困擾所作的每一項大腦顯像研究，都顯示大腦的整合確實受損。

而我們之所以出現心理困擾，說不定就是因為「我們是什麼人」的建構功能出了問題。輸送之重要不亞於建構，但我們一路成長，輸送的功能卻保存得比較差，因此提升輸送的功能可能便是維持安適的祕方。輸送和建構兩相平衡，我們過的便是整合較好的生活。不論整合受損是後天適應所致，還是先天本有、傳染得到、中毒或是基因因素而引發整合障礙，能設下路障妨礙整合的，大概就是大腦中的建構功能了。反之，由於建構和輸送兩邊先天便會彼此抑制，在建構的功能太過亢奮的時候，把對立那一邊發展不足的感官迴路特別推出來加強一下，說不定就看得出來為何培養輸送功能可以自然產生整合之效了。

也因此，活得充實的訣竅便包括再度喚醒我們的「初生心

靈」[6]，這意思就是要強化生活當中上行輸送的能力、面對變幻不定也能隨遇而安的能力。先前提過蘭格，她的「專注學習」（mindful learning）（1989／2014）就主張我們平常便要特地留意事物有沒有什麼新異的地方，而這便是這樣的覺醒。由她的研究也發現刻意這樣去做，便是在駕馭下行經驗，對健康有極大的助益。我們開放迎納當下出現的一切，便能欣然擁抱生命自然而來的變幻不定（see Siegel & Siegel，2014）。不過，我們要是任令心理的建構器去替我們決定世界理當如何，那就等著失望、煎熬、壓力來找麻煩吧。輸送是落在當下這一刻的，來者不拒；建構便往往落在感官感受到的當下外面很遠的地方，而依過去的經驗為我們打造生命的模式，往往還削足適履，搞得我們未必真看清楚了當下這一刻的全貌。實際擁有相較於期待能有，二者要是有了衝突，充分安住當下就遇上很大的考驗。

對於事情懷抱固定的觀念，像是認定心的運作只是大腦的活動，會教人故步自封，以致老問題難以開放新思想進入。下行模式的概念會羈絆我們開拓新的視野，我們對自己有這樣的概念過濾和禁錮，搞不好還毫無所覺。這樣的下行處理可能直接打擊我們的執行功能、我們對自己是什麼人的感覺，也會左右我們的決定。換言之，下行建構除了會擺佈我們的知覺，建構出來的概念、語言輸出，還像是牢不可破。所以，刻意利用下行處理去了解下行的作用才會這麼重要，因為這樣才能要我們的建構器分給輸送管更大的角

6　**初生心靈**（beginner's mind）：出自日本旅美曹洞宗禪修大師鈴木俊隆（1904-1971）的名著，《禪者的初心》（*Zen Mind, Beginner's Mind*；1970）。鈴木俊隆於一九五九年抵達美國，在舊金山創立亞洲境外第一座禪寺，也為禪宗信仰在美國開疆拓土。《禪者的初心》於扉頁有題辭曰：In the beginner's mind there are many possibilities, but in the expert's mind there are few（新手的心有眾多可能，老手的心就少之又少）。
正文內席格數度用上 beginner，重點在新手，考慮到行文，不直接採用「初心」，而以「初生的心靈」取代。

色，在我們的生活發揮更活躍的功能。不過，下行處理對於我們琢磨自己的處境、拿捏合適的作法，確實有其不可或缺的功能。想將自己的經驗表達清楚，話語終究是無價的寶器。經由建構，我們可以從即刻的經驗拉開一點距離，而去感知型態、構想概念，話語在這時候便能發揮強大的威力了。其實我們有的時候還需要依靠建構出來的話語把我們從直接經驗當中拉開，以利省察、理解。經由仔細的觀察而產生見證和敘事，這是嚴謹治學的基礎。所謂「研究」（research），就是「再去追究」（search-again）[7]。下行處理的建構之於我們複雜的生命，一樣不可或缺。

這一番討論談到這裡，帶給我們的就是：輸送和建構二者都是我們是什麼人的那「什麼」當中的重要組成。我們既是輸送管，也是建構器。

5-3　省察提要：自我、自己、人心

我們一生的旅程總會遇到莫測的轉折，往往還莫名所以，搞不懂會有什麼長遠的衝擊。打從童年到青春期，我們認識世界的方式會一路嵌進我們的下行心理模式裡去，左右往後我們對生命一路推展會去作怎樣的感知和理解。這些模式要是一直沒遇到挑戰，我們就會卡在不斷遞迴、自動強化的過程，所製造出來的互動經驗也只會強化我們認定自己是怎樣的人而已。我們的下行建構器會過濾經驗，為行動做出決斷，推動我們投入世界的模式也一再重覆塑造我們會沉浸在什麼當中，甚至我們會作怎樣的回應。一再重覆的經驗往往會交織成我們自我的故事，因為我們在觀察、見證、述說的是

7　「研究」（research），就是「再去追究」（search-again）：中文也差不多：研：深入，究：追究。

Photo by Alexander Siegel

我們一再聽來有關我們是什麼人的故事。

　　起碼也是我們自以為是什麼人的故事。

　　我們是什麼人的那個「什麼」，至少有一部分是由這樣的下行式建構所塑造出來的，我們卻不容易覺察得到。

覺察自己為何是自己的下行模式

　　我們由下行模式建構出來的個人自我，很可能會絆住我們，讓我們無法去過更自由、更細膩、感受豐富的上行式生活。從沒踫過的事——甚至受到重傷也算——好像是在邀請我們換一雙眼睛去看事情。不過，各位倒不必拿頭撞地去打亂自己的腦筋。然而打亂我們覺得自己是什麼人、開放迎納新的方式去感知、體驗生活，可能會將無助的創傷扭轉成覺醒的契機。有時和他人談話便能觸發更多上行處理，有時則是聽到從沒聽過的詩或是歌。我們有很多的機會要輸送管快快醒來，要建構器去重新檢視它對我們的生活、自我習

以為常的定論。

　　而所謂心靈覺醒又是什麼意思呢？在這裡的意思是說有眼光去看出我們是什麼人，不只限於我們想的而已。我們不止於是我們記得的一切。我們有個人的自我，像我覺得有「丹尼爾」這樣的人活在這一副身軀裡面，這是建構出來的觀念。假如頭在石頭地上一連敲那麼多下就可以把我心裡那一份「丹尼爾」的感覺敲到失蹤一整天，那麼，那一天「我這個誰」剩下了什麼呢？顯然我不止於丹尼爾這樣的身分。丹尼爾是建構出來的。那其餘的是什麼呢？就是輸送。而我也這樣體驗就到了輸送式生存內含深沉、豐沛的生機。輸送不是建構出來的。輸送是上行式的，我們來到這人世一樣可以這樣子力爭上游。

　　墜馬的經驗在我就是覺醒的警鐘，喚起我去體驗知覺的轉變，去看清楚個人的自我是個人做出來的建構。

　　塑造我們的感覺、知覺、思緒、行動的下行式濾網忽然破裂、變亂，生命就來到了轉捩點，而改由新的上行式經驗來填滿我們的覺察。換言之，大腦中線建構迴路的下行主宰力量，會交互抑制側邊的輸送迴路，而維持我們對自己的現行看法還有自我處世的方式一連好幾年、好幾十年、一輩子都不會改變。總而言之，我們覺得自己是什麼人的潛藏下行觀點，會成為我們的牢寵。從腦皮質這方向來透視，我們有的是有束縛力的下行流動，一次又一次在塑造我們的知覺經驗；而我們也相信自己一次又一次看到的便是確切的現實。所以我們應該要說：這世上是找不到無可挑剔的知覺的。知覺是以先前經驗為基礎的下行式學習塑造出來的。我們必須連繫到感官感受，才能開始掙脫下行濾網潛在的專制鐵腕，而這些濾網一般可都是躲著沒讓我們覺察到呢。說也奇怪，我在寫這一段的時候，竟然覺得輸送、建構兩方像是結成了聯盟，這下子正在一唱一和。

說不定這是建構器這邊對整合的期待，但又覺得像是輸送管這邊的現實；所以，搞不好真是如此，誰說了算呢？

這幾個字還真是切中要點。我們以為自己是什麼人，誰說了算呢？

所以，各位想得起來自己可有什麼時候，人生的視野好像忽然一變？這變化可以輕微也可以嚴重，可以驟起也可以漸進，不過，從內在迸現出來的清晰透徹感受，應該會教人覺得無比新奇，好像以前從沒用這樣的眼光、這樣的洞察去面對萬事萬物。

各位要是有過這樣的經驗，那麼細細回想自己的心是怎樣依照當時的狀況去描繪世界的圖像，說不定很有助益。我們從嬰兒時期開始便一路在增添年歲，我們存活的軀體內的大腦既是「預期未來機」，也是「模式偵測儀」[8]，而會依照過去學到的去想像未來，迎向下一刻。這意思就是在說初生心靈的原始經驗，也就是當下這一刻感受到的原始經驗，會隨著年歲增長而由「專精心智」（expert mind）取代。而且相當諷刺，我們看到的反而因此沒那麼清楚，沒那麼完整，沒那麼仔細，沒那麼多。好可惜！不過只要我們對此有所理解，便還有解決之道。

所以呢，我們究竟是什麼呢？我們可以簡單說我們便等於我們的「心」。可是，「心」又到底是什麼呢？無論如何我們應該可以說從上行經驗來談，既源自外在世界也源自我們內在、源自包括大腦的身體世界的感官能量流動，便是我們。在這一面，我們等於是感官經驗輸送管，沉浸在生命此時此刻的神奇當中。我們另也等於

8　**預期未來機**（anticipation machine）：美國哲學家、認知科學家丹尼爾‧戴內特（Daniel Dennett；1942-）曾將人腦形容成「預期未來機」，說人腦最重要的大事便是「製造未來」（想像接下來會出什麼事）。

　　模式偵測儀（pattern detector）：這是指人腦基本的認知功能，模式辨認（pattern recognition），就是將刺激傳來的訊息拿去和記憶提取出來的訊息作比對。

是下行的經驗——也就是過濾能量流動而形成訊息來代表我們在能量型態之外體驗到的東西。所以，我們同時也是訊息建構器，而不僅是能量的輸送管。

說也諷刺，對於我們是什麼的這個「什麼」，建構出這種一體兩面的看法竟然有助於我們視情況需要而為自己營造輸送作用。我們怎樣省察過去已經定型的經驗，怎樣以開放迎納活著一刻刻迸現的當下，怎樣期待、塑造我們叫作未來的未定時刻的流動，都是我們的心在世間唯一的存在，也就是當下這一刻，不斷在創造我們之所以為我們。

這便是從下行模式來看我們是什麼。我們可以經由「察證述」而去**擁有**（own）它。建構我們的生命經驗是我們之所以是我們的重要條件。這也不妨看作是我們的心從能量流動創造出訊息，而以感官感受傳過來的知覺作開始，然後益趨複雜，轉進到記憶、概念、想像。

輸送這一作用同樣重要，只是功能不同。輸送管比較像是存在於經驗當中，而讓能量流動的主觀感受在轉化成我們叫作訊息的代表之前，得以流動。我們可以培養對自己的心進行「感心覺思」的習慣，留意自己的直接感官感受、心像、感覺，甚至去感覺我們建構出來的思緒具有怎樣的質感，而對輸送型的那一個自己進行強化。我們還可以暫停閱讀、寫作，暫時將話語放空，沉浸在繪畫、舞蹈、歌唱，單純就是存在就好。

對輸送和建構同都建立友好關係，能夠打造朝氣蓬勃的生活，進而懂得重視人生在世的這些基本面向。側重其一會限制我們；二者相輔相成，則能讓我們活得更加自由。我們之所以成為我們，既因為輸送也因為建構。所以，各位感覺得到這樣的見解能為自己經驗的輸送注入能量嗎？各位感覺得到經驗當中的建構器透過訊息為

自己打開了什麼洞察嗎？我們就在現在這一刻，我們就在時時刻刻的流動當中；我們之所以是我們，既是從輸送來，也是從建構來，應該一體歡迎。

心何在？

　　我們的探索之旅已經走得相當遠了。一路下來，我們接受能量訊息流動作為「心」的源頭，討論能量訊息流動落在一套會逬現自動組織作用的複雜系統內，而自動組織作用達到最佳效能去推動系統時，就叫作整合。我們也談過，分化的組成部分連接起來形成整合，可以看作是健康的核心機制。我們也探討了心的主觀經驗，認為那也可能是從能量訊息流動逬現出來的，而我們以同頻去接收別人主觀感覺到的經驗，就是在促進兩個分化的實存銜接起來，整合為凝聚的一體。這樣一來，我們和他人便有所聯繫──也就是我們有所歸屬，煥發昂揚的和諧感。所謂「局部的總和大於整體」就是這樣的情

況，也是整合的結果。我們也談過了能量可以在輸送管內流動，所謂輸送管便是心的上行作用；能量也可以由心的建構作用轉化成訊息，變成符號，具有能量型態之外的意義。心既輸送又建構，帶出當下一刻的種種經驗。這一章，重點就要放在心是從哪裡來的，也就是要探討能量訊息流動到底何在。

6-1 人心是否擴散到個人之外？（1985-1990）

一九九○年代以前，也就是還沒進入大腦時代那時候，我已經開始醫科畢業後的實習生活，先是在小兒科，後來轉到精神科。精神醫學既然有「心靈守護使者」（caretaker of the soul）的稱號，那麼想要探索生而為人的關鍵到底是什麼，精神醫學應該是很好的起點。沒想到後來我卻覺得精神醫學好像夾在醫學這領域以及心理衛生那更大的領域之間苦苦掙扎，想要找到安身立命的所在。

我休學一年之後重拾醫科學業，終於修完醫學院最後兩年的臨床實習，時間是一九八○年代初期。在這期間，我在精神醫學的經驗塞的滿是衝突和地盤爭奪。你是走精神分析方向的心理治療師還是走生物方向的精神醫師──也就是你信奉的是佛洛伊德（Freud）還是分子？你信奉的是治療還是用藥？你的興趣是在研究精神疾病還是投身執業去治療病人？這樣一條鴻溝好像怎樣都跨

不過去，所以即使我在休學期間明確知道我對人心很著迷，但我還是因為天生就喜歡小孩，恐怕也和恩師湯姆有關係吧，我重回校園之後選擇了小兒科。

但是在我重拾醫學院的課業再到這時期到醫院實習，先前拈出來的心見概念——也就是我們怎麼看進別人還有自己的心——並沒有這樣子丟下不管。所以我發覺我照顧的病童，要是家人重視孩子和病童父母的感覺和想法，流露出心見技巧的同理心和洞察力，有許多應付起孩子重病的考驗時，好像都比較好。對於培養韌性，心見似乎是相當重要而且有用的技巧。所以我盡力協助病童家屬去培養洞察力、同理心，也就是心見的技巧，只不過醫療的重擔和繁重的工作教我難以實際將重心擺在這方面。結果我在洛杉磯加大附設醫院的小兒科才做了幾個月，就覺得我對人心的興趣既然這麼強烈，那可能還是專攻精神科會較好，所以，第一年結束我便轉到了精神科。

我確實愛為精神病人看診。運用心見去注意他們的內在世界，同時也追索我自己的內在世界，能夠幫助他們釐清自己的心理生命，找到社會聯繫，扶植心理健康，減少精神痛苦，對我來說是很重大、很有意義的事。當時我對於精神醫學以及涵蓋更大的心理衛生領域之後會有怎樣的發展，我不甚明瞭，但我日復一日沉浸在治療精神病人的工作當中，深知我選對了方向。

然而，即使在醫院裡的精神科也和醫學院一樣，對於精神疾病、疾病概念化、臨床介入還是在強調客觀，好像是在說個人獨有的主觀經驗不怎麼重要。那時最新版的《精神疾病診斷與統計手冊第三版》是在我讀醫學院期間進行編纂，而在我在精神科臨床見習的時候拿我們作測試。那時的教授跟我們說，製作這一份文獻的目標之一，便是要針對精神失常做出一套客觀標準的詞彙，以便愛荷

華州或是印地安那州的人和愛爾蘭或是印度的人講話時，對於所用
詞彙到底是什麼意思想的會一模一樣。所以，有了這一部新的《精
神疾病診斷與統計手冊》就不會再有個別醫師自行作主觀詮釋了，
而是明確列出心理衛生診治的標準，指明哪一組症狀符合標準而必

需進行精神診斷。

這樣子要求客觀不是沒有道理。完全符合我們在醫學院學到的醫學模式，奉精神科為醫學的一支。踏出這樣一步似乎也有助於不同背景的臨床醫師相互合作，精神科的醫師當然在內。這對病人應該是有好處的。

只不過這樣的做法注定會帶來對峙，而且還很有趣，畢竟關於「心有多重要」的事本來就是很主觀的，既然主觀，要怎樣確實做出客觀的資料？還很怪呢，多年後我才發覺這樣一本專門講精神失常的書，主導心理衛生這麼大的領域，竟然始終沒有指出精神病、心理或者是心理健康到底是什麼。也就是有一大片關於心的領域竟然對於「心」是什麼找不到定義，奇也怪哉。

精神科醫師應該處理主觀的感覺嗎？

我實習那期間曾獲「美國精神病學會」（American Psychiatric Association）授與榮譽研究獎學金，而以研究員的身分參加過一場辯論，主題是：精神科實習醫生應該學心理治療嗎？我在學會的年度全國大會登台辯論，對手一開始提出來的立論是這樣的：精神科醫師的學位叫作「醫學博士」（MD: medical doctor），所以身為醫師，就必須以醫療科學為基礎從事醫療工作。心理治療做的是問病人有什麼感覺。而沒有科學研究可以證明感覺的真假。所以，感覺不是科學的課題。精神科醫師既然是醫學博士，自然應該以科學為工作基礎，而不宜牽扯到心理治療這類非科學的活動。由此可知，他的結論自然就是：精神科醫師不需要學習心理治療也不需要從事心理治療。

我聽了很洩氣，呆坐在座位上看著對手落座。輪到我了，我該說什麼呢？我們的內在主觀經驗、我們在生存生命感覺到的質

感，包括感覺到的情緒，這些是不是真有其事，我該怎麼處理呢？假如感覺、感官感受、思緒、記憶這些心理活動都不是可以量化檢測的，甚至還不是外在可見的，那麼心可以說是真實存在的嗎？感覺，還有我們據以覺察到感覺的心理運作，是不是科學證實的實存呢？

我遲疑了一下，深吸幾口氣，才站起來走向講台，看向坐得滿滿的實習醫師和老經驗的精神科醫師。我們這些受訓的實習醫師是精神醫學的未來，他們還說，我們這些有研究員身分的人是精神醫學學術的未來。我們這一支醫學致力於照顧人的心靈、人的精神、人的心理，這一場辯論在我們的發展是很重要的一道關卡。所以，我應該說什麼好呢？當時的情況我還記得的是這樣子的。我看向滿座的聽眾，看向我的對手，一開始就直截了當說我很難過。然後頓住，再深吸一口氣，說我沒見過有哪一份研究報告說我的對手經科學研究證明是真實存在的，所以我沒別的話好說了。我比了一下手勢便坐下來。

我沒有下台，等台下的笑聲和掌聲退了之後，我們又再辯論了一陣子，針對科學方法以可測因素，也就是我們觀察得到、可以量化的事情，作為基礎再作進一步討論，我也針對當時學界已有的研究結果，也就是心理治療對心理健康的影響，帶起一些討論。但後來我忽然想起大家常常引述的一句話，一般都誤掛在愛因斯坦（Albert Einstein；1879-1955）名下，但其實是愛因斯坦過世之後數年，於一九六三年由社會學家威廉‧卡麥隆[1]說出來的，用在辯

1　**威廉‧卡麥隆**（William Bruce Cameron）：出自美國社會學家卡麥隆一九六三年出版的《不正規社會學：社會學思考簡論》（*Informal Sociology：A Casual Introduction to Sociological Thinkiing*）。前言後語如下：要是社會學家要的資料全都可以轉成數字多好，這樣我們就可以拿去要 IBM 的機器去跑，畫出像經濟學家畫的那種圖。只不過不是可以數的都算數，不是算數的都可以數。」

論應該十分有用，相當切中討論的要旨：「不是可以數的都算數，不是算數的都可以數。」（Not everything that can be counted counts, and not everything that counts can be counted）。但在那時我只提出了大致相同的論點：不是可以測量的就重要，不是重要的都測量得出來。

各位可能覺得精神醫學將客觀、主觀一分為二是比較晚近才有的事，是以大腦為準去探討心的研究路線帶出來的結果。但我發現一般人把精神科醫師看作是講求客觀的醫學博士、而不應該注意內在的主觀經驗，根本就不是晚近才有的新鮮事。

這是因為我的臨床指導老師聽到我那一場辯論，莞爾一笑，問我辯論的對手是誰。我告訴他對手的背景，我的指導老師從莞爾一笑變成放聲一笑，說，「下禮拜我拿一點東西給你看。」下禮拜他拿給我的是他保存下來的一份油印本，是他二十五年前和我辯論對手的指導老師作過的辯論，而辯論的主題幾乎一模一樣。加州對陣愛荷華，第二回合。

所以，看來精神醫學的文化，說不定連更廣大的心理衛生領域都包括在內，擁護的基本立場就是把心理生命劃定在一個人表現在外而可以由另一個人感知到的行為而已。連研究心理學家（research psychologist）在上世紀也紛紛改以客觀、外在可以測量的因素為重，用這來代表心理生命，而不再注重威廉·詹姆斯一八九〇年說過的那種「不容易處理而且容易出錯」、算是不太可靠的內省結果。

《精神疾病診斷與統計手冊》明確跨出「行為主義」[2] 路線，

2　**行為主義**（behaviorism）：主張心理學只應該研究觀察得到、測量得出來的行為，反對找不到科學根據的意識，認為行為都是先天基因與後天環境相輔相成的結果。盛行於二十世紀上半葉，但在一九五〇年代因為認知科學革命而告式微。

改將內在的思緒、感覺化作客體，形諸描述，立意雖佳，卻好像——也可能是注定難免吧——在鼓勵大家把個人獨自體驗到的內在心理生命從心理衛生的評估當中排除。沒錯，《精神疾病診斷與統計手冊》是討論到了直接觀察得到的徵兆（sign），以及個人說得清楚的症狀（symptom），也就是病人口述的內在經驗。不過，我在這裡說的問題是將一項項症狀條列出來，在諮詢的時候逐條看看是不是要畫勾，再拿這作根據把人當頭貼上語言類的標籤，也就是診斷（diagnosis）——這樣的做法絕對不是在督促臨床醫師學習將心比心去接收另一人走在話語之前、蓋在話語之下的內在生命。換句話說，大家用來說明症狀概要（symptom profile）的用語即使一模一樣，每一個人的狀況也不會一樣。說不定跟我在自殺防治中心的訓練有關係吧，或者是我先前在醫學院的經驗有關，總之，我覺得臨床醫師對於自己照顧的病人必須建立起深層聯繫，而不僅是逐條看過，打一打勾，再把人貼上診斷的標籤就好。我們每一個人都是獨一無二的。只可惜我們下行建構的心理運作會透過學來的診斷類別，製造出偏見去看待病人，而不是真的親在現場看見坐在我們面前的人。運用客觀類別的風險就在於人我交錯相生的主觀當中，專屬個人的現實會因此而被蓋住看不出來。別忘了這世上沒有誰的知覺是無可挑剔的。不止這樣，我們的建構心智對於自己建構出來的東西還有極強的自信——可真是不幸又麻煩。身為心理衛生專業人員特別要注意類別診斷（categorical diagnosis），這對於我們怎樣去看待診治對象的精神狀態，是會設下重重限制的。

客觀可見對上主觀經驗，二者衝突古來有之，而且帶來的是混淆而非澄清，引發的是競爭而非合作。但其實精神活動有一面也是心的基本屬性之一，便是我們具有感覺、思緒、認定和態度等等主觀現實。心理生命也有一些結果，像是行為，是我們可以作客觀

觀察的，有的時候甚至還可以進行度量。然而，即使蒐集外在看得到的狀況作為參照，還是無法直接知道別人主觀世界的狀態。不僅心理衛生的專業人員遇到的情況是這樣，其他需要以仔細觀察為基礎，通常還必須以度量去量化結果的廣大科學領域，一樣備受挫折。主觀終究是無法度量的，我們先前已經談過。就算在一張紙上畫一條橫線讓人勾選，像李克特量表（Likert Scale）那種「**非常**」、「**有些**」、「**不多**」、「**沒有**」的分級方法，或者是以勾選色框來代表我們看到了什麼，都沒辦法真的透露出我們主觀經驗裡的感覺例如生氣、甚至有多生氣，或者是看見綠色有什麼感覺。

醫師都失去「心」了

　　要是臨床醫師不明瞭建構出來的診斷類別有其限制，就很可能任由內在主觀的下行濾網去製造自己對病人的認識，那恐怕就會大幅偏離病人確實的情況了。臨床醫師對自己的心都沒有覺察到，明擺在眼前的病人狀況怎麼可能抓得到！因為醫師是用下行的類別建構在看病人，這是無意識的知覺偏見，塑造出醫界通行的醫病關係敘事，而由這敘事指揮我們在醫病關係、在個人家庭以這種下行的觀點去套用在現實上面。不幸的是這樣的敘事還會自動強化，本來是彼此交流的故事就變成了個人內在的故事，進而這樣子去雕鑿我們個人還有集體生存的故事。

　　我還在當實習醫師的時候，對這樣的困境總覺得困惑。精神醫學的大觀念我是衷心擁戴的，但也覺得人類的精神痛苦仔細分門別類，確實是很艱鉅的挑戰。針對損害安適的狀況拈出名稱，當然有助於我們蒐集有系統的資料進行實證研究，提出證實為有效的治療方案，再針對治療成效進行評估。只不過這些雖然都是不可或缺的步驟，但要是病人放不進分類裡去，或是更糟，分類根本就不對或

不準呢？診斷可能猵狹、可能不對卻又有自動強化的效應，這是要如何保護大家避開這樣的問題而不受影響？我想該做的這一步應該就是要深入探究人類的心到底是什麼，而不是將這樣的課題完全略而不提。

所以，我們這裡就要再回想一下先前已經談過的心的四大面向：訊息處理、主觀經驗、意識、自動組織。有的人一看到訊息處理就會把心理生命放進人的頭部裡去。心常被人看作是訊息處理器，在心理衛生和神經科學的領域被絕大多數的學者拿來和大腦的活動劃上等號；如前所述，二千五百年前的希波克拉底就提出這樣的看法了。但我們也已經討論過，能量活動是漫佈於整個身體的，不以頭部為限。所以，我們如果沒錯，也就是整體來說心大致可以看作是從能量流動迸現出來，而能量流動又是漫佈整個身體，這樣子推論下去，心落居之處應該就是全身。

能量流動的所在說不定涵蓋全身，但是，神經放電的能量之所以會轉化成訊息，其源頭會不會就在頭部裡的大腦？要是這樣的話，那我們製造意義的心、我們處理訊息的心，確實應該歸劃為大腦的運作才對，那就算不上是全身的事了。循這樣的看法，那就可以說我們的心假如是從能量流動迸現出來的，假如訊息純粹是由頭部內的神經網絡製造出來的，那麼，頭部內的大腦便是心的訊息處理這一面的源頭。不過，我們現在已經知道身體的心臟和腸道有內在神經系統，也就是進行「平行分佈處理」的神經網絡。其他非頭部區域內的能量流動一樣有可能獨力製造出神經放電，而在該區域的神經網絡當中代表動態「訊息」的曲線型態，同時符合心的表徵。換言之，人體本身可能不僅只有能量流動，也可能還有訊息流動。而訊息又是由種種能量型態組織成的網絡製造出來的。由此可見我們有「頭部腦」，有「心臟腦」（heart-brain），還有「肺腑

腦」（gut-brain），這樣就至少表示我們的心不論在能量流動還是訊息流動，都是全然涉身，而不僅是在頭蓋骨內。所以，我們還是要開放我們的建構心智來看待這一件事。

心不只源於腦，也不只涵蓋全身

然而，人的心是否還有不止於是涉身的部分呢？人類學家就在思考「擴散心智」這樣的觀念還有擴散心智之於社會腦演進的關聯。羅賓·鄧巴（Robin Dunbar）、克萊·甘博、約翰·高萊（2010）就說[3]：

社會腦的假設是主張「人科」[4] 複雜的社會生活，是推動早期人科大腦從一開始像猿一樣的基本構造朝現代演進的動力。這樣的理論為人類的基本社會能力，例如組織大型合作社群以及維繫高度親密、信任的關係，勾劃出動態的新視野，以供探索其演進的起源。支撐起社會能力的特定認知能力，例如心理的理論，也可以由此看出端倪。（pp. 5-6）

3　**擴散心智**（distributed mind）：羅賓·鄧巴（Robin Dunbar；）、克萊·甘博（Clive Gamble）、約翰·高萊（John Gowlett）幾位學者在《社會腦，擴散心智》（*Social Brain, Distributed Mind*）書中將「社會腦」和「擴散心智」劃分開來，人的大腦位在頭顱裡面，人的心卻不以大腦為限，是活在一個個人心理錯綜交織起來的社會網路裡面，人的認知就在網路當中擴散，知識也就不單是在個人身上，也在連接起一個個人心理的社會角色和指標性人工製品上面。
　羅賓·鄧巴（Robin Dunbar；1947-）：英國人類學家、演化心理學家，專攻靈長類行為。也以新皮質層的大小為基準，計算出「鄧巴數」（Dunbar's number）：一個人能和多少人維持人際關係的數目上限，一般認為是一百五十人。
　克萊·甘博（Clive Gamble；1951-）：英國考古學家、人類學家，有英國第一考古學家之譽。
　約翰·高萊（John Gowlett）：英國生物、文化人類學家、考古學家。

4　**人科**（hominid）：文中引文於鄧巴等人原著作作 hominin，於下一段引文則變成 homonin，恐屬舛錯，衡諸本段引文見諸其他學者著作用的都是 hominid，故採用 hominid，譯作「人科」。

這幾位學者又再提出，「**擴散心智**」這概念是以性質互異的多支學門為基礎，主張認知具有涉身、內嵌（於社會）、外延、情境式[5]、迸現的性質（Anderson，2003；Bird-David，1999；Brooks，1999；Clark，1997；Hutchins，1995；Lakoff & Johnson，1999；Strathern，1988；Varela et al.，1991）（2010，pp. 12）。這當中最主要的暗示便是訊息處理於身體、於社會都是擴散到個人之外的。所以，從心落於何處的問題來看，這樣的看法等於在說個人和他人的互動還有個人和他人的人工製品之間的互動，同都將個人的心推展到個人內在之外。「擴散心智的觀念也就這樣打開不小的機會可以去檢視構造人科和人類社會的『社會─文化』關係。……而人的認知逐漸朝物質世界、社會世界兩邊同時延伸的幅度，便能透露出生而為人到底是怎麼回事。」（2010，pp. 12-13）

哲學家常以「外延」、「內嵌」、「情境式」等等詞彙來描述心的源起超乎身體界線。例如羅伯・魯柏特[6]（2009）就認為「內嵌模型（embedded model）強調的是表述行動、自我、自我和環境之間的關聯。」（p. 204）另也有學者針對心延伸到身體之外的訊息處理系統作過熱烈的討論，是以人心超乎人體內在的理念作立論的基礎（請見 Clark，2011）。

在這裡，對於心理既內嵌在周遭的世界也延伸至自身之外的

5　**外延**（extended）：就是安迪・克拉克說的「外延心理」，往往也叫作「外延認知」（extended cognition）。
　　內嵌（embedded）：就是「涉身內嵌認知」（Embodied embedded cognition；EEC）。「內嵌」的觀點是認為身體和外在環境的交互作用對於一人採取的行動是很大的束縛，由此進而會再影響認知。所以，「涉身內嵌認知」就是主張人類的智能行為（intelligent behaviour）是從大腦、身體、世界三方的交互作用當中出現的。世界不僅是人腦施展身手的遊戲場，人類的智能行為要從大腦、身體、世界三方同時解才算周全。
　　情境（situated）：「情境認知」（situated cognition）主張認知無法脫離實際操作，人類的知識一概落在社會、文化、實物的情境（context）當中無法切割。
6　**羅伯・魯伯特**（Robert Rupert）：美國科羅拉多大學（University of Colorado，Boulder）哲學教授，專攻心智哲學、認知科學、語言哲學、科學哲學。

訊息系統，同時還落在社會的情境當中，我們用的說法就是「存在於關係上的因素」（relational，詳第一章註 15）。但重點是我們用「關係上的」這樣的說法，是要進一步指心始終不斷在和「外在」世界有互動和交際，特別是其他的人和其他的實存。這裡說的「交際」（exchange）包含認知的訊息處理但不止於此。關係上的因素涵蓋的不僅是運算（computation）方面的事，還包括「同步」和「耦合」[7]，也就是所謂的「同頻」和「共鳴」（resonance），像是讓一個人的心智連接到一般叫作「他人」還有外在環境的心智和自我去，成為其中的基本的組成。

而心於「涉身來源」這一面，指的是生理身體和外在世界有互交作用的時候，於體內迸現的作用是遍及全身的，而不僅是頭顱內的大腦活動而已。

而這樣的主張，要是再把這一點加進來：心的主觀經驗說不定也是從能量流動迸現出來的，那就應該可以說，我們感覺得到自己體驗到的內在軀體生命。有些人可能要申辯，說我們感覺得到主觀經驗是因為我們有意識，而意識是大腦的神經功能，特別是大腦皮質的「高層意識」（higher consciousness），例如自省和體內感受。從這一點又再可以申辯說意識是落在「頭部腦」之內的（相關的討論請見 Graziano，2014；Thompson，2014；and Pinker，1999。反方的看法則認為意識不單是從大腦來的，請見 Chopra & Tanzi，

7　從計算機技術革命帶出來的理論，認為人類的心智就是一套運算系統，而叫作「心智運算理論」（computational theory of mind；CTM），在一九六○、七○年代的認知科學研究扮演重要的角色，不過近年頻遭質疑。
　　同步（entrainment）：指「腦波同步」（brainwave entrainment；brainwave synchronization）或是「神經同步」（neural entrainment）指大腦的腦波對於外在刺激反覆出現的規律會自動同步，這樣的刺激以聽覺、視視、觸覺為多。
　　耦合（coupling）：指「神經耦合」（neural coupling），指兩個人腦中的神經放電型態相同，科學研究發現講故事是溝通利器，就在於一個人在聽故事的時候神經放電的型態會和講故事的人一樣，人腦中的「鏡像神經元」（mirror neuron）會在聽者、說者的大腦帶出一致的腦波。

2012；Rosenblum & Kuttner，2011；and Dossey，2014.）。

所以，我們就花一點時間想像一下，能量在身體不斷源源流貫，而且在我們主觀現實的感覺裡，說不定還比「頭部腦」在新皮質[8]所作的表徵更加直接——大家不都有過腸胃翻攪、肌肉緊繃、心臟狂跳的感覺嗎？——所以，這會不會是有一種「身體意識」（body consciousness）在讓這種全屬涉身的主觀在源起的部位就教我們感覺到了？要是再將主觀的源頭放得更大，超出身體體表之外，像是在潟湖潛水的時候感覺身體在魚群和海龜之間浮游，這真的就是從頭部來的意識還是別的什麼呢？這說不定是我們對身體能量更直接的體驗，而和頭部內由神經放電來作代表的關係還比較小。換句話說，這可不可以說是「身體感」（body-sense）呢？意思是，我們的意識和主觀經驗也會有從軀幹來的。要不然就是從腦皮質來的意識覺察到身體是潛在海水當中，也覺察到了海水，但這是純屬頭部所有？後者千百年來一直是醫學站的立場，也是科學一般的看法，說不定還是正確的。麥可·葛拉齊亞諾就說這樣的看法「二千五百年來一直是神經科學的跳板」（2013，pp. 4）。只是這樣的主觀經驗又是從哪裡來的呢？即使意識的經驗是腦皮質建構出來的，但我們覺察到的這些主觀質感會是不是它自創的呢？講得簡單一點就是，軀幹的輸入和外界的輸入同是刺激源，各自輸送訊息到腦部去。我們以為自己完全泡在潟湖的水裡，是我們自造的錯覺，但其實我們是在攝影的相機裡面而不在攝影的場景當中。

所以，這一路線的推理目前是走向心的源頭是在自身之內的——也就是說，人心算是「內神」搞出來的獨腳戲，沒有「外鬼」幫忙。然而，縱使意識還有我們得以覺察到主觀經驗的源頭

8　**新皮質**（neocortex）：位於哺乳動物大腦腦半球頂層，屬大腦皮質，和高等功能如知覺、運動指令、空間推理、意識及人類語言有關。

確實雄踞在我們的肩膀上方，不在覺察範圍內的訊息處理卻純屬涉身。心的這三大方面──意識及其主觀經驗還有訊息處理──所在的部位既在我們的「頭部腦」之內，也涵蓋身體各器官的神經網絡以及整個身體。就像前一章講的那樣，我們對自己的感覺既然是心理的一項功能，便至少算是我們全身的產物。從這樣的觀點來看，我們自己以及其所源出的心靈，是以身體體表為界線的。

　　而接下來提出來的看法，可能會把這想法又再擴大出去。心的整體有沒有可能不僅是自身之內的事而已呢？即使意識真的是「頭部腦」的產物，甚至是整副身體的產物，依我們的界定，心就不止於意識、不止於主觀經驗，也不止於訊息處理而已。心應該也包含自動組織，也就是從能量流動的複雜組織當中迸現出來的作用，而且如前所述，不以頭顱或體表為限。所以，心的自動組織不是單由頭部或是軀體在唱的「內神獨腳戲」。

　　所以，我們回頭去看看心的其他方面好了──也就是訊息處理、意識、主觀經驗，看看這些在個別的人身之外是不是也找得到源頭；這時候很可能就會牴觸到一般人根深柢固而且禁錮我們看待世界的一些想法了。我們的認知濾網所說的心，大致不脫：心是內在的運作。這樣子看，就表示我們是自己的心的主人。有些人是把心劃歸到大腦，但我們也已經把心的源頭擴張到整個軀體。

　　現在再來鬆開這些常見的建構濾網，讓上行流動可以迸現得更通暢。這就有勞大家努力去迎進輸送來的感官經驗，盡力放任感官經驗迸現，而不要隨便讓下行的建構去左右我們以為什麼是真的、是正確的，什麼是教育還有社會覺得可以接受的。這固然不是人人簡單就做得到的事，但多少試一下。這事情的難處，有一部分就在於不要去感知、不要去構想、不要去相信、不要去思考，單純感受就好。但即使是這樣，其實也還是在建構──因為這是運用輸送這

一建構出來概念在努力去感受而非思考。但還是盡力放手去做，看看能不能把自己的心轉換成盡可能去作直接感受就好。這便是盡力搶在「感受之前」迎進當下，安住其間。

有如幽微星光的「間際」能量流動

　　而在當下這一刻安住在「間際」，又是怎樣的感覺呢？各位把注意力放大，像夜間視力看到了日間看不到的細微光影，這時感受得到自己和他人的聯繫嗎？白晝有亮晃晃的光線，我們看到的是最醒目的影像，抓到的是眼前顯而易見的場景。但在夜晚微弱的光線下，一般人的視覺系統會作調適。我們眼睛後面有視網膜的視桿細胞（rod cell）比較敏感，這時會比較活躍，這時在決定視力輸入的就不是在視網膜中央負責日間分辨顏色所用的視錐細胞（cone cell）了。這樣一改變，原先我們的意識心理偵測不到但一樣真實的幽暗光源，這時就偵測得到了。天上微小的繁星一直都在，但我們未必一直都看得到。要是大白天來問我們天上除了太陽有沒有星星，我們大概會說星星「晚上才出來」——但不是這樣子的。我們只是因為太陽亮晃晃的光線而看不到星星。入夜後，太陽西沉，我們的夜間視力漸漸啟動，所以很快就看到了宇宙在我們眼前推展出來的視覺交響曲——從來未曾消失但未得見的銀河萬花筒。

　　說不定心的「間際」的一面就像幽微的星光，常在不去，但被我們內在建構出來的心理生命亮晃晃的白晝強光，襯得視而不見。我們知道燦爛的繁星即使是大白天也還是高掛蒼穹，只是陽光太亮照得我們看不到，一如我們的思緒和下行建構濾網大概都把我們生命間際當中比較幽微的訊號掩蓋掉了。說不定我們也需要像夜間視力那樣的「心靈視力」，以便我們去偵測比較幽微的能量流動，搞不好連訊息流動也包括在內；這些流動都在將我們彼此聯繫起來，

為我們相交連接的世界填滿種種型態。這「間際世界」可能一直都在，只是看不見罷了。

　　將我們聯繫起來的能量訊息流動，其型態是有質感的，我們說不定在當下就感覺得到。而有了心見那樣感受得到幽微的「心靈力」，我們就可以感受「間際之間」的流動。一個人對另一個人發送心理訊息，像是送過來一瞥，輕聲歎息，對視一笑，我們通常感知得到這樣的流動。說不定這裡說的質感就只是這樣──個別身軀內的心靈彼此在發送訊號。但也說不定這看法比較像是我們的心構想出來的，可能屬於建構出來的下行式詮釋。例如社會神經科學（social neuroscience）便有人認為個別的大腦不過是在回應別人的大腦發送過來的訊號。這樣的看法說不定可以擴大，說成是個別的人體對另一人體發送訊號。這樣子看的話，心就還是在整個身體內的，人我之間相互的聯繫，不過是在互傳訊號──也就是說心是位於自身之內，溝通則在個體之間。

　　但再回想一下從一開始走到現在的旅途，我們點明了心涵蓋的各方面：意識及其於生存生命的主觀質感，訊息處理，自動組織。但也再提一下我們一無所知的部分：目前還沒人知道意識和主觀經驗是怎樣從我們的大腦──真要說應該說是我們的整個身體──出現的。訊息處理可能比較容易討論，看看「頭部腦」平行分佈處理的神經計算（neural calculation）就好；依我們先前的討論，說不定連「肺腑腦」、「心臟腦」也是。這樣子看，訊息就是從人體湧現的能量型態當中產生出來的。

　　那麼自動組織呢？我們已經掀了底牌：先前提議過，心有一面便是有涉身的、存在於關係上的，而且是迸現出來的自動組織作用，同時也在調節能量訊息流動。各位讀到這幾句話的時候，便有訊息從這本書朝各位那裡流動過去，是謂我們彼此交流的能

量型態。再看網際網路是怎樣協助大家擷取資訊、貯存資訊：能量型態是以一個個 0 和 1 貯存起來的，這叫作數位處理（digital processing）。所以，大家應該看得出來訊息流動唱的不是獨腳戲；這樣也就把訊息處理擴大到個人自身之外去了。訊息流動不僅在個人的「內裡」，也在人和人的「間際」。

我們將訊息處理和自動組織放在表面看似兩處的地方，也就是我們叫作「內裡」和「間際」的地方。人心的這兩面，也就是訊息處理以及能量訊息流動的調節功能，是落在「既在內裡也在間際」的能量訊息流動當中的。這不是在劃分現實或是所在位置，而是要打開我們的心，去接受不同的處所、不同的情境是可以合而為一，成為某一作用，也就是某一迸現出來的流動所在的單一場景。

能量訊息流動的種種型態將人、我彼此，也將我們和周遭的大環境聯繫起來，即使我們無從覺察，也可以看作是真實存在的作用。這作用將我們無意識的心理運作——也就是從能量訊息流動當中迸現而我們無從覺察的——完全放在身軀之內、之間同時並具的位置。所以，就像在自身之內的流動一樣，未能覺察的能量訊息流動應該是沒有主觀感受的。如此一來，心於「間際」的這面應該也就沒有主觀的質感。換言之，無意識的心就是「間際、內裡」同時都在。

能量訊息流動的種種型態說不定有一些落在個體之間的，也和在自身之內的一樣，是我們意識得到的，而這就帶有主觀感覺了。而說到這裡，我們還是要談一下一般通行的看法。

我們要是任由上行處理填滿自己，將知覺延伸到私人單獨的自我 ——也就是個人僅屬內在的心——所擁有的下行概念之外，就可能抓得到一些別的什麼。上一章我們談過，個人的自我感可以在出意外後暫時不見，這代表植基於軀體內的自我本來就是建構出來

的。到了這裡，我們就看得出來源源不斷輸送進來的感官感受，其真實性不亞於建構出來的那一個「**我**」的感覺。所以，兩相對照，我們對自己的感覺是不是也涵蓋了「間際」這一面呢？我們的歸屬感難道不會塑造我們這個人嗎？各位走進滿室親密的友朋之間，感覺得到當中的聯繫嗎？坐在關係親近的家人身邊，感覺得到彼此之間牽繫的歷史嗎？要是交上了可靠的新朋友，下一次再見面時，會不會因為有了新的關係而感覺到不同呢？各位可曾覺得自己和外在不僅有聯繫，在這關係當中另還有更大的「**我們**」，就落在自己和他人之間的「間際」呢？

我絕對承認，我在這裡說的「我們自我」（we-identity）可能只是我自己的心所投射出來的，像是願望、渴求之類的吧，就是很想在孤獨的自我之外還能體驗到更大的什麼。我們不是不時就會聽到這一句嗎？「生時孑然一身，活時孑然一身，死時孑然一身」[9]。說不定就是因為這緣故。就是因為我總希望除了孑然一身之外令生命還能有點其他的什麼，以致建構出真有什麼存在的想法出來，拿存於「間際」的心去將人、我聯繫起來。

萬一我這裡說的「有些別的」不僅是我個人一廂情願的心理建構，而是千真萬確的呢？萬一我們也跟魚類一樣未必感覺得到周遭的汪洋以致搞不清楚自己周遭是一大片心的汪洋呢？要是這樣，那表示了什麼呢？那時候我還說不清楚這一切，只是深切覺得「有些別的」十分重要。

要想感覺得到我在這裡說的那種錯綜連結的感覺，可能必須改用不同的透鏡去替換我們進行分析、建構的心理常用的透鏡。這時我在想的就是從醫學院休學的那一年我學會駕馭的另一套知覺模

9　**生時孑然一身，活時孑然一身，死時孑然一身**（We're born alone, we live alone, we die alone.）：
美國著名電影導演奧森‧威爾斯（Orson Welles；1915-1985）的名言，常見引述。

式。不論我們用上大腦的哪半邊或哪一部位，訊息處理的模式顯然都會分化。先前已經談過，左半腦的模式是以邏輯推理為主宰，找的是事情的因果關係。我們使用語言的時候，像寫在這裡的一字一句，製造的是線性、直義的陳述，也是左半腦較為活躍。但我在「出場」的那時候——真要說還比較像是「上場」（time-on）和「進場」——卻領悟到了另一種模式，我們不妨直接就叫右腦模式；不論大腦的哪一邊還是哪一部位發送過來什麼，循這右腦模式的輸送功能，事情感覺起來就會很不一樣。右腦模式有的那種錯綜連結的知覺，也有很不一樣的建構式質感。依右腦模式，事物錯綜連結而形成的「情境／文脈」（context）是以關聯性意義在領會的，而不僅僅是去感知一樣樣明確的細節，也就是「情景／文字」（text），而忽略其間的相互關係；在右腦模式的感知下，事物其間的規律只能意會，而不像左腦模式強調的那樣要作字面的言詮。右腦模式的知覺看的是字裡行間，而想像出塑造整體的錯綜關係。左腦模式則偏向建構表列和標籤，將整體拆解成一樣又一樣的組成，也就是去分析（見樹）而不去綜觀全輿（見林），往往漏掉其間錯綜連結的關係（McGilchrist，2009）。所以，這情況會不會是因為心在「內裡」的這一面以及在神經運作的源起是左腦模式輕易就能領會的，但要感知到「間際」的現實可能就不容易了？

　　而要看出心涵蓋多面的全貌，可能就需要兩類模式並用才行。我們既需要日間視力也需要夜間視力才看得清楚世界。錯綜連結人、我的能量訊息流動型態比較幽微難辨，所以心於「間際」面的全貌說不定由偏重情境的右腦模式來感知最好。

以「場」的概念理解位於「間際」的心

　　科學家法拉第早在一八〇〇年代便首發先聲，提出不同的元

素之間有「場」（field）在作連接。有這樣的主張作起點，現代科技才有諸多電磁學的研究進展可用。我岳父生前務農，他有一次在洛杉磯用我的智慧型手機以視訊和遠在烏克蘭（UKraine）旅遊的外孫通話。我岳父看到外孫的臉出現在手機螢幕好生驚訝。我伸手在不用電話線的手機周圍比劃了一圈，把法拉第神奇的建構心靈提出來的看法，具象勾勒給他看：由種種型態的電波形成的電磁場（electromagnetic field）雖然肉眼未能得見，可是確實存在。

我們要是身在法拉第之前的時代，應該會說哪有可能，莫非裝神弄鬼。但如今有了智慧型手機以及那麼多精巧的電子產品，我們自然想也不想就會接受。其實我們一般還根本不會多想，會用就好。所以，人體——大腦或是外加其他部位的腦——會不會也有類似這些產品的發送、接收功能？即使沒有，我們的五感應該還是感受得到人、我之間在空氣流洩的訊號，而將我們聯繫起來，這樣的聯繫雖然未必是我們的意識知覺察知得到的，卻是千真萬確的。感受到未必等於覺察到；我們從這些感官感受建構出來的知覺心像，一樣不一定要有覺察才能出現。

不過知覺不管是有意識、無意識都是可以訓練的。我們認為可能存在的這種知覺能力要是真的，說不定就能在我們每人身上好好培養一下，多少讓我們感受得到這樣的間際運作，要不也至少營造得好一點。我們先前討論過，有些人把聯繫人我的這種基質叫作「社會場」——例如奧圖・夏莫和彼得・聖吉的著作，或者是尼可拉斯・克里斯塔奇斯和詹姆斯・福勒的相關著作 [10]——我們就是

10　**奧圖・夏莫**（C.Otto Scharmer）：針對變革管理（change management）著有《U 型理論》（*Theory U*），協助政治領袖、公僕、管理階層打破成效不彰的故習而和他人建立起同理心的管道。
　　彼得・聖吉（Peter Senge；1947-）美國管理科學大師，從航太科學轉進管理科學，將系統動力學、組織學習、創造原理、認知科學、群體對話、模擬演練融會貫通成為學習型組織，於

　　　　　心腦奇航：從神經科學出發，通往身心整合之旅

透過社會場而完全嵌合在人我錯綜連結的複雜系統當中。這樣的聯繫有的透過直接看到或是聽到的溝通可以一窺一二，只是我們還不了解，在這樣的間際當中的其他「東西」，有的會不會像電場（electric field）一樣終有一天測得出來，而可以由我們的感覺系統直接感覺到，抑或是由尚未發現的其他方式辨識出來。

　　這裡說的其他方式，有一樣說不定就是宇宙中的一種物理現象，而且已由實驗證明：也就是量子物理叫作「非定域性」或「纏結」的現象。有些科學家一聽大概就要翻白眼說，「喔，討論心的運作不應該把量子物理請出來吧。」他們也愛說物理有關能量的討論不應該拉過來探討人類的心智。他們說的可能沒錯，「心」不管怎樣都和能量拉不上關係。但我倒是認為，探討心就避開物理能量的科學討論，才是不科學的。但這也說不定是我的心在作怪，亂想些不該去想的。所以，在這裡不妨這樣子說好了：要是心真的是從能量迸現出來的，那能量科學就應該帶進心的相關討論裡來。過去百年已有周密的研究指出能量有一些性質是相互連結的，即使兩邊不在同一位置，彼此也會有測量得到的相互作用；到了去年，甚至發現連物質也有這樣的狀況──畢竟物質原本就是集中的能量（Stapp，2011；Hensen et al.，2015；Kimov et al.，2015）。換句話

麻省理工學院創立「組織學習中心」（Society for Organizational Learning），代表作如《第五項修煉》（*The Fifth Discipline*）系列、《必要的革命：個人與組織如何共創永續社會》（*The Necessary Revolution：How Individuals and Organizations Are Woking Together to Create a Sustainable World*）

尼可拉斯．克里斯塔奇斯（Nicholas Christakis；1962-；中文名：古樂朋）：美國社會學家、居家安寧療護醫生，任教於耶魯大學，鑽研社會網絡，探討社會經濟、生物社會等因素之於個人行為、健康、壽命的影響。代表作有：《錯綜連結：社會網絡的驚人威力》（*Connected：The Surprising Power of Our Social Networks and How They Shape Our Lives*；2009，與詹姆斯．福勒合著）。

詹姆斯．福勒（James Fowler；1970-）：美國社會科學家，鑽研社會網絡、合作、政治參與以及政治基因學（genopolitics），以肥胖、吸菸、快樂於社會傳染蔓延，以及基因影響投票和政治參與等研究知名。

說，原本耦合的元素，例如電子，分開之後即使相隔很遠，還是可以相互直接影響而且速度快過光速。這是實驗證明的結果。要將物理「纏結」經實驗證明的「非定域性」用來探討心的相關問題，當然要十分小心，但也不妨維持科學的開放態度。

在這裡，下述的說法應該還可以說是合乎邏輯、有實證支持、也是合理的：(一)能量和物質是有「間際」的一面，這裡錯綜連結的基本關係就叫作「纏結」，而且不是初始測量或是人類的五感看得到的；(二)由於已經由實驗予以證明，所以問心理經驗是不是也有這種錯綜連結的狀況是合理、有科學根據的問題，但不是結論或是假設（assumption）；(三)對於這是不是真的，我們沒有確定的答案——提出這樣的說法只是在主張不論哪些科學家有怎樣的看法，我們考慮這樣的提議在科學上是合乎邏輯的。我們採取這樣的探究取向是有科學支持的。我們選擇保守，但要亟力強調這般廣闊而且深入的質疑放進研究當中是合理的，同時也不預先認定這些問題最終的答案會如何。

所以，我們是不是應該培養出更細膩的眼光，去感受我們錯綜連結的關係，例如能量流動的場域，或是其他將我們連接起來的現實像是纏結，也就是我們的日間視力通常看不到卻很可能塑造我們主觀經驗以及心智其他面向的種種？非定域的聯繫和能量場都是物理世界的真實面，即使我們一開始在意識上無法覺察得到，甚至永遠覺察不到，但這些難道真的不會影響到我們？

在這裡可以拿光來作解。光依頻率有別而可以排成頻譜。我們視網膜的視桿細胞和視錐細胞只抓得到光頻譜中的一小部分；有些光，例如紫外線（ultraviolet；UV），人眼就看不到了。不過，紫外線太強會害人曬傷。所以，即使我們從來就看不見紫外線，紫外線不一直都在嗎？我們不也才正開始學會將光子（photon）、光束

作精密發射而運用於醫療（Doidge，2015）。朝頭顱表面發射光子已經證明可以改變大腦內部測得到的放電型態。所以，光子可以穿透頭顱？沒錯，能量不以頭顱、體表為限，所以，以前以為不可能的現在證實為真了：光確實可以穿過人身的體表、骨頭而影響到大腦。能量型態可以直接塑造我們，這便是一例——這裡的光還是人類的肉眼看不到的。所以，法拉第當年提出而如今知道確實存在的諸般能量場域，還有能量和物質的性質，難道沒有別的也對我們存活的這一副身軀有所影響的嗎？假如心是有涉身的來源、關係上的決定因子，而且還是從能量當中迸現出來的，要再說心是獨立在這些之外的，怎麼可能？又怎麼會呢？

到了我們談心的「何時」問題的那一章，會再詳細討論科學對時間的探討，屆時便也要想一想我們的心理生命很可能是存在於可觀察現實的量子層級上面，而大尺度身體和滿載更大尺度物體的世界，通常便以古典的牛頓物理最容易觀察得到。我們先前一樣談過，即使在偏大尺度、偏大規模的層級，其實也看得到量子效應[11]，只是往往被古典物理學亮晃晃的性質遮在下面。而心見在這裡用來感知人我錯綜連結的心理生命，說不定就比實體的視力要強。這也大概就像我們前幾章談過的那樣，是因為我們具有量子心理，這樣的「心」，有種種量子性質一直在活動，只是在古典牛頓式的軀體和世界當中，比較幽微難辨但千真萬確的性質，常常被蓋掉。

這時我就想起了當年那位辯論對手所說：感覺不是真實存在的。說不定他是被自己的知覺系統掏空了意識心理中的情緒。後來我們一起小酌一杯，他跟我說他真覺得自己說的對。知覺是建構出

11　**量子效應**（quantum effect）：古典物理無法解釋而必須從量子力學來看的效應，例如電子彼此干擾、粒子纏結、輻射衰變等等。

來的技巧，這一點普遍皆然，我們必須承認。他應該會有情緒，甚至對這些內在的運作也有感官上的感受，但是，不管什麼原因，這些就是不會進入他的意識經驗，所以他從來就沒覺察到自己對這些感受的感知。同理，說不定在很多人身上，落在人我間際當中的機制，常常是不會進入意識的。也說不定我們本來就感知不到人我之間的錯綜連結。但要是這可能存在的種種機制發送出來的感官流確實存在，毋須知覺建構或是意識思索，那麼，為了準確察知「間際世界」而培養或是加強某種技巧，不也是可能的嗎？

主觀經驗假如只是在覺察裡面感覺到的，而覺察又是從能量流動迸現出來的，那麼，

流動於人我間際當中的能量，是不是也會產生某種意識呢？學界已經就「意識相關神經機制」作過很多神經科學的研究了。不過，目前倒還沒有同樣的科學研究可以支持意識也會源出自人體之外，連源出自大腦之外的都沒有。

不過，意識的源頭會不會在「間際」也找得到呢？也就是說，有覺察是從「間際」出現的呢？許多科學家的回答大概就是簡單明瞭的一句，「不會」。但說實在的，我們什麼也不知道。還有，位於「間際」的覺察源頭不就應該要有主觀的質感嗎？就算這樣的意識源頭還找不到或甚至根本沒有，我們的覺察難道不還是一樣感覺得到心有存在於「間際」的這一面嗎？既然我們的主觀感覺得到微風拂過臉龐，在潟湖游泳感覺得到身軀泡在水裡，擁著舞伴跳華爾滋感覺得到舞步整齊劃一、不斷旋轉，我們心在間際的那一面，難道就不可能由主觀去感覺到？換句話說，假如意識到後來發現真的是「內神」為主，那我們是不是可以運用內在產生的覺察去感覺、去以主觀感受心理生命的間際面？

心的間際面很可能真的比「內裡」的那一面要容易分享出去。

我剛進精神科受訓時,這些難以捉摸的概念便一直盤桓在我腦中揮之不去。後來當上精神科住院醫師,一開始候也以年輕治療師的身分第一手領會到感覺得到人我之間的心有多重要。

因為信任,感受到「別人感覺得到我」

我受訓時的第一批病人當中有一位是唸研究所的學生,在同學死後罹患憂鬱症。我們倆兒一頭跳進心理治療,我呢,不太知道怎麼辦,她呢,就是等著瞧會出什麼狀況。歷經一年半的治療,可以停了,她的憂鬱症和悲傷已經化解,生活又再覺得充實飽滿。沒多久她就準備邁入博士後研究的人生,到另一所大學就任,我們兩人就要道別了。

但我很想知道到底是怎樣的經驗幫助她化解困擾,所以治療結束時,我說我們來一次「離職面談」好了,回顧一下對她幫助最大的是什麼,又有什麼需要改善的。我問她,「對妳幫助最大的是什麼?」她回答,「喔,一看就知道啊。」「對,」我說,「我知道,但要是要妳用言語來表達,妳會怎麼說?」她停了一會,看著我,眼睛閃現淚光,說,「你知道嗎?我以前從沒有過這樣的經驗,我以前從沒有過這種覺得別人感覺到我的經驗。就是這一點讓我好起來的。」

覺得別人感覺到我。

我從沒聽過有人會把我們覺得別人感覺到自己、懂得自己在想什麼、和別人有聯繫的那種連接,說得這麼傳神的。

我和她之間流洩的感覺,就是我注意的是她的心的內在、是她的主觀經驗。我們兩個這樣銜接起來,她就覺得有人感覺到她了。如今我想得出來這種共鳴的感覺是怎樣的了,懂得那時我以同頻去接收她的內在世界,因之而有改變,進而也給了她信任我的感覺。

有了信任，她和我才可以一起探索深深困擾她的內在世界。我們密切合作的時候，她所迸現的心——以前在家裡的痛苦往事烙下的創傷、同學身亡的無助、覺得未來無望而走投無路的感覺——這時候都已經化解。治療創傷的旅程，便是以信任作為啟程的入口。而療癒又是要怎麼去做呢？就是要感覺到有人感覺到了。我與她同在，以同頻去接收她的內在生命——她內在的主觀現實——然後和那現實共鳴。說不定就連她自己的內在世界、連她自己也接觸不到的訊息處理，也就是她非意識的心，我也接收到了。這樣的接收也會塑造我自己的內在世界，就算她沒有覺察到也一樣。我因為和她的聯繫也有了改變。這便是共鳴的經驗。

共鳴有的時候也是可以用意識去作辨認；要是感覺到人、我之間有所聯繫而形成了「**我們**」，那顯然就表示我們覺察到自己「被人感覺到了」。不過，這樣的聯繫即使沒有意識心理參與也還是可能打入我們的心裡。無意識的訊息流動是屬於「非集中注意（non-focal attention）」，不必動用覺察就可以接收訊號、製造經驗的表徵。人我聯繫不論是有意識還是無意識的經驗，都可以創造信任感。

到了後文我們會再談到信任有促進學習的效果，因為信任會駕馭「神經塑造」（neuroplasticity——神經塑造說的是我們的大腦會依照經驗而自行改變，稍後會再討論。心理治療要是能教病人覺得別人感覺到了自己，其中的基本原理就在於我這個醫生在醫病關係當中發揮的作用——同在（presence）、同頻（attunement）、共鳴（resonance）、信任（trust）——「在同共信」（PART）。

這樣的經驗也教我覺得心不僅是在我們之內而已——也在我們之間。只不過在我讀完醫學院到精神科去實習那期間，我始終搞不懂心怎麼可以這樣子去看。假如心只不過是大腦的活動或者純屬個

心腦奇航：從神經科學出發，通往身心整合之旅

人私有，那麼人與人的關係以及其間深刻的聯繫感，怎麼會教人強烈覺得有「間際」涵蓋在當中呢？我們才剛談過，這種聯繫感搞不好只是個人心理投射的幻影罷了。所以，這是不是我自己想像出來而投射到人我的關係裡去，但其實全是我一個人在唱獨腳戲，人的心本來就是一個個孑然獨立的？我們說穿了全都是孑然一身而已？或者，心的所在，真的就是既在「個人內裡」也在「人我間際」？所以，真有社會場，而我們就內嵌在其間？而這社會場是不是就像法拉第的電磁場是真實的存在，而且是在人、我接近的時候由雙方共通的能量流動型態製造出來的？抑或是單單因為協調同頻的作用而已？除了人、我接近的時候，雙方於「間際」會出現這些之外，是不是還有別的「耦合」出現，例如那稀奇古怪、合乎理論但是尚非定論的「纏結」呢？

　　一個人要是把注意力集中在另一人的內在世界，也就是覺得被人感覺到的間際，會不會另外又牽涉到能量型態的「同步」，以致後來雙方即使實體並未接近也一樣有「非定域」的現象？我們是不是因為這樣才會覺得和生活伴侶心有靈犀、聲氣相通？假如心靈真的是從能量迸現出來的，那麼能量的耦合狀態經實驗證明有「非定域」的性質，是不是至少也在說，心即使隔著一段距離也有可能出現這樣的「纏結」？這種種覺得被人感覺到的可能狀況，便有待探索和研究了。

　　所以，我們的探索之旅走到這裡，對於心所在何處的問題，便是建議大家不妨以開放的態度去看我們的心理經驗也可能落在人與人的間際當中。

　　我遇過另一位病人，因為越戰的創傷而來求診，他的經驗一樣有助於我了解從心理治療建立起來的人際關係，效力有多強大，而人「心」既有涉身又帶有關係因子又有多重要。比爾有「創傷

後壓力症候群」（posttraumatic stress disorder；PTSD），備受往事閃現（flashback）等等入侵症狀所苦。當時我的主管沒一個能幫我了解創傷對人的衝擊為什麼會那麼大。所以，既然大學時唸生物學，醫學院期間又最愛鑽研神經科學，我便轉向記憶相關的生物學研究，找上了那時針對大腦的一處部位——海馬迴——剛興起的科學研究；我們對過去層層疊疊的內隱記憶，有時也叫作「非陳述性記憶」（non-declarative memory），就是由海馬迴整合成偏向外顯或陳述性（declarative）的記憶。了解神經迴路調控記憶的涉身途徑，有助於我去理解創傷後壓力症候群的病人的症狀量表為什麼會出現一些奇奇怪怪的狀況。

後來我有幸拜訪發現這些區別的研究人員，而得以在此提出：

大腦內部是由海馬迴負責將往事的記憶從最初的輸入整合成為可以取用、可以改變的省察。海馬迴要是受損，記憶從最初的層次轉化為較精密的心理表徵以供日後省察的過程，會遭阻斷。這就是記憶的建構機制——從編碼到貯存再到擷取——之後就再將記憶從早期的基本型式推進到比較複雜的自傳式回想。可體松（Cortisol；皮質醇）是人體遇上強大壓力會分泌的荷爾蒙（hormone），有短期抑制海馬迴作用的功效，但要是長久如此，就會導致海馬迴功能受損。由於創傷會刺激可體松分泌過多，所以，遇上承受不了的事情，海馬迴是不是也會暫時停擺，甚至有的時候事過境遷之後海馬迴還因此而遲遲未能恢復呢？

而由許多病人描述的狀況及其他實驗資料來看，似乎也有關聯。假如把注意力從環境的某一狀況拉開，海馬迴就不會針對那一部分經驗進行編碼，而可以改變的外顯記憶也就不會產生。所以，假如分散注意力，藉由分離（dissociation）作用將有意識的注意力集中在與創傷無關的心像或是外在的事情上面，說不定可以干擾海

馬迴的作用，因為海馬迴是需要集中、有意識的注意力才會啟動。分離的作用一啟動，海馬迴的運作就會受阻。

不過，與海馬迴無關的內隱記憶，卻不需要我們把意識的注意力集中起來，才能對內隱記憶的組成進行編碼。所以，因創傷而致腎上腺素分泌過多，會不會反而導致非陳述性記憶，也就是情緒、知覺、身體感受、行為等等的內隱成份，編碼的作用變得更強？

這些問題很重要，是在於沒有海馬迴的功能，記憶的內隱層就會一直維持純粹內隱的狀態。依我讀到的研究報告可知，純粹的內隱記憶要從貯存當中擷取出來，也就是有線索（cue）出現，刺激內隱記憶啟動的時候，同時會勾起情緒、知覺、身體感受甚至行為加入，但是沒有感官感受在作標籤，點出回想起了什麼。那麼，這不就是在說記憶科學的基本原理也可以在臨床診斷上面用來解釋：創傷何以只會編碼形成內隱記憶，後來又再出現，擷取成為創傷後壓力症候群的諸多症狀，包括入侵的記憶和情緒、迴避行為甚至往事閃現等等。所以，閃現的往事很可能原本只是內隱的一堆記憶，忽然完整擷取出來送進覺察，但沒有外顯的標籤點明有事情從過去回到了目前。

我拜訪的研究人員向我證實這樣的假設在理論上是站得住腳的。而在我自己的臨床工作，我也發覺這些有關記憶和大腦科學的新發現，是有可能用來解釋潛藏於創傷後壓力症候群背後的機制。不止這樣，以這作架構，還可以指出新的途徑去作治療介入。心理治療師對病人要是能夠做到「在同共信」──以同在、同頻、共鳴，培養出信任──就得以創造出改變的條件。不過，在建立人我關係的聯繫之外，還需要另一件事──治療時的心理間際。我也需要去了解身體的內在，知道怎麼好好利用大腦的迴路，方才能掌握心於「內裡」的運作。人的心是一體同在兩處──之間和之內。

以「同在」的感覺迎納能量訊息流動

　　人、我之間因為溝通和聯繫，而闢出一塊地方供心靈的間際面迸現。心理治療不論是一對一，還是團體、伴侶、家庭之類的型式，「同在」的感覺便是在開放迎納能量訊息流動，任由原本容易封閉或是隔絕的，從治療當中迸現出來。封閉似乎是遇到威脅時會出現的反作用，在社會場，也就是在彼此之間，就感覺得到。有的時候一走進房間就感覺得出來。早在我還是年輕的心理治療師時，就已經覺得心靈的間際面簡直就跟摸得到似的。心理治療師為醫病溝通設定的調性，對於能量訊息流動能否迸現，不是促進，就是抑制。而我自己要是生命史中還有事情未能解決，那我病人的治療經驗也會受到牽制。房間裡有了這樣的衝突，一定感覺得到。洋溢在室內的流動是有質感的，是感覺得到的，是有實質的，幾乎像摸得到一樣，教人覺得千真萬確。運用心靈的眼睛是感覺得到社會場的。

　　這樣的事情沒人在說，但不等於不是真的。我想起了當年因為臨床醫學教育不談精神運作，以致我從醫學院休學的那一陣子，幸好有心見的概念教我想起了心靈是確實存在的，就算醫學院的課業、社會化的過程都把心靈當成虛幻不實也罷。所以，關於人心的所在，「間際」所佔的比例會不會不亞於「內裡」？當年還在精神科受訓的時候我就在想這事情了，只是還找不到概念可以放在探究的架構當中為這問題定位。

　　我於心理治療時因為與病人同在而形成的心理間際面，似乎打開了門戶，讓我們可以更自由、更完整的專注在病人的心靈於個人的「內裡」的那一面。病人的大腦迴路因過去的經驗而烙下負向的印記，心理治療師是要怎樣去扭轉病人的情況，創造正向的改變而且加以鞏固？心理治療帶來的轉變要想維持長久，病人的大腦難道

不需要改變？

由於心理治療師不能執行神經外科手術，所以，心理治療師應該用什麼方法去將病人的大腦扭轉到正向來呢？

經驗。這裡的經驗是指能量訊息流動源源不斷流洩在個人之內、在人我之間，由眾人共有，穿透身體，包括大腦在內。而心理治療的經驗就是要將能量訊息流動帶到特定的模式裡去。心理治療師是可以讓病人有「被人感覺到」的感覺，可是對於能量訊息流動於個人的「內裡」的這一面，心理治療師又應該怎麼辦呢？即使我知道該怎麼做，那又該怎麼去做到呢？

答案似乎便在「注意力」。注意力有指揮能量訊息流動的作用，在人我溝通的時候可以在個人之間、之內創造出來。所以，我要是寫下「艾菲爾鐵塔」幾個字給各位看，我就是在請各位將注意力放在巴黎那一座地標建築上面。人際關係的溝通會左右人際間的注意力，指引個人內的注意力。我們是用注意力在指揮能量訊息流動的。意識內的注意力要是搭配上覺察，就叫作「集中注意力」（focal attention）。而研究顯示啟動海馬迴需要集中注意力作條件。

心的「內裡」和「間際」兩面有強烈的交互關係。不論人的頭顱還是體表都不是能量訊息流動無法穿透的銅牆鐵壁。能量訊息流動既在我們之內，也在我們之間。

我就臨床治療提出來的假設是：我要是能對病人發揮「在同共信」，就能培養信任感。信任的關係一建立起來，心與心的「間際」就會迸現開放迎納的同在和接納，人心的「內裡運作」也會跟進。心理治療師就可以引導病人的集中注意力朝內隱記憶推進——諸如情緒、知覺影像、身體感受、行為衝動——以利海馬迴將這些連接起來，形成整合的外顯記憶。甚至還可以在心理模型或是基模

上面下工夫；內隱記憶的促發一樣也可以。集中注意力在內隱記憶的這些成份，就有可能轉化成整合較高的外顯層記憶。海馬迴的外顯作用既能製造出事實記憶（知道過去某一件事的事實），也能製造出自傳式記憶（知道過去某一時間的自己）；這樣的記憶擷取出來會教人明確覺得這是過去的事。我把這感覺叫作「重現感受」（ecphoric sensation），就是主觀感覺到當下這一刻體驗到的是以前發生過的事，而不是現在真有的事。擷取的記憶要是純屬內隱，便是少了這樣的重現感受。

有了信任的關係，病人對於以前覺得太可怕或是太強烈的情緒、心像、身體感受、行為，又要「再來一次」，重新回到覺察當中，忍受力會提高。而在「接受」（aceptance）和「迎納」（receptivity）的社會場內，以前不可以說、受不了的，也變成可以說、受得了了，像是對情緒、心像或是記憶的「容忍窗口」（window of tolerence）變大了。心理治療便是在放大容忍窗口，以利集中注意力去整合先前受阻的內隱記憶，形成完全整合的內隱事實和自傳認識。在窗口的範圍內，能量訊息流動就會有「靈適聚活定」的整合狀態。窗口要是不夠大，能量訊息流動容易超出邊界而泛濫到混亂或是僵化的一邊。放大窗口，便是在強化整合，而為生活引進更多和諧。而且這感覺像是全在「間際」和「內裡」兩邊實行的。

不止這樣，內隱記憶還會將過去的事情化約成基模或是心理模型，像是被狗咬過可能就會在心中留下「狗好壞」的想法。這是心理的建構在加強認知效率，我們在上一章已經談過。為未來的事情作準備叫作「促發」，也是內隱的成份，治療要是有效一樣可以化解。內隱記憶的這幾方面要是一直個別分立，未作整合，可能就是創傷後壓力症候群在神經方面的源頭。

我迫不待要拿這樣的假設去作試驗，看看有沒有助益。這不是集合數百名病人進行的雙盲對照研究，而是匯聚許多個案的臨床觀察，只是沒有對照組。我有科學研究的訓練，自然明白臨床的應用和發現純屬聽聞（anecdotal），不算實證資料。比較像是「前導研究」（pilot study）的初步發現，但是療效是正向的、強勁的，持續達數月、數年，後來還有一些病例長達數十年之久。

這樣子結合科學、客觀的研究發現以及人心的主觀現實，意謂心、人際關係、人體的大腦三者，很可能是有直接的連接。人心和物質是會交相塑造的。這些「語言包」（linguistic packet）暗含的區別大家習以為常，但在這時候好像就純屬多餘了。心、身體加大腦、人際關係三者會被能量訊息流動聯繫成為一體。

一種幽微存在的「心場」塑造著我們對世界的經驗

長久以來，我總覺得不知有什麼像是錯綜連結的訊息漫溢成一片汪洋，好像有什麼能量在這些人際關係帶出來的場景當中流通。我知道聽起來很怪，但我就是覺得能量訊息像有氣場似的，就說是「**心場**」（mindsphere）吧，環繞在我們四周，在我們的生活當中流盪能量的氣場，雖然通常都看不到，但會塑造我們對世界的經驗。幾年後我知道有一貫通的概念可用：「人智層」[12]（Levit，

12　**人智層**（noosphere）：就希臘字源而言，noo 是 mind，加上 sphere，就成了席格用的「心場」（mindsphere），於一九二○、三○年代年由三位歐洲學者，法國哲學家、考古學家、耶穌會教士德日進（Pierre Teilhard de Chardin；1881-1995），法國哲學家、數學家愛德華·呂霍（Èdouard Le Roy；1870-1945），蘇聯地質學家波里斯·李希考夫（Boris Leonidovich Lichkov；1888-1966），切磋砥礪出來的概念，由德日進構想、拈出 noosphere 一詞，但是由呂霍率先向外透露。

德日進認為人類的演化是循「複雜度」、「意識」不斷增加的軸線在往前推進，演化到後來，不斷增生的人類思想環繞地球形成「人智層」，而像「地心圈」（barysphere；地核）、「岩石圈」（lithosphere）、「水文圈」（hydrosphere）、「大氣層」（atmosphere）、「生物圈」（biosphere）一樣同屬大自然的組成。社會現象因而不是生物現象衍生出來的，而是落在人智層這一圈內，法律、教育、宗教、學術、工業、技術等等無不涵蓋在內。

2000）。海裡的游魚或是空中的飛鳥應該不太會去注意籠罩在四周的海水或「水域」（aquasphere），不太會去注意空氣或「大氣」（atmosphere）。我們也差不多，一般是不會覺察到自己就沉浸在訊息當中，也就是身在人智場當中。假如心真的是從能量訊息流動迸現出來的話，那麼心場可能不僅對我們有作用、不僅是我們的呼吸吐納，心場還是我們賴以迸現的源頭。心場不僅是訊息而已，心場也應該涵蓋共用的能量訊息有所交流而將我們連接起來，而不僅是刺激源。

　　我女兒邀我去聽過一堂生態系（ecosystem）的課。上課的老師保羅・范恩（Paul Fine）教授將生態系界定為一整片陸地、水域加上大氣所組成的複雜系統，橫跨地表一塊區域，維持相當一段時間。

　　而我們的心也是存活在這樣的系統當中，只是橫跨的遠大於地域。生態系籠罩在大氣當中，其中種種棲地的區域地景無一不會因大氣而受影響，所以，心場也一樣會影響個人的心理狀態，個人內在的風景，也就是我們說的「**心界**」（mindscape）。我們各有各的區域棲地，由我們集體嵌入的廣大心場在塑造我們各自的心界。心場和心界的觀念在許多方面都可以顯露心存在於個人之內和之間的狀態，也就是心的「內裡和間際」。

　　我在精神科的成人、兒童、青少年的臨床培訓結業之後，對於精神醫學在臨床醫學還沒安身立命的定位，深以為苦，便決定轉作研究，申請到了「國家心理衛生研究院」（National Institute of Mental Health；NIMH）的研究獎學金，到洛杉磯加大去研究家庭互動。那時我的指導教授要我專注在某一疾病或是藥物治療的研究就好，覺得研究依附關係沒有什麼好的。但我覺得依照當時的研究成果，對於心所在何處又是何物的問題，若從依附關係來看應該可

以釐清不少事情，因此很感興趣。所以我想研究親子依附關係最可靠的預測指標為什麼會是父母自己的生命敘事。換句話說，親子依附關係當中最重要的因素並不是我們在當父母的時候遇到了什麼事，而是我們怎麼去理解我們以前遇到過什麼事，這在實證才是影響親子依附關係最大的因素。而親子的依附關係後來又會對孩子的心理發展有正向或是負向的影響——例如孩子怎樣調節自己的情緒，怎樣和他人互動，怎樣去理解自己的生命。父母理解自己生命的過程，不知怎麼的就是會在家裡創造出心場而支持親子建立起安全型依附。只是，這到底是什麼呢？

那時我對「關係科學」（relationship science）相當著迷，覺得這領域大有可為，從探討健康關係以及健康關係對心理發展的影響開始，可以推進到心理發展為什麼不是朝健康和堅韌走去，反而走到失調和不適。

我自己的神經科學老師大衛・胡柏（David Hubel），在我還在學的時候，和托爾斯坦・魏瑟（Torsten Wiesel）一起於一九八一年獲頒諾貝爾獎，表彰他們證明經驗會影響小貓正在發育的大腦結構[13]。小貓早期發育時的經驗，對於小貓大腦的結構和功能有重大的影響；這些發現加上他的講學，對我的專業發展都有很大的衝擊，教我深信經驗對大腦有深刻的影響。

我在臨床受訓的那幾年間，始終在想胡柏等學者的發現是不是有哪些可以用來協助病人從創傷復原，或是找到力量面對個人

13　大衛・胡柏（David Hubel；1926-2013）、托爾斯坦・魏瑟（Torsten Wiesel；1924-）兩人在約翰霍普金斯大學（Johns Hopkins University）合作研究長達二十五年，大幅擴展人類對於感官感覺處理的知識，兩人於一九八一年和史貝里共享諾貝爾獎。席格文中所指，是他們針對視覺進行一連串研究，以貓咪作實驗而發現「眼優勢柱」（ocular dominance column）在發育的關鍵階段會影響到貓咪大腦的發展，蓋住一隻眼的貓咪過了發育關鍵期就無法再發展出雙眼視物的能力。

心情（mood）、思緒或是行為等方面的先天障礙。病人如何理解自己的生命、為自己的生命經驗創造出有條有理的敘事，似乎和復原有直接的關係。而海馬迴整合記憶的角色，在這理解的過程會不會也插上一腳？這些都是研究依附關係的學者各自挖掘出來的：對於自己的創傷有所理解，就不會因為「紊亂型依附」（disorganized attachment）而將自己的創傷轉嫁到子女身上；若否，就不幸會將紊亂傳到自己子女那邊。尋求理解的敘事有核心過程和大腦的基本作用有關，而這是不是又和化解創傷有關聯呢？這樣的理解過程，又是如何影響家庭的社會場去支持親子發展出安全型依附和健康心理的呢？

　　這是海馬迴的記憶功能首度應用來理解創傷後壓力症候群，為病人研擬治療對策，至少在概念方面頗有助益。雖然一九八〇年代那時的臨床教學關於大腦就算會教也沒教多少，但我一開始的治療經驗還有先前在生物學的訓練，在在把我拉回去問：怎樣從大腦和人際關係的交互作用去理解病人的心理最好？這二者都很重要。心的運作既在「內裡」也在「間際」；所以，「心的治療」（mind-therapy），也就是精神治療（psychotherapy），似乎該把焦點放在這裡才會有好的效果。

　　假如經驗真的會改變大腦的活動，而從這變化再去改變發育中的大腦結構，就像胡柏等學者研究出來的那樣，親子互動對於子女的大腦說不定就有模塑的作用。那麼，心理治療當中的醫、病關係，是不是也會決定大腦的功能和結構？要是這樣的話，這樣的效應要怎麼去理解？假如人際關係確實會決定大腦的結構，那麼從這方向是不是能為病人找到持續進步的長期療效，而不管是否用藥？

6-2　神經塑造和文化體系

　　神經科學長久以來一直主張大腦的種種功能範圍相當有限，而且成年之後大體就不再增長了。但是現在我們知道這兩種推到極端的看法都不正確。大腦的功能——例如記憶、情緒甚至運動啟動（motor activation）——其實分散在很廣的部位，而不單在於某一小塊部位，其他都沒有。甚至感官輸入、運動輸出二者要作嚴格劃分，也好像沒辦法固定不變。人類腦區的分佈圖中，合力決定心理功能的幾處啟動區域在我們歷經生命的種種經驗之際，似乎不斷有大幅度的變化。

　　我們的大腦另也終身都不斷有所增長。沒錯，早期是有幾階段的成長特別重要，大腦在那些時期比較脆弱，需要一些輸入去協助大腦健康成長。不過，大腦不會因為脫離兒童期或是青春期而不再增長。大腦吸收神經放電的啟動經驗，在四大方面還是會因為長期的日積月累而有變化。神經放電至少也會引發神經元出現暫時、短期的化學組合，而帶出暫時記憶（immediate memory）或是短期記憶（short-term memory）。不過，成年期的大腦結構一樣會因影響而有長期的變化。這樣的變化包括：(一)神經幹細胞（neural stem cell）會長出新的神經元，至少在成人大腦的海馬迴這一區域現在已有研究可稽；(二)神經元當中的突觸連接（synaptic connection）會有增長、調整，而改變神經元之間的聯絡；(三)支持神經元的膠質細胞產生髓鞘質（myelin），促使離子的動作電位（action potential）在神經元細胞膜內外進出的流動速度加快達一百倍，神經元放電的「靜止期」（resting period）或叫作「不應期」（refractory period）則縮短為三十分之一。（30 X 100 = 3,000倍，不僅加快這麼多，時機和分佈的協調也比較好）；(四)DNA

（去氧核糖核酸）頂端的非 DNA 分子，「表觀遺傳調節因子」（epigenetic regulator），例如組織蛋白（histone）和甲基（methyl group），會出現改變。表觀遺傳變異最先是由經驗引發，之後未來的經驗在決定基因表現（gene expression）、製造蛋白質、結構變化的狀況時，便因此而有改變。

大腦因經驗而來的這些改變，便是屬於大腦的「神經塑造」。發現大腦可以隨經驗而作塑造，很快便對人類隨經驗而改變的看法掀起革命，也打開門戶，供我們了解人際關係和心的運作也可能改變大腦。

我們先前討論過心可以看作是從自身之內和之間的能量訊息流動迸現出來的，有了這些發現便可以作綰合了。注意力指揮能量訊息流動，啟動神經路徑，再啟動人際的經驗。注意力在身體之內至少會驅動大腦內的神經元啟動。說不定能量就是由這內在的注意力驅動而流遍我們全身。人、我作溝通時也一樣，像我這時候寫下這些字句由你們去讀，便是在駕馭注意力去指揮能量及其符號所組成的訊息進行流動。能量訊息流動既在我們之間、也在我們之內。神經啟動有所變化，就有機會改變大腦結構。外在注意力有所變化，就有機會改變內在的神經放電，不僅塑造當下那一刻的大腦活動，另也會在芸芸眾生當中，改變正在互動、溝通的一個個人的大腦結構連結。這也就意謂既在「內裡」也在「間際」的心是可以改變人的大腦結構。

對於注意力決定能量訊息如何流動，而且關係到神經的活動和增長，我現在可以這樣子說：注意力往哪裡去，神經放電跟著流過去，神經連結跟著長過去。這不僅有助於我們了解心理治療和為人父母該當如何，也有助於我們了解社會對我們的心理會帶來什麼影響。

放在系統科學的視野裡面觀照，討論起大家相互牽連而內嵌其間的關係網絡時，我們可以運用**文化**一詞來將焦點放在生命的幾項屬性上面。彼得‧聖吉說過這系統可以分成三層來體驗：事件（event）、模式（pattern）、結構（structure）（Senge，2006）。我們在表面看得到的事件是系統明顯可見的結果，聖吉說這是「冰山一角」。在冰山一角的下面便是系統的行為模式，這在單一事件之內不是直接看得到的，但是依然存在也有影響力，在辨認出種種事件當中隱藏的模式之後就偵測得到了。接下來，在可見的行為事件和行為模式之下便是系統的結構，系統結構可以說是由另外三項成份所組成的：思考習慣（habit of thought）、行動習慣（habit of action）、以及人工製品（artifact；也就是我們文化形諸實物的表現，例如現代社會在男士的洗手間也有尿布枱，既在反映系統主張男士一樣應該照顧嬰兒而不僅限於女士，也強化這樣的主張）。系統的結構通常不是一眼就看得出來的，不過，要是仔細審視蓋在系統下面的模式和事件之下的思考習慣、行動習慣還有人工製品，倒是感知得出來。

　　同理，法拉第發現的那些「場」，以我們的身體器官是永遠沒辦法有意識去「看」得到的，但是那些場中的能量型態卻千真萬確。有些元素和別的元素有非定域的纏結關係，這我們看不到，但這樣的纏結對於能量、物質這類特定的配對，卻是千真萬確。系統也是如此，我們就算看得到事件，還把看到的事件匯集成我們對系統模式的知覺，甚至偵測得到思考習慣、行動習慣，但是思考習慣、行動習慣這些就不是單憑目視就掌握得到的，尤其不是一目即能瞭然。從系統結構來的人工製品確實目視可得，於我們的思考、行動帶動起來的波瀾，特別是我們和他人的互動，在文化當中也算是無所不在、隨目可見，但在塑造我們心理生命這方面，就多半

領會不到了。這些就像海洋環繞在我們四周，只是大家往往渾然不覺。不論我們覺察到沒有，文化諸般屬性的各個方面都在塑造我們。這便是我們的心場。

想像一下這情況就好。能量和訊息環繞我們四周流動而且穿透自身。待能量流進我們的神經系統，神經元就會放電。神經元一放電，就喚起四類神經塑造的變化當中的任何一類（神經、突觸、或是髓鞘質成長和表觀遺傳調整對基因表現有所調節）。接下來，由於神經塑造的變化是出現在大腦內的，從改變後的神經系統發送出來的能量訊息也跟著改變。換句話說，心場引發的神經塑造變化，是會直接影響一個人發送出來的能量訊息型態。心場內每一個人的大腦、身體發送出來的能量訊息流動有了這樣的變化，會再影響到社會場。系統的事件出現變化，人的肉眼看得到，可是系統的運作甚至系統結構內的思考習慣和行動習慣，大概就是平常只看表相的肉眼視力看不出來的了。要是事件和人工製品有變化，那就比較快能看出心場的變動。系統內的個人內在引發不可見的神經塑造變化，是會影響這樣的社會場的；而社會場又再引發心場——文化內的人、我能量訊息流動——出現變化；由此又再去改變神經元放電的狀態，重作連接。這便是心場的遞迴式自動強化，而會在維繫、塑造流動型式的那些神經結構當中引發變化。

從這樣的視野來看，有助於我們了解人類具有關係因子的心在所謂的「**文化演化**」[14] 當中，是怎樣在塑造我們彼此的溝通和聯繫。要是以演化的觀點來看人類過去四萬年的變化，那麼，雖然人

14　**文化演化**（cultural evolution）：十九世紀的人類學家從達爾文（Charles Darwin；1809-1882）的「演化論」（evolution）衍生出來的概念，鑽研的主軸是文化由簡而繁的演化過程。然而近年學術觀點轉變，不再認為社會變化起自生物適應，而是社會、演化、生物三方面綜合起來的結果，文化演化也就成為諸多心理和科學研究的基礎。

類的大腦大概在九萬年前就已經演化出基因限定的構造了，但人類從懂得運用符號開始，這樣的變化還是為人類的文化生命帶來急劇的變化，例如人類在舊石器時代晚期（Upper Paleolithic）開始懂得製造工具和視覺表徵，「擴散心智」隨之成為推動文化演化的驅力（參見 Dunbar, Gamble & Gowlett，2010；Johnson，2005）。這樣的主張我們可以視作是心場內的共用符號，例如語言，會再刺激我們的心場出現變化，而引發神經塑造出現變化，反過來又再支持更複雜的心場。

哲學家安迪・克拉克和大衛・查默斯[15]就認為語言：

不是反映我們內在狀態的鏡子，而是與之相輔相成的補充。語言是工具，是在以身體固有功能之外的途徑去擴張我們的認知。其實，於晚近的演化時間（evolutionary time）出現的知識大爆炸，出之於語言帶動的認知擴張，相較於我們內在的認知能力各自所作的獨立發展，恐怕不相上下。（1998，p. 17）

這裡的關鍵在於能量訊息流動是遍及系統整體的：既在個體之內，也就是我們叫作心界的內在、涉身、個人的心理；也在個體和周遭世界之間，也就是我們集體、關係上的心場。對於心所在何處要想有深入的理解，神經科學和系統科學提出來的犀利洞見值得我們一用。在這些看似風馬牛的觀點當中，看得出來能量訊息流動是

15　**大衛・查默斯**（David Chalmers；1966- ）：澳洲哲學家，專攻認知科學、心智哲學、語言哲學。於一九九○年代提出「意識大難題」（hard problem of consciousness），將辨認客體、口語表達、集中注意力等等劃歸為意識的「簡單問題」，認為意識唯一的大難題便是：「何以覺察到感官訊息會有感覺伴隨而來？」也就是認知上的簡單問題相較於現象的難解課題，分野在於認知至少還有理論的路線可以求解，而主觀和客觀二者有「解釋鴻溝」（explanatory gap），心理經驗是無法從物理的方向來求解的。

可以當公約數的。能量訊息流動不以頭顱為限，而是洋溢在我們的生命，流洩在心「內裡」和「間際」的諸多系統當中。

即使意識最終證明是單純從心界逬現出來的，是大腦甚至整個身體的個人運作而已，我們還是可以覺察得到心場，還是可以在意識當中對心的間際面有主觀的感覺，一如我們覺察得到心界，對心的內在面有主觀的感覺。不論是否有所覺察，我們的心界和心場描繪的是我們涉身的、在關係中的心，而這心，之於大腦的神經塑造變化以及我們生活的文化，彼此又會交相塑造。

6-3　省察提要：內裡和間際

我還在求學時第一次發覺心未必只是大腦活動的產物，依那時的專業環境，這樣的念頭要是在科學討論當中提出來簡直就像異端邪說。然而，我又是頂著生物化學的背景在精神科當實習醫師的人，覺得大家探討的諸多系統應該會有一些共相才對，相互之間也應該有雙向的交互影響。我大學時研究的鮭魚對於水域鹽份含量的變化，因應的對策可能就是改變體內的酵素進而改變魚身體液的粒子密度。鮭魚會針對環境的變化進行調適，因為鮭魚的神經系統先天的設定就是要讓鮭魚能夠從淡水迴游到鹹水去的。同理，走到人生絕境打到自殺防治熱線來的人，對於電話另一頭傳過來的關懷和連接，所作的回應不僅可以為當下那一刻注入信任感，勾起有人感覺到了自己的感覺，也勾起了對未來的希望。

我也從中領悟到醫界社會化的過程無助於行醫，不表示我必須消極適應環境的要求。我可以暫時抽離，花一點時間作「進場」的功夫，思索自己經歷過的事，摸索新的概念和視野，之後帶著新的概念和視野重回軌道。環繞我們周邊的心場未必會教我們滅頂，

我們可以改變周邊的世界，我們也可以改變內裡的世界。確知心是真實存在的，拿心見的概念和作用作為保護的盾牌，有助於我的內在世界去開發更好的視野和韌性，足以重返醫界去盡力維護我覺得真實的事。所以，來到精神科實習這時候，在我心底要問的問題便是：我們的心會不會既在自身之內又在個體彼此之間呢？

酵素和同理心、大腦和人際關係、物質和心靈。這些都是看似分立但又同等真實的生命面向，我不弄清楚其中的關聯，誓不罷休。

當年我總覺得一定會有方法自然就能讓我們去想出來神經活動走向敘事的流動要怎麼理解才好。我們內在的生命故事在我們的人際關係內、在我們相互關懷的團體裡、在我們的家庭和朋友中、在我們的鄰里間，應該都是分享共有的。我們既活在自己的身軀之內也活在我們的人際關係當中，心於此二者的所在，都會塑造我們的

Photo by Lee Freedman

心腦奇航：從神經科學出發，通往身心整合之旅

人生。

假如各位認定自己的生命不過是基因先決定大腦的結構繼而決定大腦的功能而產生出來的，那麼各位就會把自己的心想作是神經放電的被動產物，幾乎像是副作用罷了。接著各位大概自然會把心放在自己的頭顱裡面就好，當作是由基因製造出來的大腦發送出來的。這樣給人的感覺便是單方向的流動，從基因到大腦再從大腦到心靈。依這樣的流動，各位不過就是先天注定的成品，在生命獨腳戲的台子上面湊熱鬧罷了。

但是，那時我們已經漸漸看得出來，後來也由實證研究作了證明：心是可以透過大腦運用新的方式去驅動能量訊息流動，而且這新方式未必是大腦自動自發出現的。經由心去引發神經啟動——也就是刻意將注意力集中在某些方面——說不定會帶動大腦出現另一種放電型態，而不是原本自然會有的。如今我們也知道心這樣子去觸發大腦活動，是可以啟動基因去改變修復染色體末端的酵素含量，甚至改變基因表現的表觀傳遺調節。這時各位就看得出來人心中的意向和認定，是會決定我們的內在心理經驗，導致神經運作和生理機能之下的種種分子機制還有我們的大腦，而真的出現變化。所以，我們是可以刻意去決定自己的心界的。

我們因為溝通而有間際；在我們和他人的關係式溝通當中，我們注意力的集中方向是朝內裡走的，而在內裡帶出新的意向和認定。這樣一來，落在關係面的心，不僅可以在心場帶動改變，甚至可以在大腦帶動改變，產生新的心態（mindset），自有其認定和意向。也就是說，心不論在「內裡」還是「間際」，都是可以改變大腦的。

各位要是認定自己不過是基因的產物，自己的心也是不容改變的大腦運作出來的結果而已，那麼因此而滋生出無力感也是可

想而知的事。不過依卡洛·杜維克[16]針對心態所作的精采研究，這樣的看法說不定是落在她說的「定型心態」裡面的，也就是認定所能擁有的就只是目前既有的，因為先天固有的特質是無法改變的（Dweck，2006）。然而，「成長心態」卻認為，只要努力就可以改變既有。學業、智商甚至人格特質（personality trait）只要願意下工夫，都是改變得了的。經由研究可知，只要再努力一點，什麼事都做得到，不論是學業成績還是扭轉行為習慣。

連我們怎麼看待壓力，都會改變壓力對我們的實質影響。像是要做公開的報告時，要是把心跳加快、冒冷汗之類「壓力太大」的情況解釋成興奮而不是無助、恐懼，那我們的表現就會大相逕庭（McGonigal，2015）。扭轉自己認定的想法，也能將我們的生理狀態從受制於威脅而帶來危害，扭轉成迎向挑戰而產生力量。我們怎麼對待自己的心，會改變我們的經驗，大腦活動和生理反應都包括在內。

有些事情確實無法改變——像我五呎八吋〔一七三公分左右〕的身高就沒機會改變，所以我這時候要再想去打職業籃球，純屬一廂情願。不過，要是職籃真的是我熱愛的事，那麼深思過後，說不定可以找到不少別的途徑讓我宣洩我對籃球的愛。依照我們現在知道的，人心確實是可以改變大腦的作用和結構，這一點沒有疑義；而有這一點作為憑仗，應該有助於各位了解自己一些長年不去的特質，就算被我們看作是本性難移，經由心靈，還是可以努力去改變

16　**卡洛·杜維克**（Carol S. Dweck；1946- ）：耶魯大學博士，歷任哥倫比亞大學、哈佛大學、伊利諾大學教職，現任史丹福大學心理學教授，研究重心在動機、人格、發展，尤以「心態」（mindset）特徵的研究最為知名。她在二〇〇六年出版的著作《心態致勝》（*Mindset：The New Psychology of Sucess*）當中，指出「定型心態」（fixed mindset）的人認為成功乃建基於先天固有的能力，有「成長心態」（growth mindset）的人則認為勤勞、學習、訓練和執著才是成功的關鍵。一般人未必對自己屬於何種心態能有自覺，但從個人的行為看得出來端倪，例如定型心態的人極為害怕失敗，成長心態的人反而認為不經一事不長一智，失敗為成功之母。

的（Davidson & Begley，2012）。

對於我們所說「心」既在「內裡」也在「間際」的看法，各位這時要是細想一下，有什麼感覺嗎？感覺得到一些心理，也就是心界，就在自己的內裡嗎？感覺得到能量訊息流動遍及自己全身，包括大腦在內？對於心界這所在，千萬別忘了我們是有辦法刻意去決定身體機能的。這不是我這人好作驚人之語才這樣子說，也不是瞎猜，這不是一己之見也不是一廂情願，這是科學研究的結果。不論是專心讀這本書，還是另作冥想、禪修一類的省察練習，或者是用別的方法去培養放空的覺察（open awareness）也就是安住當下，我們都有辦法刻意為內在生命、大腦、身軀營造安適。

沒多久我們就要詳細討論覺察輪的省察練習，探討所謂的「第八感」（eighth sense），也就是我們覺得自己和棲居的身軀之外的事物有所聯繫。各位可以試試看覺察輪能為自己帶來什麼感覺。目前就暫時先知道我們針對心理生命所作的這一番科學推論和仔細觀察要是真確的話，各位大概就會覺得探討第八感是很刺激的事，能有很大的收穫，有助於開發自己對心靈間際的感受、知覺、說不定到最後還包括覺察。

將心看作是既在個人的「內裡」也在人我的「間際」，能帶著我們對改變產生新的洞察，推出新的進展。這樣一來，我們不僅可以對心靈重要的內在生命下工夫，包括「成長心態」或是「定型心態」認定的事，也可以對心靈的外在生命下工夫。心場滿載能量訊息流動，而且依其塑造的狀態可以促進安適也可以抑制安適。我們對別人的尊重，我們分化出來諸般存在狀態再以關懷進行連接，便是供我們進行整合的簡單架構，既可以應用在心界重要的內在、個人方面，也可以應用在心場外在的關係面，也就是我們生存的社會場。我們交的朋友、我們做的事，我們把時間花在健康飽滿還是健

康日減的經驗，對我們的心理狀態都有直接、強大的影響。

　　我們的旅程走到這裡，已經證實我們先前提出來的根本主張：「心」的所在「既在內裡也在間際」。至於生命的意義和目的，也就是「心」的**何以**這問題，在這兩處重要所在要如何營造，便是下一階段旅程的重點了。

心所為何來？

　　旅程走到這裡，就要進一步深入「心」
存在的意義和目的了。探討過人心是從駕馭
整合作用的自動組織當中迸現出來，滿載輸
送和建構的功能，既在自身之內的心界，也
在我們彼此之間的心場；之後也談過個人自
有的主觀分享他人共用，創造出「覺得被感
覺到」的經驗，將兩人連接成為整合的一
體；接下來就要再問一問我們擁有「心」所
為何來。這一段旅程走進的世界，在我的生
活中是落在靈性和宗教領域，也是我的心沒
想到會發現的世界。

7-1　意義和目的，科學和靈性（2000-2005）

時代轉進新千禧年後，我也發覺先前怎樣也想不到的心靈體驗，在我面前陸續敞開。《人際關係與大腦的奧祕》初版問世沒幾個月，我就連番收到邀請，要我到校外機構去講學，看來是因為我在書裡建議大家不妨從人際神經生物學的角度去看待生命，吸引了不少人。但我怎樣也想不到最先收到的講學邀請，竟然包括晉見教宗。

晉見教宗的思索

梵諦岡（Vatican）的「宗座家庭委員會」（Pontifical Council on the Family）發了一封電子郵件給我，說教宗若望保祿二世（Pope John Paul II；1920-2005）希望我能到羅馬教廷一趟，和他討論母親在子女成長過程的重要地位。我詢問教宗對哪一方面特別有興趣，教廷回信表示教宗想要了解母親看孩子的眼神在孩子的一生為什麼會這麼重要。

為了準備到梵諦岡晉見教宗，我必須先寫一篇文章，我便選擇寫下〈慈悲生理學〉（The Biology of Compassion）。我把我們這一路一直在探索的事情都寫進文章裡去：我們怎樣把心放大，超出大腦的活動以外，主觀經驗怎麼從我們的神經放電產生出來但又不等於神經活動，人的心怎麼會有自動組織這樣的迸現作用，這作用怎麼又是既屬涉身又屬於關係。整合要是健康的基礎，那麼，具有涉身來源、關係因子的心朝整合推進同時，也就是在為我們營造安適感。慈悲和善良則是整合的基本體現。

我帶著妻子、兩個孩子抵達羅馬，由教廷人員護送到梵諦岡落腳，開始為期九天的晉見之旅。我們每人都收到一份「後台通行

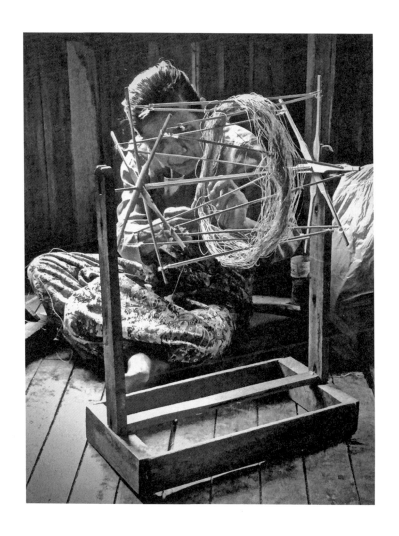

證」，讓我們在梵諦岡綜橫交錯的後巷長廊盡情摸索，沉浸到天主教信仰中心的富麗建築和堂皇裝飾裡去。

我家裡是沒有正式宗教信仰的，但在童年、青少年時期，我和家人算是反戰的「普救一神會」和「公誼會」[1]的教友。而我們

---

[1]　**普救一神會**（Unitarianism）席格這裡指的不是基督教的「一神論」（unitarianism），而是西方

家和越戰期間加入這類團體的許多人一樣，家族的歷史源頭直指猶太人。各位大概都知道猶太人在古代是居無定所的遊牧民族，因為兩大特色而和當時定居城市的民族涇渭分明。一是猶太人把時間看作是一條線，而不是無始無終、永不改變的圓。另一是猶太人講的故事都力求符合事實，好的有，壞的也有，不像城市文化的敘事會作美化。這一支遊牧民族便因為這兩大因素，而看出他們有能力為自己或是他人扭轉生命的方向。他們從「身為選民」（being the chosen people）萌生出信念，認為唯一的真神選中他們為他人的苦難療傷止痛（Cahill，1998；Johnson，1987）。

　　基督信仰的歷史起自現在叫作以色列的地方。古時有出身拿撒勒（Nazareth）的猶太人來到耶路撒冷（Jerusalem），向民眾傳播改編版的猶太道德觀，但不幸被羅馬人逮捕，依當時的慣例交付審判，最後判處釘上十字架的極刑。之後近三百年時間，追隨耶穌教誨的人，包括使徒保羅，都將基督的教誨看作是迥異於猶太教的義理，而不是猶太教的變體，門徒、信眾依猶太敘事，奉基督為救世主彌賽亞（messiah），是唯一真神上帝之子兼信使。有不少人還相信處死基督是猶太人的主意而不是羅馬人。

　　一小撮猶太人於西元七十年前後爆發叛變，反抗羅馬人，導致耶路撒冷的猶太聖殿被毀，猶太人被逐出那地區。那一支愛講故事的古老遊牧民眾就此見逐，開始了史稱「大離散」（The Diaspora）的遷徙流離。肆後兩千年，遷徙流離已經烙在猶太人的

宗教改革時代崛起的兩支教派，反對三位一體（Trinity）的「一神論」（unitarianism）加上主張凡人皆可以得救的「普救派」（Universalism），二者合流在一九六一年於美國正式成立普救一神會（Unitarian Universalism），簡稱UU，於香港的正式名稱叫作「尋道會」。普救一神會不講教義，只追求靈性成長，成員當中無神論、有神論、不可知論兼容並蓄，基督徒與佛教徒平起平坐。

公誼會（Quakers）：也作「貴格會」、「教友派」（Religious Society of Friends），十七世紀始創於英格蘭的新教教派，反對一切暴力、戰爭，力求人人確實平等。

Photo by Madeleine Siegel

自我當中，也融入這一支文化群體敘事的主題。不過，我帶著家
人在梵諦岡四下探勝的時候，卻納悶「文化群體中的一份子」到底
是什麼意思？我們真正歸屬的群體難道不應該是由我們叫作人類的
一個個生命全體所組成的嗎？為什麼又要限定在人類當中再分門別
類？我們歸屬的群體難道不能囊括一切我們叫作「生物」的嗎？群
體一員的資格又是要怎麼限定呢？

　　我們是什麼人？為什麼我們會覺得自己有個人或是文化群屬的

自我？身在梵諦岡，我對自己的歷史起源，對一位位樞機、主教，對教宗本人，何以各有背景卻殊途同歸，獻身天主教信仰，一概納悶不解。

我內心只覺得自己最重要的身分便是「人」，是人類大家庭的一份子。往外推的話，我就覺得自己也是我們這星球所有生物的一份子。假如我再讓自己的心放得更大，我便像是地球上面萬事萬物的輸送體；沒錯，我是生物，但我也是周遭物質世界整體中的一份子。

假如我把感覺縮小一點，那從我心裡浮現的便是：我同時歸屬好幾支群體，有的群體說不定還不知道我是他們的一員。我歸屬的這些群體，有的時候是有角色要扮演的，像是家長，說得更明確一點，父親。我是我兩個孩子的父親，我在羅馬的大街小巷四處漫遊的時候，兩個孩子就牽著我的手。而我也是全天下的父親這一群體中的一員，在街頭看到別的父親都有惺惺相惜的同類聯繫感。我還是某一國家的公民，其他所謂的公民也一樣，而這國家在我目前的這輩子叫作「美利堅合眾國」。

基因、文化各不同，但都是地球的一份子

可是不過沒多久前，大概就是兩世代吧，我的祖先卻是身在歐洲。我聽說大離散逼得他們二千年不斷遷徙流離，即使找了地方落地生根，認定某處是家，也不時會再被驅逐出去。我祖母跟我說過她在猶太村（shtetl）長大的過程。猶太村就是東歐專門限定猶太人居住的小村。我祖母住的猶太村在烏克蘭，我祖父母輩、曾祖父母輩的其他親人則是住在利陶宛和俄羅斯的猶太村。我從沒見過他們，但是透過家人跟我說的故事，透過千百年東奔西跑的倉皇歲月塑造出來的基因，還有調節這些基因的表觀遺傳控制（epigenetic

心腦奇航：從神經科學出發，通往身心整合之旅

control），都傳到了我身上，我在心裡像是認識他們。

表觀遺傳學（Epigenetics）指的是位於基因頂端的非 DNA 分子具有調節的作用，會調節基因的表現。基因啟動之後，會促使這些非 DNA 分子分泌蛋白質去決定細胞的功能和結構。在大腦這邊，我們現在知道經驗也會決定表觀遺傳控制，大腦的活動和結構便由這些變化去作修正，以適應先前的經驗。

目前經研究發現有的時候經驗出現的時機要是正好，這些變化其實是可以經由卵子和精子而遺傳到下一代去的（Yehuda et al.，2014；Youngson & Whitelaw，2012；Meaney，2010）。例如女性還在母親子宮內時，母親要是遇上了什麼生活壓力，像是饑荒，母親會因為長期進食不足而出現表觀基因變化，再透過子宮之內尚未出生的女兒正在成熟的卵子將這樣的基因遺傳下去，這樣的適應就會導致後代的身體進行食物代謝的時候，還是停留在進食不足的條件當中。即使進食充分，後代的身體還是會保留卡路里作為儲備，以致後代會比其他孩子更容易出現肥胖、糖尿病的問題。

在我祖母這邊，她的情況可能就是她的生身父親在一次「血洗猶太人」（pogrom）時遇害──pogrom 是俄語，特指俄羅斯軍隊出動哥薩克人（Cossacks）到猶太村屠殺猶太人──那時她還在我曾祖母的肚子裡，我曾祖母遇上的慘劇說不定對我祖母就有影響──她還在母親的子宮當中，體內的卵巢正在發育──而將我曾祖母遇上危險的適應遺傳到我父親身上，再由我父親遺傳到我身上。這樣的適應可能包括有利的神經運作，讓我們的後代對危險的警覺性比一般人高而容易存活下去，也就是史蒂芬‧波格士說的「神經知覺」[2]（Porges，2011）──掃視起環境更加警醒，反應更

2　**史蒂芬‧波格士**（Stephen Porges；1945-）：美國精神病學家，提出「多重迷走神經理論」（polyvagal theory），主張副交感神經有兩套，身心受創可能導致交感神經與其中一套副交感

加敏捷，還擊更加強勁。

　　所以，會影響我們的不僅限於自身的經驗，也不僅限於聽來的敘事而已。我們的身體也會決定我們是怎樣的人。我們的心，可是涉身的。這表示演化經由天擇而形成的基因，以及由直系祖先的經驗遺傳來的表觀遺傳因素，都對我們的身體構造有所影響，進而又再塑造大腦的功能和結構。

　　依照一般人的想法，發覺有危險而要求生，自然是以逃之夭夭為上策。像我當年不願信任醫學院的社會化過程，大概就是落在這樣的感覺裡吧。而我的直系祖先，也就是我的祖母，出現了表觀遺傳改變，也可能把不信任、把小心謹慎、一直要在無妨或者是看似無害的表相之下找出更深事實等等適應狀況又再推得更強了。不要輕信周遭的世界，才比較容易保住小命。

　　這時我就看得出來祖先的淵源就嵌在我的表觀遺傳和基因遺傳的結構裡面，結合起我個人的經驗，像是墨西哥墜馬後搞不清楚自己是誰，求學時期鑽研潛伏在生命下的生物機制，這些，對於我在羅馬期間萌生的自我感覺應該都有作用。我覺得自己和世間所有生物都有親緣，和全人類大家庭都有聯繫，但也覺得我們的世界不知有什麼卻是飄移不定的——我們為人我劃分的界線，為心理、文化、信仰體系劃分的界線，說不定符合事實，但也是淺薄的區別。整合既然是在「群體自我」的實存當中既作分化又以慈悲營造連接，那麼由整合就應該能夠闡明分化固然不錯，連接卻是必要。我從小不信天主教，但我是「人」。我隸屬「一神派」所以有不同的文化背景，我有猶太血統所以有不同的祖先背景，但說來說去，我

神經同時過度興奮，身心無法恢復平衡，而出現「自律神經失調」。
　　神經知覺（neuroception）：波格士自創的名詞，指哺乳動物於進行社交行為的時候，大腦會不停掃描環境，搜尋安全或是危險的跡象，作為調整生理機能的依據。

們每一個人都是從非洲來的——請參見約翰‧瑞德一九九九年為這重大發現而寫的精采作品[3]。不論我們是不是還留在那一座大陸，或是祖先廁身學者所說的那幾百人而一起在十萬年前穿越沙漠外移到歐洲，在非洲之外的世界定居下來，我們都是從同一源頭來的。我們每一個人都是生物；我們都是人。而生而為人的關鍵，便在於我們都有的心。

坐在梵諦岡作這樣一番思索，大有助於我出席「世界主教代表會議」（Synod of Bishops）作公開演講。會議地點是五百年歷史的老建築內，梵諦岡大型會議的舉辦處所。世界各地的樞機、主教、神父匯聚一堂。我頭一次演講需要動用現場口譯，而且同步，我根本還不必停下來等翻譯。只是我要是說了什麼好笑的，由聽眾回應的時間，倒還是透露出各個譯者的速度不太一致，所以，一波波步調不一的笑聲從歐洲、亞洲、非洲等地的宗教領袖口中傳來。

我還能說什麼呢？除了向他們報告人際神經生物學還有我們一起在這裡探討過的一切，我還有機會和他們直接討論「代育」[4]的相關研究——人類這物種已經演化到不止一人可以照顧幼小。而將照顧子女的責任分由多人承擔，大概便是我們合作天性的由來（Hrdy；2009）。這也表示扶養子女的責任應該擴大到母親的肩

3　**約翰‧瑞德**（John Reader；1937- ）：英國著名攝影師，作家，四十年寫作、攝影生涯大多耗費在非洲，總計十六本著作涵蓋非洲人文、歷史、地質、考古、自然生態的大敘事。席格文中指是他最暢銷的名著：《非洲大陸傳記》（*Africa: A Biography of a Continent*），初版於一九九九年。

4　**代育**（alloparenting）：意思就是「代理養育」，後代的養育責任除了父母也有他人共同承擔，而且未必是限於親族。這一個詞雖然很晚才出現在人類學家、動物學家筆下（一九七〇年代），但描述的卻是十分古老的現象。美國著名的人類學家、靈長動物專家莎拉‧赫迪（Sarah Hrdy；1946- ）於其著作《母親與他人》（*Mothers and Others*；2009）探討具有智人特徵的人猿，要不是因為有「代育」這樣的「合作養育」（cooperative breeding）習俗，恐怕無法存活至今。至於人類，赫迪也以最接近遠古人類社會的採集文化（foraging culture）作為例證，指出採集文化社會的孩子從來就不由一個人在照顧，而是集中起來由眾多親族或是部族成員集體照顧，而且孩子成長時期代育的長輩愈多，不僅存活率大，成長的發展也比較好。

頭之外，而由父親以及他人一起分擔。我們在會中也討論到科學和靈性的關聯。教宗似乎對這課題很感興趣，他那時才剛為伽利略 [5] 平反。伽利略生前因為主張地球不是宇宙的中心而被天主教會定罪。教宗若望保祿為人開明，教人傾倒，當時他因帕金森氏症（Parkinson's disease）惡化而必須服藥，但是看起來是真心有意要跨越科學、靈性兩方的鴻溝，搭建起橋樑。所以，宗教及其傳統和實證科學真的找得到共通的立足點嗎？靈性和科學是不是找得到連接呢？

那一次梵諦岡之行，我滿腦子便都是這些問題，而且盤桓到現在都還未消去。我記得那時和家人在羅馬四處漫步的時候，站在梵諦岡前有一刻忽然震撼心頭。我們才參觀過古老的「羅馬萬神殿」（Pantheon），這是世上罕見的宗教建築奇觀，有宏偉的圓頂、寬廣的大廳以及諸多羅馬神像。我們也看過了古老的猶太會堂，會堂一樣隔河遙望梵諦岡。由於我們家有「一神派」的背景，而一神派接納世上每一宗教信仰，主張大家應該去看每一傳統的優點，所以，在這一次遊歷之前，我的孩子已經參觀過伊斯蘭清真寺和浸信會的禮拜堂了。我們在家裡還常常全家一起到鎮上的印度教文化中心去玩，在他們寧靜的院落散步。該中心有一座印度教神廟，裡面供奉了些許甘地（Mahatma Gandhi；1869-1948）的骨灰。

整合：為自己的生命找意義

我一手牽著十歲的兒子，一手牽著五歲的女兒，慢慢走在聖

5　**伽利略**（Galileo Galilel；1564-1642）：伽利略因支持地球繞太陽旋轉的「日心說」，於一六三三年被羅馬天主教會的宗教法庭裁判為異端，伽利略被迫否定日心說。迄至一九九二年羅馬教廷才由教宗若望保祿二世（John Paul II；1920-2005）正式宣布三百多年前的宗教法庭裁決有誤，伽利略無罪。

伯多祿廣場（Saint Peter's Square），四周有不少鴿子在冷風疾走的十二月天覓食。兒子抬眼看我，要我說一下為什麼有那麼多的事情、有那麼多的信仰都相互牴觸矛盾。他想知道為什麼有那麼多人一口氣信那麼多的神，蓋起一座萬神殿，信自己信的；而猶太人又有他們自己的教義，信他們自己信的；基督徒一樣蓋起這麼壯麗的地方，梵諦岡，信他們信的。我兒子接著再問，這麼多，不可能每一樣都是真的，所以，為什麼他們會認定自己說的事就是正確的呢？到底怎樣才是對的？我女兒在一旁專心聽哥哥提問，再和哥哥一起看著我，等我回答。

我這輩子絕對不會忘了那一刻。我頓了頓，一時不知怎樣回答較好。我從小到大從父母那裡學的都是要相信人性，要捍衛人人都有各自尋找真理的權利。後來又有人際神經生物學的整合觀點作為助力，所以，我們的文化、宗教信仰、種族身分是有分化，然而尊重差異，心懷慈悲去促進連接，自然也是天經地義的事。這樣就會有整合的世界，洋溢慈悲的世界，供人人歸屬，不僅不論差異依然茁壯成長，也還因為差異而茁壯成長。整合可以想作是善良和慈悲的源頭。這樣就會有整合的世界，繁茂的世界，以善良和慈悲為安適徵象的世界。這是當時我想作的回答。

我們那時正穿過聖伯多祿廣場，我聽了又再頓住，望向梵諦岡宏偉教堂頂上矗立的一座座使徒雕像，看著我們前一天爬過的層層階梯，心想再過一天，再過一禮拜，再過一個月、一年、十年，我們會在哪裡呢？這時我想到該怎麼回答了。

我說，人類因演化而擁有大腦，人的大腦可以畫出我們叫作時間的圖來，可以去想像未來會怎樣，也可以回想過去。我說，這樣一來，我們的生命就會出現重大的變化。這時候我們了解生命不會永遠持續下去，我們每一個人都會死去。我們既然是社會動物，就

會彼此分享故事，而從分享的故事去理解世界。要是生命終有結束的一天，那我們是要怎樣去理解生命的意義呢？我說，世上的這麼些宗教信仰，都是在找方法去為這樣的問題找答案。我們為什麼會來到人世？我們的生命有什麼意義？我們活在人世的理由是什麼？人死之後會怎樣？

　　我講這些話時，我的兒子、女兒看著我沒吭聲，等我們再啟步走過廣場，三人一直一言未發。廣場的鴿群在我們走過時展翅飛起，身邊的人群悠閒漫步，幾位使徒的大理石雕像低頭俯瞰世人。

　　我記得約一年後，我那時才十一歲的兒子又找我接著這問題再問，「爹地」，他說，「假如人都會死，我們也知道自己一定會死，那我們幹嘛還要做事？我們活著留在這裡是為了什麼？」我看著兒子，看著他還沒進入青春期的臉龐，無邪但是擔憂。我該怎麼回答呢？我跟他說，找到他生命的意義，是他在自己的追尋旅途當中一定會出現的一刻。假如他要我跟他說我的生命意義是什麼，我可以說，我也很樂意對他說。但是找到他自己的生命意義，找到他為什麼在這人世的理由，是他自己要走的發現之旅。

　　我兒子看著我，像是懂了，頓了頓，又再問，「喔，爹，假如我們都會死，我們也都知道自己有一天一定會死，那我還要做家庭作業嗎？」

　　那十年的第一階段一天天推展，對於我們為什麼有一顆心的這問題，我不僅在家裡和家人談，也拿去和科學界、和臨床醫學的朋友、同事討論。之後，我的第一本學術著作出版頗受好評，接著我又出版了我寫的第一本談教養的書。到了這階段，我對自己動輒起疑的性子——老是覺得這些想法、這樣的作法總有些什麼一定是真的、甚至有用，也開始漸漸自在起來。

　　我們那一帶有幾位臨床醫師也來找我幫他們組織讀書會，協

助他們將人際神經生物學的理念應用在精神治療。沒多久，這樣的讀書會從一組增加到七組，我原先便已在將這些理念應用於精神治療，時間也有十年，此時我從孤身上陣變成教導其他專業人士去為他們自己、也帶他們的案主、病人去了解自己的心，去營造整合。

這些讀書會有些成員是新進的年輕心理治療師，才剛踏進心理衛生的領域未久。不過，大多數倒是經驗老到的專業人士，年紀往往還比我大，經驗比我要多出好幾十年。我想不透他們怎麼會對這感興趣。幾個月過去，幾年過去，加入的心理治療師愈來愈多，我開始收到他們反應的意見，表示運用整合架構作為健康的核心基礎，扭轉了他們的工作。許多心理治療師告訴我他們治療的病人改以整合作為目標之後，都有所改變，而將自己的安適推上新的高度。

在這期間，我受邀出遠門到洛杉磯以外的地方去講學的機會愈來愈多。我遠行到外地講學的時間排得愈來愈滿，連帶也在美國境內的其他州、甚至別的大陸，認識許多心理衛生領域的專業人士。而不論我到了哪裡，亞洲、澳洲也好，非洲、歐洲也好，我印象最深的都是我們一開始就談過的事：沒幾位相關的專業人士或是科學家當年就學時從老師那裡學到過有關心的定義。

那一段時期我心裡滿是疑惑。這些想法正確嗎？我們真的找得到關於心的定義嗎？至少當作討論的起點，可以嗎？以整合作為健康基礎的看法，在我治療的病人之外還會有助益嗎？不論是地區、國內、還是國際，參加研討會的人士經由網路還是當面傳達給我的意見回饋都十分清楚——這樣的作法不僅有理，在實際應用的時候還有助於減輕病人痛苦，推動病人朝更安適、更有意義的生活前進。

不論是創傷後壓力症候群這類起自經驗的精神失調，還是躁鬱

或思覺失調這類無關經驗的精神失調，其大腦內的基本機制看起來都差不多：整合受損。

不輕易將每個獨特的人分類

就評估而言，這裡的重點就不是要把病人分門別類塞進《精神疾病診斷與統計手冊》條列的型態裡去，導致我們對病人到底是怎樣的人、進而對病人可以成為怎樣的人，橫加限制，而沒辦法看清楚病人生活中的混亂和僵化，其實是起自整合受損。「靈適聚活定」——靈活、有適應力、有凝聚力、有活力、穩定——的流動，洋溢和諧的時刻，便是整合的時刻。

這方面的首要課題便是不要動輒將某一狀況劃歸為病態或硬是要分門別類。假如在這星球有七十億人口，那就有七十億種人。不止，我們每一個人不論文化還是歷史，都是「人」。身為人類，我們的心是從自身之內、之間的能量訊息流動迸現出來的。評估要做的便是要弄清楚病人的流動是整合受損以致混亂或是僵化，還是整合良好而顯得和諧，這樣才能摒除成見以開放的態度去勾畫一個人的人生到底是什麼狀況。

在我以這樣的作法進行心理治療幾個月、幾年之後再累積到幾十年，一路下來對於前文討論過的整合九大範疇看得愈來愈清楚。許多專業人士要求我定期開辦工作坊，想要針對我提出來的「心見」，多學一些。授課時，我動輒起疑的心，卻常常要我當下叫停。我心裡的批評家老是在說和我和病人建立聯繫、密切合作，是一回事，開班授課又是另一回事。我治療的病人絕大多數有所好轉便是充分的支持證據了，我只需要繼續私下以整合為基礎去協助病人即可，「自己知道」可能才是上策——這麼多年來我不一直是這樣子麼。

開工作坊授課，我要面對的專業人士就多出來很多；心理治療的手法形形色色，很多人在這領域浸淫久矣，經驗還比我多，年紀也比我大。這時候我反而要教他們整合的觀念，教他們心是全然涉身、嵌合在關係裡的自動組織作用，教他們運用注意力去培養整合，不僅有助於當下的健康功能，長期下來說不定還可以改變大腦的結構。

我很緊張。他們拿這作法去治療的病人會有用嗎？我覺得我能做的頂多就是把理念和臨床的策略講清楚罷了。在新千禧年即將來臨的前夕，第一批意見回饋開始出現，我好驚訝，竟然有效。我教過的學生、學生治療的案主、病人，有許多人的狀況都有長足的進步，這是改用新作法之前料想不到的。

以心見進行心理治療，基礎在於我們每一個人都有趨向整合、朝最佳自動組織推進的自然驅力。可是，有的時候會有「東西」擋路。有些人冒出來干擾安適的那些「東西」，源於人生早期因照顧者而帶來的惡劣經驗。有些人則是因為隨機的事件、基因、表觀遺傳因子或者是接觸到有毒化學物質、感染等等，而在生命早年或是青春期的可塑階段，神經系統的整合作用蒙受不良的影響。

不論成因為何，針對整合受損而產生的僵化或是混亂作治療介入，還是需要運用人際關係的力量去激發大腦重組，邁向整合。

這些教學經驗對我都是莫大的激勵，教我終於可以開始慢慢卸下心頭的疑慮。我針對整合的九大範疇寫下許多個案史，點出臨床評估、治療計劃、治療實施、結果評量應該怎樣進行。《第七感：自我蛻變的新科學》（*Mindsight: The New Science of Personal Transformation*）這一本書的寫作、出版經驗，至今想起來依然覺得驚奇。連單憑讀（或聽）這本書來自學的人，好像也能將這樣的理念吸收進去，而從混亂、僵化的牢籠走出來，循整合的途徑將生活

帶到生機蓬勃的新境界。

7-2　整合就是「人生的目的」？

問起我們來到人世、人生的目的又是什麼，我知道，問這樣的問題算是膽大包天。我的心也督促我這一次探索心「何能」、「何時」、「何在」的旅程，可要懂得適可而止——「何以」這部分就跳過去不管了吧！可是，我們一起上路都走到這地步了，要是還是保持初心，只重提問，但不堅持絕對的立場或標準的答案，那麼再往下去討論心「何以」的問題，不僅無妨，說不定還很重要。現代人的生活有太多紛擾和困惑，頻遭數位時代的資訊狂潮炸得不知何去何從。（所以我的心悄悄說道，網際網路〔Internet〕應該改名叫作「網際忘路」〔infi-NET〕，因為網際網路沒有走到終點的一天，從來就看不出來有完結的一天。）能量和訊息的狂潮沒完沒了，雖然將心連接並束縛在某幾類生存狀態裡面，卻也同時在分散和隔開彼此的心。總覺得不夠多，總覺得慢了點，這樣的現代生活壓在我們身上，教人不勝負荷，問一句「人生在世所為何來」也好像多此一舉。不就是來消耗、來共享的嘛！「分享故我在」（We share therefore we exist）已經成了慣性思考、慣性行為，這是數位文化的人工製品塑造出來的。儘管如此，因為探討人心「何以」而帶出人生目的的重大課題，在當今繁雜紛擾教人不知所措的年代，說不定正合時宜。

歷經多年不斷的鑽研、探討、授課、實踐、生活、思索，依我觀察到的種種型態來歸納，可以直指下述說法：心的「何以」，可能便是在整合。

我們一路討論，指出「心」不止於大腦活動而且全然涉身，就

　　　心腦奇航：從神經科學出發，通往身心整合之旅

Photo by Madeleine Siegel

已經一腳跨進了由心所牽引出來的廣闊世界。只要不把主觀現實和
生理劃上等號,連頭部之內的神經放電也不能劃上等號,便能了解
心理生命不等於包裹在頭顱裡的活動。我們的探索旅程走到這裡,
已經能夠領會心理運作應該不僅僅是主觀經驗,不僅僅是覺察得到
我們生存生命的意識而已。至少我們已經看出能量訊息流動在覺察
當中是有感覺得到的質感的,我們用「質數」來形容,因為這是不
能化約成別的像是神經活動或是其他類型的能量流動。主觀經驗可
能就是從這樣的流動當中迸現出來,但是這流動的屬性不等於是這
流動。而能量訊息流動有的時候還會落在覺察之外,說不定還以覺
察不到的時候居多。心理生命連同其間的思緒和感覺,可能要靠能
量流動才會存在,但不一定覺察得到。

再到我們跨出下一步,提議心說不定不止於身體之內的能量訊
息流動,不單是像我們的心界一樣是涉身的,我們就再將人的心推
展到人、我之間的關係,推展到我們和自身之外的世間萬物的相互
關聯了。討論到這裡,就看得出來我們應該還有同樣重要的心場,

而將內在的身體經驗連接到人際經驗的公約數便是能量訊息流動。這是我們的心界和心場共有的。等再談到能量訊息流動是超出頭顱、體表之外的大系統中的基本組成，我們就得出了心具有涉身來源、關係因子這樣的觀念。而把開放的、會混亂、非線性這三項性質又再納入這樣的心理系統當中。

　　這一複雜系統也是動態系統，會迸現出來多種作用，其中之一便是我們說的生存生命的主觀現實。到了下一章我們便會討論，這樣也可能表示：產生主觀經驗的意識說不定便是從我們複雜的諸般心理系統當中迸現出來的。另一大概相關的迸現作用，我們先前已經提過，便是自動組織。我們談過迸現的自動組織作用源出自能量訊息流動，還會反過頭去調節能量訊息流動。這便是自動組織作用的遞迴性質：從源頭不斷迸現但也不斷反過頭去調節源頭。這叫作「遞迴式回饋」（recursive feedback），也就是因為這樣，我們才會說「心自有其心思。」

　　我們也討論過，自動組織作用自然而然就會推動系統去將複雜

放大到最極致，而不必借助程式或是設計師之力。複雜一詞常被人往壞處去想，尤其是我們這世界夾纏不清的狀況愈來愈嚴重，世人往往只求簡單就好。但我們也談過了放大複雜度的自然驅力，其實一點也不複雜，遠非夾纏不清，因為這裡說的複雜是由系統內的組成進行分化再作連接而形成的。而放大複雜度會有什麼結果呢？和諧。像合唱團劃分聲部但依和聲音程再混合起來，自動組織作用就會帶出深沉又強烈的活力。這便是自動組織作用自然而然在朝和諧推進。

　　具有自動組織作用的系統將系統內部分化的組成連接起來——也就是進行整合的時候，便有「靈適聚活定」的性質。而由凝聚力展現的韌性又是怎樣的情況呢？就是整合式流動會展現的「聯開和現容入知慈理」。

我們涉身的、存在於關係之中的生命，也就是從我們之內、之間流動的能量和訊息迸現出來的自動組織會以其固有的驅力朝整合推進，這樣的心理整合說不就代表心「**何以**」的這一面。不論是在內在個人的心理生命，也就是心界，還是在聯繫人我的心場，整合都很可能是人生在世主要的「目的」之一。

智慧藏在前額皮質的九個功能裡

我曾對不少團體談過整合的種種，多年下來有一件事出乎意料一再出現。我常提一件臨床的個案（後來寫進《第七感》的第一章），從該個案可知人腦頂部的中線區域，也就是前額葉皮質區，會出現九種功能。有：(一)身體調節（在身體機能的煞車和油門之間作平衡）；(二)協調自我和他人之間的溝通達到同頻（集中注意力在內在的心理生命）；(三)情緒平衡（有豐富的內在感覺）；(四)反應靈活（反應之前能夠略停一下）；(五)平息恐懼（安撫恐懼的反應）；(六)有洞察力（從了解自己而聯繫起過去、現在和未來）；(七)同理心（以自己的內在心理生命去對應他人）；(八)有道德（思考以及行為都能顧及小我所在的大我，考慮的範圍擴大到一己之外）；(九)直覺（覺察得到身體輸入的智慧）。

我在世界各地演講的時候，也常有人對我說起上述九項功能。例如我有一次到阿拉斯加對一群北方群島擔任家庭輔導的社工講課，有一位因紐特（Inuit）族的長老來找我說，「您知不知道那幾條是在說什麼？就是關於整合的那幾條？」我說知道，那是前額葉皮質將皮質、邊緣系統、腦幹（brainstem）、身體和社會能量訊息流動錯綜連接形成凝聚一體的功能。「對，您說過了，我知道，」她再說，「可是那幾條也是我們族人口傳五千多年的教誨，教我們要懷抱智慧和善良去度過人生。」我一時啞口無言，靜靜看著她好

一陣子。等我想要好好感謝她，才講幾個字我就知道用言語無法傳達於萬一，眼神深深交會，沉默良久，才是比較好的表達方式。

　　後來，我又一次次從古老民族那裡聽到類似的傳統智慧，例如美國西北部的拉科塔（Lakota）族，南太平洋的波里尼西亞（Polynesia）文化，還有佛教、基督教、印度教、伊斯蘭、猶太教等等。

所以，這是怎麼回事呢？

我回想起兒子當年問我世上怎麼會有那麼多不同的信仰系統同時並存。會不會是因為這種種信仰系統都有阿拉斯加北部群島因紐特族領袖說的那一句話？整合難道不僅是健康的基礎，同時也是我們這世界的傳統智慧？

要是這樣的話，整合會不會是連接科學和靈性的有用橋樑，供我們在不同的追求之間挖掘對話、加強合作？以整合為基礎，也有助於我們整合共通的人性——既擁護差異又培養慈悲的連接。我深切感激有幸走這一趟探索的旅程，也不會停下不問心「何以」的問題，不會不問世人如何朝更加整合的世界邁進。

7-3　省察提要：目的和意義

我們這一趟旅程已經走了很長一段路，各位可曾想過單單是問幾則大問不僅有趣，還帶我們四下發揮跑了好大一圈，竟然連宗教好像也和科學研究拉得起關聯？

我繼續拿人際神經生物學的貫通觀念應用在臨床治療，就發覺這樣的觀念對於治療的影響，不僅在減輕混亂和僵化的痛苦，也可以推動病人朝新的自我感覺邁進。我們先前提過吐納貫串整合的每一範疇——這樣的整合我原先叫作「氣場整合」，後來改叫作「自我整合」（identity integration）——這情況似乎只會在大家從別的範疇，從意識和垂直整合的範疇，朝人際和時間整合的範疇推進的時候才會出現。這感覺就像生命這樣的複雜系統本來就有推力，要是在治療時放對了重點，就可以釋放出來。所以，這作法就是在把妨礙的「東西」排除出去——重點不在我們去做什麼，而在釋放什麼出來——這樣，我們先天就朝整合推進的驅力，也就是心的目

的，就可以從禁錮的牢籠當中釋放出來。

釋放天性中的整合驅力

　　而這樣的牢籠有一具好像就是我們的自我。個人自我的第一層是屬於自身的。之後，我們和家人、依附對象、他人都是有關係的，這些人便形成組織緊密的單元。有的時候這種擴大版的個人自我會再放大，而將我們隸屬的社群、鄰里、宗教團體的成員都涵蓋進來。猶太人有一則流傳久遠的笑話，說有一人流落荒島二十年，最後終於被人找到，他問來救他的人要不要看看他在島上蓋的建築物。他帶他們去看他在小山谷蓋的樸素房子、圖書館，小山頂上的神廟，附近丘陵山坡上的運動場地，海邊附近又再有一棟神廟。來救他的人問他為什麼要蓋兩棟神廟，島上只有他一個人啊。那人回答道：「我**絕對不會**加入那邊的神廟！」「內團體／外團體」[6]的區別是深植在我們基因內的──深植在別的穴居人恐怕會傷害我們的「古代」。住在甲洞穴的人都是好人，在乙洞穴的就是卑鄙的大壞蛋。我們需要歸屬於某一群人才覺得安全，才知道誰可以信任、誰又該提防，以求生存下去。

　　我們另可能歸屬於族裔關係、宗教信仰、文化習俗等等涵蓋得更大的團體。沒錯，遇到我們覺得「跟我們一樣」的人，我們是會有「故知」的感覺，可是我忍不住要想，這種「跟我們一樣」的界線是在什麼時候劃出來的？人類一個個不全都真的很像嗎？

　　隨演化而出現「內團體」、「外團體」的區別，既然有利於

6　**內團體／外團體**（In-group / out-group）：用於社會學、社會心理學的新名詞，「內團體」就是小圈子，「外團體」就是小圈子之外的團體。首見於安德烈亞斯・奧森（Andreas Olsson）、傑佛瑞・艾伯（Jeffrey.P. Ebert）、馬扎林・班納吉（Mahzarin .R. Banaji）、伊麗莎白・費爾普斯（Elizabeth .A Phelps）四位學者聯名於二〇〇五年發表的論文，〈社交團體對於習得型恐懼持續不去扮演怎樣的角色〉（The role of social groups in the persistence of learned fear）。

生存，自然也教我們覺得有團體可以歸屬是很重要的事，就算未必等於生死交關的大事。可是，我們大腦當中會塑造我們涉身心智的這種類聚作用，最後會把我們帶到哪裡去呢？先前在談梵諦岡演講的時候討論過，我們不全都是人類大家庭的一份子嗎？把人劃分成這一類、那一類的，對於我們這時候的安適到底有什麼用呢？不止這樣，我們一個個不也是生物界的一份子，甚至是地球這生態系的一份子嗎？我們要是把自己從這樣子分化又連接的整體當中抽離出來，我們還剩下什麼呢？

在當今事事講究全球的時代，要是再限定我們的自我界線，似乎是在抵銷整合的重要，尤其是整合出廣大、包容的自我這方面。只不過在面對威脅的時候，是要怎樣呼籲生命的整合需要再擴大一些呢？這答案有一部分說不定就在於：我們的在關係上心理運作並不是由先天的命運在限定的，也不是注定要綁在大腦因演化而為生命創造出來的事情上面。換句話說，心是可以超脫大腦天生的傾向，也就是基因和表觀遺傳為我們帶來的習性要是有礙整合，一樣是我們可以超越，而邁向更有助益、更健康的整合，立足於這世界。

而我們也有一種為人處世之道可以用來釋放這樣的驅力。這就是要能感受到混亂和僵化，注意混亂和僵化大概是從哪一範疇出現，再針對該範疇特別去加強分化、促進連接。雖然還是可能會有神經傾向或是社會壓力在抑制分化、阻斷連接，把我們從整合的和諧拉出來而推向混亂和僵化，但我們還是可以停一下腳步，安住在當下，安住於覺察，刻意去闖出新的途徑通往整合。在我本人，不論當年還是現在，安住當下是整合得以迸現的門戶，也就是人生在世的目的，內嵌在時時刻刻生存的意義。

放在日常生活當中，這說的就是在感覺情況不對的時候，不會

憑一股衝動去作反應，也就是不會任由基因塑造、文化強化的神經反射去驅動自動駕駛功能牽著我們鼻子走，而會用我們的意識心理去凌駕這些，製造出抉擇好好挑選。這些通往整合的途徑往往很像下述這一句話，這句話一般誤掛在逃過納粹大屠殺的精神科醫師維克多‧法蘭可[7] 名下：「在刺激和反應之間，有一塊空白。在那空白，便有我們選擇如何回應的力量。而我們的成長和幸福，就蘊含在我們如何回應當中。」我最近才和法蘭可醫師的外孫亞歷克斯‧維斯里[8] 聊過，他澄清說他外祖父沒講過這一句話。史蒂芬‧柯維[9] 也透露這樣一句話雖然出現在他早年的一本著作而流行起來，但其實是他早先從一本書裡讀來的，並不真的是法蘭可醫生說的，至於是哪一本書，柯維未作說明；而柯維引述這一句話的用意，單純是想反映法蘭可尋求意義和自由所走的方向（Pattakos；2010）。不管這一句話是誰寫出來的，都為我們點明：我們可以經由有意識的省察而跳出自動反應之外，另外選擇不同的道路。若要追尋人生的意義，可能就有必要讓自己的安住在當下，暫停反應，留出一塊空白，以便心裡自然朝整合前進的推力可以出現。這也就是我們先前討論過的：任由意義和目的自行推展而不必故意去製造。

7　維克多‧法蘭可（Viktor Frankl；1905-1997）：奧地利精神病學家、神經科學家，第二次世界大戰期間因為猶太人身分與妻子、母親、弟弟都被送進奧許維茲（Auschwitz）集中營，戰後只有他過熬過屠殺浩劫，也就此開始自療、治療的追尋，創立「意義療法」（logotherapy），和佛洛伊德（Sigmund Freud；1856-1939）精神分析的第一學派、阿德勒（Alfred Adler；1870-1937）個體心理學的第二學派鼎足而三，是謂「第三維也納學派」。畢生代表作的書名從一九四六年的《一個心理學家經歷了集中營》到一九五九年的《從死亡集中營邁向存在主義》到最後的《意義的追尋》（中譯本：《活出意義來》），可見他追尋的路徑。

8　亞歷克斯‧維斯里（Alex Vesely；1974-）：奧地利導演，二○一○年以外公維克多‧法蘭可為主題攝製成紀錄片〈維克多和我〉（Viktor & I）。

9　史蒂芬‧柯維（Stephen Covey；1932-2012）：美國管理學暢銷作家，名作有：《與成功有約》（The Seven Habits of Highly Effective People）、《七個習慣教出優秀的孩子》（The Leader In Me、《第八個習慣》（The 8th Habit）。

在刺激和反應之間的空白選擇如何回應

　　遇到是非對錯的道德問題，我也覺得思索整合這樣的基本觀念頗有助益。像是面對的問題會導致混亂或是僵化，還是會營造和諧？是否會重視差異而且促進連接？這時要是以整合作為探討道德倫理的準則，引發的討論常會打開門戶供形形色色的背景和信念相互尊重。整合可以將大家連接到包容和力量裡去。

　　有一句話掛在甘地名下，不時就會浮現在我腦中。各位應該也相當熟悉：「想要世界變成什麼模樣，從改變自己開始。」（We must be the change we wish to see in the world.）在眾多文獻當中找得到意思最貼近的，似乎是這一句：「我們希望這世界是什麼樣子，最好的宣傳不是發傳單，而是每一個人以身作則。」（The best propaganda is not pamphleteering, but for each one of us to try to live the life we would have the world live.）（Johnson，2005，p. 106）。站上這樣的立場，其威力在於我們身體力行就能為人表率。

　　這些張冠李戴掛在名人名下的名言，像掛在甘地名下的，掛在法蘭可名下的，說明心理空白有何重要意義的，還有前一章提過掛在愛因斯坦名下說不是可以數的都算數，都教我們了解智慧不是單屬於某一個人的。真知灼見不需要名人加持依然內含重要的真理。剛知道這些名言都是張冠李戴，我嚇了一跳，但後來卻因此而對人性、對人類集體的智慧有更深切的體悟。畢竟這每一句話都要有一個人才說得出來。智慧是人人都有機會、人人都以可分享的。我們每人都有能力照亮現實，激勵自己與他人為生命注入飽滿的信實和聯繫。我們不需要坐等眾人仰望的智者或是領袖；天下人都有領導力。所以，改變從自己開始、刺激和反應之間留一塊空白、生命當中不可數的也很重要，這些說法不論是誰說的，對於我們的生命不都一樣重要？這都是人性的肺腑之言，照亮生而為人的智慧。每一

句話都闢出一塊空間，朝不可數、每每還不可見的內在世界開展，同時帶我們安住當下，供我們重視生命於「內裡」、於「間際」各方面的分化、連接，而為我們揭露心理生命分化的重要。

有古傳的智慧在現今像是老生常談，但也經由多門科學作過縝密的研究而證實所言不虛：「助人為一己快樂之本，助人為他人快樂之本」（If you want to be happy, help others, and if you want others to be happy, help others.）（Vieten & Scammell，2015）。只要以整合為人生主要的驅力，就會帶來意義和聯繫，快樂和健康。找到人、我分化的方式，再以協助推動安適而進行連接，是人我同時雙贏的局面。這樣，我們推動的不僅是以慈悲去關照他人，也像是在推動同理心的喜樂，也就是樂見別人幸福的人際經驗。

各位想像得到世界會朝這樣的方向前進嗎？在此就請各位想一想，「整合」在自己的人生可能或是可以扮演怎樣的角色。思索生命更宏大的價值，想一想自己活過這一刻又一刻、一分又一分、一月又一月、一年又一年，可曾有什麼意義出現，有助於將日常生活在所難免的壓力帶來的衝突予以重組。各位在思索心「何以」這問題時，又可以怎樣去加強生命中的整合？生活充斥混亂、僵化的時候，又該怎樣暫停一下，想一想是哪方面的整合沒有做好？暫停一下，花一點時間在生活當中，騰出一段空檔，省察混亂、僵化、和諧這三種狀態，有助於釐清生命的流動。我們先前便已提過，說這流動像是長川，中央是和諧，整合形成的和諧。但要是有某一刻的分化和連接打磨得不夠好，流動便會從中央岔出去，而偏離到某一邊的堤岸，甚至兩岸都是，也就是混亂和僵化的堤岸。在心理留下空白，供自己暫停一下，省察自己的生命長川，可以喚醒自己看清楚自己的經驗是否需要變動，協助自己去找到需要多作一點分化、多作一點連接的地方，找到朝向內外在和諧推進的路途。

整合的潛能是開放不定的，這意思就是整合不會有完成的一天。我們始終走在不斷推展的發現旅途上面，一直在找路途作分化、作連接，為人生帶來更多的整合。不論是在個人小規模的層次，還是在人際關係的大規模層次，為人生開闢出空處，供我們朝整合推進，既能為我們帶來力量，也為我們的生命填滿聯繫和意義。

我們在省察生命的流動，說不定會發覺自己的經驗有一些組成需要調整，需要校準。我們有責任照顧的人，首先就是自己，所以務必在心中留下空白，以備有需要時可以發揮覺察，進行該做的分化和連接，將自己的存在推展出更大的凝聚力，而為自己帶來強大的力量。善待自己，就必須接受我們的存在全是時時都在逬現的狀態，在人生蜿蜒曲折的流動當中有的時候還會偏向混亂或是僵化。奔赴整合的旅程永遠不會結束；整合是機會也是過程，而不是終點或是定型的產品。了解到我們想要有怎樣的改變，必須先以身作則，會帶我們由內而外去迎進整合。接受人生在世便是一段發現的旅程，是動詞，不是名詞，自然會以整合作為原則，而不是自囚於牢籠。這樣一來，我們會刻意朝整合推進，但不會強求一定要有怎樣的結果或是成績。這時，我們的生命就是一場探索的長征，時時刻刻迎進新知。這樣一來，我們可能就會發覺生命的旅程不僅時時刻刻都有困惑和挑戰，只要沿途不忘培養深刻的聯繫、懂得知足，那麼，生命的旅程也時時刻刻都有驚喜和幽默，喜悅和樂趣，說不定連意義和目的也隨之油然而生。

人生在世的每一存在時刻逐一推展，整合也一路逬現。所以到了下一章，我們就要在討論時間到底是什麼，「心」又是落在何時，也就會再深入探討所謂「一刻」到底是指什麼。

心腦奇航：從神經科學出發，通往身心整合之旅 |

心所在何時？

　　只要想我們來自何處又會前往何方，
便是在思索時間的本質。說不定有些物理學
家現在說的，還有千百年來冥契論者、打坐
修行的人其實也一直在說的真的都沒錯：我
們以為的時間根本就不存在。所謂時間會
流動、會被我們花掉、應該要牢牢抓住，其
實只是我們的心理建構，是自己製造的壓
力，是心理上的錯覺。也就是說，依照這類
觀點，所謂時間，我們擁有的只是現在。假
如現在不僅決定我們身在何時，也決定我們
身在何處、身為何人，那麼現在到底是由什
麼構成的呢？我們又怎麼知道有現在的呢？
我們又為什麼又會覺得好像還有過去什麼的
盤據在心頭，還有未來我們也會瞎操心？所

以，「心」所在何時的問題，就是要探尋我們每一生存時刻的現實到底是什麼。而現在到底何在，對於我們一直在探討的何人、何物、何處、何能、何以又有什麼關聯呢？現在大家不妨一頭探進去，看看會迸現出什麼吧！

8-1　心、時刻、存在當下（2005-2010）

　　這樣的問題、見解在種種談話、出版品正百花齊放的時候，我萬萬沒想到會接到這樣一份邀請。那時我離開洛杉磯加大教職都已十年，只是我在學術方面的工作反而還要忙碌。那邀請是哈佛醫學院要我去作一場主題演講，談情緒和敘事對醫學有什麼重要。想當年我就是因為他們那裡不重視內在的心理經驗，看不出我們生命中的感覺和故事亟需重視，我才從那裡輟學的，如今來這樣一份邀請，倒是教我既困惑又興奮。從我因為同樣的課題而灰心離開哈佛醫學院，到那一天幾乎要滿二十五年。那一天，我因此又站上了波士頓的街頭，來到麻州綜合醫院（Massachusetts General Hospital）的「乙醚廳」[1]。

　　看清楚心具有人際關係和涉身的基本性質，從科學的角度自然來講，等於是直接說明了醫師為什麼必須看進病人內心，而不僅是身體，才好進行治療。當年我要是看得清楚這些，大家也有相關的認識，多好！我在演講時看著一個個學生專注的神情，之後和他們討論這些問題，我心裡知道科學終究是有助於撐起醫學中的人性的。

　　心是生而為人的關鍵。

　　我們談心見的洞察力、同理心，為的就是要看見人的心。心見這一個詞像是救命的繩索，教我得以重返哈佛醫學院的殿堂；心見也是為我指路的明燈，對我來說是意向和態度，是有科學加持但

1　**乙醚廳**（Ether Dome）：美國波士頓麻州綜合醫院（Massachusetts General Hospital）「布芬奇樓」（Bulfinch Building）一間外科手術觀摩教室，從一八二一年啟用到一八六七年關閉。一八四六年十月首度在該教室公開進行乙醚麻醉手術，所以才有「乙醚廳」的名號。如今改作會議廳。

是由內而發的感覺，維護我精神健全。心見除了是重要的途徑，引領我們去感受自己或是別人的主觀心理生命，另也在以慈悲去作溝通，去尊重差異、營造連接。

心見不過是由人類經驗的三大成份錯綜連接而組成的：對自己內在心理的洞察；對他人心理的同理心；以整合去提升善良和慈悲，建立健康而且促進健康的人際關係。

約當在這期間，我和瑪麗‧哈柴爾合寫《不是孩子不乖，是父母不懂》期間，信手拈來了一個詞：「**專注**」，也吸引來許多父母詢問我們什麼時候可以開課教他們冥想。瑪麗和我利用早先在《人際關係與大腦的奧祕》提出來的科學發現，把人際神經生物學的原理轉化成一則則故事和科學研究摘要，供父母去自行發揮，去了解自己的生命。瑪麗和我那時都不作冥想，所以有那麼多父母詢

問冥想的事，我們兩人頗為不解。雖然我太太卡洛琳每天早上靜坐冥想已經幾十年，但那時冥想對我的專業工作好像還在「虛無飄渺中」，不必去管。瑪麗和我用上「**專注**」一詞，不過是在說明父母要特別留意自己是怎麼和子女相處的，也要著意利用親子相處的關係去因勢利導。

正念覺察可能就是心的整合

　　我們的著作出版問世，工作坊授課接踵而來，沒多久我便受邀參加一場專題討論會，與會眾人當中有喬‧卡巴金[2]。他是國際知名專家，創立減壓課程（stress reduction program）將正念引進醫學界。這一場討論由《心理治療圈》（*Psychotherapy Networker*）雜誌

2　**喬‧卡巴金**（Jon Kabat-Zinn；1944-）：美國禪修導師、作家，正念禪修先驅。於麻省理工學院取得分子生物學博士學位，大學起接觸禪修，於潛心修行之外開始構思將正念修行應用於醫療，一九七九年在麻州大學醫學院開設減壓診所，於美國推行正念禪修，設計「正念減壓」（Mindfulness-Based Stress Reduction；MBSR）療法協助病人處理壓力、疼痛和疾病，一九九五年於麻州大學創立「正念醫療健康中心」（Center for Mindfulness in Medicine, Health Care, and Society）。他也是「心靈與生命研究所」（Mind and Life Institute）理事，積極推動佛教與西方科學交流。

主辦，為了準備，事前我把找得到的正念相關科學研究文獻盡量讀過，只是當時的研究還沒多少。而我最吃驚的是，拿正念訓練去比對起我自己研究的依附關係，兩邊的成效測量（outcome measure）看起來幾乎一模一樣。安全型依附和正念似乎是同路並行的作用。由於安全型依附是建立在同理心、慈悲、善良、關懷上面的，我覺得和正念應該有雷同的地方，因而興趣大增。

我便在討論會上針對正念訓練、安全型依附還有大腦的前額葉皮質——這裡能將隔得相當遠的區域連接起來——三者有奇特的交集，提出了幾道問題。我們在上一章討論過大腦的前額葉皮質區會將皮質、邊緣區域、腦幹、身軀、社會訊息連接成為聚合的一體。分別出自五處源頭而且分化過的能量訊息流動，就這樣可以連接起來，而由前額葉區域的整合纖維進行協調和平衡。

所以，人類生命的這三方面會不會反映了整合內有什麼交會點呢？正念覺察會不會是心的整合，而安全型依附是人際關係的整合，前額葉區域則代表涉身腦的整合呢？

由於我對冥想並不熟悉，本身的科學訓練是在依附關係的研究，因此卡巴金督促我對正念冥想要去直接體驗才行。所以，之後有一年半的時間我上了一系列的正念訓練課程，最後還因此寫下一本書，談新手（就是我）對正念的探索，書名叫作《喜悅的腦：大腦神經學與冥想的整合運用》。我也和卡巴金還有另外兩位同樣參加「心理治療圈」討論會的同儕，黛安·艾克曼、約翰·奧唐納休（John O'Donohue），一起舉辦討論會授課，討論會的主題是「心和當下」（Mind and Moment），卻發覺我心裡的疑問愈來愈多。後來我有時會和「心見研究中心」（Mindsight Institute）的學員一起看討論會的錄影，每次看心裡都覺得當時的一切像是活生生就在眼前。這真的是已經過去十年不止的事了嗎？感覺卻像是現在這一

刻的事情，當年身在其境的感覺，在看錄影時依然身歷其境，幾乎像那一刻的「存在」拉成了永恆。我們這一章談時間在心的意義，重點說不定就在這裡。所謂過去，我們對時間的主觀經驗，到底是指什麼呢？

我們那一次「心和當下」的討論會還有副標叫作「神經科學、正念以及日常生活蛻變的詩歌」（Neuroscience, Mindfulness, and the Poetry of Transformation in Everyday Life）。現在想起來這一場盛會依然在我心裡勾起深摯的感謝和敬佩，黛安·艾克曼有自然學家、詩人的洞察力，喬·卡巴金在他的減壓課程將佛家的正念修行轉譯成老嫗能解的實際應用，約翰·康納休則是哲學家、詩人、天主教教士，還有他自己說的冥契論者——他這人極為敬重我們身邊不可見的一切。那一次聚會的錄影我們每人都看過，之後決定公諸於世，看看是否能帶領大家接近這樣子探索生命、貼近人心的途徑。不過正式的計劃還沒來得及形諸文字，約翰便告猝逝。我在寫到這裡時，忍不住去找來他生前的最後一本書，《祝福你我之間的空白》（*To Bless the Space Between Us*）。這是他過世前沒多久出版的。我挑幾段再讀一遍，包括他在致謝辭裡寫他父親還有一位朋友的段落。他寫他的父親派迪（Paddy），文意之優美正像約翰給我的感覺：「他不動聲色便能悠然現身，瞬時改變空間，他溫和的雙眼愛戀不可見的一切。」而他寫到同樣英年早逝的朋友時，一字一句也正是我這時候緬懷起他的感觸：「未曾料到死亡來得如此急促，獨留我一人為不能再有的對話而感孤獨。」

我們與人的關係會決定我們這個人、改變我們這個人，影響既深且鉅。擁有這樣的愛、這樣的生命，感覺就像擁有不知什麼以前沒有過的在深層湧動，在湧現。我這時候回想起這些，就看出我在新的千禧年對專業追求的熱情又再擴大。個人切身的一面是沒辦

法從專業切割開來的；主觀是交雜在客觀裡的。我的感覺是這時候我能做的最好就是放手什麼都不管，把自己全然交付給世界，不站立場，以開放的胸襟努力一切，不教人生走上哪一條預設的狹隘道路。

我在進入新千禧年的頭十年就這樣結交到這麼些奇妙的新朋友，我的心也打開一道道新的門戶，去認識我們到底是什麼人，去探索、述說我們存在的奧祕。

在這十年期間我也和傑克‧康菲爾德[3]建立起友誼。他是第一批將正念修習從東南亞引進西方的人，於一九七〇年代將南傳佛教（Theravada Buddhism）的內觀修行引介到美國來。喬‧卡巴金最初學習內觀修行就曾拜在傑克門下。我從傑克那裡加上兩人一起講學的經驗，學到南傳佛教長達二千六百年的文化價值觀和內觀修行傳統，相較於人際神經生物學的獨立研究成果，竟然有好多若合符節的地方。

回到新千禧年的頭十年，我的身分主要是執業的臨床精神科醫師，專攻兒童、青少年、成人、夫妻、家庭等方面。但我又念念不忘時間是什麼、我們看清楚了什麼又沒看見什麼，諸如此類的問題，老想知道正念修習對於我們的人際關係和涉身腦有沒有什麼作用。我們的人際關係和冥想又有什麼疊合的地方嗎？

由於我這精神科醫師也有學術研究的訓練，所以常常參加各種科學會議。有一次，有一場自閉症的神經科學討論會，會中有自閉症相關的實證研究報告，也討論社會溝通、情緒調節、感官運作等方面的障礙。就在我要離開會場赴午餐約會之前，聽到一份研究報

3　**傑克‧康菲爾德**（Jack Kornfield；1945-）：美國內觀修行開路先鋒。大學攻讀亞洲研究，畢業後隨和平工作團赴泰國期間拜師學佛，返美之後致力推廣南傳佛教的內觀修行，和卡巴金一樣成為正念修習的先驅。

告指出自閉症患者經人腦磁波儀（magnetoencephalogram，MEG）研究，發現他們腦中的伽瑪波[4]大幅減弱。有了人腦磁波儀，我們得以一窺大腦功能的運作。伽瑪波這麼低，顯示整合也很低。那時已經有人對我悄悄透露，說有別的研究已經發現類似的整合受損跡象，不僅在自閉症患者身上看得到，其他非經驗成因的精神障礙如精神分裂（思覺失調）和躁鬱症患者腦中也看得到；後來，這些研究都作了發表，找得到文獻資料。

再後來到了新千禧頭十年將近末了時，我帶著十五位實習生修訂《人際關係與大腦的奧祕》初版，將前十幾年出版的好幾千份研究文獻重新讀過。我要實習生把目標放在推翻第一版提出來的種種主張，例如心是涉身的、是存在於關係中的，心不單限定在頭顱之內，說不定還有自動組織作用在營造整合，促進健康。他們覺得奇怪，我為什麼要找實證資料來反駁、廢棄、否定這些理念；但我要他們放心，說唯有這樣才能證明我們不是單單隨意挑選支持的資料來為《人際關係與大腦的奧祕》原先的主張作補強。我們一定要找到反證的資料，即使只是少數人的看法也罷。我說就當作我們要把舊的那一本丟掉，改寫一本新書吧。

而我們，也就是我的實習生和我，找到了不少主張，雖然還沒有實證支持只是科學推理，卻有獨立的研究實驗室做出研究結果，和我們的這些假設一致。但我們也有幾條主張因為新的研究資料證實為不可信而被推翻。而最大的發現便是先前認為情緒強度（emotional intensity）在右半腦比較高，但我們發現這和身體的關係說不定還更直接，只是找不到可靠的出處可以說左半腦的情緒強

4　**伽瑪波**（gamma wave）：指人腦神經振盪（neural oscillation）的頻率介於 25 到 100 赫茲（Hz）的腦波，以 40 赫茲為多。一般認為人類零碎的感官訊息得以綜合成為完整的心智表徵形成意識知覺，靠的就是伽瑪波。

度比較低。

　　我和那一批實習生看遍文獻，找到的大多是支持的佐證，是從假設推測出來的結果，而不是確實的證據。人際神經生物學的基本架構先前就預測心具有自動組織作用，而整合在營造安適扮演中樞的角色，這時再看到獨立實驗機構做出實證結果，當然教人興奮。科學便是這樣一小步、一小步在往前推進，以一項又一項研究找到支持，有年輕一輩作伴一起追求知識，也教人欣喜。

　　當年我聽說人腦磁波儀的研究發現伽瑪波減弱一事，曾經詢問研究的學者覺得這是怎麼回事，他們的回答是不太清楚。另有別的研究顯示有些泛自閉症（autism spectrum）患者的大腦在出生後頭兩、三年期間，局部的分化會停止，原因不明。所以，我不禁納悶伽瑪波比較弱會不會代表結構整合受損以致功能整合受損？而神經方面的整合障礙會不會導致人際整合也遇到障礙？

　　回頭再談華府那一次的自閉症研討會，我有事必須離開，所以走出大禮堂進入旅館樓下走廊朝電梯走去，卻被一名男子擋下，他一身黑色西裝，左邊臉頰掛著耳機。這位壯碩的仁兄身後還有別的聯邦幹員排在走廊兩側。這時有個身材較矮的男子身穿橘、紅二色的袍子，從附近的房間走出來，身邊除了有聯邦幹員還有一樣穿著鮮艷袍子的西藏僧侶護衛。他們一群人朝我要搭乘的電梯走來，忽然有兩個清潔工從旁邊的洗手間走出來。聯邦幹員一陣緊張，朝他們跑過去，當時那兩位清潔工已經來到最前面那位長袍僧侶幾呎外的地方了，離我也不過幾碼。那位僧侶逕自穿過幹員身邊，朝那兩位清潔工走去。兩個清潔工看起來應該四十多、五十多歲，眼看那位僧侶朝他們走去，表情既不解又開心。那僧侶迎向他們，伸手將他們的手掌閤在掌心，看向他們的眼睛，先是其中一位，再來是另一位。之後，他拉著一人的左手，再拉著另一人的右手，三人圍成

小小的一圈，搞得四周的聯邦幹員慌張無措。他們三人談了像是有一輩子那麼久——三分鐘吧，頂多四分鐘——等他們像是談完了，大概覺得相互的交流都已經飽滿了，三人才放開手。那僧侶朝一旁緊張得滿頭大汗的安全幹員揮一揮手，便朝電梯走去。

待那僧侶轉身要離開，我才看到他的長相，也才發覺他竟然是達賴喇嘛。所以，有兩個清潔工不知怎麼的從保護西藏流亡領袖——也是藏傳佛教的精神領袖——的成群幹員眼睛底下溜過，而達賴喇嘛還是願意花時間，而且感覺像是把全世界的時間都放進去，和這兩人聯繫。

時時營造人際整合的達賴喇嘛

現在回想起來，那時的達賴喇嘛感覺像是在營造人際整合。他敬重這兩位清潔工分化的生命，以手掌闔起、直視雙眼、滿載愛心的心態連接到他們那裡去。我往後退一步，沉浸在眼前時間恍若暫停的一幕。而這也是我們這一章的重點：所謂「時間」，很可能除了「當下」這一刻別無其他。而當下這一刻便是相會的一刻，整合的一刻，照亮我們人生根本無所謂時間的現實。

那禮拜我聽了兩場達賴喇嘛在華府的演講。在「心靈與生命研究所」[5] 的會議，我有幸親耳聽到眾多口齒流利的科學家當面向「尊者」（His Holiness）——「達賴喇嘛尊者」（His Holiness the Dalai Lama），縮寫是：HHD——報告他們針對冥想和大腦的相關

5　**心靈與生命研究所**（Mind and Life Institute）：美國企業家亞當‧恩格爾（R. Adam Engle；1942-）於一九八○年代數度居中邀集著名科學家和達賴喇嘛十四世參與「心靈與生活對話」（Mind and Life Dialogue），之後於一九九一年偕同智利生物學家、神經科學家瓦雷拉（Francisco J. Varela；1946-2001）、達賴喇嘛共同創辦「心靈與生命研究所」，供世界各地的學者集思廣義將禪修融入學術研究。
席格所說的會議是二○○五年「神經科學會」（Society for Neuroscience）在美國華府舉行的「神經科學與社會」（Neuroscience and Society）專題討論。

研究。後來於同一禮拜我又出席了一場極為盛大的神經科學年會，與會人數超過三萬人，又親眼見證多達一萬名神經科學家排隊等了超過兩小時，就為了進入會議大廳和達賴喇嘛尊者見上一面，親耳聽他向滿座貴賓發表主題演講。教我難忘的是會場還開設了許多衛星廳，播放現場直播的錄影，觀眾可以靠在螢幕附近全程觀看。我就選擇了衛星廳，三天前我已經有幸偕同小一點的群眾親眼面見過達賴喇嘛。只是，看到那麼多學者乖乖排隊就為了一睹尊者尊容，心頭不免一震。這是怎麼回事？會議廳周邊的一條條走廊人頭鑽動，達賴喇嘛以慈悲、靈性的象徵受邀演講，這種種似乎反映我們的文化心理出現了變化。可能單純就是追逐名流的好奇心。但說不定不止如此，而是反映了我們對達賴喇嘛尊者的身教、言教懷抱深切的嚮往？

所以，在崇拜名流之外應該另還有別的集體現象出現。像是學校對社會教育和情緒教育日漸重視，現代的正念修習打進教育、組織和社會，《時代雜誌》（_Time Magazine_）——這名稱用在這裡正好——二〇一四年有一期的封面故事就叫作「正念革命」（Mindful Revolution），在在都可以作這印象的佐證。人人孤獨自存的心都在尋找力量、甚至尋找聯繫。

那一次會議我聽過幾場論文發表，其中莎拉‧拉扎爾[6]的論文談的是正念冥想會改變大腦結構的新發現。我那一年先前在乙醚廳演講時，便有人對我透露拉扎爾和她幾位同事沒多久就會發表研究報告，指出修習正念冥想幾十年的人，腦中的整合區域比一般人要

6　**莎拉‧拉扎爾**（Sara Lazar）：自哈佛取得微生物學博士學位後任教於哈佛醫學院，一九九四年因為修習瑜伽引發興趣而從微生物學轉向神經科學，研究重心在瑜伽和冥想對大腦結構和活動的影響，最著名的研究成果便是以「磁振造影」（Magnetic Resonance Imaging；MRI）證明長年冥想確實會改變大腦幾處重要區域的大小，改善記憶力，加強同理心、慈悲心，抗壓性也會增強。

厚。而有所改變的神經區域在哪部位呢？便是將分散各處的部位連接起來的區域，例如海馬迴和前額葉皮質的區域，包括腦葉。後來的幾項研究也會發現連接左、右兩半腦的胼胝體也會因為修習正念冥想而變大。總而言之，這些研究結果可以歸納為這樣：正念訓練可以整合大腦。

我要我的實習生去找找看有哪一種自動組織是不必依賴大腦整合的。結果找不到。注意力、感情或是情緒、思緒、衝動、行為、人際關係的調節，都要依賴大腦分化的各區域有所連接。所以我們現在可以說正念訓練是有可能因為促進神經整合而加強自動調節作用。

那一次華府的神經科學大會，我還出席了幾場論文壁報發表會（poster session）——這就是研究人員把資料製作成壁報貼上活動看板，開放大家瀏覽，直接詢問相關問題。我看到一張壁報的主題是正念冥想，便問了問那年輕的研究人員相關的資料，之後就討論起我們做的研究。我跟他說我對正念冥想和依附關係是不是有關聯十分好奇，他馬上跟我說我大概沒搞清楚自己在說什麼。這我同意，承認我自己從來就沒作過冥想，才準備要開始練習。「不是」，他說，「我是說你沒搞清楚概念——大家全沒弄對。」他急著跟我解釋，依佛家的哲學和修行，依附關係是要擺脫才對。啥？沒錯，他再說一遍，依附關係是要擺脫才對。

我便請他和他的一個學生一起去吃午餐，同時從他的訓練和研究來探討一下這到底是什麼意思。我對佛家思想可是沒有一點學術背景。他說，廣義來講，依佛家的哲學，捨不得放下或是不願意接受都是痛苦的源頭（怨憎會，愛別離）。他說，一旦捨得放下憎厭或是依戀，痛苦就會消退。這才是正念冥想的目的，也就是要在內心深處接納本然的一切，包括世間萬象都會寂滅的現實。

我在心裡暗道，說得好，但我那時對佛家思想或是冥想可沒多少知識。不過，我再跟他說，我說的依附關係不是依戀不放，而是愛。有愛的關係涵蓋大腦中的依附系統，是我們哺乳動物全都有的，是我們人類全體共有的。從關係研究的觀點去研究依附關係，他其實也不熟，所以，各位可以想見我們那一場午餐討論會有多精采。他帶的那位研究生對於眼前這兩個人的心交會出來的火花，好像覺得十分有趣。兩邊終究沒談出什麼結果，但我個人對於連接不同的知的領域，也就是連接起科學、冥想、日常生活，卻深覺興奮。

　　後來我便去參加了研習營，總計七天的禁語閉關正念冥想修行，廁身近百名科學家中，雖然我很想跟他們好好談一下，但我們每一個人都不可以開口講話。這叫作「肅靜」（noble silence），對，意思就是「禁語」，不准講話，不對，連眼光交會或是別的非言語溝通也一概不准。搞得我覺得要得失心瘋了。但後來我反而因為這樣而找到了我的心。平常忙著照看外在的世界，包括照顧別人的需求，幾天「肅靜」過後，就從表相之下浮現深刻的平靜和清明。我很驚訝我的內在竟然也有這樣一座聖殿，而在肅靜過後，我重返科學討論和社交來往的世界，聖殿卻好像飄走了，也教我神傷。

　　我先是修習喬・卡巴金的正念減壓課程（mindfulness based stress reduction；MBSR），之後又和卡巴金、黛安、艾克曼還有已故的約翰・奧唐納休一起在「心與當下」研討會教課，一路下來在我心裡激起了許多想法和問題。那一年後來我又受邀到「心靈與生命暑期研究所」（Mind and Life Summer Research Institute）去授課，也和莎拉・拉扎爾一起在論文壁報發表會四下瀏覽，和她還有別的學者一起思索正念冥想對大腦、心、人際關係會有什麼影響。

我這位剛入門的新手作過這樣的探索之後，就假設正念和依附關係說不定是由某種協調同頻作為共同的核心——表現於內在是正念，表現於人際關係是安全型依附。

安全行依附是愛以及正念於人際關係的體現

　　目前已有研究顯示健康是從童年時的支持關係來的。以「童年不良經驗」（adverse childhood experiences；ACE）為主題所作的研究也顯示，童年的困頓對心理還有醫療相關的安適都會帶來重大的障礙（Felitti et al.，1998）。例如發展創傷，也就是童年有過嚴重虐待或是忽略的經驗，有礙大腦內的整合纖維增長，海馬迴、胼胝體、前額葉皮質都包括在內（Teicher，2002）。我們先前談過的前額葉九大功能，從情緒平衡到道德觀，已經由實證證明是從安全型依附關係衍生出來的。這些功能經研究也證明同樣是正念訓練會有的結果。安全型依附——人際關係的愛以及正念——還有作自己的朋友、愛自己，二者似乎都是心於「內裡、間際」營造出整合因而迸現出來的。

　　新的研究也肯定古傳的智慧千百年來的教誨——覺察當下，不妄作評判，清心正念，是走向安適的道路。而安住當下似乎能夠帶來安適。在此需要先澄清這一點，「不批判」（non-judgmental）的意思是說不被事物既定的成見拉著走。我們的「心」始終都在以下行的過濾進行評價、估量和批判。喬·卡巴金最近和我一起授課時才跟我講過，他講「不批判」只是因為他領悟到我們的批判不過是心智的活動，而我們不需要被批判囚禁。所以，發揮心見——看到自己和他人的心進而推助整合——自然也包括這樣子去看待正念。不止這樣，我們也有辨別力（discernment）可以發揮心智的思索能力去犀利評估情勢。有些人的用語是「判斷」，例如結構工程

師需要判斷橋樑能承受多少輛汽車通行。而以辨別力發揮敏銳的判斷，是健康生活的重要條件。安住當下一詞的意思便涵蓋我們開放迎納事物本然的狀態，不被既存的認定和預期拖著跑——既存的認定和預期便是囚禁我們的批判牢籠，把我們隔在當下確實的本然之外。這便是我們說的「不批判」，縱使這幾個字感覺起來也不脫批判的意思。我們為自己而安住當下，就會有正念覺察。我們為子女而安住當下，就會營造出安全型依附。安全型依附和正念二者都會促進安適——不論是生理還是心理的安適。

如今已有種種研究證明正念冥想有助於改善牛皮癬（psoriasis）、纖維肌痛（fibromyalgia）、多發性硬化症（multiple sclerosis）還有高血壓。正念現在也證明有助於提升免疫功能，甚至還能提高染色體終端酵素的分泌量，這一酵素負責維持、修復染色體的終端。正念訓練一樣證明具有心理效益，有助於減輕焦慮、憂鬱、暴食、注意力不足、強迫症以及藥物濫用等等症狀。

只是安住當下，不論在內在或在人際之間，是怎麼營造安適的呢？

達賴喇嘛遇見那兩個清潔工而和他們建立聯繫，便是一種整合。因正念冥想而像是有所啟動、有所增長的區域，便是大腦有所整合的區域。我第一次沉浸在禁語閉關的經驗時，感受得到種種分化的覺察流，例如感官流就和觀察流不同。正念對我而言似乎便是在整合我的心。最起碼感覺像是在把我們現在叫作輸送和建構二種作用劃分開來，也就是把輸送和建構兩種經驗分化開來。

而我的下行建構心智會不會只是在將先前的認定投射在我此時沉浸的新世界？還是整合真的就是正念和依附關係的核心所在？

精神病學家艾瑞克‧坎德爾[7]發現人類因為學習而改變神經連結關係的基本分子機制,而在二〇〇〇年獲頒諾貝爾獎。我們先前談過,精神異常病人的相關研究發現在病症之下都有解剖結構和功能的變異。精神治療的初步成果也指出,就算不用藥物也可以改變大腦的功能和結構。

科學研究的發現當中說服力最強、相關性最大的,有一項說不定就是:注意力集中在哪裡會決定大腦的實體結構。例如卡巴金還有瑞奇‧戴維森[8]等等著名學者,便帶頭針對「正念減壓訓練課程」學員還有練習冥想多年的人士,做過不少周密的研究。得出來的結果十分清楚:訓練我們的心去專注在當下那一刻,不被批判帶著走,不僅會改善心情,也會改變生理狀況,改善生理健康。隨著新千禧年往前推展,即使是初步研究也顯示天天進行正念練習,有利於調節基因表現當中的非 DNA 分子,也就是我們先前提過的表觀遺傳調節因子,在基因組內達到最佳組態,而有助於預防發炎。有幾類糖尿病和癌症可能就和發炎有關。正念似乎能將基因組內的表觀遺傳調節變化推到最佳狀態。

卡巴金把正念看作是專注在當下而不帶批判(Kabat-Zinn,2005)。其他人如蕭娜‧夏比洛[9]等學者,就把正念練習看作是以「開放、善良、敏銳」去將專注力放在當下這一刻(Shapiro & Carlson,2013,p. 1)。不過,不管怎麼看,正念無不飽含「奇開

7　**艾瑞克‧坎德爾**(Eric Kandel;1929-):從奧地利移民美國的神經科學家,針對神經元進行學習、貯存記憶時的生物化學分析進行多年研究,於二〇〇〇年獲頒諾貝爾獎。

8　**瑞奇‧戴維森**(Richie Davidson;1951-):自哈佛大學博士學位,專攻人格、精神病理學、心理生理學,後於大學任教多年。他和達賴喇嘛十四世有多年私交,進行的研究有幾項便包括禪修和大腦的關係。他自己也天天參禪打坐,行之有年。席格二〇〇五年在「神經科學協會」(Society for Neuroscience)在美國華府舉行的年會上面巧遇達賴喇嘛,便是由他邀請達賴喇嘛出席「神經科學與社會」(Neuroscience and Society)專題討論的。

9　**蕭娜‧夏比洛**(Shauna Shapiro):擁有臨床心理學博士學位,曾經遠道前往泰國、尼泊爾佛寺學禪,打坐經驗超過十年,鑽研正念認知治療、正念減壓治療。

納愛」（COAL）這一縮寫代表的口訣：好奇（curiosity）、開放（openness）、接納（acceptance）、以及愛（love）。正念覺察便是這種開放的安住狀態，這領域首屈一指的學者既然都把焦點放在注意力上面，那我們就來檢視一下注意力是什麼。

安住每一個迸現的當下，便通往整合

　　所謂注意力，便是輸導能量訊息流動的走向。所以，這樣的注意力在大腦當中能有什麼作用？心首要的屬性，能量訊息流動，會直接啟動神經放電。我們先前提過了，注意力、神經放電、神經塑造三者有這樣的先後串連關係。注意力往哪裡去，神經放電就跟著流動過去。神經放電回頭又會去啟動基因，促使神經塑造的四類可能變化當中任何一類跟著發動。另也別忘了這些還包括長出新的神經元，塑造突觸，產生髓鞘質，修改表觀遺傳調節因子。換言之，能量訊息流動會決定大腦內分子、結構兩方面的生理作用和性質。所以，心是會改變大腦的生理性質，而且兼及功能和結構兩方。

　　我在一次公開演講時提起這一點，聽眾當中有人便很客氣也很堅決的說我講錯了，尤其是我說心理會利用大腦去創造心理。他說我應該要講「大腦創造心理」才對。

　　這就是問題的核心所在；假如心有一面是從某一複雜系統之內的高階、有調節力、會自動組織的作用迸現出來的，那麼，這一能量訊息流動的調節功能就應該會表現在我們身上，當然也包括我們的大腦；另也應該會表現在我們的關係當中，連各位和我這時的關係也包括在內。

　　所以，要說得再完整一點的話，就應該說是心利用我們的包括大腦在內的身體，連同我們和他人、和地球的關係，一同在創造心。我說「心創造心」，意思是指心的自動組織作用是一刻接一刻

　　　　　　　　心腦奇航：從神經科學出發，通往身心整合之旅 ┤

一直在迸現的，因而創造出我們的心理經驗。最起碼能量訊息流動是隨著當下這一刻在迸現的。當下這一刻不斷一刻刻在推展，能量和訊息就一刻接一刻在自動組織。這便是心所在的**何時**──始終都在自動組織的動勢不斷將我們系統內的分化成份連接起來，而我們這樣的系統既落在我們棲居的身軀之內，也就是我們的心界，也落在我們生存的心場之內。

心所在的時刻，便是從現在迸現出來的。

已經過去的一刻刻現在，就像我們這一趟旅程在一開始的那一刻刻現在，是已經定型的。我們沒辦法回頭去改變過去，但已經過去的一刻刻現在還是現在──或者用物理學的說法，就叫作「事件」（event），指過去發生過的事。而未來的那一刻刻現在都還沒有迸現，是開放未定的。定型的「過去」、未定的「未來」還有迸現的「當下」，便都是人心所在的**何時**，**是**不斷在冒出來而且始終存在的現在事件。

只要我們了解人心帶有這樣的「現在」狀態，而以善意、接納、不批判的態度去照看，就感受得到正念為我們創造出全然開放迎納當下這一刻的情境。這時，我們會把觀察流從感官流劃分出來，以安住當下的狀態開放迎納一切，也就是現在的這一刻又一刻，來者不拒。擁有安全型依附的愛，我們就感覺得到與人交往的安住狀態，讓我們有所聯繫，重視彼此的主觀經驗，以慈悲的溝通連接起人、我。

安住當下，於人生每一迸現的時刻都是通往整合的門戶。

8-2 同頻，整合，時間

我們是在當下的時刻作人我連結的。為什麼兒童和照顧者若有

Photo by Madeleine Siegel

安全型依附,會促成安適生成?這可以從整合的性質、從整合如何隨一刻刻的現在推展開來作闡述。照顧者對兒童的內在世界發展出協調同頻的關係,是建立安全型依附的基礎,要是同頻無從建立而導致裂痕出現,也還是可以修補,重新再作連結。協調同頻,簡單說就是關注內在的世界。人際的同頻便是以善意去關注另一人的內在主觀經驗。內在的同頻則是關注自我的內在主觀經驗。這些一概落在當下,而安全型依附的核心還一定要有父母用心與子女同在。我們與他人或是與自己的關係都可能出現失聯、漠視;修補難免會有的裂痕是人生的常態。不論父母教養子女還是我們與自己、與生命任何事物的關係,絕難會有完美的時候。期望絕難會有的事情,只教人生充滿衝突。

換言之,我們於人、我關係的經驗大多連結得不算順利,說不定連我們和內在自我的關係也是這樣。但在需要與人聯繫時,像

Photo by Lee Freedman

是情緒高昂的時候，就需要別人看得到我們了。如果在需要聯繫的
時刻卻沒有他人用心在場，會帶來傷人的裂痕。所以，修補裂痕，
人、我的人靈重新校準連結，是建立安全感的關鍵。即使是我們和
自己的內在心界切斷連結之後重新接上，也能帶來深刻的凝聚感、
完整感。用心在場像是一道門戶，供整合自然推展，修補因而得以
產生。

人際同頻、正念、深沉察知與整合

　　所以，人際同頻能讓兩個分化的個人在當下這一刻連接起來
而成為「**我們**」。分化依然存在，但是原本孤立自存的自我因連接
而轉化成既是**我**又是**我們**。人、我連結給人的主觀感受，便是很早
以前我還在受訓期間一個病人對我說的：「覺得被人感覺到了。」
我們覺得被另一人感覺到的時候，會覺得內在的生命是別人看得到

的，也是別人會尊重的。我們安住在當下的時候，我們專注在別人的內在世界而得以協調同頻的時候，我們互有共鳴而因此有所變化的時候，就是在發展信任。各位要是回想一下，我們先前講過這樣的情況便是「同在、同頻、共鳴、信任」，也就是我們在安全型依附關係當中會有的「在同共信」。關係整合的核心就在這樣的人際整合。每人的差異都獲得重視，也都以慈悲的溝通作為連接。

這情況怎麼會和正念覺察那麼像呢？整合是不是也落在正念的追求當中？依我自己正念訓練的經驗，我感覺得到不一樣的多股覺察流各有分化，但在正念闢出來的開闊虛空當中是可以連接起來的。而這幾股朝覺察流去的能量訊息流動當中有一股是感官流，我

們由此感覺到感官感受由直接經驗浮現出來——也就是我們看到的、聽到的、聞到的、嚐到的還有摸到的。這一感官流可以往身體內部的感受去延伸，甚至從思緒、情緒、記憶來的感官感受還有人、我有所聯繫而有的感官感受，都可以包括在內。這是直接的感官感受，是我們的心的輸送管，充分提供上行而且直接的經驗。

此外還有一股是觀察流。這是距離拉得比較開的覺察感受，就像我們先前說的那種見證的感覺，和感官感受或是衝動隔得較遠，但又屬於在場而可以作為見證。這時候我們未必開始建構概念，但也不全然落在感官流動也就是輸送當中。這樣的觀察能在我們的心裡打開一塊空間，而不會把當下的經驗和我們是怎樣的人完全劃上等號。我們會觀察，會見證，之後說不定還會把經驗形諸言語、圖畫或是音樂，而以這樣的觀察流來敘述我們的生命。

而我的「察證述」迴路還催我一定要把這寫下來給各位看，也就是至少依我自己的經驗，除了這些，應該至少還有兩股流動。其中一股是**概念化**。對事物有想法或是有概念不等於真的感受到或觀察到。一旦運用字詞去建構符碼，就已經跨越見證甚至**描述**，轉進到直接述說故事。在敘事當中用上「描述」，是講故事在平鋪直述、喚起情緒之際，還穿插了「描繪而非直說」[10]的手法。但要是有了概念流，我們就完全進入建構階段了。有「狗」的概念，表示有這樣的心理模型或是基模在決定我們怎麼去看狗。我們先前學到的事情會塑造我們的概念，引導我們對世事有怎樣的期待或是評判；所以，下行式強力建構便是在這裡發威。有了字詞就比較像是在**解釋**而不像描述。概念化類似論說文，而不像在描述戲劇場景。概念流有助於精簡我們的反應，對心理功能的運作相當重要。這樣

---

10 **描繪而非直說**（show and not tell）：寫作指南當中常見的技巧，指的是透過動作、對話、思緒、感官感受、感情來引導讀者體會敘事，就是不要作者去作解說、歸納、描述。

我們就不必每看到一隻狗都像第一次看到，而會知道看到的這動物是狗，也會知道有沒有危險。所以，不論哪一股流都是分化過的，都一樣重要、獨一無二，需要我們去關注、培養、連結。

而在感官、觀察、概念之外，顯然好像還有另外一股流動。這便是更為深沉的「察知」，還夾帶著掌握到大局、完整一體、悟得真理的感覺之類的。這種參透智慧的感覺似乎有什麼是和單純覺察到的「**察知**」，也就是各位知道自己這時候正在讀我寫的這些，不太一樣。這是透著智慧的察知，透著真理的察知，而不僅是感受、觀察或是概念化這幾類覺察當中單純的察知。

依我的經驗，這些感官感受（Sensation）、觀察（Observing）、概念化（Conceptualizing）、察知（Knowing）便是正念覺察會有的「覺察念知」（SOCK）。依我看，內在同頻屬於內在整合的類型，至少有這四種覺察流的分化和連接。

寫到這裡，我還記得這幾股不同的流動給我的感受相當分明。說不定這些也等於是注意力的幾股分流，分別發送能量訊息流動到我唯一的覺察當中。說不定我的建構心理會把這幾股輸送來的不同經驗感官流，同都標示為「覺察流」而集合成為一個縮寫，由我在這時候傳達給各位。不論我們選用的語言符號是什麼，管它是僅此唯一的覺察當中的幾股注意流還是好幾股覺察流，得出來的都是這樣的結論：分化的幾股流動連接成為一體。

我們會和當下脫節，起因之一便是對未來瞎操心或是對過去放不下。這情況多半可以看作是我們的建構心理在建立表徵，而把我們從現在輸送管內的流動拉走。對未來瞎操心而心生恐懼，或是對過去放不下而無法自拔，都在把我們從當下拉開。我們當下這一刻是在瞎操心或是在放不下，都是失落在這些建構出來的心像當中，這些心像都是定型的現在或是未定的現在的「代表」，是心製造出

來要自己擔心，要自己去控制，要自己去做出不一樣的結果的。這多半是我們想要迴避的厭憎或是想要抓住的依戀，也都是佛家標舉出來的痛苦源頭（參見 Jack Kornfield，2008）。而且依我們對人心的看法，這些也都是心理建構出來的。

重拾安住當下的第一步便是在輸送；但是要在當下的一刻同時間進行輸送和建構，也不是不可能。這中間的關鍵在於：在覺察中培養意識對一刻刻不斷迸現的一切，有能力辨識出性質。而「此時一此地」當中的「此時」，又是指什麼呢？凡所出現的一概便是現在，因為這便是所有的一切。所謂「時間」感，不過是我們覺察到情況有變化罷了。至於「此地」，以感官感受來看是什麼呢？以觀察來看是什麼？還有以概念，以察知？這些全都落在現在，不過將覺察流層層疊疊的這些一一辨識出來，有助於我們擺脫放不下或是瞎操心，不致失落其間而從當下脫離。

看待內在整合有另一條途徑，便是透過「意識整合」。我在大腦年代執業期間做出「覺察輪」，應用於心理治療的目的便是在將意識的組成先作分化，再透過注意力而進行整合。假如改變真的需要用上意識才行，那麼將意識整合起來又會如何呢？

運用覺察輪練習分化與整合

假如意識拉到最基本的概念可以看作是基本型的「察知」加上「已知」，那麼察知還有已知二者可以分化開來嗎？要是集中注意力去將察知、已知有條有理的劃分開來，是不是就有可能將意識整合起來呢？

我邀集過幾位病人圍坐在我辦公室一張桌子四周，桌子中央的玻璃算是輪軸代表察知，外圍算是輪圈代表已知，假裝是輪輻的桌腳代表注意力。只不過我叫這作「覺察輪」而不是覺察桌。（參見

圖表 2-2）。

　　覺察輪的省察練習是要將輪軸代表的察知，從代表已知的輪圈分化開來。這裡的察知說不定不同於先前所說「覺察念知」當中的察知，因為這裡講的察知，意識當中的察知佔的份量比較重。

　　輪圈那裡又再分成四部分，分別代表「已知」的 (一) 外在感官感受（聽覺、視覺、嗅覺、味覺、觸覺）；(二)內在感官感受（身體內部由肌肉、骨骼、內臟發送出來的內部訊號所形成的體內感受，也叫作第六感；(三)心理活動（情緒、思緒、記憶、認定、態度、渴求、慾念、意向，可以叫作第七感；(四)甚至還有「第八感」——這是指我們和他人、和生存的大環境間的相互聯繫，也就是「關係感」（relational sense）。

　　覺察輪的練習有助於針對覺察當中的察知和已知進行分化而促進整合，也可以由代表注意力的輪輻順著輪圈依次走過一遍，而將不同的已知區別出來。單看我這樣子寫可能太抽象。所以，各位要是還沒試過覺察輪的練習，不妨試試看感覺如何（各位可以到我們網站 drdansiegel.com 的資源選項點選覺察輪）。

　　由覺察輪的練習，在在顯示意識整合說不定是為生活引進療癒和健康的重要途徑。下一章我們就會探討整合為什麼這麼有效，同時釐清意識的可能機制。

　　這裡再覆述一次先前談過的幾條簡單看法，蒐羅文獻雖然找不到反駁，但也只找到支持的佐證指點我們是應該走這樣的方向沒錯：**人際整合會促進身體內在的神經整合。**

　　這說的是人、我相處的時候要是處於「在同共信」的狀態——也就是尊重彼此的差異，以關愛營造連接，有助於刺激大腦內部連接四散區域的纖維有所活動和增長。

　　還有另一簡單的事實，但目前我們一樣只找到支持的佐證：**健**

　　　　心腦奇航：從神經科學出發，通往身心整合之旅

全的自動調節作用是以神經整合為基礎的。

對於身體種種的自動調節作用——有時也可以叫作「執行功能」，我們先前簡單帶過一筆——我們在探討其中的神經機制時，發現注意力、情感或情緒、思緒、自覺、社會關聯、衝動控制還有行為，都是大腦內部聯繫四散區域的纖維在控制的。如今已經有新科技可以看到大腦內部的分隔區域相互連結，例如「擴散張量攝影」（diffusion tensor imaging）便可以將「連結體」顯示出來，也就是大腦相互連結的解剖結構或是功能。而大腦分化的各區域相互連結，就可以簡單內部或是神經整合。

新千禧年頭十年過後相關的科學研究始終未止，我們也一再發現正念覺察會引發大腦出現多種變化，大致可以概括作「強化型神經整合」（enhanced neural integration）。舉例而言，海馬迴、胼胝體、腦葉等區域的增長，便是正念覺察有助於增長的例證。這些區域也正是童年時期因虐待、忽略等發展創傷，而會受損的區域。我們先前提過的「內建模式」網絡，也就是負責調控我們對他人、對自我覺察的幾處相互連結區域，前文也叫作「人我系統」迴路，由其相關研究可知這區域對我們是否安適都有重大的影響（Zhang & Raichle，2010）；也就是正念覺察會提升「內建模式網絡」的整合狀態（Creswell et al.，Doll et al.，2015）。

這一趟旅程走到這裡，何其有幸身在此時此刻。這些由科學激發的理念，隨著研究進展也找到愈來愈多的支持證據。開放迎納當下這一刻是會催化整合，而且於自身之內、之間皆然。相關種種的說法似乎還可以歸結到這一句：我們於覺察將注意力集中在安住當下，集中在我們與自己、與他人之間的同頻關係，有助於促進神經整合，而神經整合便是健全的自動調節的基礎。

8-3 省察提要：覺察和時間

新千禧年的頭十年來到後半段時，我多次應邀參加討論會，和達賴喇嘛同席討論各種課題，從慈悲和大腦到心見和教育在所多有。有一次在西雅圖的討論會上，達賴喇嘛要我和同席的其他三位科學家做一件功課：我們有沒有辦法以俗家的角度想出提高世人慈悲心的作法？之後一年我便不斷在想這問題，思索我先前為教宗所寫的慈悲生物學的文章，想到我們這一趟旅程把心看作是涉身、關係的運作，對宗教、科學整體也提出了不少疑問。翌年我到溫哥華再度和達賴喇嘛同席參加討論會，便把我做的功課交給尊者，也跟他說，整合說不定便是促進世人慈悲心的共通道路。假如健康是從整合來的，我們每一個人也都有權利享有健康的人生，那麼，加強整合便是在促進安適。由於整合形諸於外可能便是善良和慈悲，整合便算是推動慈悲心的基本機制，那麼，加強整合也就能在世間培養更多慈悲的種籽，栽下堅韌和安適的根苗。

幾年過後我又再應邀和達賴喇嘛同席，這一次是在荷蘭鹿特丹主持為期一天的討論會，會談的對象是荷蘭商界領袖以及幼稚園到高三的學生。會談的主題是：我們可有方法在組織、在學校加強大家的情緒智能還有社交智能呢？席間我們以整合作為連接的概念談了一整天，與會的學生分批針對加強世人的慈悲心提出他們的看法，商界領袖一個個專心聆聽，之後加入討論。

這樣子四處旅行參與討論，教我深切感覺到一個人的心遇到這些難題，激發出來的力量有多強大。我也在大環境的文化對話中感覺到有能量型態正在湧現，不僅在科學界，像華府的神經科學大會，也在散佈全球的人類大家庭中。心見的觀念便切中當今所需，再加上這些有關整合的看法，為我帶來多次邀約到企業及政府單位

辦的氣候變遷會議去演講。其中一次會議約有一百五十名科學家出
席，物理學家居多，會議的主題是科學和靈性的關聯[11]。

這樣的主題我深感興趣。在這之前幾年，我曾和達賴喇嘛尊

---

11 這是二〇〇九年六月十二日至二十日在義大利托斯卡尼省（Tuscany）科托納（Cortona）舉
行的「國際科學與靈性大會」（International Conference on Science and Spirituality），由美國
的「費澤研究中心」（Fetzer Institute）和義大利的羅馬第三大學（Universita degli Studi Roma
Tre）生物系合辦，邀集世界各地科學家、生物學家、精神領袖、神學家、哲學家、藝術家，
以及人文、科學、神學的博士班的學生與會，探討科學、靈性、量子物理、冥想等等議題。

者一起在德國弗萊堡大學（University of Freiburg）創校五百五十周年的紀念會上演講。那時的主題是靈性和教育。由於我在前者沒有一點根柢，只好臨時要我工作坊的學員幫我惡補，跟我說一說他們覺得靈性是什麼。他們將看法對我一一道來，歸納起來都不脫這兩點：（一）覺得是屬於遠大於個人自我的某種什麼，覺得是連接到更宏大的什麼去的；（二）意義比日常生活的微物瑣事更為深邃，超越單單存活下去。我們便以聯繫和意義的觀念，開始討論教育應該如何培養這樣的生存狀態，相當精采。

科學與靈性，能量與時間

所以，我就這樣子抱了一場佛腳便去參加會議，於二〇〇九年在義大利和一群物理學家對談起來。我急著要和他們探討的事情其實不僅止於科學和靈性，真要說還可能是科學和靈性的根柢——也就是能量和時間。能量和時間屬物理學特有，也有一群人專心致志在研究我們的物理世界；我有此機會和他們同吃同住、散步談話，當然教人神往。

各位這時候應該有一點了解我這人的心靈、生理、人生走的是怎樣的模式了吧，也就是開始對「我」這個人有一點了解了。所以，這時聽說我像著魔一樣一直追問個不停，大概不會奇怪。我和他們的對話起了頭就欲罷不能。在此也不一一贅述，只挑重點說一說就好。首先要先提醒大家，科學家和一般人一樣，有些事情也是言人人殊。再來就是刊登在合格專門刊物上的文章，未必能夠表現他們自己也抓不準的地方或是作者的追求熱情。我自己的訓練背景在心理治療，對心靈相關的一切十分著迷，自然也想知道這些人是怎麼看這世界的，而不僅是他們遵照專門學術觀點所作的公開論述而已。

這些只是背景。從我們的討論當中冒出來的重點有二，一是關於能量，一是關於時間。我們在思考心所在**何時**的時候，這些課題就是深入挖掘的關鍵了。

能量一詞涵蓋的現象很廣，表現的形式也五花八門。像光有光子，聲音則有聲波藉分子運動推送前進，電有電荷流動[12]。但要是問起這些類型的能量是因為有什麼共相所以才會劃歸為「能量」，科學家的第一反應通常就是「不知道」。「喂，少來了，」我不鬆口，「你是物理學家，是專攻能量的專家。所以你說，到底是什麼？」「好吧，」他們就會再說，「就是潛能。能去做什麼事的能。」

而這樣的潛能要怎麼去觀察呢？和我談過的物理學家未必人人會這樣子說，但有很多就會說能量的潛能是以「確定程度」（degrees of certainty）在表示的。這些「確定程度」就像「機率曲線」一樣。從一頭確定程度接近「零」，推進到另一頭確定程度為百分之百。

所以我再問下去，假如我們說能量是隨時間而流動，那是不是可以說能量是沿著機率曲線從接近零朝百分之百那方向移動的呢？可以。那麼，假設在曲線上的位置是在確定度往零百分比走的那邊，那樣的位置，例如一個光子於那樣的位置的預測機率是未知，這是不是就是我們說的「潛能的無限汪洋」或是「開闊的或然平原」呢？沒錯，他們覺得還有道理。（參見圖表 8-1）。

所以，能量便是潛能在機率曲線上面移動，而從開放未定朝確

12　光子是愛因斯坦於二十世紀初年提出來的概念，是帶有電磁輻射的量子，負責傳遞電磁力，於真空當中的傳播速度便是光速。
　　聲音的傳播需要空氣介質也就是氣體分子作振動來傳送。
　　電荷流動，就是電流。

圖表 8-1

心理經驗

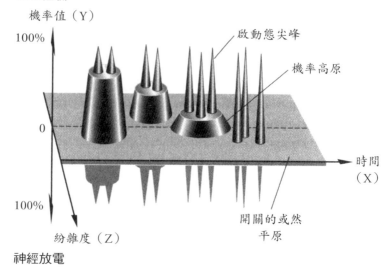

定推進。

　　我知道這說法第一次聽到容易摸不著頭腦，說不定第二次還是一樣——我們先前已經約略提過一次了。不過，扣住這一點不要放手，用處還不小。我們在之後的兩章會再深入討論現實的這一面，在這裡且就容我針對心**何時**還有心**何物**這更大的問題，勾畫一下我們大概可以應用上什麼。

　　依我追根究柢的天性，我覺得我一定要抓到這些物理學家在說什麼不可。所以，這時我心裡的問題便是：假如沿著能量機率曲線運動便是**能量流動的**實際意思——也就是穿過種種機率，在開放未定和確定之間移動——那這是流動在空間裡？在時間裡？還是沿著一長串機率推進而沒有時間或是空間？抑或是別的什麼？所謂能量流動到底是什麼意思？

我對這問題為什麼就是放不下呢？因為我們既然已將心至少片面界定為能量訊息流動迸現出來的自動組織作用，而此作用同時也在調節能量訊息流動，那麼，搞清楚能量流動到底是指什麼，就屬必要了。有的物理學家把訊息看作是具有符號值的能量型態，這一點我們先前已經提過。即使愛因斯坦的等式，能量等於質量乘以光速的平方（$E = mc2$），也在提醒我們宇宙充滿能量，就連質量也是集中的能量。

所以，這樣子看，能量表現就是潛能在無限、有限兩頭之間流動，在未定、確定兩邊之間運動。流動表示有東西在變化。能量流動就表示機率有一長串連番的變化，從即使不算無限大也是極大的一頭，推進到機率或是確定度愈來愈高的另一頭，之後再到潛能實現成為實然。能量的機率曲線位置也可以倒過來走。畫這樣的曲線不過是在將潛能變成機率再變成確定的過程，套用數學手法轉化成圖表來表現。

時間是心製造出來的？

以能量變化來為「**流動**」作界定，就帶我們深入到時間的課題了。先前便已提過，我們用時間來描述一種流變的感覺，但這很可能只是我們自己的心理建構出來的，而不是確切的現實。我們當然有時間的感覺，例如覺得有什麼會過去，但有一些物理學家說，這樣的感覺說不定根本就是我們的心自行創造出來，用以標示「時空體」[13] 的四維世界當中的位置。所以，我們是用時間來標示我們

13　**時空體**（spacetime）：愛因斯坦提出相對論打翻了古典物理的絕對時間、絕對空間，原本暢行無礙的歐幾里德空間就踢到鐵板了，依照相對論，時間不可以和三維的空間分開看待，教過愛因斯坦的德國猶太數學家赫曼・明考夫斯基（Hermann Minkowski；1864-1909）便從幾何的角度提出時間和三維空間合併成為四維的 spacetime，所以「時空體」又有「明氏空間」的別名。Spacetime 常見直接譯作「時間空間」，但由於時間、空間使用度太大，容易混淆，考慮

在世界的位置。而時間流逝，也就是在時間這維度在運動，我們就用種種計時器去作度量。時鐘這東西有重覆、不變、一再出現的動作、訊號、型態。我們有心跳，我們的神經系統、內分泌系統當中也有別的生理時鐘在替我們計量時間；到了自身之外，我們以太陽運行給我們的感覺來勾畫一天的時間，以月亮來劃分月份，以四季劃分一年。換言之，依我們的心理建構和我們的說法而產生的**時間**，未必就像我們想的那樣，也就是說：時間**未必**會流動，時間也未必是我們會不夠用或會花光的（相關的淺顯例子參見 Barbour，2000 以及 2008；還有 Feng & Crooks，2008；相關的概論參見「基礎問題研究中心」〔FQXi；Foundational Questions Institute〕二〇〇八年以時間本質為題舉辦徵文比賽獲獎的多篇短文，請上 www.fqxi.org 蒐尋 Ellis，2008 還有 Weinstein，2008 等人的文章；至於歷史上的看法，參見 Hawking & Ellis，1973；Dorling，1970；Prigogine，1996）。關於時間，綜合一些物理學家、對這問題有興趣而願意討論的人，以及我讀到的那一大堆文獻，有一路的意見是認為我們以為時間是獨立的實存，但其實根本就是子虛烏有。

在此容我對這些稀奇古怪的想法略作一點歸納，拿物理學界首屈一指的理論家西恩・卡洛爾[14]的有趣觀點（Carroll；2010）來引用一下。時間可以看作是我們用來描述宇宙一種屬性的概念，指的是事件在「時空體」中是怎麼推展的。換句話說，我們有高度、寬度、深度還有時間——這就是我們說的四維。依物理的「弦

到「適用」的問題，在此試譯作「時空體」，以利行文。

14 **西恩・卡洛爾**（Sean Carroll；1966-）：自哈佛大學取得天文學暨天文物理博士學位，除了著述、教學之外，也常上電視節目暢談科普課題。學術重心在黑暗能量（dark energy）和廣義相對論，有部落格：Cosmic Variance，專門探討物理問題，有些看法和主流的物理學說大相逕庭。卡洛爾支持「過去假設」（參見註 22），但對「大霹靂」有意見，曾經發表專論指大霹靂不是起自一個「奇異點」（singulariy）的單一事件，而是在很冷的「德西特空間」（De Sitter space）當中由眾多宇宙膨脹事件當中的一件產生出來的。

論」[15]，現實還有很多別的維度，不過目前我們還是單單守著這四維就好。有人提出「整塊宇宙」[16]的觀念，主張四維是以一大塊現實的狀態存在的。依這樣的看法，時間不過是在指明我們當下這一刻在這好大一整塊宇宙當中所在何處，還有我們說的過去或是未來在這一大塊當中到底又是指哪裡——不是我們現在的這裡，而是在整塊宇宙當中我們先前的所在或是我們可能會去的所在。時間不過是在四維的整塊宇宙當中為我們定位的四類座標之一。

時間於其本然並不是流動的。時間不過是我們這些人類用來指稱自己生存所在的宇宙。我們在一整塊「時空體」當中的位置會變，時間不過是位置變動的參考記號。然而，由於我們在這宇宙有時鐘可用——有在身體之內的，像是呼吸和晝夜節奏[17]，也有在自身之外的，像是現代手錶用的石英還有以電訊錯綜連結起來的智慧型手機——我們也就有反覆不斷的訊號可以用來勾畫「時間流逝」——也就是時空體第四維度的運動。愛因斯坦提出「廣義相對論」（General Relativity Theory），主張時空體並不是平坦、齊一的——說不定有曲線，可以彎曲，以致看似固定不變的時間間隔也可能**相對**於事件的速度和重力而會有變化。朝光速極限推進得愈快，重力場（gravitational field）就愈強，時間走的速度也就「愈慢」——講得清楚一點，這意思就是起動地點那裡的速度愈慢或是

---

15 **弦論**（string theory）：弦論就是物理學家拿一段段只有一維的「能量弦線」取代不具維度、小到不能不再小的點狀粒子去作為微觀粒子的基本單位，以便解決一些物理學的深層問題。雖然目前拿四維的時空體去看宇宙還算不錯，但一些棘手的數學問題，要是更動時空體的維度，也就是不以四維為限，才好處理。所以，有的理論當中的時空體是二維或是三維，也有的理論用到二十六維、十維、十一維那麼多。

16 **整塊宇宙**（block universe）：就是明考夫斯基說的「時空體」，構成宇宙的時間、空間合體成為一大塊整體，而且時間、空間在這當中不知道有無起點或是終點，所以也不知道這樣的一大整塊宇宙是有限還是無限。

17 **晝夜節奏**（circadian rhythm）：人體生理以二十四小時為周期而有的變化，會因外在因素而改變。又叫作「生物時鐘」。其他動物、植物也看得到有類似的狀況。

重力愈小，相對的時間間隔就愈大。所以，速度和重力會改變整塊時空體的形狀。也就是說，根本就沒什麼在流動，只有四維的世界在延伸、彎曲。重力在這些事上的功能當相複雜，也像是謎，和量子物理的關聯，相關的研究和理論探索也還十分活躍。

但有一塊區域倒是這方面的物理學背景始終未曾真正去處理的，也就是過去、現在、未來三者的關係。對於過去、未來二者，物理學關於小型粒子行為的基本定律還有量子物理學本身，都找不到相關的明確劃分。而量子物理學所說：因觀測而導致機率「波函數塌陷」[18]，雖然看似有固定方向（directionality）的，但是深入探索之後也證明不過是古典的牛頓物理硬套在一條量子狀態函數（state function）上面而已——以致時間唯獨在量子理論當中依然沒有方向。宇宙的基本粒子和能量創造出所謂的「微觀態」（microstates）。微觀態的物理學是對稱的，也就是說微觀態是可以反過來走，沒有先天的固定方向。所以，用來預測微觀態行為的基本物理等式，我們說是兩邊的方向都可以走，也就是這樣的意思，因為是對稱的。

不過眾多微觀態集合起來組成「宏觀態」（macrostate），像我們的身體是由許多分子組成眾多組態而構造出來的，其實就有推展的固定方向了；不是可以反過來走的，也不是對稱的。宏觀態是

---

18 **觀察導致「概率波函數塌陷」**：也就是「意識」會是現實的源頭。大衛・波姆認為過去、未來都只能看作是「可能」，空間除了滿佈機率波之外別無其他，由波函數塌陷，可知現實是從機率密度變動來的，這也就是量子論的意識觀。加拿大兩位心理學者，基耶倫・奧康諾（Kieron O'Connor）和斐德烈・艾爾戴瑪（Frederick Aardema）於二〇〇五年發表論文，〈想像力〉（The imagination: cognitive, pre-cognitive and meta-cognitive aspects），根據大衛・波姆在《整體性與隱秩序》的量子觀點，首度提出意識的「機率模型」（possibilistic model）；主張現實可以看作是機率世界當中機率最高的那一點，知覺和想像便可以看作是「協力運作的雙重意識模式」（dual modes of consciousness operating together），因為現實便是由知覺和想像根據何者有可能出現、何者沒有，而聯合界定出來的。在此機率模型當中，意識展現的世界只以各種機率出現，從來就不確定，所以知覺和想像就必須一直合作才能形成覺察。機率是界定意識的關鍵心理特徵，所謂覺察，也只是覺察到機率。

有固定方向在連接過去、現在、未來，就像有前因、後果一樣。宏觀態內的時間有固定方向，由此看得出來：把藍莓汁混入草莓汁做出紫色的混合果汁，這樣一杯紫色果汁可是沒辦法自動變回原先的藍色果汁加紅色果汁。宏觀態推展有固定的方向，就叫作「時間箭」[19]。時間箭的箭指的是推展是不對稱的，變化是無法倒轉的，時間是有固定方向的。我們沒辦法倒回頭去改變過去；我們倒是可以期待未來、影響未來。我們先前說過去是固定的，未來是開放未定的，便是這意思。時間看似不可倒轉，是因為我們是生存在宏觀態的世界裡面。

雖然我們可以期待接下去的事，為一下步作計劃，但是我們的心理生命在所謂的「知識推展」（epistemic unfolding）——指我們知道過去但不知道未來——也看得出來是有時間箭的。有些人可能覺得自己的經驗好像不是這樣，這我了解，但我這裡說的是現代物理學是怎麼看宏觀態的，而不單是在說人心的限度。

宏觀態與微觀態視野下的心有不同面貌

只是為什麼宏觀態就會有時間箭呢？特別是物理的基本定律，也就是經實證建立而主宰微觀態的種種宇宙能量和基本粒子的規律，在變化的推展上面卻是看不到固定的方向。對這問題，首先該說明的是宇宙的宏觀態在推展時的固定方向，也就是時間箭，其實不是時間本來就有的性質。聽起來很怪，不過時間有固定方向——在我們的經驗當中過去畢竟不同於未來——其實是宏觀態組成的宇

19　**時間箭**（Arrow of Time）：英國天文學家亞瑟·艾丁頓（Arthur Eddington；1882-1944）在一九二七年提出來的概念，認為研究原子、分子、人身的組成，看得出來時間是「不對稱」的，或者說是走的是「單向道」，在相對論的四維世界地圖上面是畫得出來的。艾丁頓在一九二八年出版《物理世界原理》（*The Nature of the Physical World*），「時間箭」一詞跟著流行起來。

宙才有的屬性，而非時空體內的時間這維度本有的屬性。由「熱力學第二定律」（Second Law of Thermodynamics）來看，有助於我們了解時間箭的固定方向。這一定律是眾所接受的物理定律，主張自足獨立或是封閉的系統，例如宇宙，「熵」[20] 值只會愈來愈多而不會減少。

一般人一講到「熵」，往往都說成是失序或是混亂的狀態。但也不是一直這樣。關於熵值的定義比較完整的說法是：在某一**宏觀態**層級當中無法區分差別的眾多**微觀態組態**的總數 [21]。微觀態是由系統內的最小單位所組成的——看分析的層級而定，最小的組成單位可以是能量，也可以是組成原子的粒子，再或者是原子相互連接組成我們說的分子——而由這些最小單位再去組成宏觀態集合體，也就是原子、分子以及所有微觀態叢聚而組成的更大組態。要想抓到這意思，不妨回過頭去想一想我們先前混出來的怪果汁——回到過去，回到一整塊時空體內的前一位置，藍莓汁和草莓汁還分別裝在不同的容器裡。現在，我們把藍莓汁、草莓汁各倒一點到一只玻璃碗內，倒滿。這時會是怎樣的情形呢？就說我們之前先在碗內放了一面隔板好了，這樣藍莓和草莓兩種果汁倒進去的時候不會混合

---

20 **熵**（entropy）：德國物理學家魯道夫・克勞修斯（Rudolf Clausiusl；1822-1888）於一八五○年出版的著作中，首先提出「熱力學第二定律」的基本概念，之後再於一八六五年提出「熵」的概念。熱力學的原理是從研究蒸汽機得出來的，所以講的都是封閉系統。克勞修斯的第二定律說的熱量會自動從熱的地方朝冷的地方傳播，而且方向不會反過來，也就是封閉系統當中的熱力會自動朝熱力平衡發展，是不可逆的。克勞修斯再提出「熵」的函數，用來表示系統當中無法作能量轉移（也就是「功」）的能量總值，系統當中的熱力愈高，熵值也就愈高，有效的能量跟著愈低，系統做功的能力也就愈低。由於熱力的傳播是分子胡亂運動，所以克勞修斯認為熱力，也就是熵，便代表系統的混亂程度。依第二定律，封閉系統內的熵值隨時間只增不減，也就表示熵值走的箭頭（方向）和時間箭是一樣的。

21 這是奧地利物理學家路德維希・波茲曼（Ludwig Eduard Boltzmann；1844-1906）提出的「熵」定義，說任一宏觀態都可以從相等於該宏觀態的眾多微觀態來作描述，而提出方式指熵值等於微觀態的對數成正比，所以，微觀態愈多熵值就愈高。這是從微觀態來看的，克勞修斯的說法則是從宏觀態來看的。

起來——紅色的果汁在右邊，藍色的果汁在左邊。之後，我們把隔板拿掉，這時的情形各位想是怎樣的呢？沒錯，在我們有熱力學第二定律的宇宙裡，分子原先的熵值這時候會開始增加。怎麼增加的呢？在玻璃碗內朝四面八方擴散。為什麼呢？因為兩相混合的果汁組態，內含的可能發展比各自隔開在兩處還要多很多，機會那麼多，自然是朝混合起來發展，而不是乖乖待在原地不動。但有沒有可能真的待在原地不動或是兩邊換位呢？當然有，只是機會非常、非常、非常小。只不過，微觀態組成宏觀態那樣的紫色果汁，可能的選擇單就數量而言就高出太多了，以致可能出現的狀況就是我們看到的那樣。隨時間遞嬗——隨宇宙推展出來的變化——兩種果汁分子當中的微觀態，也就是在玻璃碗內的位置，有變化，宏觀態就會跟著出現變化，熵值也就跟著上升。用顏色來看，兩邊混成紫色會比分成紅、藍兩種宏觀態集合體的可能性還要大。

由於我們對過去、現在、未來的感覺對我們的心理生命太過重要，在此就還要懇請各位多多包涵（特別是不怎麼喜歡物理的人），在這裡先花一點時間解釋一下熱力學第二定律的要點，說明這定律對於了解心為什麼這麼重要。

關於我們生存的宇宙，物理學家同都接受一種看法，認為是事實，他們叫作「過去假設」[22]，這看法大致是說，過去的事情熵值都比現在這一刻要低。這也符合熱力學第二定律所說，宇宙整體於下一刻的熵值都會比較高。倒不是每一宏觀態本有的熵值就比較

22　**過去假設**（Past Hypothesis）：這假設的「名」、「實」出自兩個科學家，時間相隔一百多年。「名」是由擁有理論物理博士學位的美國哲學教授大衛・艾伯特（David Z. Albert；1954-）在他二〇〇〇年出版的著作《時間和機率》（*Time and Chance*）當中提出來的。所指的「實」是波茲曼針對另一位物理學家質疑他說「熵值只增不減」而提出的解釋：因為宇宙起始的時候熵值低得不得了，所以後來熵值只能往上升不會往下降。這樣子就可以解決時間為什麼走的是單向道，牛頓運動定律的對稱性在微觀態還是成立，但在宏觀態就有熱力第二定律和時間走單向道的不對稱性。不過，既然叫「假設」，就表示至今依然未能證明。

高——例如我們這種生物體就有辦法降低自己的熵值，像是整理書桌——說不定理一理自己的腦子也可以。可是，第二定律倒是沒說宇宙整體的變化總量會隨時間推展而增加。所以，即使我們整理書桌，降低個人的熵值，我們因為工作而散發的熱能也會導致世界的熵值增加。好，那又怎樣，各位可能會想，誰在乎這個。不過，假如我們在乎自己的心會放不下過去、會瞎操心未來，時間有固定方向這一件事對我們的心理經驗可就有極大的衝擊了。所以，從這一點是要怎麼去解釋「過去—現在—未來」的連接？關於時間箭，由這一點又可以知道些什麼呢？假如推動時間箭的，也就是從過去到現在的方向，便是熵值增加，那就看得出來時間的固定方向常常是和機率有直接的關係，因為熵值便等於出現諸多微觀態組成宏觀態的機率比較高。

各位可能覺得奇怪這和生物體有什麼關係，特別是我們人類。答覆如下：沒人真的知道時空體為什麼會有固定的方向，只知道熱力學第二定律以及有連帶關係的「過去假設」，把熵值從低到高的動態看作是我們在「穿過時間」，因而暗示出時間有固定方向。所以，那就這樣子來吧：空間是沒有什麼時間箭的。我們在空間可以來來去去，沒有一套固定的規則規定我們應該要往哪裡去。但在時間這維度，宏觀態這層級就確實是有時間箭的，而會限定我們在時空體這一整塊宇宙當中是有固定的運動方向。

各位可能以為由這觀點產生的實證發現，便是物理學和天文學提出來的宇宙理論，「大霹靂」[23]——也就是很久、很久以前宇宙

---

23 **大霹靂理論**（Big Bang Theory）：指宇宙起自極為集中、溫度極高的「奇異點」（singularity）膨脹（爆炸）而成。起自愛因斯坦的相對論架構，經科學家群策群力，在一九四九年由英國天文學家不經意拈出「大霹靂」（Big Bang）一詞，再到一九六四年發現支持證據，鞏固起這理論的地位。

的熵值一度低到不能再低。科學家估計應該是一百三十七億年前，那時開始有了時間，我們的宇宙的構造也極為緊密——只有幾公分那麼大——熵值非常低，組成相當均勻，少有變化，所以才會濃縮到那地步。而在爆炸開始之後，宇宙立即大幅擴張，滿佈形形色色的恆星、銀河系、還有宇宙本有的性質，重力。

宇宙發端的小小狀態相當簡單，不怎麼複雜。而在宇宙開始擴張之後，依熱力學第二定律，熵值就開始增加，發展到最後終會走到底，有幾種看法認為就是會走到「熱平衡」[24]——像藍色、紅色的果汁兩相平衡，混成紫色，而形成最大的熵值。這就是混合均勻的世界，找不到分化的地方。不過，即使是這種熱平衡的「終態」（endstate），其實還是非常簡單的，一點也不複雜。所以，我們身在地球的生物實存，怎麼會這麼複雜呢？或是說，宇宙怎麼會有各形各色數量高達千億的銀河系，每一銀河系據估計還有數量高達千億的恆星外加伴隨恆星的行星呢？這一樣是相當複雜的啊。原來這就是因為宇宙整體從熵值極低朝高熵值發展的過程，連帶產生了高度複雜的狀態。

換句話說，就像西恩・卡洛爾提出來的說法[25]，我們之所以是存在這宇宙當中的生命體，起源大概就在於「封閉宇宙」（closed universe）朝最大熵值推展的動態——至少在目前是如此，也就是在宇宙一百三十七億歲的中段這時期。生命並不容易界定，但我們這樣的開放系統在做的事，有一樣便是在和熱平衡作對。將生命在

24　**熱平衡**（thermal equilibrium）：系統內的熱量維持穩定，沒有流出、流入。

25　席格所述盡在西恩・卡洛爾二〇一〇年在加州理工學院（California Institute of Technology）作過的演講，〈宇宙起源和時間箭〉（The Origin of the Universe and The Arrow of Time）（Youtube 可見），另也可以參照卡洛爾同年出版著作：《從永恆到現在》（From Eternity to Here: The Quest for the Ultimate Theory of Time; 2010）。
一百三十七億年是這是科學家估計宇宙自大霹靂至今的大約時間。

地球的效應整體加起來算一算，像是從太陽取得光子能量，長出植物、動物，再釋出紅外線熱能送回大氣層，都是在增加宇宙整體的熵值。所以，每一個別的有機體，像是你和我，在和熱平衡作對的時候，其實都是在推助宇宙的熵值往上攀升。

有關於時間的科學論點，在目前雖然未能盡如人意，不過，由於熱力學第二定律以及「過去假設」的緣故，時間從過去到現在再到未來的固定方向是具有「時間箭」這種非對稱的宏觀態屬性的。身為生物體，我們的生命充斥時間箭的現實，因為我們既活在有熱力學第二定律的封閉宇宙，也活在宏觀態的層級。但有意思的是，量子理論卻看不出有時間箭，因為熱力學第二定律原本就是主宰宏觀態的古典牛頓物理觀點的。

量子微觀態沒有時間箭而古典宏觀態有時間箭，有這樣的歧異倒是可以推演出另一條很有趣的說法：人心的經驗會不會既在沒有時間箭的微觀態中迸現，**也**在宏觀態的機率流中被時間箭拉著走？這看法目前暫且不表，留待下兩章再來探入探討。

我們說「時間」，不過是在表示宏觀態從過去走到現在再走向未來的推展，而且只限於這樣的方向。時間在我們叫作時空體的這一整塊宇宙當中標示的是一處位置。我們用時鐘作計時器去度量時間所在的間隔，就像我們用量尺去度量空間所在的間隔。我們叫作時間的這狀況當中會有事情發生，會有變化出現；而且，時間是有時間箭的，亦即走的方向是一定的。談到這裡，對於「時間」到底是指什麼，我們的生命於宏觀態的這一面在推展的時候又為什麼有一定的方向，至少就有初步的了解了。

心的流動可能是能量沿機率密度曲線移動

所以，推展是出現在我們說的空間當中、貫穿過我們說的一刻

刻時間的——也就是在時空體內推展。但是，構成宏觀態的這些微觀態組態出現的變化是內含能量、內含粒子的，而粒子又再是由能量構成。所以，雖然這些集中的能量形式，這些粒子，位置是可以在時空體中移動，但也不是不能有別的變化。只是，有變化是不是牽涉到空間的？怎麼會？不妨這樣子想：這說的變化便是沿著能量機率曲線在改變位置。沿著能量機率曲線改變位置，空間就不需要改變。所以，心的流動便是這樣，是機率狀態的變動。在微觀態中的這些變化到底會牽連出什麼來，我們還不全知道。有的可能和時間箭有關，有的可能就是別的了，稍後會再談到。特別是牽涉到心的時候，這很可能便是「能量流動」會帶出來的基本原理：沿能量機率密度曲線移動。我們覺察到這樣的變化，說不定便是我們的心之所以建構出心理時間的源頭。例如我們看到以前沒看過的東西，或是注意到以前沒發覺到的細節，我們的心理對時間流逝的知覺會像是時間過得比較慢。想像一下自己身在陌生的城市，在新奇的街頭四下漫遊。雖然只是遊蕩一下午，感覺卻像整整一個禮拜；「同樣一段時間」要是放回老家自己熟悉的地盤，說不定就覺得過得很快了。有些人認為這應該就是我們泡在裡面的訊息單位密度在左右我們對時間流逝的經驗。只不過除了主觀這類對時間的基本感覺之外，我們的心對變化的經驗，對於沿時間箭路徑走的推展，說不定還有些什麼是從時間的本質來的，而和探索心的旅程有一些關聯。

接下來就從眾多領域舉一些學者探究心和時間本質的犀利洞察，供各位管窺一下專門學術都在討論什麼問題。哲學家克雷格・凱倫德說：[26]

26　克雷格・凱倫德（Craig Callender；1968- ）：美國哲學家，重心在科學哲學、物理哲學、形而上學。

　　流形（manifold）：特殊的拓撲空間，指局部的點都像是歐幾里德空間，例如地球上的每一

目前研究量子重力的學者提出來的猜測理論通常絕口不提時間，所以在這樣的時代，對物理時間有更清楚的理解也就益發重要——就算只是看看不講時間會丟掉了什麼也好……〔本文便要針對時間、空間二者何以有別，提出全新的解答〕也就是時間維度（temporal direction）是落在事件的流形上的，我們最好的理論就是要這樣，講的「故事」才最能切中要點、訊息才會最多。換個說法，我們的理論要落在時間這維度，才會帶出最強的命定論色彩。時間不僅是「強力放大器」（great amplifier）（Misner，C.，Thorne，K. and Wheeler，J.A.，1973，*Gravitation*. New York：W.H. Freeman），時間也是高明的訊息機。（2008，p. 1）

所以，從他這觀點，時間塑造我們的經驗但不真的會流動——時間是以機率為基礎的作用，供我們用來營造自己的人生。

物理學家羅多洛夫·甘比尼和霍爾赫·普林又再說：[27]

量子重力理論根本就沒有「絕對時間」（absolute time）這樣的觀念。時間觀念也和這理論中別的量值一樣，必須「經由關係」來引進，也就是先選定別的東西作為「時鐘」來研究一些物理量的

點，但是集合起來就會變成彎弧狀的空間了，像地球整體，這就叫作「流形空間」，會流動的空間。

命定論（determinism）：物理學的命定論便是古典物理的因果論，認為自然世界有其客觀規律，依照牛頓的運動定律，明瞭前因就可以推知後果。但是量子力學的量子運動就沒有前因後果的規律，只講機率，也就是非命定論的。

27 羅多洛夫·甘比尼（Rodolfo Gambini；1946-）：烏拉圭著名物理學家，專攻「迴圈重子重力」（loop quantum gravity），與物理學家安東尼·蒂里亞斯（Antoni Trias）於一九八六年合作提出「楊米爾斯理論」（Yang-Mills Theory）的迴圈表述。

霍爾赫·普林（Jorge Pullin；1963-）：阿根廷理論物理學家，專攻黑洞對撞（black hole collision）和量子重力學。

席格引文有誤，由譯者自行訂正。

行為。（2008，p.1）

哲學家喬治・艾里斯 [28] 就為我們帶來比較習慣的說法了：

時間最重要的性質就在於推展。現在既不同於過去，也不同於未來，過去和未來二者一樣截然不同，過去是固定的，未來是可變的，現在則是這兩種狀態過渡的那一瞬間。這一瞬間還是現在，到了下一瞬間就變成了過去。前一瞬間生成的，不斷捲入下一瞬間，這樣的過程一成不變：隨時間推展而出現的事，我們雖然可以有所影響，但是對於時間不停推展下去，就無法影響了。歐瑪・海揚（Omar Khayyam）（E. Fitzgerald，1989，《魯拜集》〔 *The Rubaiyat of Omar Khayyam* 〕，New York：Penguin）就說，「冥冥有手一揮，如此寫就／不論虔敬智巧，斷難爾後／再哄騙回頭，去塗銷半行／人間淚盡，洗去一字難求。」（2008，p. 1）

我們對時間的感覺有一樣便是時間一去不再復返。可是，即使這樣的時間不對稱在微觀的量子層級也未必找得到。機械工程教授賽斯・勞伊德 [29] 有此解釋：「時間和現實是大概念，很難掌握。我們做出來的結果，顯示時間的物理性質有一些細微的地方會違反一般的直覺判斷；小型的量子訊息處理可以用來探索自然的大問題，這便是例證。」（Lloyd，於 www.Fqxi.org. 的 Six Degrees

---

28　**喬治・艾里斯**（George F. R. Ellis；1939-）：南非著名宇宙哲學理論家，專精數學的複雜系統，與劍橋大學的著名物理學家史蒂芬・霍金（Stephen Hawking；1942-）合著《時空的大尺度結構》（ *The Large Scale Structure of Space* ；1973）。

29　**賽斯・勞伊德**（Seth Lloyd；1960-）美國麻省理工學院的機械工程和物理學教授，研究重心在訊息和複雜系統的交互作用，特別是量子系統。席格於於前文曾拿飛機技師打趣說應該取個小名叫「量子技師」，勞伊德倒是自稱「量子技師」（quantum mechanic）。

to the Emergence of Reality 接受 Carinne Piekema 訪問，January 1，2015）。時間放在微觀的層級看起來像是對稱的，這叫作「時間反轉對稱」[30]——但在宏觀的層級，時間卻是固定方向的——所以時間是不對稱的，只朝我們說是未來的方向前進。

賽斯・勞伊德的物理學同儕，雅各・拜厄蒙蒂，則是從這樣的比喻來處理他們提出來的「量子複雜網絡」[31] 新理論：現實在量子面像是一棵棵樹，但在古典（牛頓）理論這邊就是一整片森林。這樣子看的話，複雜度較高的層級——古典理論的層級——其實便是從層級較低的組成成份，也就是樹木或是量子，迸現出來的現象。「關於迸現最古老的幾則例子，有一則要說是最重要應該算是不爭的事實；這便是我們周遭的世界為什麼用古典物理十之八九都能找到很好的解釋，至於我們活在當中的世界，事實卻是落在量子那裡的。」

哲學家賈迪許・哈蒂罕加迪 [32] 寫過一篇〈人心於時間、空間當中之迸現〉（The Emergence of Minds in Space and Time），討論到我們這一整趟旅程在談的一些課題。下面節錄幾段相關的重點：

〔A〕當代以及「非命定論」（indeterminism）對物理世界的說法，落在通常叫作量子現象的「正統解釋」（orthodox interpretation）裡面，也就意謂迸現不僅與之相當契合，還是我們

30　**時間反轉對稱**（time reversal symmetry）：就是要系統暫停掉轉回頭，系統就會依照原先的軌道倒退回去。

31　**雅各・拜厄蒙蒂**（Jacob Biamonte）：於英國牛津大學取得博士學位的量子物理學家，任教於馬爾他大學（University of Malta）。
　　量子複雜網絡（quantum complex network）：屬於網絡科學的領域，主要在應用量子系統去探討複雜科學和網絡構築。依量子訊息理論（quantum information theory），利用量子力學可以可以改善資訊安全和傳輸速度。

32　**賈迪許・哈蒂罕加迪**（Jagdish Hattiangadi）：英國約克大學（York University）哲學教授，鑽研科學哲學、語言哲學和形而上學。

找得到的最好說法……針對心迸現於時間、空間做出適切的理論，這〔命定論〕會是切中所需甚至不可或缺的的一點。（2005，p. 79）

不止這樣，哈蒂罕加迪還說：

任何系統要是有某一狀態中的物理條件組合不是全由〔力學〕定律還有系統先前的狀態在決定，迸現就有機會出現。……只要論及迸現，便要引用到一件或是數件偶然事件促成了較低層級物質形成某一組態才行。而這組態的穩定狀況大有別於該低階物質一般預期該有的狀況。但凡穩定的結構這時都會有一些性質是基底看不到的。……我們只需要指出：每一迸現實存照這樣子看都是穩定的整體，起源都需要有特別的解釋。而且一旦出現，穩定的存在就可以看作是自動永存不變的。（pp. 83-84）[33] 他在探討量子力學和心理課題的關係還有尼爾斯・波爾[34] 的貢獻時說，「（前文）沒有論及量子力學，是因為量子力學是專斷的。波爾提出來的是一家之言，不容論辯置喙。之所以值得探究，是因為量子力學是落在物理探究的最低階。」（2005，p. 86）

之後他在談到「化約論」[35] 時又說：

33　席格此處英文引文有誤，由譯者自行訂正。

34　**尼爾斯・玻爾**（Niels Bohr；1885-1962）：丹麥物理學家，一九二二年獲頒諾貝爾獎，於二十世紀初期提出的學說是量子力學奠下基礎，第二次世界大戰期間參與核子彈研究工程。

35　**化約論**（reductionism）：這裡的化約論是指複雜的現象可以由分析基本結構來往上推演出整體。「反化約」自然就是主張基本結構未必可以推演出整體。
　　席格此處英文引文有誤，由譯者自行訂正。

所以，這一點便很重要了：對化約論的質疑，是以「微觀物理」（micro-physics），也就是拉到原子以下的層級，看得最為清楚。只要實存是逆現的，而且由此未能再作化約，這種「反化約」（anti-reductionism）的性質便會順著分析一路直達最高階。這樣的分析顯示整體雖然一定是由局部組成，有的時候組成局部的那幾類物質之於整體那一類物質的交互作用，要是未能先描述出來，組成局部的那幾類物質相關的種種因果關係，便無法一一作充分的描述，畢竟整體是由局部所組成的。（p. 87）

哈蒂罕加迪繼續討論尼爾斯‧波爾的主張牽連出來的意義：

他傳達的意思是我們毋須接受化約論的學說。這原因就在於連物理也沒辦法化約為力學。想要了解世界最基本的定律，必須先探究這些定律之於高階的實存有怎樣的交互作用。我們沒有理由認為生命或是心理運作是可以化約為力學，或甚至化約到中階去的。……逆現出來的整體內含的因果效力（causal efficacy）也會落在構造局部的實存這一階層（向下因果作用 downward causation），這是在逆現出來的每一階層都看得到的。（2005，p. 91）

關於物理、時間的性質、還有二者之於我們的心理經驗有什麼關係，目前大家討論得相當熱烈。在這樣的節骨眼兒上，我們可以確定的就只是我們不確定我們叫作時間的經驗到底是怎麼回事。既然不確定，就表示我們應該以開放的態度去體驗時間「推展」出來的一切——我們目前也只能拿「時間」來權充語言的站位替身，去

指生命一刻接一刻隨事件在推展，經驗一刻接一刻在迸現而一定會帶出來的變化。在我們一路追尋時間、探尋心靈的旅程，複雜系統這階層的迸現看起來還算穩固，應該可以讓我們站穩立場。而這迸現就出現在現在這一刻。而所謂「開放的態度」，大概就是對於生命迸現出非比尋常的事，也一併來者不拒吧。下面這一件事，便是我自己永遠忘不了也可能搞不懂的經驗。

有一年我在西雅圖演講，晚上從會場所在的旅館外出，要到很遠的地方去和幾位朋友共進晚餐。席間我和另一人在進餐前先去找洗手間。不巧餐廳的洗手間故障不能用，餐廳便指點我們到對街的旅館去借用。我們在雨中穿過旅館庭院進入門口的大廳，要去找他們的洗手間。這時一名穿著風衣的男子走向我說，「請問是丹尼爾嗎？」我嚇一跳，看向來人，他的風衣兜帽還在滴水，我說，「是，我是叫丹尼爾。」男子拉下頭上的兜帽，我這才看清眼前的男子是當年我在義大利參加科學和靈性研討會時見過的物理學家。我們擁抱相迎，我問他到西雅圖來有何貴幹，因為他可是住在美東的麻州。「我來聽你演講。」他說，「可是我是從城裡的另一頭跑到這裡來的。」唔，就這麼巧，他挑中這一家旅館投宿。

這位物理學家，亞瑟・扎雍克[36]，也是「心靈與生命研究所」的理事主席；該研究中心的另一位創辦人是神經科學家法蘭西斯柯・瓦雷拉（Francisco Varela），會長則是達賴喇嘛。「心靈與生命研究所」的主旨放在冥想的科學以及促進慈悲心和安適感的種種心理訓練。那晚亞瑟・扎雍克跟著我們一起回餐廳共進晚餐。席

36　**亞瑟・扎雍克**：美國物理學家，於安默斯特學院（Amherst College）任教三十多年，著作主題涵蓋科學、心理、靈性。協助美國富豪約翰・費澤（John E. Fetzer；1901-1991）成立「費澤研究中心」。多次和達賴喇嘛十四世對談，也集結成書，二〇一二至一五年任「心靈與生命研究中心」的理事主席。

間，我問他物理學家那一陣子對時間不知有什麼想法，能否對我們指點一二。

　　他對我們說，時間可不像我們感覺的那樣。時間說不定還比較像是機率密度，而不是會流動的什麼。所以，我們叫作「現在」的這一刻，只是預測起來機率比我們說的「未來」要高。這說法有些地方便符合凱倫德所說時間是「訊息機」的論點，也就是有助於我們說出最好的故事——亦即「真實」的機率最高。而離現在這一刻愈遠，就愈難確定。

怎麼看待過去、現在、未來，攸關心理的安適

　　由這些討論就會發現對於時間的本質，我們讀的東西愈多，便會看到以「機率」為核心的觀點一刻接一刻一直在冒出來。我們先前談過當前一般的共識——雖然略有雜音異議——便是我們以為屬於「過去時間」的「現在」所出的事，其實還是當下這一刻的定型、無法改變的現在。我知道這聽起來很怪，有些物理學家對這看法也不買帳。不過，這問題的關鍵就在於我們總覺得在變化之外，另有不知什麼正在流逝，而被我們叫作「時間」。有的科學家認為根本就沒有證據可以說有什麼正在流逝。時間說不定根本什麼都不是，而是我們在心裡、在社會溝通當中製造出來的「參考視野」（reference perspective），以利標記變化。即使事件在我們說的時間當中推展，現實也沒有什麼真的在流逝。所以，特別就這一層意思來看的話，「我們以為的時間其實根本就不存在」，就是我們在這裡要強調的。

　　我們怎麼看待過去、現在、未來，真的是會塑造我們的生活。舉例而言，我們在發展心理學這領域學到父母怎麼看自己的童年經驗，是預測親子依附關係最好的指標（Siegel，2012a）。子女和

　　　　　　心腦奇航：從神經科學出發，通往身心整合之旅

父母要是把注意力集中在未來，也就是我們說的「前瞻記憶」[37]，比起對日後的發展茫茫然沒有期待、沒有準備，確實會有比較好的結果（參見 Schacter，Addis & Buckner，2007；Spreng，Mar，& Kim，2009；Miles，Nind & McCrae，2010）。而在人類學的領域，大衛・史考特[38] 則發現一支文化把過去發生過的集體故事說成傳奇（romance）還是悲劇（tragedy），會直接決定他們怎麼去創造未來（Scott，2004；2014）。

這些全都告訴我們「時間飛逝」說不定是無稽之談，但是，我們怎麼思考、怎麼理解過去的那一刻刻現在，我們又是怎麼期待、怎麼計劃未來的一刻刻現在，對我們的安適都有重大的作用。這多半都可以看作是種種形式的時間整合——也就是我們怎樣隨我們叫作「時間」的推展而去連接我們分化的一刻刻現在，至於所謂的「時間」，就是我們生命不斷在變化、推展的一刻又一刻。

這樣的看法牽連出來的意義既深且鉅。我們擁有的只是現在。然而，我們的心理生命又多半消耗在我們現在說是心理建構出來的「時間」上面，我們從自己對變化的知覺、從我們知覺到變化的意識，這樣子做出來的時間概念可就既受限又會設限。以至於我們放不下過去，瞎操心未來，結果就像先前說過的，我們老是覺得時間這玩意兒急急忙忙就跑掉了，抓也抓不住，硬是從指縫之間溜走，我們怎樣也把握不住。

---

37 **前瞻記憶**（prospective memory）：就是記得自己計劃要去做的事。

38 **大衛・史考特**（David Scott）：原籍牙買加的人類學家，任教於美國哥倫比亞大學（Columbia University），研究領域涵蓋後殖民政治、大離散、文化史，著重加勒比海和南亞錫蘭一帶。千里達歷史學家席瑞爾・詹姆斯（Cyril L. R. James；1901-1989）有一本反殖民名著《黑色雅各賓》（*The Black Jacobins*），一九三八年的初版將海地革命描述成浪漫傳奇，後來在一九六三年的版本加進新的材料作了改寫，改說他筆下的這一場革命要是看作悲劇可能比較有用。史考特便從詹姆斯的這一本著作出發，比較傳奇、悲劇兩條路線，認為傳奇的路線對文化、對學術的窒礙較大。當代針對過去建構出來的敘事，會左右當代看待問題的角度，因而影響對未來的展望和走向。

所以，這裡千真萬確的反而只是變化——在流動的是生命，不是時間。而變化的流動一旦鎖定了位置，也就是定型了，機率也就變得很高。一般便通稱作「過去的事」。這也是非常確定，無法改變的事。反之，當下這一刻出的事情還在進行，出現的時候還有不少不確定的地方，機率也就算是中等的了。至於未來的事，便是開放未定的，不確定的程度最高。對於我們叫作未來的那一刻刻現在會推展出什麼來，我們一無所知。

　　對於我們一直在問的關於心的問題，對於我們主張心是從能量訊息流動迸現出來的，以這樣的路線去討論時間還有能量的本質，就十分重要了。假如心的主觀經驗，也就是生存生命感覺到的質感，確實也是從能量訊息流動迸現出來而且具有質數的性質——意思就是沒辦法再化約成別的東西——那麼，**時間**在這裡到底是指什麼呢？假如時間便是潛能沿著連串機率變化推展成為實然，那這不就是說心是迸現為能量流動的嗎？——也就是心就在機率曲線上面一路推展過不同的機率值，像是不確定推進到確定，潛能推進到實然。

　　現在，我們要談的機率密度就略有一點不同了。首先，我們探討過時間的本質而發覺有這樣一種定型的、迸現的、開放的譜系，符合我們主觀經驗到的變化，我們叫它作「時間」，還標示成過去、現在、未來。再來，我們這時候深入探索到了現在這一刻的迸現。所以，這時候講的就不只是變化當中定型、迸現、開放的這些了。這時候的焦點是在此時此地、現在這一刻的迸現。現在我們就再深入挖掘這樣的現在時刻。

　　不論哪一現在的時刻，我建議都要想作必然有能量落在機率曲線的某一點。而且不論那一點在哪裡，既然是落在當下這一刻，便一定在迸現。有的時刻會是在最高的頂點，也就是在確然狀態的

尖峰。興起一縷思緒應該算是這樣的例子。可以想成是百分之百確定，比較好理解。像是你知道你想起了舊金山的金門大橋。之後再一刻，確定的程度可能會下降一點，數值比尖峰要差，像是百分之八十吧。這時你心裡的思緒不止一樁（或是心像、記憶、情緒都可以）。你這一刻處於思考的過程，在想你這輩子知道或是見過的那幾座橋。再下來，你的能量機率曲線又再往下走了，下降到百分之五十，這時的思緒就比較雜了，見過的建築物一一浮現心頭。之後，機率曲線又再下降更多，例如只剩百分之二十吧，這時就是隨便心裡在想什麼都不管了（其他如想像、回憶、感覺都可以）。我們到了下一章會再細談我們的能量曲線甚至可以下降到機率接近零的程度（為了方便起見，可以乾脆標示為百分之零，但也請各位記在心裡，這機率其實永遠走不到絕對的零）。屆時我們就要討論，在這裡說不定便是意識的源頭了。這樣將訊息處理甚至意識看作是心的一個面向、看作是心的主觀經驗，就表示人心的這幾面應該可以看作是從機率密度曲線上的能量流動迸現出來的。幾年後，我對一些物理學家提出這樣的看法，當時亞瑟・扎雍克也在內，很多人對於我從能量的量子論來探究心本質的理論架構，都相當支持，也很有興趣。

或然朝實然趨進，也就是或然從開放未定的狀態轉變成為確定而成為實然，機率便會有變動。很多人也用這感覺來形容主觀經驗。我們則要提議雖然這樣的主觀經驗或許終究是屬於內在的作用，也就是說我們有怎樣的感覺是從自己的涉身心智來的，是落在自己的心界中的，但是，說不定自動組織作用還是有關係因兼涉身源的。說不定對於人際之間的狀態，我們一樣會有主觀的感覺。主觀和自動組織可能各自都是能量訊息流動從我們自身、從人際關係帶出來的——也就是從或然朝實然變動再返回或然這一路所帶動出

來的感官感受和調節。

　　這便是**能量流動**確實的意思。自動組織朝整合推進而去放大複雜度、去製造和諧，在這無止無休的過程當中利用的，可能也就是這樣的變動。要是能量流動受阻，要是種種或然沒有辦法將分化的諸般成份攪和成凝聚一氣、連接一體、更大的整體，要是我們不在整合的狀態，我們就會偏向混亂、僵化。

　　混亂和僵化可以看作是能量機率曲線的動態出現特殊型態。僵化說不定是某一時刻出現的一組定型的確然狀態或是拉高的機率，一再出現而少有變化。在這狀態，我們可能就長期陷在高機率值的憂鬱心境當中出不來，覺得自己沒有價值或是對自己沒做過的事於心有愧，這樣的思緒反覆出現，成為心理生命當中持續不斷的確然狀態。至於混亂就可能是紛紜繁雜的多種或然於同一時刻同時湧現。相較於這樣的混亂和僵化，整合式和諧便是紛雜不一的流動，在機率曲線從或然的開闊平原自由暢行到機率高原再到實現的確然態尖峰。

　　而這裡說的這些，要是畫出來明擺到眼睛面前，看起來會怎樣？

　　那一次在參加科學和靈性研討會後，我搭乘高鐵離開，途中為學生畫了這樣一幅簡圖（見圖表 8-1）。這下子我們就可以拿能量流動就是機率變動來探討人心於主觀經驗和自動組織這兩邊的本質。

　　我早在大腦世代就開始在用先前提過的覺察輪作省察練習，先是用在病人身上，後來擴展到同事，最後是工作坊的學員。這樣子去看能量和時間，有助於我們深入追究心到底是什麼，釐清意識的深層本質甚至心靈整體。

　　到了下一章我們會再深入討論覺察輪以及心的流動問題。我知

道這方面佔的篇幅相當大，只是談起心**何在**的問題，就不得不從看似真實的表相，像是我們對時間的主觀感受，退後一步，轉而深入變化的流動和心靈的本質。

而各位在各自的人生當中，是否感覺得到某種感覺、思緒或是記憶，出現的機會是一刻接一刻都在變化的呢？這種主觀經驗可能就反映了各位自身，或者人際關係甚至與周遭大環境的關係，能量流動的內在變化。此時，此地，我們便在探討各位對於自己心界、心場當中的感官感受**有怎樣的感覺**。而此時，此地，我們便在想，各位要是能將自己感覺到的不同變化視為機率函數不同的變化，是在同一條能量機率密度曲線上的不同動態，由這樣的概念建構而來的流動，不知是怎樣的感覺呢。

而假如各位培養出能力，得以在時時刻刻的經驗當中將輸送和建構兩種作用區分出來，然後再把「覺察念知」——也就是感官感受、觀察、概念化、察知——加進來。應該就會經由看得透徹而營造出整合，而為自己帶來整合會有的安適。

在此就要請各位想一想，時間其實便是我們的心感受到機率變動。我們的心是隨機率變動而在迸現，而不是一樣物體或是什麼名詞類的東西在隨時間流逝而變化。這樣，我們便是停駐在當下這一刻，而能開放迎納種種覺察流為自己帶來的一切。

所以，我想請各位將這些概念放進心裡思索一番，思索的時候一併注意觀察自己生活中的經驗，以這樣的架構作背景去感受當下那一刻，敞開察知流，純然浸泡在察知流為自己帶來的種種感官感受、觀察、概念化。也就是將這「覺察念知」攪和在一起，應該有助於敞開生命迎進更多當下的力量和機會。

下一章我們就要看看心的探索之旅再走下去會找到什麼。我們就把自己的心想像成旅程吧，想像成是推展和發覺的過程。而這一

趟旅程是走不到終點的。現在這一刻便是我們所有的一切，我們有的便是一刻又一刻的現在不斷在推展，一刻又一刻在扭轉或然去孕生實然。

貫串意識、認知、
群體的連續體？

　　在倒數的兩章中，我們要再深入探討
先前談過能量給人的感覺像是機率從確定到
不確定、從極有可能到不大可能的種種分
佈。我們提議過人的意識說不定是從無限
大的或然平原當中浮現出來的。心的作用，
例如意向和心情，就是因為能量曲線朝確定
程度比較高的方向也就是我們說的機率高原
推進，因而出現的。心的活動，例如感動
（emoting）和情緒，思考和思緒，回憶和
記憶，都看作是落在曲線拔高的地方，不過
是在或然成為實然的尖峰值前的次尖峰值。
就是因為這樣，心才可以看作是潛能朝實然
推展而不停迸現的過程。我們也提過，除了
意識、生存生命的主觀感受之外，說不定也

在訊息處理之外，心另也可以界定為自身之內、之間的能量訊息流動迸現出來之涉身的、關係上的自動組織作用，而這樣的作用在迸現之際也同時在調節能量訊息流動。將心的一面界定為自動組織的作用，我們就有辦法界定健康的心理狀態到底是怎樣的，又有哪些方法有助於營造心理安適。到了這一章，我們就要針對先前提過的一些問題探討可能的解答，同時順著探究的自然流動繼續往下走，挖掘出我們到底是誰。

9-1　整合意識，闡明人心（2010-2015）

　　我睡下沒多久就醒了。凌晨四點，天上的群星還沒褪去。我知道這一本書將近末了，我們的旅程也已經快到休息的時刻，這是終點前的一章。俯瞰斷崖下的太平洋，海獅淒涼的哀鳴夾著拍岸的濤聲四下迴盪。我二十五歲的兒子也在這裡，就睡在樓上的小閣樓。他陪我到大瑟爾（Big Sur）的艾瑟蘭學院（Esalen Institute）來講學一星期。艾瑟蘭有五十年的歷史，在美國的潛能開發運動 [1] 歷史佔有中樞的地位。我心中的輸送體自動傳來兒子寫的一首歌：「半生盡付東流，不再，不再，不再……我還需要一條好腿才站得住；心頭的問題太多……為了我聽來的那麼多答案。」（Good Leg，music and lyrics by Alex Siegel）浪濤在斷崖下面迴盪，星光在天際閃爍，這些字句則從我內心流盪到我們之間再穿行到各位內心。

　　一氣呵成，連貫不輟。

　　我對求學時期聽來的答案，始終覺得不太對勁。這一趟走了幾十年的求心之旅，寫成這麼多篇章和各位分享，便是由這樣一股躁動帶出來的。驅策這一趟探索不斷前進的動力，便是渴求把看起來像真的、看起來是對的一切看得清清楚楚，也作完整的分享。而我的病人、同事、學生、讀者輸送來的回響，撐持我這樣的驅力去質問人類心究竟何物，去挖掘生而為人的核心到底是些什麼，而且愈挖愈深。

1　**潛能開發運動**（human potential movement）：興起一九六〇年代的反文化風潮，乞靈自美國心理學家亞伯拉罕・馬斯洛（Abraham Maslow；1908-1970）的「自我實現」（self-actualization）觀念，由喬治・李奧納（George Burr Leonard；1923-2010）領銜，聯合才剛在一九六二年創辦艾瑟蘭學院的麥可・墨菲（Michael Murphy；1930-），一起著書、演講，廣為宣揚，揭櫫的理想是人類的潛能大多未能開發，要是善加挖掘利用，可以大幅提升創造力、成就感，為人生開創幸福。

再過幾小時，我就要在大講堂內登台，面對一百五十名學者。這一次討論會的主題是慈悲、感恩、原諒、正念的科學，佔據這一座濱海的避世聖地。我已經聽過不少與會學者對這一次的主題提出種種美好的見地。輪到我時，我就要先向他們發表我做出來的覺察輪，深入探討關於意識整合、意識探索的經驗，之後再討論覺察輪的練習大概有怎樣的科學基礎。在這一處斷崖頂上，頭上有星空，腳下是驚濤，教人覺得這一趟旅程從頭到尾都像是流動的過程，而我身在此間像是要履行什麼責任，看能不能說些什麼來略盡棉薄。時間還這麼早，我寧可呼呼大睡，但我的腦子卻忙得不得了，倒不是靈感泉湧，反而是像是有什麼東西，像是一幕幕心像，像是體內不知有什麼感覺，像是棉花球堵在腦袋裡面，拼命要脫殼而出。我

Photo by Caroline Welch

知道這樣子好像說不通——什麼棉花球要脫殼而出——但這便是我的感覺。

這一帶的海岸感覺歷經千萬年風霜，浪濤來來去去萬古不變。但在我們這時代，人類改變了我們行星的面目。我們塑造出來的現代世界既在模塑世人心裡的內在風景，亦即我們的心界，也在模塑我們「間際」的心場，轉而再去勾畫我們沉浸的文化面目。我們的「內裡心靈」和「間際心靈」，也就是我們的心界和心場，是我們之所以是我們的中心所在，而在現今這般紛擾、煩憂的年歲，我們的心需要呵護。我們這麼些人聚在這裡大概就是為了這緣故吧。而我這麼早就醒了，感覺也像是這緣故。

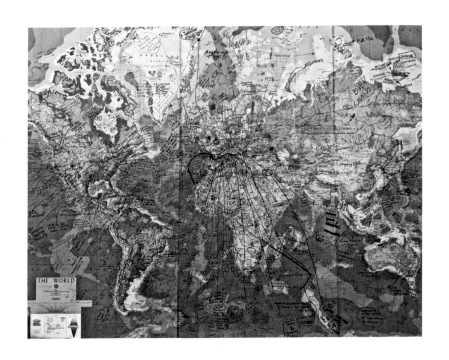

　　生而為人，可不是單靠一顆大腦在汪洋大海當中為迷途的孤舟掌舵就好。我們都是全然內嵌在各自身處的社會世界當中，也是全然涉身而不單止於一顆頭顱而已。我們於「內裡」涉身又內嵌在「間際」的現實，意謂我們每一個人都是徹底開放的系統。沒有疆界可以讓我們覺得在特定範圍之內擁有完全的控制權。沒有程式可以讓我們安慰自己不管怎樣都不會出岔。所以，即使有最嚴謹的科學信念、最虔敬的宗教信仰，了解到這一點，也教我們必須懷著謙卑去心懷世間眾人。

　　可是我們身處的社會、學校甚至科學界，動輒就說人生在世不過是在競爭慘烈、狗咬狗的世界單打獨鬥的命運而已。人生而有涯，所以務必盡力盡歡。為了個人的福祉，物質的積累最好是多多益善，才會有成就感。可是，這當中隱含的假設是人類的自我只存

在於自身之內，甚或僅存在於大腦之內，這樣就教人覺得像是走錯
了方向。我聽了那麼多答案，只引發了更多的疑問。我兒子寫的歌
詞意境正是我心頭躁動的源頭，推著我踏上這一趟無處不是疑問旅
途。自我並不以時間為限，因為會流動、一元整體的時間搞不好根
本就不存在。自我也不以頭顱為限，不以體表為限。自我是我們
生存的系統，我們的一具具身驅則是在我們錯綜連結出來的大整體
當中的一個個節點（node），我們也嵌合在這大整體當中，無法跳
脫。

肉身死了，心可能還在

我聽到海獅的叫聲從下方傳來。天上的星光這時已經黯淡不
少。即將破曉。有幾隻蝙蝠從我頭上掠過，追捕這時開始活動的小
蟲。我們都醒了，都在這裡，都是生命整體，也就是人人的心靈還
有交纏的現實當中的一份子。

我先前提過我以前有個好朋友叫約翰・奧唐納休，猝逝於進入
二十一世紀的頭十年。約翰生前和我經常一起授課，他從愛爾蘭天
主教教士、詩人、哲學家、冥契論者的背景來講課，我便以我們這
裡一直在探索的人際神經生物學的視野去講課。我們初識的地點，
和這時候我落腳的崎嶇崖岸很像，但是遠在奧勒岡海岸（Oregon
Coast）那一帶。而我們最後一次見面，也是最後一次一起授課，
是在愛爾蘭西部的崎嶇海岸，那是他長大的地方。約翰和我彼此分
享的東西很多，相處起來也始終都很融洽，像是一直在推展前進。
約翰生前說過他想活得像是向前奔流的河川，任由自生自成的一切
為他帶來驚喜讚歎。約翰和我同年，那時兩人都才五十出頭，但在
我們在他童年住處不遠的地方一起講課之後沒幾個月，他竟然撒手
人寰。我們兩人之間的聯繫造就了我們——不僅在「我們」的關係

當中，在我們各自的身上也看得到。即使如今他已逝去多年，現在的這個我，都是從當年的我們來的。

所以，上一段我寫我「以前有個好朋友」，說不定要改寫成「有個好朋友」才對。約翰依然活我身上。

我們的根本，我們的心靈，真的是源起自人與人的關係。

常有人問我，人心是不是要有大腦才能存在。人類的心難道不需要肉身活著才活得下去嗎？我當然知道約翰對現實的主觀經驗，是要他的涉身腦還活著時才會有的。如今他的肉身既然已經無存，他的心靈在這方面自然就不再有所推展。有些人可能相信肉身不再靈魂依然存在，也就是人有一種基質是在肉身無存之後依然不滅的。對這一點，目前我未置可否，至於約翰本人，可能不僅相信靈魂不滅，說不定他的靈魂還真的存世未滅。我依一己的私心，也但願果真如此。

而約翰心靈的自動組織作用，說不定在他肉身逝去之後也還真的不滅。我這話的意思，各位自己可能也有過經驗，就是失去心愛的親友，失去塑造你、改變你、由內而外扭轉你人生道路的人，他們的形體雖然已經找不到了，你卻覺得他們還是與你同在。這便是我們和他人深層的聯繫不隨形體消失而不見。這便是心的關係面。

而心的自我組織作用在軀體消逝之後說不定一樣不會消失，一樣還在影響從未邂逅的陌生人。約翰過世之後，每次我演講時提到約翰或是他的著作、電台訪談，便有人會找上我講一講約翰的事。他們都說讀過約翰的著作或是聽過約翰悅耳的聲音，就覺得自己跟他像是有關係而且帶來了改變——約翰生前，對他說這樣的話的人本來就很多了。我個人覺得這便是約翰送給我們的禮物，提醒我們每一天何其精采，人生何其神祕、奇妙、壯麗。

我以前跟約翰說過，縱使我們人生在世看起來是在往前推

進，但說不定我們在現實還是留下了「永存的印記」（eternal imprint），不會消褪。我的意思是，我們不妨想像有一隻螞蟻沿著一根尺在往前爬，從二吋爬到三吋、從三吋爬到四吋再從四吋爬到五吋，而且，螞蟻以為當下那一刻存在的就只有五吋那一點。可是，螞蟻爬的那一根尺沒有消失。二吋、三吋、四吋那幾點還是存在，儘管螞蟻那一刻的知覺只有五吋那一點。約翰很喜歡我說的「永存的印記」，而這幾個字其實也像他一生的寫照。說不定是我一廂情願的想法吧，因為我好希望他這時候是有什麼還與我同在，還與我一起在俯瞰大海，就在生命長尺當下的這一刻度上。不過，要是時間真的不是什麼會流逝的東西，那麼約翰的肉身活在人世的那時間，便還在「這裡」，依然留在生命「永存的印記」當中，只是不在太平洋岸的當下這一刻度罷了。但願我想的是真的，生命的一切都會留下永存的印記，在我們身處的四維時空體的整塊宇宙當中，保有恆久常在的位置。這也像在提醒我們要緊緊掌握人生在世的奇妙恩典，懷抱感恩去過生命的每一天，去對人生中的每一個人。

　　現在這一刻隨能量訊息流動而不斷變動，日曆一頁一頁翻過，我們這一趟旅程也一章又一章從夏季推向秋季再經由冬季轉進到開春。

　　今天早晨也一樣，我醒來時腦中都是今年先前一次周末出的事情。天已破曉，星光漸漸黯淡；蝙蝠依然四處翻飛，海獅的長鳴隨洶湧的浪濤鼓盪；我這是在夢中嗎？在我開車往返授課的途中，幾十哩的路途一直在聽機器人聲將這本書稿的電腦語音檔唸給我聽，心中不禁納悶，這一趟發現之旅是真的一路在推展嗎？我們真的打破了心的表相，揭露出下面一層又一層的內在嗎？幾個月前在加州帕薩迪納萬聖堂真有過那一場周末的聚會嗎？

很久以前我聽過羅多夫‧里納斯[2]以意識作主題發表的演講，那時他說我們的意識歸根結柢就是一場清醒的夢。他說睡夢敘事時的神經事件，相較於日常生活覺察的推展，其實是看不出來明確劃分的。活著就是在作夢。他在著作當中描述意識有一處相關神經機制，在丘腦（thalamus）和皮質二者之間的掃描速度高達每秒四十來回（四十赫茲 Hz / hertz）（Llinás，2014）。那樣的神經震波掃進來的，都可以在我們的意識當中體驗得到。這看法符合其他學者關於意識的討論，例如托諾尼[3]和柯克（Koch）（Tononi & Koch，2015）。他們的主張扼要歸納起來便是說大腦不同的分化部位，說不定連其他系統也可以算進來，連接的複雜程度——也就是整合的程度——會滋生心靈的意識。這些學者，外加多人也提出過意識相關神機制也就是 NCC 的多處可能所在，而對覺察的主觀經驗可能是跟著大腦活動一起來的，都有十分有趣的提議（參見 Damasio，2000 and 2005；Edelman，1993；Edelman & Tononi，

2　**羅多夫‧里納斯**（Rodolfo Llinás；1934-）：原籍哥倫比亞的美國神經科學家，於神經科學研究有重大貢獻。
　　席格這裡說的掃描是指「神經振盪」（neural oscillation），也就是在神經元之間反覆來回、有規律的活動，透過儀器檢測呈波形，所以俗稱「腦波」（brainwave）。一九八〇年代的神經科學研究發現眾多神經元同時以 35 到 75 赫茲的頻率集體放電，是對應特定意識知覺內容的相關神經機制，叫作「伽瑪振盪」（gamma oscillation），也就是俗稱的「伽瑪波」。里納斯在一九九〇年代又以人腦磁波儀進行研究，發現丘腦會發動瀰漫的投射從皮質層的前面掃到後面，每秒四十來回，這類的振盪不同於前述振盪，沒有特定的目標，像是意識知覺的「背景」（context），不論清醒或是作夢無時不刻都在作用，只有在深度睡眠（deep sleep）的時候才會暫停。所以「伽瑪振盪」也簡稱作「四十振盪」。
3　**朱利奧‧托諾尼**（Guilio Tononi）：義大利神經科學家，以研究睡眠知名，針對查默斯說的「意識大難題」，於麥迪遜威斯康辛大學（University of Wisconsin-Madison）的「睡眠與意識研究中心」（Center for Sleep cand Consciousneass）帶領研究團隊於二〇〇四年提出「訊息整合理論」（integrated information theory），根據克勞德‧夏農（Claude E. Shannon；1916-2001）提出的「訊息理論」（information theory），擬出公式用來計算人類意識運作的程度高低，主張訊息單元的連接和交互作用愈高，整合的訊息量就愈大，意識便愈強。提出「意識相關神經機制」的克里斯多夫‧柯克也協助研發這一理論，便說：「要有意識，唯有擁有眾多高度分化的狀態而且整合起來的實存，方才可能」（To be conscious，you must be a single，integrated entity with a large repertoire of highly differentiated states.）。

2000；Graziano，2014）。

　　今天早晨我醒來時，我想我那職司生產、建構的心理模式是在完全發動的狀態，而把我從睡夢當中叫醒。我的建構體在省視自己，啟動建構的功能，自然就生產出訊息，讓我知道依照人類運用下行處理製作出來的日曆，今天是幾月幾日，進而知道這一天是萬聖堂討論會後好幾個月了。我的建構體也針對這樣的知識作出詮釋，找出其間的意義——這便是意義在大腦中的「聯信認展情」（ABCDE）：今年先前參加的那一次周末聚會的種種**關聯**（a̱ssociation）；**相信**（ḇelief）生命不僅止於日常生活的表相而已；對那周末的訊息流動有所**認知**（c̱ognition），傳達給各位，討論意識這一件事；依年代分章節敘事的經驗勾起了相關時空的**發展**（ḏevelopmental）期，因此而萌生**情緒**（e̱motion），也就是整合出現變動，不僅形諸感覺，也形諸心理狀態的變化。我們便是透過這樣的心智運作在進行詮釋、產生意義的。

　　我感覺得出來那一次在萬聖堂的聚會並不是夢，因為那一次的聚會並不是由我這一副逐漸醒來的身軀內有生產功能的心所製造出來的。搞不好是一場作夢得來的聚會呢，也就是美國聖公會（Episcopal Church）的教士他們預想到有這樣的聚會，也就有了這樣的聚會，也就是由他們的心製造出來的。而這樣的推展好像怎樣都和約翰未曾消逝的自動組織還是安住在這人世脫不了關係。

　　艾德‧貝肯是萬聖堂的聖公會教士，他在多年前聽說過約翰‧奧唐納休這人，深受約翰的理念啟迪。他聽說約翰已在八年前過世——這在生命的長尺可是有一年一吋總計八吋的永存印記——艾德便到約翰生前長居的國度去朝聖；約翰的一生、著作都是從那一片土地來的。艾德也聯絡上約翰的家人，在和約翰的兩個弟弟見面時，他們聽說艾德來自南加州，便跟艾德提了一下我和約翰的關

係。

覺察練習帶來新的「心」體驗

　　沒多久我就接到艾德打來的電話，相約在洛杉磯見面，討論共同的興趣。艾德加入我們在洛杉磯一個月集會一次的心見討論小組之後，提議我們在他主持的教堂辦一次周末靜修，探討科學和靈性的關係。我們便辦了一次「靈魂與突觸」（Soul and Synapse）的活動，主旨在以覺察輪練習的沉浸經驗外加對人類生命的科學討論，來探討意識、探討心的本質。我把靜修營期間打在電腦上的日誌，拿幾段出來和各位分享；這時靜修營結束才一天。

　　在萬聖堂那周末是很震撼的經驗，和三百人一起潛心深入覺察輪練習，分享第一手的直接主觀經驗，之後再做一次，再作分享，再而後才開始省察這到底是怎麼回事。身為主持人，我特別強調大家要去領會主觀的現實是真確的，練習時感覺到的經驗轉換成語言表達，也是大家應該重視的材料。有些人做覺察輪練習可能會有慌亂失措的感覺，形容自己做過覺察輪的練習之後看世界的眼光都不一樣了。有些人從第一天就覺得從內在以這種新的方式去感知世界，教他們很不舒服，有時甚至滿腦子都是憤怒的聲音在說這樣子不對，或是這樣子、那樣子有問題，不應該繼續下去。另有些人反倒覺得換一下觀點像是換一雙眼睛，例如專注在鼻翼吸進來、吸出去的空氣時，會注意到氣息的溫度有差別。有些人對感知有變化覺得很興奮，有些人卻平靜又放鬆。這些未必只是覺察輪練習常見的反應，一般人開始作省察一類的練習時，不管哪一種，只要是朝內觀照而不是朝外，大概都會這樣。

　　覺察輪練習進行第二次時，我加進輪輻扭轉這條件，所以這時學員不僅依照輪圈上的輪輻轉動在區別輪軸和輪圈，也就是區別

察知和已知，同時也對覺察有直接的覺察。注意的輪輻就直接導向輪軸。有些人覺得這很難體會，結果心理直接「停工」，反而沉溺在輪圈的某一項活動裡——不管是思緒、記憶或是知覺流都一樣；但也有些人的感覺卻是開闊和平靜，這類動人的證詞現在我也聽多了。像有人就說，「我覺得自己的心走到了從沒去過境界。沒有什麼要做的，沒有什麼要去掌握，沒有什麼要去擺脫，就是走到這樣的地方，就是待在這樣的地方。平和得不得了。」另一人的說法則是：「我之所以是我的這一副軀體不見了，只有一種很奇妙的感覺，覺得自己不僅和他人有關係，自己甚至也是大家的一部分，是萬事萬物的一部分。」再有人說，「我覺得自己就是宇宙，浩瀚無涯。說不定這其實才是真正的我。」還有人說她「心頭的平靜前所未有。這是神，這是愛。」

第二天，我們探討其他的經驗，省視自己從封閉的、以自身為基礎的自我當中脫離，怎麼會為自己帶來那麼深刻的變化，很多人還說是帶來「蛻變」（transformation）。我們的自我有這樣的變化，我們的覺察中對自己是什麼人的感覺有所轉變，似乎對安適感有重大的影響。甚至還有人在休息時跑來找我，要我讓大家把反應寫下來，因為她自己不好意思當著那麼多的人講出她的感覺。我便問她的經驗是怎樣，她說，「喔，我不想被人想作是在自吹自擂，所以我先前沒講。但這是我這輩子最奇妙的經驗。我覺得自己和一切融為一體，覺得好開闊，找不到界線，覺得好平靜。謝謝你。我覺得在這以後我整個人都跟以前不一樣了。」

但也不是一定都這麼美好。例如第一天便有幾位有過童年創傷的學員表示做這練習會有恐慌的感覺，專注在輪軸的時候一開始還有「解離」（dissociation）的感覺——這是說從經驗脫離，淹沒在不快的心像、情緒或是身體感受當中。他們說在這樣的場合雖

然還「應付得來」，但不是很愉快就是了。後來，第一天的第二次練習有一人，第二天的沉浸練習有幾人，覺得這種不愉快的感覺有了變化，像有一人就說，「我覺得好像掙脫牢籠了。」我請她多說一點，她說，「我不再只是那些記憶，不再只是我身體內的那些感覺。就是覺得輪軸好像變成了我的朋友，那輪子也不再是我的牢籠。我覺得我從心底深處真的自由了。」

在這裡我們發覺一件奇妙的事，就是我們對於自己的心靈、覺察的活動，並非是消極被動的。有意識便有選擇，並且有改變的可能。不過，這一點對於我們對於心靈、能量、時間、意識本質的新認識，到底有什麼意義呢？

我在其他工作坊帶過幾千人做覺察輪練習，加上從我們網站下載覺察輪練習的七十五萬多人也有不少回饋意見，綜合起來，看得出來有一組經驗模式相當有趣。不論文化、民族背景，不論教育程度還有年紀，不論先前完全沒有冥想的經驗、首度接觸省察練習，還是在冥想訓練涉獵廣泛、有深厚的基礎，甚至連冥想修習中心以及寺院的主持人在內，大家的回應都相當一致，特別值得一提。

大家描述不脫下述模式：討論到輪圈時，說的都是描述各形各色對外在世界或是身體感受的感官感覺。在思索輪圈上的種種心理活動時，許多人說會勾起多種感覺、思緒或是記憶進入覺察，而且有安撫的作用，給人清明、穩定的感覺，有的人還是生平第一次覺得清明、穩定。只要擺出「放馬過來我不怕」的姿態，心就會清明起來。不需要特別去驅趕還是尋找什麼。敞開胸懷迎納一切，就能隨遇而安。練習到第四階段，來到我們要連接到第八感時，大家常會有很深的聯繫感。體驗到自己和他人、和我們這星球有錯綜交纏的感覺，讓許多人在進行到這輪圈的第四階段時會有很深的感謝和歸屬感。

對於注意力的輪軸扭轉一百八十度帶大家去直接覺察自己的覺察，我們作討論時就常聽到下述形容了，和那周末聽到的那些差不多：敞開，空闊得像一望無際的天空，深廣得像汪洋大海，神，純淨的愛，家，安全，清明，靈性，無限，無邊無際。

各位不妨想像一下。我們運用覺察輪這麼簡單的比擬，將心於已知這面的諸般作用放在輪圈，將覺察中的察知放在輪軸；之後，循序漸近移動注意力的輪輻逐一探索這些作用，逐一分化開來，再連接為一體，帶出整合的經驗。短短一下子的省察練習就能製造出深刻、共通的經驗。我自己雖然已經帶過上萬人次做這練習，每次帶領學員練習，聽他們各自描述感受，依然教我驚奇。

我們在工作坊問的下一問題是這樣子的。假如覺察輪練習可以比擬作心靈，那麼前一章還有之後會再談到的或然平原上的機率曲線，會不會真的就是心理運作的基本機制呢？我們就來深入探討這一點吧。

或然平原的機率曲線移動是否就是心理運作？

我們先前討論過，量子物理認為能量的變化可以畫成一條機率密度曲線。我們就來檢視一下這看法中的幾項要點，看看這些要點和覺察輪練習的第一手描述有怎樣的關係。能量的機率曲線在一頭是百分之百的確定度，另一頭是零或接近零的確定度。或然平原上的圖形便是能量曲線圖，從接近零的確定度爬升到實然的種種確定狀態。我們把可能的心理相關作用對應到曲率曲線的數學圖形，就有了潛在的念頭演變為實際萌生的思緒出現在次尖峰或是百分之百確定的尖峰值。要是意向或是心情的話，便會落在機率拔高的高原區，為之後從高原區再往上爬升的或然佈下施展的舞台，同時也劃定發展的方向。

只是，我問與會的人，或然平原到底是什麼呢？經由覺察輪的練習是否透露出意識是不是有哪一面、能量流動的奧祕是不是有連物理學家也不清楚的什麼東西，可能就是覺察的源頭？或然平原會不會是人類意識的源頭？這建議是以覺察輪練習的上千筆第一手描述作為實證資料，方才提出來的。輪軸扭轉一百八十度作練習時，學員一再提出敞開、無限、空闊、聯繫到萬事萬物之類的描述，而且不論學員的背景如文化、教育、年紀、經驗，說法都那麼類似，也就表這作樣的比喻應該可行：輪軸可以代表平原的運作機制。

將近百年的量子研究顯示，觀察（有的人說就是人類的覺察）會導致光子的波函數直接塌陷成為粒子。一種波可以有多種不同的值（或說是位置）；一個粒子倒是只有一種值或是位置。科學家的奇特發現是對光子的位置留下印象，例如拍一張相片，會將光子從波變成粒子。站在量子力學所謂正統「哥本哈根詮釋」[4]大旗底下的物理學家，對這些實證的發現，有許多人就認為攝影的觀察便相當於攝影者的意識。另有一些人則認為這和意識沒有關係，而是尚待解釋的問題，關係到攝影機以及估計機率波的確切值，而且這機率波說不定還牽涉到別的問題，例如「多重宇宙」[5]。這問題的

4　**哥本哈根詮釋**（Copenhagen interpretation）：量子力學的兩位先驅尼爾斯·波爾和華納·海森堡（Werner Heisenberg；1901-1976）一九二七年在丹麥哥本哈根共同提出來詮釋，提出「波函數塌陷」，指量子層級的物理現象在測量之前都沒有明確的性質，只能以波函數來預測某些結果發生的機率。但是一經測量，眾多機率當中便會出現一樣結果，這便是計算機率的波函數塌陷。
　　把電子波和發現概率聯繫起來，並主張「波包塌縮」的一種對物質──波的量子論解釋，已經成為量子論的標準詮釋。它是由波爾和海森堡於一九二七年在哥本哈根合作研究時共同提出的。此詮釋建立在由德國數學家，物理學家馬克斯·玻恩（Max Born）所提出的「波函數的概率表達」上，之後發展為著名的不確定原理。此後，量子理論中的概率特性便不再是猜想，而是作為一條定律而存在了。量子論以及這條詮釋在整個自然科學以及哲學的發展和研究中都起著非常顯著的作用。

5　**多重宇宙**（multiple universes）：一九五三年當在普林斯頓大學攻讀博士學位的休·埃佛瑞（Hugh Everett；1930-1982）提出量子力學的另一類詮釋，有別於哥本哈根詮釋，叫作「多重宇宙」，否定波函數會塌陷，轉而假定有無數的平行世界，以之解釋微觀態的量子現象。後來

相關爭論牽涉廣大，諸多爭議尚屬無解。不過，有些物理學家倒覺得問題簡單明瞭：意識似乎是宇宙先天固有的組成（參見 Stapp，2011; Kafatos & Siegel，2015）。

簡單一點來講，觀察會把能量沿能量機率密度曲線從不確定移到確定。這一量子現實，也就是觀察就是會導致能量性質出現變化，算是不爭的事實，只不過相關的方程式及其意義的詮釋在這一分支的物理學還是爭辯得很激烈便是了。

假如這番對意識角色的詮釋確實沒錯的話，那麼覺察本身便和改變能量的機率密度函數脫不了關係了，那麼覺察輪的練習說不定就在告訴我們心理經驗有其連續體（continuum），一路從平原區的覺察推進到心情和意向所在的高機率高原區，再到緊臨尖峰的種種心理作用，尖峰則是定型的心理活動。我將這樣主張說給一些量子物理學家聽，他們說量子理論沒有這樣的說法，但這說法完全符合量子力學公認的定律。

這樣的能量動態，也就是在種種機率變化當中流動，說不定可以解釋何以思考會轉化成思緒、感動轉化成情緒、記起轉化成記憶，這些又可以描述成次尖峰值在朝尖峰的確然態推進。或然的開闊平原說不定就是覺察浮現的源頭，是我們可以體驗「初心」的時候，而將自己從有時會自動運作的下行濾網當中釋放出來；這樣的濾網可能會是桎梏，對放空的察知（open awareness）形成阻礙。這也就是在衝動和行動之間穿插空白、在刺激和反應之間穿插空白所要有的機制。下行的濾網則落在高原區、落在先前經驗所在的尖峰，建構我們對世界的經驗，從想法到概念再到各自對自我感覺的敘事。然而，我們要是推展出通往平原的途徑，就可以潛降到這

由布萊斯・杜威特改名為「多世界」（many-worlds）。肆後多重宇宙的觀念在科幻作品當中大為風行。

些濾網下面，進入開闊無礙、定靜、在行動之前略事停頓當中，而把事情看得更清楚，徹底安住於當下的生命，而不是因為放不下過去、瞎操心未來而迷失。

我們在上一章討論到時間，覺得我們從微觀態的心靈迸現出來而且沒有時間箭的心理經驗，相對於從宏觀態的心靈迸現而有時間箭的經驗，說不定是有分別的。在這裡就回顧一下量子理論怎麼看沒有時間箭的微觀態吧；古典（牛頓）物理的熱力學第二定律和「過去假設」，有助於我們理解宏觀態推展起來為什麼有固定的方向，也就是我們說的「時間箭」。假如能量在量子性質主宰的微觀態或在古典性質主宰的宏觀態都體驗得到，那我們的心，從能量流動迸現出來的心，就可能是兩種經驗兼具的了：也就是一種有時間箭，另一種沒有時間箭。變化或是流動可以兩種形式兼具，不過，心理生命的「質」（quality），也就是主觀經驗的質，感覺可能就有清楚的分別了。我們的想法是這樣的：經由覺察輪練習而釐析清楚的意識經驗，是否看得出來是一片或然平原，開闊、廣大，而且偏向微觀態呢？輪軸的比擬和平原的機制應該就是這樣子透露出心於微觀態的流動。相形之下，要是落在覺察輪的輪圈，感覺就比較直接像是時空體一整塊宇宙中的動態了，而高於平原的機率值說不定真的是由一組能量型態構組成的宏觀態。之後在討論人類於意識當中「沒有時間」（timeless）的察知，相對於「受制於時間」（time-bound）的已知，二者在覺察可能會有怎樣的對比，這一點還請牢記在心。

既然主張人心於深層有這樣的基礎機制，也就是有不斷在推展的種種機率分佈其間，而且是我們真的可以用心智去左右的，那麼，意識當中的察知在這時候就有了描述的方法了。意識當中的察知起自能量機率曲線在確定度接近零的那一帶，相當於幾近無限大

心腦奇航：從神經科學出發，通往身心整合之旅 ┤

的可能。這一片開闊的或然平原縱使不算無邊無際也極廣大，可以供我們浸淫其中。這便是潛能的汪洋，機率以及後續的實然都是從這汪洋當中湧現出來。

這樣子看的或然平原是很穩固的架構，雖然未能證明為真，但是我們在工作坊尚未引進或然平原的觀念之前，便已經有眾多個人省察的第一手經驗在作支持了。這樣的架構雖然不屬於量子物理，但是符合量子物理的學說，既符合個人心理生命的個別經驗也可以預測相關的經驗，包括覺察輪練習的探索。

要是以或然平原作為工作假設（working hypothesis），那就有了參考架構可以用來理解我們的經驗。然而，既是架構，就請各位務必維持開放的態度，因為架構的下行處理可能會綁得我們只把架構看作是語言模型和視像比喻。這工作假設可能正確、可能有一部分正確、也可能並不正確。面對種種可能，我們都虛懷以待吧。

關於或然平原有一件事情相當奇妙；一把這樣的視野提出來，時常就有很多學員自動多下一點工夫去擴展他們「有什麼狀況」的感覺，而對覺察到的變化有更清晰的感覺，進而帶出力量去為自己的生活注入更多的平靜和聯繫。有些人甚至說他們原有的慢性疼痛，像是膝蓋、脖子、背部或是臀部等部位的慢性疼痛，不藥而癒——我帶領過的每一工作坊幾乎都有這樣的例子。我也收到不少電子郵件表示後來疼痛並未復發。這是怎麼回事呢？假如疼痛位在比擬的輪圈上面，那麼加強通往輪軸的聯繫就有減輕疼痛的效果。拿或然平原的機制作架構來看，要是慢性疼痛像是綿延不斷的高原，推升到劇痛的尖峰，那麼往平原的方向推進就等於是將心靈的主觀經驗往下拉，拉到或然平原，也就脫離了尖峰劇痛長期不去的桎梏。

而「身在」或然平原到底給人怎樣的感官感受呢？許多人覺得

進入平原區就有我們說過的感覺：空闊，平和，無限的潛能，愛，聯繫，完整，還有寧靜。假如我是以局外人的身分在看這些說法，對親身經驗並不熟悉，沒有那麼多學員一再親口說這些，我自己也不會相信。

進行覺察輪練習並不需要知道什麼或然平原，但要是有所了解，似乎不僅於概念理解和實際操作都有助益，同時也能為人注入力量。這樣的情況相當有趣，只是依然算不上可以證明假設成立的證據。

科學與宗教之間

萬聖堂的周末靜修營結束時，安排了一堂課作總結，由艾德·貝肯和我一起上台討論幾則主題，包括他們自己在萬聖堂推動的「新敘事方案」（The New Narrative Project），主旨在以跨學科、跨信仰的途徑去將科學、靈性連接起來，以利團結各形各色的世人。我看向台下的聽眾，各種背景、男女老少都有，剎時覺得艾德一心要將他的宗教訓練融入心靈的科學研究，在我們共度這周末的眾人當中，一定會種下改變的火種。

艾德問我，從練習覺察輪而產生的省察，要怎樣連接到世人關於神、關於科學的經驗去呢？我聽他提這問題，馬上頓了頓，在心裡琢磨該怎麼回答。恍惚間覺得約翰·奧唐納休像是與我同在；我想起我們談過那麼多科學、社會、靈性方面的問題，想起他身為天主教教士的經歷，他對居爾特（Celt）冥契思想的見解，他寫的哲學著作，我和他來往的經驗，還有他不僅是詩人也是詩歌的活化身等等。所以，約翰和我應該是會從靈性、科學這兩面透鏡來教「喚醒心靈」這一門課。也不知怎麼回事，我就是覺得約翰心靈的自動組織這一面當時就安住在現場，在艾德身上，在我身上，在講堂之

內。

　　我深吸一口氣。開口回答艾德的問題，說身體的器官，包括大腦，是受限於知覺途徑的，說不定還受限於概念途徑。科學應該要能接受有些真實的事可能不是現在的科學透鏡所能完全看透，搞不好還永遠都看不透。話雖如此，我還是針對萬聖堂週末靜修營的沉浸經驗帶我們一窺人心可能的堂奧，而艾德提的問題又該怎麼看，提出看法。

　　假如艾德說的「神」是指宇宙於冥冥中有整飭的力量在運作，不是人類的肉眼所能看見，說不定也不是理性的心靈所能知道，那麼，科學的原理就應該考慮現實可能也有不可見者。一如不是真的就一定可見，也不是可以測量的才算重要。假如艾德問的問題是說靈性修練和科學研究要是找得到交集，對人類能有莫大的貢獻，那我倒是覺得有方法可循。我們既然把靈性看作是有聯繫、有意義的生命，科學放大來講又是在釐清現實深層的本質，在敲碎事物的表相，揭露潛藏在下的機制，那麼，我們不僅應該找得到途徑探尋到兩邊的交會處，也應該找得到兩邊交相砥礪的地方。

　　上面說的，是我在開口講話之前心裡想的，都是我和各位這一趟旅程一起探索的事情，外加艾德提這問題，勾起我和他之間的種種聯繫的感覺。之後，我覺得自己的嘴像是在動，也聽到嘴裡吐出了話語，感覺到約翰與我同在，正在發揮自動組織的作用。我看到艾德眼裡的關切，再看向滿座三百名聽眾安靜坐著，專心聽我們兩人對話。我開口回答。我想當時我說的大概是這樣：假如我們認為宇宙的基質就是能量，連物質也是由能量凝聚而成的，那麼，能量的型態便是現實的基質。假如我們又再把能量想成是會展現為潛能，從無限的或然穿行到機率再到實然，又再回頭，如此往覆，我們就開始感受得到自己可以怎麼去體驗自己的心理生命了。要是再

想到開放系統本來就有力量會朝連接分化推進，那麼，這樣的整合說不定就是驅策人心進行自動組織的無形力量。

我接著又說，我們做覺察輪練習，便是在沿著能量的機率分布曲線的不同部位進行分化。這樣的機率譜便是心靈的經驗。輪圈上的種種成份則是迸現的心理活動，浮現為實然再回頭消退融化成為機率繼而變為或然。我們轉動注意力的輪輻，沿著輪圈移動能量訊息流動的方向，就不僅是在內心沿輪圈分化不同的成份，同時也在將輪軸從輪圈伸展出來的輪輻區分開來，也就是在將高出或然平原的能量型態，還有從或然浮現而展現出來的機率，和實然區分開來。

由於移動輪輻是在帶動個人發揮能力去打進或然平原，因而會強化輪軸。之後我們轉動注意力輪輻，朝右拉一百八十度到作比擬用的輪軸，就可以對覺察有直接的覺察了。

這時我說輪軸說不定便代表或然平原。而這一塊開闊的平原可能給人無限的感覺。在這平原說不定有覺察迸現，而發覺你的輪軸、我的輪軸、我們每一個人輪軸基本都一樣。無限便是無限——我們每人的或然平原都是一片潛能的汪洋，都是無限的水域，或者說是幾近乎無限吧。而且一模一樣，或說是差不多一模一樣。我看向滿座聽眾，大家濟濟一堂在這周末一起潛入這樣的經驗，一起探討我們的心。我說，大家雖然各有各的身軀，但於根本其實是共有相同的平原。即使或然平原的確定度接近於零，即使我們是活在各自的軀體之內，我們依然有機會經由覺察輪練習而盡量朝開闊的無限感逼近。我看向滿座一張張臉孔，覺得每一個人好像有的是同樣的基質，每一個人都落在同一集體的存在當中，他們每一個人都是我，人人都有錯綜的聯繫。我們每一個人都經由輪軸而聯繫起來，落在或然平原聯繫起來。

我再對艾德和滿座的聽眾接下去說，這時心裡相當緊張，惟恐科學的觀點會冒犯到他們的宗教情感。我說，把這些集合起來，對於「神」，我們說不定可以這樣子看，也就是把神看作是萬象製造機，看作是萬事萬物之得以萌生、存在的開闊平原。而且，有所覺察、意識的經驗，可能便是神聖經驗（sacred experience）。我們的覺察經驗便是從開闊的或然平原浮現出來的。

　　艾德抓住我的手，臉上泛開美麗的微笑，紓解了我心頭的焦慮，我原先好怕說出來的話在這一座崇拜天主的殿堂會褻瀆犯忌。講堂裡的聽眾好像也很興奮，我們就此將眾人一起沉浸的經驗帶向終點，在古往今來一起推展出來的一刻刻現在當中的這一刻現在，暫時畫上休止符。

　　同時我也想起了各位；那時我在講堂對眾人講話，還有這時我寫下這些字句將你我聯繫起來，我都想起了各位。我知道此時這趟旅程已經走到倒數第二段的年代了，但還有一些基本問題一直無解。我們把重點放在人心雖然相當有趣，但是有些問題眾說紛紜無法化解，就算未定也只有接納。就算我們的大腦是有神經相關機制，是有幾處部位經由每秒四十來回的穿梭掃描在同時啟動，或者是大腦內由整合連接出來的複雜度相當高，但是，一路找到最後，以大腦為基礎的意識到底會是什麼呢？我們覺察中的察知究竟是怎麼來的？唉，我們怎樣就是不知道。沒人知道。假如心歸根結柢真的不單是大腦的事，那麼，能量機率值譜又怎麼會產生心理生命的主觀經驗呢？或然平原又怎麼會在大腦、在整個身體、說不定還超出了身體的限度之外，產生意識當中的察知呢？我們就是不知道。不過，這一路走來我們將問題挖得愈來愈深，有助於探尋可以走的方向，看看是否能夠紓解個人的痛苦，轉變自我，而造福自己和眾人，還有我們的星球。

意識可以不需要大腦而存在？

　　將這些尚屬無解的問題攤在各位面前，我覺得難過，但也有一點興奮。我內心是有一部分盼著能有確定的答案。我下降到我的或然平原，擔憂的高原和驚慌的尖峰沉落到平靜的殿堂，也就是我們說的潛能汪洋。這裡感覺像是歸宿。感覺像是你、我可以共享的地方，我們可以在深處尋找到彼此的地方。

　　這趟旅程一開始我們就說過，走到後來可能發覺走這一趟的價值就在於提問題，而不在於找到最終的答案。把心靈看作是一片或然平原，其妙處、好處、用處、威力、潛力，說不定就是在這裡。

　　所以，目前大家不妨深吸一口氣，簡單說些意識說不定是或然平原的一個質數就好。或然平原放在能量機率曲線上面是在接近零的位置。能量機率曲線在這位置的對應相關神經機制，位於何處尚待實證研究。而依或然平原的狀態，神經放電會不會大幅減少呢？也就是主觀出現開放迎納一切的狀態時，相對應的神經狀態會不會便是這樣？停頓、定靜、隔開衝動和行動的空白等心理狀態，神經相關狀態是不是這樣？還是這時的神經協調和放電狀態其實應該要更強一點？有些人便主張整合的狀態應該是要更強才對。透過心理練習，我們的心在意識的涉身經驗當中會怎麼運用大腦去打進這一塊接近零的或然，也是開放未定的問題，尚待研究探討。

　　能量在不受限制的或然當中，也就是落在潛能的汪洋當中，說不定不僅是意識的源頭，同時也是心靈進行整合的門戶，以利內在天然浮現的自動組織作用朝分化和連接推進。特別是在整合遇到障礙的時候，平原區開放無阻的覺察說不定需要沉落到受制或是混亂的高原、尖峰之下——這樣的高原、尖峰都在壓制我們內在以自動組織去作整合的天然驅力。不論這樣的心理狀態對應的是怎樣的神經狀態，應該都牽涉到大腦內整合出來的複雜度。這樣子看，自

然就帶出了相當重要、相當混亂、往往還爭議不斷的身、心關係的問題了。意識是不是不需要大腦便能出現？意識是不是利用大腦去創造意識？意識的影響是否擴及大腦之外？光子波函數之所以塌陷成為粒子，有意識的觀察扮演關鍵的角色——這樣的正統量子詮釋要是正確，那麼，一連串或然轉化成某一實然的那一刻，應該就有意識在影響。這要是正確的話——從實證資料來看，說不定真的正確——我們應該可以說意識的影響力確實像是超出了觀察者的頭顱和體表之外。不過，就算意識的影響擴及於頭顱、體表之外，對自身之外的事物也會造成衝擊，卻也未必等於意識不需要身體也可以存在。這是大家爭論得很激烈的問題，在這裡我們也以袖手為宜。

　　要是說意識超乎大腦之外或是不需要大腦也可以存在，有些人怎樣都覺得不對勁的話，那我們不妨以下面這樣的推理來思考一下，至少也打開我們的心胸去看待目前這些問題。意識似乎和多處神經區的整合有關聯。這些神經區叫作「意識相關神經機制」。可是，神經整合起來怎麼就會產生意識——即使只佔一部分也算——可就沒人搞得清楚了。即使對於「微管」、穿梭掃描的神經放電型態、社會腦的相關表徵過程、整合的神經複雜度、神經活動型態怎麼會引發覺察的主觀經驗等等，學界提出過種種神奇的說法，大家還是一問三不知。所以，對於現在尚屬未知而且說不定永遠都是未知的這些，對於目前還是神祕且又神奇的這些，也就是說我們還搞不懂、說不定也永遠搞不懂的這些，我們何妨隨遇而安，以輕鬆又困惑的心情去看待這些奇妙的事吧。宇宙當中有我們存在，的確神奇；而我們覺察到我們知道自己身在此間，一樣十分神奇。再提一次，我們的種名不是「智人」（homo sapiens），「知者」。我們的種名其實是「智智人」（homo sapiens sapiens），自知有知者。這是生而為人的質數，很狂，也很神奇。

9-2　意識，無意識，安住在場

覺察輪輞清的心理作用，包括意識。

不過，我們已經談過，心除了知道自己有所覺察之外，還包括其他方面。我們還有覺察裡的種種已知——不論是感官輸送裡的能量流動，透過五感而將外在世界引進來，還是具有第六感的身體內部發送出來的訊號，我們對於這些類型的感官感受，也就是從外在、從體內取得的實體世界的已知，都能產生主觀經驗。我們也會有建構的已知。這樣的已知可以是我們的情緒、思緒、記憶、認定，也就是心理活動的「第七感」。這樣的已知另也可以是我們和他人、和我們的星球有所連接的已知，也就是我們說的「第八感」。這些類型的已知依然落在覺察當中，都是能量流動透過心靈的建構而轉化成為訊息的。

不過，不過，發生在心裡的的事情，就算不是絕大部分也有很多是落在覺察之外的。這就可以想成是意識體驗不到的能

心腦奇航：從神經科學出發，通往身心整合之旅

量訊息流動，因而不屬於「察知」經驗中的「已知」。這在佛洛伊德（Sigmund Freud；1955）大概就要叫作「潛意識」（the Unconscious）了。現代的科學家已經證實這些無意識的訊息處理是真實存在的，對我們的日常生活都有衝擊（Hassin，Uleman，& Baragh，2005；Sato & Aoki，2006）。不管是叫「潛意識」、「下

意識」（subconscious）、「前意識」（preconscious），這麼些名詞散見多門學科，常會混淆，為了避免混淆，我一概只用「**無意識**」（non-conscious）。而「無意識」的意思，單純就指落在覺察之外的能量流動。

心腦奇航：從神經科學出發，通往身心整合之旅

安住當下，讓整合的推力在意識之外亦能運作

　　無意識的能量流動因為落在覺察之外，所以不會牽涉到主觀經驗，但依然真實存在。這些無意識的能量起落，有時帶有符號值，有時就只是純粹的能量，無時不刻都在。不管我們為心理生命的這幾方面貼上什麼標籤，我們都已經提出過簡單明瞭的定義——也就是能量訊息流動。由於有所覺察給人的印象像是有所掌握，也就可能因此而萌生控制感，以致這些無意識的流動有的時候會教人覺得不安，因為不在掌握當中，甚至還搞不清楚這些流動對自己的生活有什麼衝擊。換句話說，發覺有些事情是落在自己的覺察之外，有些人會害怕。不過，這可不是在說有意識等於有控制、無意識就表示聽天由命撒手不管那麼簡單。

　　自動組織作用不需要用到覺察。要是心真的有推向整合的天然動力，那就可能落在察知的意識經驗之外。關於這一點發現，重點在於我們有的時候需要自動叫自己讓路，以便層層疊疊的能量流動可以自行湧現，自動組織可以自行作用。我們可以把這種開放迎納的狀態叫作「**安住**」（presence）當下。

　　而安住是通往整合的門戶。

　　假如我們的意識心智遇到什麼都要控制，可能就會製造出固定不變的高原和尖峰，妨礙天然驅力推向整合。緊緊抓著控制權的感覺不肯放手，恐怕導致傾向混亂和僵化的趨勢出現。出現這樣的狀態，表示系統從和諧的整合長川偏離出去，這時心靈的狀態便是朝兩邊的河岸偏移，不是困在僵化那邊，就是被另一邊的混亂壓垮。

　　心要發揮調節作用，靠的是對調節的對象進行監測和修正。現在我們有覺察輪的練習，既有助於強化我們的心靈，也可以掀開心靈的基礎構造。覺察輪可以潛入表相之下引導我們去看清楚心的神奇機制。

而要加強監測的作用，便要以更穩定的狀態去感受能量訊息流動，這樣我們感受到的就更深入、更集中、更詳細。我們用來感受能量訊息在自身之內、之間流動的心見透鏡，多的是不太穩定的狀態，以致看到的以模糊為多，再要針對流動進行修正自然不太容易。心見透鏡要穩定下來，有一種作法便是發揮這三個 O：客觀（Objectivity）、觀察（Observation）、「開放」（Openness）。輪圈上的已知是我們感受到的注意對象，而不是我們這個人的整體。我們也感受得到自己在發揮觀察的功能，感覺自己和觀察對象之間是有一點距離，大概可以說是在察看的感覺吧，也就是知者的經驗。「開放」的意思是說不管出現什麼一概來者不拒，放下會過濾我們經驗或是害我們有所迴避或是執著的期待。這三 O 像是「鐵三角」（tripod），有助於穩定我們感受自己心裡的心見透鏡。而開放、觀察、客觀這三 O，又可以扼要再歸納成「**安住在場**」這幾個字。

再要加強修正的作用，那就要設定意向，以便將能量訊息流動朝整合推進。有的時候這就表示要先偵測得到混亂和僵化，這樣才能將流動朝分化、連接推進。可是，這意向是要怎麼設定呢？利用安住在場。由於整合是複雜系統天然就有的驅力，有的時候我們需要做的只是「擋路者滾」——搞不好還是要自己滾，把路讓出來——以便整合自然而然逬現出來。所謂「安住在場」是整合的門戶，就是這樣的意思。

我們覺察到**什麼**，也就是心情、意向、思考和思緒、感動和情緒、記起和記憶等等**已知**，是在現在一刻接一刻的流動當中，由能量從或然推進到機率再到實然而帶動起來的。我們要是任由感官經驗輸送的作用將這些推展朝覺察流推過去，那就會有奇妙的事情出現：我們在詮釋意義、建構敘事和行動的時候，同時也可以進行塑

表 9-1

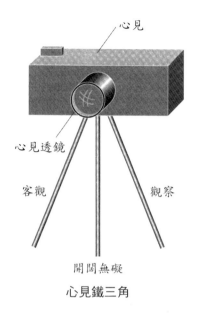

心見

心見透鏡

客觀　　　　　　　觀察

開闊無礙

心見鐵三角

造。這些流動不需要覺察也可以出現，就像無意識的能量流動不需要沉落到察知的源頭，也就是或然平原，一樣可以上升和下降。

　　開放的覺察，也就是**正念覺察**，便是安住在當下，迎納一切，而給我們機會去欣然迎納現實的一切，也就是對現在的一切來者不拒。我們要是卡在混亂或是僵化當中無法脫身，就是要這樣才有辦法刻意將自動模式扭轉過來。這就表示意識在我們的生命扮演的是這樣的角色：意識能夠催化我們的抉擇和改變。開放覺察來者不拒，不僅是主觀經驗的重要門戶，同時還能讓我們去選擇不同的道路。這樣子安住當下，這樣子讓心靈在場，才會激發棒喝洞察，而有機會一窺心靈和現實的確實本質。

　　安住在或然平原，有助於釋出我們內在固有的潛能去營造整合，而能將我們推向健康。

安住當下是整合得以出現的門戶。

這一點說不定只是心理運作的質數，我們心理生命的基本動力。我們卡住的時候，安住當下可以為我們打開門戶，將我們從高原、尖峰牢不可破的桎梏當中釋放出來。憂鬱、害怕或是焦慮的心情是可以改變的；負向的情緒、恐怖的心像或是放不下的憂慮都是可是改變的。我們談過要是能在或然平原讓自己安住在場，也就是打進覺察輪的輪軸那裡，連慢性的體感疼痛也可以改變。

這是怎麼出現的呢？我們經由對能量的覺察，而去改變當下能量在機率曲線的位置，便可以決定能量的狀態。就像有些量子物理學家主張我們對光子作有意識的觀察會改變機率曲線，導致光子從光波變成粒子，覺察說不定一樣可以更動能量在機率曲線上的位置，而改變能量流動進而改變訊息流動。這說的是我們問的「何能」，也就是覺察是怎麼轉化心理活動的。這些活動是能量訊息流動的已知。而且在覺察之外，有些人還認為意向也能對能量流動產生直接的影響（Stapp，2011），個人之內、之間的訊息處理也一樣（Maleeh，2015）。意向說不定也會決定能量機率流動的型態，有無覺察都一樣。意向在我們的或然平原圖形上面，大概算是低一點的高原吧，這裡的能量機率位置可能只比平原略高一點，而會設定其他心理動湧現之後的走向。我們先前已經討論過心情和心理狀態也可能落在高原區，說不定還可以拉得再高一點，但不到次尖峰的心理作用如思考、感動、記起那樣的高度。而到了尖峰那裡，就是次尖峰值實現成為確定的思緒、情緒、記憶（參見圖表 2-2 或 8-1）。

為心培養目標和方向感

注意力——指揮能量訊息流動方向的心理作用——可能就是決

定機率型態要怎樣推展、如何改變，而將次尖峰作用所在的高原還有更高的尖峰予以轉化的機制。

心界的領域內有能量分佈，對於其間能量訊息流動的複雜系統，自動組織作用可以利用集中注意力去指揮覺察，或是利用無意識的機制例如心理作用當中的「故意轉變」（intentional shift），而去進行分化和連接。我們談過未整合的流動型態會把僵化畫成綿延得很廣的高原和尖峰，沿著我們標示為「時間」的 X 軸一直走也沒多大變化；至於混亂就可以畫成 Z 軸，而在某一點一口氣冒出來很多分歧雜亂的狀況。

我們也討論過覺察到主觀經驗，也就是覺察到生命的生存質感，意識可能是不可或缺的條件。放在我們畫的圖表上面，就可以畫成比平原要高的一座座高低錯落的尖峰和高原。除了教我們覺察到這些已知的主觀經驗之外，覺察也可能更動已知本身。這便是意識改變能量訊息流動的威力。現今有種種心理訓練如正念練習，或是心見技巧訓練如覺察輪，有助於我們在覺察當中營造意向，為心靈培養目標和方向感，而對塑造我們的心理生命——不論是心界還是心場，在自身之內還是之間——應該也很重要。所以，即使沒有覺察，意向要是長久維持下去——也就是把機率拉高，算是低一點的高原吧，再也可以說成是不需要意識的心理向量（mental vector）——一樣可能去左右能量流動型態的變化。意向是心理向量或是心理的姿態，在能量沿機率密度曲線變動之時，以真實、具體的方式去左右能量的量子動力。這些作用我們有時覺察得到；有時就覺察不到，說不定絕大部分時候都覺察不到呢。

這樣的說法很狂，很奇妙；我們這時候還要再將這樣的假設再往前推進一步。進入平原區便是在開放迎納天然推力邁向整合。我們不需要物理空間，也不需要時間去當個什麼會流動甚至真實的

東西，才能揭露心的本質。心究竟所為何來，完全就為了現下這一刻，還有現有的或然轉化成已知中的機率以及實然，也就是隨現下不斷推展的一刻又一刻而逞現高高低低的確定程度。

從覺察輪練習那麼多第一手省察來看，我們認為或然平原說不定便是覺察的源頭所在。這究竟是怎麼來的，我們不知道。不過，能量在能量機率曲線的值譜上會穿過接近零的機率層，就看得出來這樣的經驗可以看作是落在開闊的或然平原上的，寬廣，深遠，綿延，給人無邊無際的感覺。我們主張這裡應該便是意識的源頭。這裡多半也可以說成是充滿潛能的「能態」（energy state）。我們先前討論過接近零的機率狀態，也就是或然平原那裡，說不定具有微觀態的量子性質，沒有時間箭，所以有些人說是「沒有時間」[6]，大概也是這緣故吧。我們在或然平原會有遼闊的自由感。但這裡要的不是待在能量曲線的某處，而是要靈活移動，隨意來往各處，沿著經驗譜系整體自由移動。沿著曲線將分化的不同位置連接起來，便是和諧出現的機制，而為生命滋生凝聚感，混亂或是僵化的模式則落在外緣。這便是整合會帶出來的狀態——沿著能量機率曲線將分化的位置連接起來。

而你、我得以最親近的地方，你、我找得到深厚共鳴的地方，很可能也在這一塊或然平原。我們個別的心界打通到平原區，塑造心場開放、聯繫的經驗，靠的也就是這。不過，人我得以相互聯繫不僅限於或然平原這裡。我的平原和你的平原就算不是完全一樣，大概也大同小異。所謂無限，是我們各自的身軀、我們各自的心界便有無限。這就給了我們起點，可以相互連接，錯綜聯繫，聲氣相

6　**沒有時間**（timeless）：是朱利安・巴柏徹底消滅時間的用詞。巴柏對大霹靂、弦論、多重宇宙都有質疑，交集點就在於時間是什麼，而他消滅時間的物理觀點，有些人冠以「沒有時間物理學」（timeless physics）的封號。

通。整合不單是連接就好，整合也牽涉到分化。高原和尖峰構成了個人自我的核心，都是我們分化彼此的重要途徑。整合要的是重視差異，以慈悲心作連接。在我們覺察當中、覺察之下的高原和尖峰出現，構成我們的心理生命，分化自然就會推展出來。不過，進入平原能讓我們走出隔離、孤立的感覺。尖峰和高原在個人身上固然都是獨一無二的，不過，重視尖峰和高原但又進入平原，還是能讓我們找到共同的立足點。這時就感覺得到聯繫，感覺得到共通點，而不再只有差別。或然平原是整合所需的連接得以浮現的門戶。我們也是要來到這一片或然平原才會了解我們不僅和他人有所聯繫，我們和所在的星球，這一處世人共同的家園，這一塊我們叫地球的地方，一樣也有深厚的關聯。

經由或然平原，我們就找得到途徑去深切接納彼此的機率高原和實然尖峰。這便是在重視彼此的差異，在尊重、珍惜甚至滋養彼此分化的不同存在。心靈落在或然平原，就容易開放迎納自己個性當中的傾向和秉賦。一個人的自我、歷史、偏愛、弱點，在在落在高原和尖峰。關於這些，我們的自傳式省察、我們針對個人涉身的心界生命所說的故事，都是可以探索的地方。這些並不是「壞東西」或是應該扔掉的東西，這些不過是心理生命的完整譜系當中都找得到的成份罷了，只是遇到僵化或是混亂模式，不要困在當中出不來就好了。

有些尖峰和高原說不定會束縛我們，限制我們的自我，將我們禁錮在習慣和認定的想法當中，結果困在僵化狀態覺得筋疲力竭、停滯不前，或者陷入混亂狀態而應接不暇、心力交瘁。對於這些，我們就可以運用意向和練習而學會去爭取自由，從特定的尖峰、高原上面退出。這是要怎麼去做呢？只要刻意訓練我們的心去打進開闊的或然平原，就能學會運用新的方法，讓能量從開放的或然和不

確定當中迸現朝實現邁進，朝確定和實然推展；之後就可以回頭重新開始。這樣子打通前往平原的途徑，有助於我們經由人我共通的立足點，開放迎納人、我的聯繫，也和自己心界內的高原、尖峰內蘊的種種或然建立聯繫。喚醒心靈，便是在將能量釋放到新的機率型態去，改弦易轍，從受困或是混亂的人生道路跳脫，自由去體驗新的推展。而這樣的解脫，通常需要先捨棄控制慾，改以隨遇而安的姿態去迎納未知，為我們的天然驅力注入新的力量，朝整合與和諧推進。

有些人會因為害怕不確定而退卻，無法安住在可能不太熟悉的或然平原上。非知道不可，惟恐無法掌握——這樣的心態都會妨礙我們落腳在或然平原。不過，只要我們超脫這些需求和恐懼，心靈一旦自由，便能扭轉人生。這便是意識整合有助於我們重視能量機率曲線上的各個分化部位，同時也將我們之內、之間的差異連接起來。也就是說，我們懂得自己應該要尊重別人有怎樣的高原和尖峰，我們自己的平原也找得到和別人一致的地方。用覺察輪來說，我們在輪圈那裡容或有別，但在輪軸那裡就找得到大同了。這便是在喚醒我們的生命，釋放我們的心靈。

9-3　省察提要：活在當下

所謂覺察會自動覺察到什麼，並不是在說我們處於「覺受」（receptive presence）的狀態。我們既可以不集中注意力以致覺察模模糊糊，也可以活在當下，集中注意力去覺察我們體驗到的事情。我們感受自己心靈的透鏡要是穩定，也就是具有開放、客觀、觀察等條件，就可以看得更深入、更清楚。從心靈開放無阻，從活在當下，便可以透過意向和自動組織去有所改變——這時朝整合推進也

最為順利。

　　所以，在這裡我們就要省察一下有所覺察的經驗，探索一下什麼方法有助於我們進入或然平原，為活在當下注入更多力量；科學研究已經證實活在當下真的有助於促進安適。而在作省察的時候，不妨想像一下有層層疊疊的覺察從自己的日常生活當中湧現，自己

的心又是如何和大腦較勁，不過，自己終究還是透過心而為日常生活創造出更強大的整合。

如何進入或然平原，或在當下？

然而，各位大概要問，既然未能安住當下，又怎麼有所覺察呢？我們不妨假設覺察中的察知便是能量流動落在接近零的或然平原會迸現的狀態。我們先前提議過，說心——包括意識在內——是從能量流動迸現出來的，有質數的性質。而放空的覺察，有些人可能會叫作「純粹意識」[7]，具有沒有時間箭的微觀態量子性質。要是能量機率值上升到平原以上的高度時，說不定就有了古典宏觀態的屬性，時間就會受制於箭頭的方向——也就是說，諸如感覺、思緒、記憶等等就會既有動勢也有單一的走向，而帶出過去到現在再到未來這種「時移事往」的感覺。相形之下，意識應該就是沒有時間的了。要是真的這樣的話，那麼我們心理生命之所以有張力，就在於我們確實有時間流逝的感覺，以致我們既有量子層次的意識又有古典物理層次的種種心理活動。不止這樣，我們活在宏觀態受制於時間箭而且由物理客體組成的古典世界，卻能夠以量子心理的覺察力去知道我們身處的古典環境。古典物理和量子物理兩邊的張力說不定便是人類經驗最大的難解謎題。

此外，我們有形形色色的意識狀態隨時可以跳進去。說不定將能量機率密度曲線上的幾處位置合併起來，有助於我們想見到底是怎麼回事。我們要是假設覺察中的察知是從或然平原迸現出來的，諸如思緒、情緒、記憶等等心理活動則是從曲線高於平原的地方迸現出來的，那麼，無意識和有意識的心理生命說不定就可以看成下

7　**純粹意識**（pure consciousness）：就是指沒有心理活動，心理活動如思考、想像、概念等等是在表層，意識則在這些活動的下層。

述這樣子。有好幾位神經科學家都認為主體在意識到什麼的時候，是找得到連接作用的（Tononi & Koch，2015；Edelman & Tononi，2000）。例如先前提過，我們的大腦要是真的像羅多夫・里納斯說的會有每秒四十來回的掃描出現，也有托諾尼等幾位學者提議的整合式連接，那麼，意識說不定有一部分確實有賴多處神經區合作才能讓大腦產生覺察。目前關於意識相關神經機制以這幾則主張算是大家最為重視的。

可是，純粹意識，也就是覺察當中的「察知」但不包含「已知」，在大腦活動當中確切對應的是什麼呢？會不會是神經放電特別低？機率一致的微觀態並沒有「已知」高於平原區的宏觀態屬性，那麼有的為什麼會凌駕其他微觀態而冒出頭來[8]——覺察當中察知的量子源頭就在這裡——從這裡看得出來端倪嗎？而且，我們覺察到什麼的時候，古典和量子兩邊各自的潛能性質是要怎麼協調合一？對於大腦活動還有察知到自己有所覺察這些相關的基礎問題，我們目前還沒有實證資料可以探尋到答案。

意識在心靈這邊，可以檢視能量流動，不僅檢視能量流動在大腦或是其他地方於物理位置的變化，也檢視種種機率狀態的變動。而這方面的能量流動大概會是怎樣的呢？

我們就看看或然平原的圖形吧，而且焦點放在上、下兩截。這樣的圖形當然和全天下的圖畫一樣，不過是示意圖，是視像的比喻而不是「實物」。不過，把圖形當作比喻來看，只要拿捏得到分寸，知道圖形的限度，就相當有用。圖中畫的能量機率密度圖，上半部我們已經探討過了，代表的是心理生命，有些部分屬於意識當中的「主觀經驗」。圖形的下半部是大腦當中同一時刻可能會出現

8　機率相同的微觀態，朝實然推展的機會其實應該是相同的。

心腦奇航：從神經科學出發，通往身心整合之旅

的相應機率變動。這些算是意識神經相關機制內的神經活動。圖形畫成這樣，表示有的時候是大腦在領導，以神經放電的型態去決定心理運作的狀態；但有的時候卻是心靈在領導，指揮神經放電出現平常走上平常不會出現的方向。這便是心靈在決定大腦的神經放電型態，而且已經證實心靈確實有此作用。

目前我們暫時把能量機率的位置分成「平原處」或是「非平原處」兩類。心靈的活動在或然平原上方，大腦這邊則在平原下方。心靈、大腦兩邊能量流動的相關對應，就反映在平原上方、下方的鏡像。而我們先前主張主觀經驗和神經放電不是同一現象，也因圖形當中神經和心理狀態有相關但不相等而強調出來。換句話說，就像我們這一路下來一直在說的，心靈和大腦即使彼此有直接的交互影響也不代表是同一件事。現在再來看看意識經由機率變動的透鏡，而和神經、心理兩邊的作用有怎樣的牽連。

想像一下我們有所覺察，也就是意識發揮察知的功能，需要結合能量流動而在或然平原插上一腳，也就是在能量機率密度曲線上面朝確定度接近零那一帶推進，那麼，就像我們作過的提議，在能量這方面，那裡可能便是意識發揮察知作用的基礎。

而意識的品質如何，也就是模模糊糊只有朦朧的細節還是處於「覺受」的狀態來者不拒而且一清二楚，說不定是由每秒四十來回的穿梭掃描或是其他同類的取樣[9]作法，所涵蓋的平原（覺察中的「察知」）、尖峰或是高原（覺察中的「已知」）分別佔有多少比例在決定的。依這樣的看法，就表示已知和察知應該是連續一體的，在機率曲線上面各有各的位置，也就是分處於不同的機率狀態。這時要是將這建議修得精細一點，就可以知道（「察知」所在

9　**取樣**（sampling）：指訊號處理（signal processing）將訊號變成數字的過程。

的）平原區以及（「已知」所在的）非平原區的高原和尖峰，種種不同的混合比例會帶出種種不同的覺察狀態。

　　要是「已知」所在的非平原區內機率曲線活動（activity；活度）的比例略佔優勢，我們對當下發生的事情說不定就有較高的覺察，但是專注覺受的狀態，也就是落在有選擇、有改變的開闊地帶，這樣的經驗就不充分了。這時的狀態便是痛快的沉溺在經驗當中，覺察不會拉得多廣闊，包括自省的觀察也不會納入。而這情況可以算是沉浸感官能量輸送流的例子嗎？說不定這便是契克森米海義說的「神馳」[10]，因為這時我們的覺察是由一股感官流凌駕其他之上，至於自我觀察（self-observation）就算有也沒多少（Csikszentmihalyi，2008）。說不定能量密度曲線的型式當中會有已知流直接就從平原區冒出來，未經高原區作多少過濾、約束以致改變知覺。這樣子的話，平原區的能量就是深刻的覺察，平原區外的能量像是往上拔起的尖峰，狀態十分純粹，完全沒有先前的期待在作束縛。說不定這種上行的能量曲線型式，把尖峰和平原平衡起來，便是「神馳」的狀態。其間的關鍵在於尖峰的起源，以及平原相較於非平原二者位置所佔的比例。

　　「神馳」的感覺極為奇妙，但怎樣也不等於放空開闊的覺察，放空開闊的覺察是包括自我觀察的。在神馳的狀態中，上竄的一座座尖峰填滿當下這一刻的感受，以致我們沉溺在活動當中，焊死在活動當中，無法脫離。但要是提高平原區在經驗中的比例，說不定就會帶出開闊一點的意識，而在神馳經驗的已知之外也加入察

10　**米海義・契克森米海義**（Mihaly Csikszentmihalyi；1934- ）：美籍匈牙利心理學家，研究幸福、創造力多年之後，於一九九〇年提出「神馳」（flow）說而聲名大噪。「神馳」是指心理專注忘我的出神狀況。
　　「flow」一字的中譯雖然以「心流」為多，然未能傳達忘我出神的意義，故循「心盪神馳」改採「神馳」的作法。

知本身，甚至包括知者。這般放空開闊似乎在建構之外同時也會帶動輸送，而為我們打開窗口去感受浩大的空闊，所謂「虛寂正受」（receptive stillness），其精髓大概就在這裡，也是意識的核心。也因此，安住當下是可以選擇深入神馳，但不等於神馳。安住當下是開放迎納一切的狀態，是「放馬過來」的姿態，凡事不論鉅細貴賤一概虛懷以待。

我們要是不在神馳或是放空覺察帶來的清明狀態，就會落在高於平原區大幅主宰覺察的狀態，對經驗中的細節卻不太覺察得到。這時我們大概只隱隱約約覺察到有什麼事，細節模模糊糊的，注意力的焦點也朦朦朧朧，感受一閃而過，心像搖晃不定，或是想法糊塗迷茫。注意力很容易分散，覺察簡直是四面八方亂跑一通，定不下來，或是未能沉浸在壯濶的神馳，或是未能安頓在覺受帶來的空闊虛寂，安住當下。這般糊塗迷茫的狀態，雖然還是迷迷糊糊知道有些什麼事情，而且就在身邊沒有過去，卻沒有神馳的豐富、細膩，也沒有安住當下的圓融、空闊。這般糊塗迷茫的狀態，大概就是覺察但沒有神馳，有覺察但未能安住。這時候的能量曲線掃描取樣，可以想見絕大部分都會超出平面的高度，只有少許會落在平原區而給我們帶來一點覺察，但也很模糊。換句話說，要有所覺察，能量曲線就要有一些是沉落在或然平原上的，而沉落愈少，覺察就愈不清明。

假如高原和尖峰的非平原曲線活動沒有攪雜別的，假如針對當下那一刻作那四十赫茲掃描一類的檢視，掃到的不包括平原區而只有平原區外的機率分布，那麼，由這樣的曲線型態說不定就看得出來無意識的心理活動是怎麼出現的。尖峰和高原就算需要平原區才能推展也不需要多少。所以，對於無意識心理的曲線型態放在這樣的架構會是什麼樣子，神經的相關狀態又大概是怎樣，我們作這樣

的提議。這應該就是心靈的訊息流走在意識或是神經活動之下或是之前，而不會帶出覺察。思緒、感覺或是記憶都在，但我們就是沒覺察到──連隱約覺察到什麼也不會。對於這些，我們連直接的主觀經驗也沒有，即使真有打進我們覺察的部分，我們終究只在心靈的其他方面感受到些許的影子。

我們先前提過心是從能量流動迸現出來的，現在就可以拿這基本主張來深入檢視能量流動要是以機率變動來看，到底是指什麼，有意識和無意識的心理活動又要怎樣理解才好。

神經進行連接的掃描區域當中，平原區佔的比例愈高，覺受就愈強。沒有平原區就沒有覺察，這時非平原區的機率密度一概是無意識的心理活動。平原區要是比例偏少，覺察就會模糊或是不明。平原區的比例要是居中，說不定就會有感官流。整合進行掃描時，在平原區掃到的愈多，覺受就愈強。神馳經驗相對於更廣闊的正念安住，若要依這樣的比例來作劃分，不僅難以拿捏明確的配比，搞不好根本就無從劃分，而是隨時間、隨個人不停在變動的。這樣一來，要以實證研究度量這樣的心理作用，自然就很棘手。不過，這裡的重要問題是整合掃描的比例是隨經驗在變的；我們可以沉浸在神馳，但因為需要多一點自省而向平原區多沉落一點，提高所需的比例。換句話說，我們可以運用自己的心靈去改變這裡說的「**掃描比例**」，改變當下意識的品質。所以，練習覺察輪甚至單單自然落在或然平原區就好──畢竟依天性我們本該如此──應該比較容易強化我們的平原區活動，進而培養安住當下成為生活的特質。這也表示在整合進行連接的時候，平原區、非平原區兩邊的掃描比例是可以自己去提高的。

安住和神馳之間？

　　而我們是不是可以安住和神馳同時並具呢？這裡的問題說不定就在「時機」，雖然我們說過會流逝的時間在現實根本就不存在。所以，接下來這問題就變成了一刻接一刻不停出現的機率密度型態，不需要會流逝的時間甚至不需要有空間，也會徑自產生機率變化。換句話說，就算沒有時間、沒有空間，能量在機率曲線上的位置照樣一刻接一刻一直在變。而這樣的變化相對於開放覺察又有什麼關係呢？說不定就是你在安住當下之時，就有能力根據不同的目的而在種種比例當中進行**選擇**。這樣一來，能夠安住當下便能選擇神馳。不過，倒也不是有神馳的經驗便有辦法輕鬆安住在當下。這是值得研究的課題，目前我們還沒有答案。在此舉一則例子供大家思考一下：假如有人在盛怒之下揮拳打人，那就是沉溺在暴怒的神馳，以致安住的正念狀態應該要有的變通和道德感發揮不出來。安住當下可以選擇將神馳納入，但是沒有安住當下，神馳照樣奔馳不誤。

　　我們先前就說過了，安住當下是整合的門戶。想要有所選擇、有所改變，掙脫桎梏而以本有的天然推力朝整合邁進，說不定還非得要安住在當下不可。安住在當下的狀態，尖峰和高原還是唾手可得，但在當下的整合掃描比例所佔的份量會比較小，而以平原區的比例要高得多。換句話說，掃描一出，頗像是在界定「現在這一刻」是怎樣的經驗，也就是現在這一刻從神經、從心靈來看是怎樣的情況。這樣的機率曲線型式也應該勾畫出了正念覺察——也就是以愛、以接受安住在當下——必須要有的核心條件。掃描在平原區和非平原區兩邊的比例要是相當，神馳經驗的覺察也就會比較豐富飽滿。

　　平原區在當下一刻的掃描比例佔的份量愈多，開放的覺察就

愈強。但這中間說不定也會有教人困擾的情況。我最近和一位同事共進晚餐，席間討論到她打坐多年的經驗。那一天我們在工作坊進行覺察輪練習，有些學員體驗到輪軸的時候——也就是沉落到或然平原區——說他們有開闊、飽滿的感覺。她問我這樣的感覺相較於她打坐了幾十年感覺到的「不二空性」（nothingness of non-dual reality），是要怎麼區別呢？她說那麼多年的打坐經驗，那種純屬覺察的深邃廣闊教她領悟到世間原本空無一物。我問她那是什麼感覺，她說，「什麼也沒有」。她臉上也沒一絲表情。之後她又追加一句，說世間萬物在她純屬虛妄。現實本無一物。這便是她的現實：唯有空才是真實。

　　要是回頭看看我們對能量流動有過的討論，大概就能理解這個性好深思的人內心有怎樣的掙扎。而且她不孤單。有些人認為「不二／非二元」的論點意謂只要是把「我」和廣大世界劃分開來，都是「惑」（delusion）。歸根結柢，人與物原本就無法明確一分為二。然而，不二的現實說的，很可能是認為生命是圓融飽滿的而非空虛。只不過真正的不二世界要是是飽滿的，那麼這位女士怎麼會像她後來自己說的「困在」空虛當中？從機率曲線的架構來看，說不定有助於理解她的經驗。接近無限的諸般或然轉化成機率再轉化成實然的過程，依我們的說法，便是心理生命的源頭。那好。接下來放進「不二」的視野來作觀照，我們之所以是我們的「何物」、「何人」、「何能」、「何時」、「何處」、「何以」等等問題，有關入生在世的種種，是從能量型態轉化也就是在機率密度曲線不斷移動而迸現出來的，而且滿是無窮無盡的潛能，無止無休的迸現。我們還說覺察，也就是心理生命的察知能力，是當下的機率落在接近零的平原區時迸現出來的。而且，要是想要了解單單落在平原區就好，也就是學會只落在平原區而不會跑到非平原區的高原和

尖峰去，可以在主觀裡把「零百分比的機率」當作空無一物來感受就好。要說是「無物」應該也差不多，也就是什麼物也沒有，只有潛能。所謂無物的「物」，指的是沒有高原和尖峰那裡的「東西」，也就是沒有心理當中的「已知」。而且，假如你修行的境界已經來到不太信任迸現出來的東西——像是機率拉高的高原上的意向和心情，或是實然所在的尖峰的思緒、情緒、記憶、知覺、感官感受等等的——那麼，只要不在平原區的純粹意識裡面，你就會覺得是「惑」，是「妄」，是「虛」。要是你循著這一路的認定或是思想來到了平原區定住不走，只是因為這樣就可以避開你覺得是「惑」的一切，也就是心中的「已知」你一概不信，那這平原區在你的經驗便可以算是完全虛空沒錯。畢竟會從這裡會冒出來的你一概不信。而平原區一開始是你的庇護所，到頭來就這樣成了牢籠，虛空的牢籠。

相較於我這位同儕的經驗，相當於零或接近零機率的經驗可以體會成漫無止境或是無限可能。所以，平原區並不虛空，反而是飽滿的。飽滿的什麼呢？飽滿的潛能，而且這一片平原區對許多人而言，還有數以千計形容過平原區的人，都說這裡是平靜、空闊、無限、喜樂、清明、聯繫的泉源。這樣子看的話，從平原區冒出來的不是「惑」，而是機會。生命是帶著飽滿的自由迸現在世間，而不是囚禁在平原區內。

虛空抑或飽滿；平原區的體驗是涵蓋這兩邊。有人覺得是牢籠，有人覺得是殿宇。而虛空還是飽滿，牢籠還是殿宇，端賴各人生命中的諸般因素。例如有些人覺得不確定很教人害怕，落在平原區會很不安心，至少一開始會。但有些人就反過來覺得無邊無際的可能狀態教人心安，飽滿的無限感覺為人帶來深邃的聯繫，不僅通往開闊的道路，而且隨個人的自我感覺擴大、加深，也會連到開闊

無垠的世界。

　　至於機率密度曲線和意識又是怎麼從關乎自動組織作用的平原區冒出來呢？這中間的關聯可以從整合來談。

　　意識經過整合便能充分、自由連通到機率密度曲線的各個地方。包容迸現的一切，安頓在平原區，只是生命圓融的一面而已。在這裡無一事要做，卻無不需要你去體驗。放在這樣的視野當中，察知、知者、已知一概落在同一連續體內。不二論有很多面，而這樣子來看不二論，就看得出來世間萬物不論已知或是知者，都不是「惑」。不僅一概不虛，還真的很重要，因為這些都是現實分化的各面，連接起來便會整合成為和諧的一體。甚至說，察知給人像是沒有時間的感覺，不帶時間箭；至於已知，說不定連知者也是——假如把知者看作是心理建構的「我」，而不單是純粹的意識——可能就帶有較多的宏觀態性質了，是受制於時間箭的。這樣子看的話，我那位同儕說不定是太專注在沒有時間箭的狀態，以致對於高於平原區的心理生命受制於時間箭，覺得應該以迴避為宜，因為這些她一概看作是虛、是妄、是詫。她像是困在唯有平原區才是真實的論點當中，以致平原區就像她自己說的是她虛空的牢籠，她就牢牢卡在裡面無法脫身。

　　包容迸現的一切，感受生命的圓融在這裡我們不妨想像一下，要是掃描比例以平原區為多，我們應該會有廣闊飽滿的感覺，而安住在當下美妙的一刻。有些人可能會說這就是正念覺察，但我們不妨叫作安住當下就好。有的時候我們也會完全沉落在平原區，覺得有分離出去的我消融不見，而萌生出種種經驗像是「**我們**」、「**神**」、「**精神**」，像是我們錯綜交纏、互相依賴、不屬二元的本性。就像我們先前提過的，要是卡在平原區，像我那位同儕因為認定世間萬物除了平原區皆屬虛妄，結果一沒注意就把自己卡住了，

我們大概就可以說她不在整合的狀態內。平原區在她已經變成了僵化打造的牢籠。至於別人，要是以前從沒有過落在平原區的經驗，生活說不定就會淪為自動駕駛的狀態，這一樣會生成僵化或是混亂。只是人生不必一定要弄成這樣子吧。不論平原、高原、尖峰，只要整合起來，將沒有時間箭的察知連接到有時間箭的已知，重視二者的差別，營造二者的連接，就看得出來何以潛在的僵化或是混亂可以這樣去轉化成整合再形成和諧。我將這些全盤對我這位同儕說過一遍，聽完後她看起來像是解脫了，輕鬆了許多，但大概也知道她還有難關必須克服。

那一天在太平洋岸的聚會過後，我回來接著寫稿。有幾位覺察輪學員的感想是我第一次聽到，特別是輪輻轉了一百八十度回到輪軸時，我就一字不差附錄在此：「哇！」「好奇妙啊！」「我們全都是連結在一起的，沒有個別的我了。」「你找到了金鎖，現在我們找到了鑰匙。」「我在焦點還沒放到輪軸的時候，覺得好無聊，之後，我就變了個狀態，而且一直停在那樣的狀態裡。」「我的感覺像是廣闊無垠，永恆，歡喜，舒坦，輕鬆，極樂。」「像在一直擴張的覺察的繭裡面。」

多多連通到或然平原，有助於將覺察推進到當下安住。安住在當下不應該變成牢籠或是困局——安住當下應該是為我們提供活得圓滿的潛能。安住當下是整合的門戶。

我們的旅途走到這裡再往下去，這些都是值得思考的途徑，想像一下我們的心理生命不論有意識還是無意識、普通還是獨特、孤立還是連結，孕生的源頭可能就在能量訊息流動迸現出來的心理基本機制，全人類普同。

而各位要是做過覺察輪的練習，可有何感想？有些人在聽過別人的感想後，也想要有一樣的經驗，只是有時這樣反而會在練習

時抑制自己天然迸現的感覺。我將這些感想提出來供各位參考，只是想讓各位看看有多少第一手的親身實證在支持我們的心靈確實會有深廣幽邃的東西出現，不論是在教堂聚會還是在大瑟爾的斷崖，而且不論背景還是練習的經驗多寡，大家的感覺大同小異，教人稱奇。

所以，連通到輪軸，連通到或然平原，為你的生活帶來什麼影響呢？給你什麼感覺呢？輪圈上的各塊區位給你的感覺又如何？你是否會省察自己的這些經驗，會想像自己要是輕鬆便能通達內在洋溢清明、處處都是選擇的地方，也就是你心理輪軸的所在，那會怎樣呢？你想得出來有什麼方法可以運用這類心理模型去為自己注入新的見地而改變日常生活的走向呢？

各位都有機會運用自己的心靈，集中注意力，打開覺察——也就是或然平原圖形的上半部，而推助自己的大腦，也就是圖形的下半部，朝整合得更好的新境界前進。即使自動模式是非整合的，容易偏向混亂或是僵化，你還是可以強化自己的心靈，經由調節能量訊息流動而促使心靈發動意向，驅策能量流動改變其於大腦內的走勢。各位這時候既然對整合的中樞作用有所了解，我們自然可以說各位因此而有力量去運用自己的心靈整合大腦，提高自己的安適度。各位的生活一旦走上這樣的道路，進而就能成為社群裡的主動因子，促進大家整合的推展。我們的心界作用和周遭的心場交織起來便會是這樣。這是意識連到認知再連到群體的連續體。

我們這禮拜的聚會，有些人在抱怨交通堵塞嚴重。所以今天我便建議大家，開車上路雖然不免會出現高原區的怒氣和尖峰區的暴躁，但是經由練習，應該隨時可以進入或然的平原區，輕易便為自己找到庇護的處所，就算被堵在車陣當中也一樣。我們都是大千世界的一份子，車陣中的其他人流也在這大千世界當中。這便是心場

的實體化身。我們怎樣將自己內在的心界連接到環境中的心場，是我們能否將涉身、關係二者兼籌並顧而活得充實的關鍵。這也是在由內而外將整合引進世界。

多項研究都已經指出，世人在社群、在文化當中都有錯綜交纏的關係（Christakis & Fowler，2009）。我們對他人的影響力，即使不是故意，起碼也有三度分隔[11]的地步。換句話說，我們怎麼過日子、我們的一舉一動，影響說不定遠及於從沒見過的陌生人呢。所以，各位能否想見自己還有他人要是能夠加強連通或然平原的能力，各位所在的社區生活會是怎樣的光景呢？我們的生活要是大多落在平原區外，未能安住在當下，那麼生活就像孤立隔離，橫遭無意識的認知狂掃，硬把我們塞進自動駕駛系統。不過，要是多多打開通往平原區的道，想想看會怎樣吧，我們各自生活中的自覺、自由、靈活等狀況都會提升。我們切身關係當中的同理心、慈悲心、連結感也會更強。我們所在的社群以及大文化環境，只要有人挺身而出，帶頭尋找清晰、靈活、連結的相同泉源，便能帶動大家對生命的本質開啟新的對話。你，我，我們，都會因此而找到力量，從內而外去將改變化作現實。我們可以從潛能的汪洋把大海據為己用，為他人掀起正向影響的文化波濤。

在這一刻，我對我們走了這麼一趟旅程覺得很興奮，同時也頗傷感，因為旅程終有結束之時，終點已然在望。現在這時候我滿心都是感謝，感謝你我一起走這一趟，甚至還能問這些心靈大哉問。

11　**三度分隔**：指克里斯塔奇斯和福勒兩人在二〇〇七年提出來的「三度影響」（three degrees of influence）學說，指社交網絡（social networks）對個人的行為有重大影響，而且不以直接來往為限，共同的朋友各自會去影響各自的朋友，所以一個人的影響力有可能旁及素未謀面的陌生人，「像社交網中的漣漪，在波及我們的朋友（一度）、朋友的朋友（二度）之餘，甚至會到朋友的朋友的朋友（三度）。我們的影響力就這樣逐漸遞減，對於三度分隔之外的人，影響就幾不可辨。」

到了下一章，我們就要探討如何迎納人我之間的連結，又要怎樣對我們得以來到人世、得以踏上生而為人這一趟還在推展的旅途，敬畏以待。

仁、人是否可以
兼得？

　　好了，來到最後一章。走到這一段年
代我們就進入開放的一刻刻現在接踵而來的
時候了。我們要探討先前一路走來接連迸現
的主題，從「心」於「內裡」到「間際」的
本質，再到主觀經驗的中樞地位，然後談到
「整合」在人生始終是心理健康不可或缺的
條件。在這裡就要再提一樣簡單的看法：善
良也是整合自然而然的結果。整合自我有助
於個人的「我」與錯綜交纏的「我們」作出
分化。以善良待人，尊重差異，以慈悲心建
立連結，過的便是整合的生活。

10-1 為人，做事，整合「心」
（2015 至常存不滅的現在）

　　旭日初升。新年元旦。日出映照繽紛的深淺橘黃、湛藍、青碧，灑落北美一側邊陲的海岸，將天光塗得光輝燦爛。拍岸的濤聲輕緩推展出一刻刻現在，一如古往今來無止無休的現在，展現的型態超乎想像，勾畫出輕盈的音景，環擁我的心靈，像催眠曲幽幽喚我回床去睡。我這一副身軀前一晚偕同家人、朋友除夕送舊，歡騰一宿，是需要多睡一會兒。但我起來了，來找你們，想要透過字句寫一點這一趟旅程的事情，在當下永遠將我們收攏在存在、收攏在生命當中的現在這一刻又一刻、收攏在我們存活所在而且叫作心靈的這一刻又一刻，與各位分享。

　　所以，我們是東升的旭日？是洶湧的浪濤？是時間？年與年的分界線是由人心製造出來的，為了慶祝跨過這一條分界線，舉世騰歡，慶祝的尖叫呼號響徹全球，由螢光幕送達世間幾十億人口面

心腦奇航：從神經科學出發，通往身心整合之旅

前：而這些，會不會一概是我們的集體心靈共同建構出來的呢？

我們從無窮無盡的能量型態創造意義，帶出訊息。我們是感官輸送體，供上行處理在我們的覺察當中自由流動；我們是詮釋建構體，隨生命推展而賦與生命意義，敘述生命的故事。在現實當中，其實哪裡也找不到「新年」，新年只存在於我們心中。在已經過去的某一現在一刻，我們放下「此時—此地」（now-here），移動那一槓連字符，而變成了「不知—何地」（no-where）。認定人心的錯覺為真，相信時間是會流動的一元存在，不覺得那是我們四維時空體中的一面，就會有這樣的風險。我們因此容易放不下過去而瞎操心未來。沒錯，太陽四周是有行星在繞圈，還以十分規律的周期在決定我們和那一顆熊熊燃燒的星球是怎樣的關係，也時時在提醒我們創世以來世界的能量來自何處。沒錯，地球自轉一圈的周期被我們貼上一「天」的標籤，為我們說的「白晝」周期劃出界線，代表現在一刻又一刻於不斷推展之際，我們對周而復始的某種連貫現象的感受。而身體也自有多種晝夜節奏，顯示人類因地球與太陽的相對關係也會產生種種生理變化。太陽從地平線升起，順暢無阻行經天際而後沉落。空間關係有這樣的變化，我們無不解釋為流逝，看作是時間在往前推展，是我們用來度量時間的鐘。這樣就有了現在這一刻的出現模式，逐日反覆。而反射太陽光線在天上走的那一塊圓盤，我們叫作月亮，月亮反射的日光變化也有反覆出現的模式，我們叫作「太陰周期」，大略劃分作一個月。太陽相對於地球地平線的角度也隨時間改變，循現在一刻接一刻出現又推展出另一類反覆出現的周期我們叫作「季節」，季節又再有輪番出現的周期我們叫作「年」。在地上插一根棍子，只要角度抓對了，就可以複製出日晷，在繞著太陽旋轉一年又一年期間，於一再出現的季節當中畫出一天天的時間。這些講的都是世間萬物彼此關係的變化。

後來世人又略施一點巧技，改動天數，安上有意義的名稱，劃分出十二月份，我們就這樣為一刻又一刻的現在製作出了曆法。

所以，論表相，時間不管怎麼看應該都是獨立存在，還會流動。

然而，這些放進現實又全是我們經由心理感知到能量型態，為了賦與意義同時將自己的知覺和別人分享，而用上這樣的手法。時間流動是心製造出來的感覺。由於有需要，也要彼此溝通，我們動用起了下行建構的詮釋功能，產生對周遭世界的知覺，時間的感覺自然包括在內。我們從周遭世界的能量變化建構出我們說是時間的符號、概念、想法，作為訊息，然後大放煙火，慶祝我們建構出來的時間像是正在流動。

那麼內在的世界又怎樣呢？我們的心也看得見自身，感知得到體內的能量，感受得到能量的型態。至於夢，這投射在內在心理地景上的倒影，我們的心界倒是覺得沒有時間這一回事──說不定是因為我們沉浸在或然平原的經驗裡面，而從或然平原迸現的都是沒有時間箭的。這樣的心見知覺流也可以用來看出他人的能源型態，創造我們說的同理心，一窺別人內在心理生命的可能狀態──也就是內在的主觀經驗、感覺、思緒、記憶、認定等等。我們因為有洞察力和同理心而能知道自己和別人的內在世界。

他人有痛苦的時候，我們便是以同理心為基礎去感受他人的痛苦，想像怎樣協助，再以慈悲心給與協助，減輕痛苦。我們從別人那裡感受到的能量型態是他們內在生命的訊號，由身體發送，由大腦雕鑿。能量型態是由大腦的結構在指揮，其發展則由經驗還有表觀遺傳及基因等因素決定，而會改變能量型態推展出來的結構。這

樣的突觸構築[1]會直接影響能量如何流動，而且轉化成訊息型態。

這樣的事，活在自己身軀當中的我們聽了大概會相當錯愕。我們未曾自行選擇進入這副身體，但是看看吧，我們就是這樣以量子層次的心理覺察存活在宏觀態所組成的古典物理世界。由下行建構產生出來的訊息隨時間推移在創造這一副身軀的生命故事，這一個個體的人生，在講這人種種的宏觀態還有心理狀態一路是怎麼推展的。然而，我們的心靈直接體驗到的很可能只有現在，因為我們是活在當下這一刻，過去只是我們記得的，未來則是我們想像的。已經來到的現在，也就是已經定型的時刻，會製造出突觸的影子打在神經迴路上面，而對一刻刻現在會怎樣推展扮演起中樞的要角，還不僅是在我們的主觀經驗裡面，也會在神經路徑塑造出來的能量流動型態當中。既然我們的大腦像是「預期未來機」，我們存活的軀體便會搶在現在迸現的那一刻之前先替現在畫好地平線。而要活在當下這一刻，確確實實活在現在，就要逼自己面對捏塑人生的預期模型，要趕在它之前、鑽到它底下才行。先前已經談過，我們的經驗愈多，反而因為愈是老練而愈是沒辦法看得清楚、活得充實。

要想從老練的休眠醒來，從建構的迷霧脫離，就必須重新構想我們的心靈和存在的本質；而且，答案說不定還像安住當下那麼簡單、合理。這應該就是「好生樂活」（living well）的義理，「好生樂活」的藝術。

過去明明已經消失卻放不下，未來看起來遙遙卻先要瞎操心，只會把我們從當下拉開，未能安住當下就無法喚醒心靈去看清楚現實，潛入自身之內、之間的生命深處。

1　**突觸構築**（synaptic architecture）：突觸會決定細胞之間的聯絡，其傳導並非一成不變，強度是可調節的，具有可塑性（plasticity），如此可帶動神經系統之發育、學習以及新的大腦認知之建構。

既活在記憶的陰影之下、也活在預期的地平線內，焦點只在過去還有未來，這樣的心理狀態是從神經的放電型態迸現出來的。心靈和神經放電並不相等，但是交織緊密。人生的故事既無關乎線路也不在於銀幕，而在於模塑能量流動的機制說出了什麼事。

「我們」，不只是「你加上我」

　　而且，說來奇妙而且神祕，生命的這些我們可不是一無所知。覺察就是我們可以走的神奇途徑。在覺察當中，神奇不止。由我們的「內裡和間際現實」帶動起來的能量流動分成多股，層層疊疊泉湧而出。我們經由體內的神經系統直接感受得到心靈急切要組織起來的世界有多寬闊、多深邃。我們心靈的輸送作用可以循人體的功能去推助能量流動，建構的功能則在詮釋輸入、進行敘述，尋求理解我們的人生，包括心理生命以及我們對時間的感覺。我們的心，就是從這些自身之內、之間進行輸送、建構的能量流動迸現出來的。

　　我們提過心至少有一面是能量流動的自動組織作用，會偵測能量型態、製造意義，因此又再推進到心靈迸現出來的這一面是既落在自身之內也落在個體彼此之間的。我們分享彼此的故事，對彼此的了解也將我們連結起來。我們，我們集體的心理生命，散佈在眾人當中，創造出大於單獨個人的集合體。我們有內在的心界，沒錯，但我們另也有位於「間際」的心場，二者兼容並蓄。

　　身在此刻，活在此地，我們不論集體還是個別都在集合人身之內、之間的能量型態，進行分化和連接。這樣子的整合推展開來，心靈就會創造和諧迸現而出，心靈對此也會有主觀的經驗。各位的心和我的心，這一路便一直在探索這樣的基本觀念：安適是從內在的整合還有和錯綜交纏的整合當中迸現出來的。你、我不會因此變

成我、你，家還是維持分化的自我，只是有了深刻的連結。整合就是這樣經由我們這一個個局部創造出大於總和的整體。「我們」，不僅止於「你加上我」。

旭日這時已經爬到地平線上方。姹紫嫣紅，斑斕光燦，逐漸交融成淡淡的灰和淺淺的黃。這時的現在已是白晝，定型的現在是日出的時刻，接下去便是未定的一刻刻現在會來到你、我面前。

整合也可能涉及我們對時間的感覺。我們既可以迎納時間箭推著我們一直向前，把開放的未來拉到迸現的當下再到定型的過去，這些在在都是生命宏觀態的組合；我們同時又能體驗生命沒有時間、沒有箭頭，不斷從或然平原浮現。人生看似對立的各方即使角力，也一樣落在整合當中。

我這時站在這裡為各位打下這些字句，知道我們已經走到了當下這一時期，同行相伴的旅程也已經來到最後一章。我覺得有需要在這時候將一起走過的路程作一下歸納，檢視走過的一處處地方，想一想我們說過人心可以怎樣去看，怎樣分享，再作一番總結的綜觀（overview），以供彼此「內視」（inner-view）和「對望」（inter-view）。我們既然認為心既有涉身來源又有關係上的因素，那就再回頭去看先前有過的一問：太陽和天空、寒風和飛沙，此地，此刻，這些事物的基質會不會便是我的基質，便是我的本然。而我寫下這些字句和各位分享，這些字句會不會也就變成各位的一部分，變成各位的一面而且等於是「我們」？我們說過的錯覺、認定、下行處理、眾所公認的看法、經由詮釋而建構出來的視野，已經徹底被我從各位、從我們這大我當中抽離開來；這些似乎就像愛因斯坦多年前說的一樣，都是意識的「錯識」（optical delusion）（Einstein，1972）。

請注意他用的英文不是 illusion（錯覺）而是 delusion（妄

想）[2]。妄想是因為精神病而認定會怎樣，而且不符合現實狀況，可能將人困在失能和痛苦當中。

既然時間可能是心建構出來的，我們覺得自己有完全獨立的自我，說不定也一樣是我們的心建構出來的。愛因斯坦曾經為了撫慰痛失愛子的哀傷父親，說過（Einsten，1972）：

> 一個人在我們叫作「宇宙」的這整體當中只是一份子，所擁的時間、空間還沒多少。一個人覺得自己、覺得自己的思想和感覺有別於其他——這是人的意識製造出來的錯識。這樣的錯識是囚禁我們的牢籠，把我們禁錮在個人的欲求、禁錮在對周遭親近的少數人的感情裡。我們的使命應該是要把自己從這樣的心牢釋放出來，所以我們必須擴大自己慈悲心的圈子，廣納眾生萬物以及美麗萬千的大自然。沒有人有辦法完全做到這些，但是努力以赴也等於是解脫，而為內在的安定奠立磐石。

我們的心要是能夠接收這些感官經驗，思索這樣的認識，接納這樣的視野，便能為自己的生命注入力量、創造整合。這樣的整合是身體健康、心理健康、關係健康的基石。我們深入想一想這些，就應該領悟得到這樣的原理說不定在眾多智慧傳統都找得到，有其科學基礎。這般貫通一致的看法便是整合的過程自然會有的結果，從洞察到同理心到情緒平衡再到道德感，應該都是我們美好生活的磐石。

看看我們和他人關係的宏觀圖景，有助於我們了解那麼多研究，涵蓋那麼多類別，探討起幸福、長壽、醫療福祉、心理健康等

2　「錯識」（optical delusion），雖然是「視覺」（optical）＋「妄想」（delusion），但意思是看東西時誤會成別的樣子，一般叫「錯識」。

等，都有這樣的共通看法：要在人生享有上述這些，支持的人際關係是最強大的因素之一。

而拉到微觀的層次，科學研究也發現培養安住當下的能力，開放覺察迎納一切，有助於放大表觀遺傳控制的功能而能預防某些疾病，增加染色體終端酵素以利染色體尾端的端粒（telomere）得以修復、維持，維護細胞健康，改善免疫機能，加強整體的生理安適。正念覺察訓練也證實會改變大腦的結構朝整合推進。培養安住當下的能力，訓練心靈對於沒被下行的慣性判斷掃除的任何事物都能開放覺察迎納，都有助於能夠改善健康。這在現在已經是不爭的事實。

從這樣的身體觀點，也可以檢視我們脊椎的神經系統是怎樣發揮調節的功能——也就是協助平衡內臟機能以及對外的交互作用。我們從魚類演化成兩棲類再到爬蟲類、哺乳類，脊椎的神經系統變得愈來愈精細。我們的祖先在哺乳類的階段又再演化成靈長類，我們，也就是可以叫作人類的最早化身，在幾百萬年前首度出現，之後積年累月直到幾十萬年前才出現近似我們現代人的模樣。有些科學家已經證實，過去至少三萬年，人類一直是講故事的族群，喜歡透過繪畫，可能也有口語，和大家分享經驗，以利於理解生活的經驗（Cook，2013；Lewis-Williams，2002）。

身為群居的靈長類，我們需要他人才能在所屬的團體當中存活下去。後來身為人類，我們的社會發展得更加複雜，首先便是莎拉・赫迪（Sarah Hrdy）在《母親與他人》（*Mothers and Others*；2009），針對生物界難得一見的習俗作過的精采描述：「代育」，也就是我們養兒育女的責任除了母親之外也會分攤給信任的人。想像一下你養的狗還是貓會不會把自己的幼仔交給隔壁人家的寵物去養吧。門兒都沒有，是不是？連其他靈長類動物大多也不會把最重

大的責任，養育幼小、照顧尚未自立的後代，和同類分享。

由「代育」就衍生出奇妙又牢固的社會環境：我們存活得下去，是因為有信任人的人可以依靠。我們需要有心場供彼此連結。我們的生活有這麼深廣的社會性質，對我們社會腦的發展還有意識心理的性質都有重大的影響（Dunbar, Gamble & Gowlett，2010；Graziano，2014）。

信任感讓心場彼此連結，相互迎納

信任在我們的人際關係以及大腦迴路是有作用的（參見 Gottman，2011），信任可以啟動史蒂芬・柏格士說的「社交參與系統」[3]（Porges，2011）。我在工作坊授課時，常做一種「體驗式學習」[4]，我會說好幾次很嚴厲的「不行」，停一下再說幾次安撫的「可以」。結果呢，不管學員的文化或是背景，大家的反應都差不多。不行會喚起惡劣的感受，帶出退縮的感覺，有想逃避的強烈慾望，肌肉緊繃，有衝動很想打回去。全都因為有個傢伙在說不行。

那麼「可以」呢？可以一般帶出來的是平靜、開放、參與、放鬆的感覺（除非卡在「不行」的敵意、恐懼或是麻痺裡面出不來）。

我認為，這樣的練習揭露出來的是我們的兩大基本狀態：「不行」叫來反動（reactive），「可以」喚起迎納（receptive）。

3　**社交參與系統**（social engagement system；SES）：史蒂芬・波格士提出來的學說，指我們會從別人的身體語言、聲音腔調、臉部表情等等細節來辨認訊號，看看是要安心還是提防。這系統是無意識的運作，主要透過眼睛、耳朵、喉嚨、嘴部連結起接收、表達兩系統進行相互作用，但也涵蓋臉部和上身。

4　**體驗式學習**（experiential learning）：透過實際體驗或是實際操作來學習，有別於「說教式學習」（didactic learning）。

而這「反動」的根源，深植在我們遠古以前的爬蟲類時期，我們有三億年歷史的腦幹因為遇上威脅而啟動，準備進行四 F：打（fight）、跑（flee）、僵直（freeze）或是昏倒（faint）[5]。反之，年歲小一點的二億年哺乳類腦迴路，做的就是關掉腦幹的警鈴，打開社交參與系統，敞開我們的心靈去迎納當下的事。我們的肌肉會放鬆，聽得到範圍比較廣，眼前的事情看到的也比較多。這便是我們開放、迎納，準備去連結、學習的神經相關狀態。

　　我個人的猜想是：在心界這邊，我們要是連通到或然平原區，就有迎納的狀態迸現，警醒覺察變強，願意參與。

　　甚至針對別的哺乳動物所作的科學研究也發現某些生理狀況比較容易促成「親社會」[6]的行為出現。而那是怎樣的生理狀態呢？寒毛倒豎（Piloerection）。這是指毛囊豎起來，就是起雞皮疙瘩的感覺，但這時候是因為肅然起敬的「崇慕」感[7]。戴舍・凱爾特納他們還有其他多組科學家（Shiota, Keltner & Mossman，2007）關於崇慕的研究，已經發現崇慕的感覺會打開我們的心靈，而將自利壓

5　**打、跑、僵直、昏倒**：指遇到危險時的求生本能反應，起初只有「打或跑」（fight or flight），僵直和昏倒後來經研究而添擴充進去的。

6　**親社會**（pro-social）：就是「利他」，小範圍的「他」就是指個人所屬的小團體，大範圍就指大社會了，例如合作、助人、捐贈、慷慨、安慰等等。

7　**崇慕**（awe）：柏克萊加州大學心理學教授戴舍・凱爾特納（Dacher Keltner），研究重心在慈悲、崇慕、愛、美、力還有社會階級、不平等等等的生物暨演化起源，二〇〇一年於校內成立跨學門的「眾利科學研究中心」（Greater Good Science Center）。凱爾特納和社會心理學家喬納森・海特（Jonathan D. Haidt；1963-）一起提出崇慕的心理模型，認為崇慕的感動既有正向、也有負向的義涵，可以劃分成五類：懼（threat）、美（beauty）、力（ability）、德（virtue）、玄（supernatural）。但有學者對他們的模型頗有質疑。凱爾特納也和蜜雪兒・潮田（Michell Lani Shiota）、亞曼姐・莫斯曼（Amanda Mossman）合作研究，發表多篇論文，分析引發「崇慕」感動的經驗種類很多，最常見的是自然的壯麗景象、精妙的藝術創作、人類超凡、英勇的表現。也有學者如梅蘭妮・魯德（Melanie Rudd）、凱瑟琳・佛斯（Kathleen Vohs）、珍妮佛・艾克（Jennifer Aaker）等學者則有專論探討「崇慕」的感動會影響個人對時間、幸福的感受，也會左右決定。awe 一般取自字典直接作「敬畏」，不過，衡諸著述當中種種學說和經驗舉證，awe 縱使包含「畏」，恐怕還是以「仰之彌高」為重，所以在此試譯作「崇慕」。

在群體的利益之下。我們因崇慕而會更加偏向所屬的社群，壓下自私自利的行為。這些研究設計得相當巧妙，他們要受測者看一看壯麗的景象，例如柏克萊加大校園內的漂亮樹叢，而不是旁邊的現代高樓（請見本章後文所附插圖——可別漏掉有個行人專心盯著手機而對漂亮樹叢視而不見）。受測者看著樹叢，遇到有人跌倒會比較主動去協助。總而言之，一般人興起肅然起敬的崇慕時，常說這樣的經驗改變了他們看世界的眼光。對這一點，我自己的猜想是凱爾特納研究的崇慕，和或然平原區的經驗應該是疊合的。說不定教人崇慕的種種緣由，像是大自然，人類的藝術作品，宗教的教堂，中國的長城，或者是耶路撒冷的哭牆（Wailing Wall），甚至人與人來往而興起的社交感動，都有可能讓我們連通到開闊的或然平原。這時我們沉落到個別自我的高原、尖峰下方，開放迎納世間的壯麗盛景，超越狹隘的自我感覺，就會帶出肅然起敬的崇慕，對自我的經驗也跟著扭轉。平原區有助於我們去感覺一開始不容易理解的事情，比個人切身的自我更廣闊的東西，似乎掙脫了時間箭挾制的東西，帶我們一窺一整塊時空體宇宙的端倪，感覺就算不是無邊無際也是恢宏壯濶。我們也應該可以說這便是肅然起敬的感動。

崇慕是從迎納、從我們覺得自己隸屬更浩大但未必即刻可知、超乎個人這個我的什麼當中迸現出來的。這樣的感動之所以會帶出開放自己、迎納他人、有所連結的狀態，大概就是因為這緣故吧。

而我們另還有更複雜的社會皮質層，這也一樣演化出另一種途徑讓我們去連結他人、協助他人。我們遇到棘手的情況時，會有一種反應是洛杉磯加大的雪莉・泰勒說的「照料結盟」[8]（Taylor，

8　**雪莉・泰勒**（Shelley Taylor；1946-）：美國著名心理學家，研究重心在社會認知和健康心理學。

　　照料結盟模型（tend and befriend model）：是泰勒的研究小組提出來的心理模式，方向與「打

2006），而促成我們去和他人連結。這一開始是在女性受測者身上找到的，但現在知道兩性都有能力啟動這樣的社交參與系統去回應棘手的情況。不過，我們覺得遭受威脅或是無力無助的時候，腦幹當中歷史更悠久的功能說不定還是會冒出來。「照料結盟」好像是由我們爬蟲類腦幹上方的幾塊神經區調控出來的。我們既然是

社會動物，會有不單反動還會連結的重要途徑，應該也在安住當下的能力找得到根源。安住當下是可以學的技巧。

我最近和北卡羅萊納大學的芭芭拉·斐德烈克森主持過一次工作坊，討論到她洞察犀利、鞭辟入理的著作，《愛 2.0》（*Love 2.0*；Fredickson，2013）。她認為愛是起自我們在大大小小的事上和他人分享她說的「正向共鳴」[9]。愛這件事關係的是我們和他人

或跑」（fight or flight）相反。「打或跑」學說認為我們遇到危險不是正面迎戰就是拔腳逃跑。泰勒認為「戰或逃」的反應依演化的觀點是比較適合男性而非女性的適應發展，她認為一般人，特別是女性，會由演化而發展出社交手段去應付壓力，例如照顧子女、保護子女遇上困難的時候，女性會轉向自己的社交圈尋求協助，畢竟女性要是同樣以「打或跑」來應對，恐怕會留下子女失親無依。

9　**芭芭拉·斐德烈克森**（Barbara Fredrickson；1964- ）美國心理學家，研究重心在情緒和正向心理學，以提出「擴展建立」（broaden-and-build）理論知名。
　她在《愛 2.0》（*Love 2.0*，2013）指出，愛不是年輕時的熾熱愛情也不是白頭偕老的深情，而是微小時刻的「正向共鳴」（positivity resonance），愛是在日常生活當中隨時隨地都能以澎湃的正向情緒和他人連結，和他人分享，不論是戀人、家人、友人還是陌生人，只要在相遇的一刻有這樣的連結，便叫作「愛」。而把愛限定在某一人身上的愛情，也等於把「愛」對我們的健康、幸福的強大效力排除掉大半。

正向情緒的連結。我喜歡她說愛不是局限在狹義的愛情或是依附關係裡面，而同樣涵蓋人生的眾多經驗。有個覺察輪學員在練習多年之後對我說，「練習覺察輪後，現在我動不動就覺得自己對眼前的人，我才剛認識的人，懷抱深厚的愛。」我便問她，「那妳覺得怎樣？」她臉上的笑搭配她說的這幾個字，相得益彰，「美妙無比。」

　　斐德瑞克森先前以正向情緒的「擴展建立」理論寫成的著述[10]，也指出我們有愛、快樂、崇慕、感恩等等正向經驗的時候，我們的狀態就會自行擴充，而將我們連結到更精密的理解層次，拓展我們對自己是誰的感受。我在講台上問斐德瑞克森博士，依她的想法，整合作用之於她的「擴展建立」理論，還有她把愛看作是正向共鳴的觀點，會不會是相關的呢？對這方向的探討，她未置可

10　**擴展建立**（broaden-and-build）：這是另一走向和「打或跑」相反的理論。思考的起點在於：正向情緒如喜悅、感恩在遠古的時代無助於我們的祖先保命求生，但為什麼沒被演化淘汰？芭芭拉‧斐德烈克森便以「擴展建立」模型來說明正向情緒也是重要的求生機制，因為正向的情緒雖然短暫，但會在性格、關係、能力等方面留下長久的助益，而有助於擴展認知幅度，擴充行為選擇，建立起更豐富的心理資源供未來使用。

否。而在我這邊的想法，就是在我們這兩邊的視野當中，要解開微觀態、宏觀態深層的奧祕，關鍵似乎都在整合。就愛而言，兩個分化的人有了連接也就有了整合。不過，我認為這樣的共鳴並不需要限制在分享正向狀態而相乘放大，應該也可以出現在慈悲心滋生的連結內。由於正向情緒可以看作是整合程度提升，因此，我也很想知道正向共鳴的狀態難道不等於整合提升？各位可能覺得這樣的話聽起來天馬行空，我擔心斐德瑞克森博士也差不多，所以，我就多作一點解釋吧。

一九九〇年代我在寫《人際關係與大腦的奧祕》時，卡在談情緒的一章裡面寫不下去。好像除了描述情緒的特徵之外，對於情緒到底是指什麼，找不到各方共識。要是人類學家就會說情緒會在文化當中連接起不同世代的眾人。社會學家就說情緒是將群體聚合在一起的黏劑。心理學家就可能說一個人於其發展階段要靠情緒連接起來，或是從評估（appraisal）到激發（arousal）的種種作用要靠情緒進行連接。生物學者如神經科學家搞不好就說身體的機能要連接到大腦的機能，靠的就是情緒。只是這些說法怎麼讀、怎麼聽，都找不到有人真的用上**整合**這樣的說法。但在我而言，這些天南地北的視野好像都在說有一種作用會將分化的東西連接成一大整體。

不過，情緒本身未必一定會帶出更好的整合，有的

時候情緒反而導致整合變差。像是暴怒的時候，我們系統的反應會分化過度。要是傷心或害怕，分化過度的情況拉得比較久就會降低整合，我們也就容易倒向混亂或是僵化。

　　所以，在這方面好像看得出明確的模式：情緒的變化，說不定就等於整合有變異。

正向與負向情緒之於整合的意義

　　我向斐德瑞克森博士提議說「擴展建立」理論要是改動一下，

　　　　　　　　　心腦奇航：從神經科學出發，通往身心整合之旅

說不定可以用來描述種種整合提升的狀況——自身之內還有人際關係的整合——形成有力的論述。這些都是正向情緒。

而所謂的負向情緒便可以看作是整合往下走，一般都是因為遇上威脅而有的情緒狀態，要是時間拉得比較久而且不易擺脫的話，就可能把人拉進下沉的漩渦，而更容易倒向混亂或是僵化，離整合安適的自在狀態愈來愈遠。只要情緒能讓我們知道自己有什麼感覺，那麼不管怎樣的情緒都是「好的」。我們說得出來自己到底是什麼感覺，覺察得到這些感覺，開放迎納自己當下的感覺加以探索，對於「好生樂活」是極為重要的過程。不過，整合降低的時間拖得過久，從這架構產生的「負向情緒」維時太長，容易導致我們從和諧的長川當中偏離出去，而擱淺在混亂或是僵化的堤岸。

所以，要是整合可以好好應用在「擴展建立」，那是不是也可以應用在愛上面呢？我這說的是正向共鳴就像斐德瑞克森博士說的，似乎便是正向整合原本就很好的狀態再行放大。喜悅、興奮、崇慕都得以分享，也一起感恩。愛既美妙又連結，確實應該算是正向共鳴的源頭。

可是，不管當時或現在，我都覺得另外還有一件事情也可以加進「愛」裡面，那便是我們和受苦的人有所連結。我們以慈悲心去和密友、病人、客戶、子女甚至陌生人連結的時候，就體驗到了愛。有人身陷苦難，我們給與關懷和照顧，願意去了解他們的苦難，願意伸出援手——也就是懷抱慈悲心——便也是在提高整合。

怎麼提高的呢？

雖然受苦便是整合降低的狀態（依心理健康、不健康的定義而言），我們要是和受苦的人有所連結，個別的整合不良狀態和孤單的處境就轉移到連結當中。而在連結中，兩個分化的個體即使只有一人受苦，整體的效果也會是兩人各自的整合狀態都會提升。慈悲

的善舉能教兩個分立的個體連接成大整體。整體大於局部的總和，便是這意思。

慈悲心就像學者保羅・吉伯特[11]所作的精湛論述，可以這樣子來看：感受到他人的痛苦，理解他人的痛苦，構想出可以協助的方式，再以行動將意向付諸實際的協助，減輕他人的痛苦（Gilbert，2009；2015）。相較之下，同理心就可以看作是感受或是了解他人的經驗，但未必有驅力要去協助。所以，我們會有同理的關懷[12]，這也可能是過渡到慈悲心的先聲，有些人甚至覺得這和慈悲心是同義詞；再來要是偏向知性面，那就有「認知同理心」了；要是感覺得到他人的感覺，就叫作「情緒同理心」。我們從這些都可以看出同理心可能是通往慈悲心的重要門戶。

那麼善良呢？

善良一詞在我自己的概念世界，相對於我們怎麼連結、體驗愛、我們的心靈怎麼運作等等重要理念，感覺都像有密切的關聯。善良可以這樣子看：就是單純為了別人而去做什麼事，而且完全不會期待別人有所回報。所以，慈悲的善舉絕對是出之於善良。

不過，善良對我來說也是人生在世的生存形式，是人與人來往的方式，甚至是我們對待自己的方式，出之於意向，是態度，是關懷，在提升由衷的尊重，在正向的關切。善良是我們心理狀態的質感。

---

11 **保羅・吉伯特**（Paul Gilbert；1951-）：英國臨床心理學家，綜合演化心理學、社會心理學、發展心理學、佛教心理學、神經科學，融入認知行為治療，創發「慈悲焦點治療」（compassion focused therapy；CFT），運用「慈悲心理訓練」（compasssion mind training；CMT）協助病人掌握心理調節的能力，對外作出合宜的應對，經實驗證明對於處理威脅、衝突有重要的成效。

12 **同理的關懷**（empathic concern）：心理學用語，就是「感同深受」的意思，也有心理學家認為這便是同情心（sympathy）、慈悲心（compassion）、憐憫（pity），而且大家更為熟悉。
認知同理心（cognitive empathy）、情緒同理心（emotional empathy；affective empathy）都是心理學對於「同理心」的分類。

善良在我看來是要對彼此脆弱的地方都給與尊重和支持。常懷善良，是要我們的心靈能夠承認我們每人的心理生命都是層層疊疊的。我們於外在是有調適過的存在表相，展現給外界看的可能遠非內在的真實面目。我們的內在可能有種種匱乏、失望、恐懼、憂慮，都可以簡單叫作脆弱，都可能深藏不露，但在我們「內裡」的心界卻盤桓不去。其實我們說的「自己」都有許多面，而可以叫作「多重自我」（self-states），也就是多面層疊的內在狀態集合體。放在或然平原區的架構來看，就是一再出現的一處處高原加上高原區朝幾處啟動尖峰偏移的傾向，而組成的叢集。整合需要對這些都能關切，對於情緒、匱乏、記憶、在人世生存的對策等等無論如何一概都能包容。對於未能滿足的欲求、未能療癒的傷痛有所覺察，有助於我們推進到既能夠開放又容許脆弱的狀態。善良就是因為有脆弱而迸現成為我們的生存形式，而能以覺受的狀態去迎納個人的深層現實，帶動我們以言詞、以字裡行間、還有走在字詞之前的意義去作溝通，驅策我們隨時隨地或主動計劃去做出善舉。善良是我們可以著意去薰陶的狀態，為我們的生命帶來愛。

　　要是說正向的情緒狀態等於整合有所提升，那就看得出來善舉能創造幸福。假如我們拿斐德瑞克森對愛的觀點為基礎作進一步的「擴展建立」，不僅把主觀共鳴加進來，也把一切共鳴全加進來，即使在有人受苦的情況也看得出來愛本身便是整合提升的心理狀況。慈悲心能帶來幸福，而且，連結既然是在脆弱的層次出現，那麼，協助別人減輕痛苦便既是善舉也是慈悲心的界定條件

10-2　多重自我、自我整合

　　系統的運作有諸多層次，我們一路走來不時就談到這一件事。

人體細胞內的分子組態各有其細胞功能，例如進行代謝或是維護細胞膜。人體內的細胞經由分化再連接起來，群聚成為器官例如心臟、肝臟、肺臟等等。這些器官協力合作形成系統，如免疫系統、心血管系統、肌肉骨骼系統、腸胃系統等等，各自發揮起功能才會既有效率也有效力。神經系統不過是人類諸多系統集合中的一份

子。神經系統由神經元組成，神經元則有微管和互聯的網絡形成種種能量型態，在這些神經細胞的「內裡」和「間際」當中流動。神經系統另還有膠質細胞作支持，為數高達數百萬兆，有其多種重要的機能，一起利用輸送、建構作用而將能量轉化為訊息，成為我們心理生命上行、下行流動的一部分。這些都是人體的諸般系統。而這些器官系統都在做些什麼呢？在協力合作形成我們的全身系統。

只是，「全人」的系統何在？我們是怎麼從分子推進到心靈去的？我們由層層疊疊推展的現實所形成的綜效，也就是我們先前談過玻姆在著作當中描述的「整體性與隱秩序」（1980 / 1995），是怎麼從局部的交互作用當中迸現出來的呢？

對宏觀、微觀兩邊的現實兼容

假如我們用顯微鏡朝內看，會看到的是我們的生理結構是由一個個分子作為基礎而組成的。之後再推得更深入一點，看到的就是分子是由原子組成。這時要是把焦距再收得更小一點，就會發現原子內部絕大部分都是空的——
這在現在已經是眾所接受的事實。我們要是繼續深入，就會看到粒子是由種種奇妙的力所組成的，而這些力，形諸概念最終可以用「能量」來作總稱。我們先前已經談過，愛因斯坦發現能量等於質量乘以光速的平方（$E = mc^2$），由此可知連我們以為是世界的基本物理性質，也就是萬物都是由質

量所組成的，其實一樣是由極為密集的能量所組成的。

　　這時候，我們要是改用望遠鏡朝外從分子看向細胞再看向人體的器官，這一路會走到哪裡去？我們一路看到宏觀這層級來，就會看到一具具身軀會有來往互動，而且依溝通的型態可以名之曰「人際關係」。這便是我們社會生命的「社交面」，是環擁我們的心場。我們連結的種種方式從這樣的廣角視野看過去，便涵蓋了能量和訊息的交換。訊息可以單純看作是能量流動當中另外具有意義的

　　　　　　　　心腦奇航：從神經科學出發，通往身心整合之旅

能量型態。所以，我們朝宏觀的方向往外推，到後來，一樣走到了我們朝微觀的方向往內推到底的地方：能量流動。舉例而言，在宏觀層級，我們知道宇宙大多是由黑暗物質（dark matter）和黑暗能量（dark energy）組成的——也就是無法以人類肉眼或是人造儀器直接偵測到的質量和力量，但是推論得出來效應例如黑洞（black hole），也可以確認就存在我們四周。這便是諸多強大卻常常未必可見的能量展現。

我們是活在自己的軀體內的，所以有時不太容易以微觀或是宏觀的方向去看清楚微觀或是宏觀方面的事情。我們一般是留在微觀和宏觀之間的「中觀」（midcro）的，因為我們是待在身體這層次不太能動的。不過，只要略想一下，即使待在這層次，能夠身在此間便已經是很神奇的事了。不止這樣，我們還知道自己身在此間，我們覺察得到這一切有多神奇，這還更神奇呢。

我們對於宏觀、微觀兩邊的現實要是懂得兼容並蓄，既感知得到外在也感知得到內在，便能在生命的核心看到能量。假如不願超出軀體的界線，知覺只停在「中觀」的人身層次，自然就會認定我們的心理生命怎樣都只限於身體的規模，是生命在軀體這階層才會有的，是有實體的，是具體實在的，像捧著這本書的手給你的感覺，像你我將來要是相遇，你和我握手時你對手的感覺。

在身體的這一面都是真的沒錯，但這不算全面。

我們有肉眼的視力，所以身體的這一面隨時可見。

至於心見，倒是可以讓我們察覺到心於微觀、宏觀兩層次上的能量流動。

經由心見我們感受得到個別分立的自我不等於是人心的全貌。依肉眼看是獨立自存的局部，在心見感知起來說不定就是整體當中不可劃分的局部了。不可劃分，但是心見可見。

我們進行詮釋的建構作用會製造出下行的濾網，教我們覺得個人的自己就是活在一己的身軀之內而已，不過是一天天過日子的那一個「我」就是了。一般都覺得心靈中的自我是私有、切身、涉身、只限於頭顱內的，但是這樣只會將人、我隔離開來；萌生少了什麼、形單影隻的感覺，還像是有深切的渴求永遠無法填滿。

我們是確實是活在一副軀體當中，這軀體有神經系統，神經系統有基因和經驗形成的突觸連結。我們的大腦結構是由我們從父母、師長、同儕、社會接收來的訊息在進行模塑。而在現代社會，我們接收到的訊息有的會說我們的**自我**是個別分立的──只是這樣的錯誤訊息我們一般還都相信。

我們的基因還有控制基因表現的表觀遺傳調節因子同時也會決定我們的大腦。我們繼承來的基因訊息，在指揮涉身的能量訊息流動迸現之際，也會模塑大腦影響我們對自我的經驗。這便是心靈的涉身來源。我們因為過去演化的歷史而把負面的事看得比較重，特別愛注意會傷害我們的事。這樣的傾向有利於存活，有其明顯可見的價值，但也害我們容易憂鬱、焦慮、擔憂和沮喪。既然人類大腦天生就會把負面狀況看得比較重，若想超脫這一點，說不定就要靠心見了。經由心靈去改變大腦的功能和組織，如今已是明確可見的事。

另一個我們繼承來的大腦傾向是愛拿「非我族類」來劃分人我，就是在人我之間劃分「內團體」的圈內人和圈外人的「外團體」。種種科學研究都發現我們確實容易對內團體的人多關心一點，特別是遇到威脅的時候，對外團體的敵意就強一點（MacGregor et al. 1998；Banaji and Greenwald，2013；Choudhury，2015）。雖然人類確實有「代育」這類協力合作的歷史，也因演化而偏向內團體合作的天性，但是遇上非我族類──也就是因演化而

來的大腦判定是外團體的那些人——可能就會自動引發惡意、破壞的行為了。這時，我們不會發揮善良、慈悲的人理，反而把同理心封鎖起來，甚至還把這樣的外人當成非人。這樣也就關掉了心見的迴路和知覺。一般人確實不愛把心見的技巧用在外團體身上，尤其覺得遇上威脅的時候。

所以，這便是我們生而為人的考驗。我們天生就活在一副軀體裡面，還有千百萬年的演化歷史一直在劃分階級、一直在區別哪些個人、哪些人家、哪些團體是屬於圈子「內」的，哪些又是圈子「外」的，哪些人是最重要的，哪些人又居次。有一次我去參加人際神經生物學的年度大會，一天晚上和一群人走路去吃晚餐，途中靈長類動物專家史蒂芬·蘇歐米[13]跟我說像「普通獼猴」這樣的動物，稱霸的家族一旦出現頹勢，階級居次的家族就會趁機將霸主全家殺光，拿下垂涎已久的第一寶座。我問他這一支物種存在多久了，也就是人類有這樣一段靈長類的歷史歷時多久了：二千五百萬年。

年會上另一個學者，文化心理學家雪莉·哈洛爾[14]，從多元文化心理學（multicultural psychology）的領域發表演講，提出有力的論點，認為「文化便是（群體當中）一個人知道的都是別人全都知道。」依她的看法，我們的生活可以掛名在「文化」這概念下的有我們是怎樣的人、我們認定什麼、我們的情感連結、我們的

13　**史蒂芬·蘇歐米**（Stephen Suomi）：美國著名的靈長類動物學家，「國家兒童健康暨人類發展研究中心」（NationalInstituteof Child Health and Human Development；NICHD）「比較動物行為實驗室」（Laboratory of Comparative Ethology）主任。
　　普通獼猴（Rhesus monkey）又叫恆河猴。

14　**雪莉·哈洛爾**（Shelly Harrell）：美國心理學家，於大學教授文化研究課程，專長在臨床心理學、社群心理學、正向心理學。
　　席格文中引述出自哈洛爾二〇一六年三月在洛杉磯加大舉辦的人際神經生物學大會發表的論文〈實踐「和平」：文化、群、心理治療〉（Practicing "PeaCe"：Culture，Community，and Psychotherapy）。

歸屬、我們的行為、我們的蛻變。她這般犀利的洞見有助於闡發社會當中塑造人我關係的心場。文化之於我們是什麼人是不可或缺的一面（Baumeister，2005）。多重層疊的「自我概念」會左右我們在文化內的經驗[15]。哈洛爾之後借鑑人類學家克萊德‧柯勒克洪（Clyde Kluckhohn；1905-1960）和心理學家亨利‧莫瑞（Henry Murray；1893-1988）（1948）的論點，針對個人從層疊的自我體驗到的張力，說：「我們既跟每一個人一樣，也跟有些人一樣，又沒一個人一樣。」[16] 所以，這時我們可以問的問題就是，這樣來看，對於人類因演化而有的合作或是競爭的傾向，又要怎麼看才好呢？我們各有各的「個人自我」（individual identity）、因為我們都是獨一無二的個體，跟誰都不像；我們也有「集團自我」（group identity），因為我們跟有些人很像；我們還有「全體自我」（collective identity），因為我們跟每一個人都很像——這指的不僅是我們人類的大家庭，還涵蓋所有的生物。

　　而要整合起這些——整合起合作和競爭，整合起個人自我、集團自我、全體自我——我們認為應該要潛心探入慈悲心的底層。保羅‧吉伯特是臨床心理學家，他在聚會中說過，「慈悲心便是沉降到人類經驗現實的勇氣。」沉降到我們的現實，就是要既要挖掘內裡也要探究間際。

15　美國社會心理學家羅伊‧鮑麥斯特（Roy F. Baumeister；1953）二〇〇五年出版《文化動物：人性、意義、社交生活》（*The Cultural Animal：Human Nature，Meaning，and Social Life*），以「基因文化共同演化」（gene-cultural coevolution）為起點來看待人類的群性（sociality），提出文化左右人類演化的主張，認為動物當中唯有人類是「文化動物」，就演化的角度而言，這就表示有文化歸屬必定有利於生存，人類的心理是經由天擇而要我們歸屬於某一文化，他也舉出實證說明擁有文化歸屬確實有助於人類生存和繁殖。人類的演化，便是要享有文化為人類帶來的益處。「自我概念」於席格文中用的 self-identity，鮑麥斯特書中常用的是 self 和 identity 並列，分從人類心理的運作、欲求、思想、情緒、行為和反應、社交互動來看個人的 self 和 identity 因為文化而如何建立起來。

16　同註 159 的雪莉‧哈洛爾論文。

慈悲：整合多層次的自我成為「大小我」

遇到有外團體的人在我們附近的時候，我們的腦幹要是啟動「打或跑」（fight or flight）反應，搞不好甚至去啟動「僵住昏倒」（freeze and faint），我們就會關閉邊緣區和皮質區關乎信任、照料結盟的能力。這時我們關閉了我們對別人的愛，不會以同理心去感受別人的內在心理狀態。外團體的人就這樣變成了「非團體」、「非人」，這時唯有依很狹隘的定義算是「跟我們一樣」的那些人，我們才看得入眼。

我們從身體繼承來的演化偏見，是要如何才能超越呢？這些多半隱晦暗藏的偏見、內在的濾網，把我們的慈悲心劃在窄窄的圈子裡，是要怎樣處理才好呢？我們這一趟旅途在許多方面的目的便是要深入檢視心的基礎機制，希望能發揮一點用處，便於大家處理這樣的問題。我們心靈的狀態可以帶動當下大腦功能出現變化。日積月累，我們的心終究可以促成大腦結構產生變異，進而改變大腦自然的運作狀態。這是走心見這一途徑的效力和希望所在。可是要怎麼達成呢？透過覺察這一道門戶，也就是喚醒心靈從或然平原區去感受禁錮的心理模式，將心靈從牢籠當中解放出來。而培養正念、慈悲心已證明可以降低內團體、外團體的偏見，促成我們連結到更大的團體，這便是心見有效的例子（Lueke & Gibson，2014；另外參見 Gilbert，2009；2015）。

我們的負面偏見、對外團體的敵意都是繼承來的，是因演化而有的既定條件；而現代文化又時時在灌輸我們「自我」純屬私人所有。這樣的傾向不妨看作是人性的脆弱，不應該是天經地義的事。

我們將個別分立的自我看作私人所有，是由我們下行、過濾、建構式的心智製造出來的，再由我們從社會學來的教訓予以強化；這樣的看法要是能夠鬆手，就比較容易迎進更廣闊、更深

邃的現實。我們一旦超脫生理身體還有身體經由演化而塑造出來的社會腦，我們一旦宏觀和微觀可以兼籌並顧，這時，不僅「擺在外面」的現實，連我們的心靈，人、我埋在現實深處而且錯綜互聯的本質，便看得出來了。沒錯，個人的自我是真實的，就活在自身的軀體當中，可以叫作「我」。世上找不到另一個人是和我一樣的。大家都是獨一無二的個人。沒錯，是有些人是跟我們一樣，所以被我們看作是小小的內團體中的自己人。這樣的「私有自我」（personal self）和「私有團體」（personal group）也都是真的，也確實重要。這些通常會決定我們的自我。但我們也有更廣大、集體的、從關係來的自我，也一樣是真實的，就存活在我們彼此以及我們和地球的連結當中，而可以叫作「我們」。不過這裡的「我們」，是超越我們私人內團體的聯繫網的；這裡的「我們」，涵蓋的共相更大，而能讓我們感受得到自己是人類大家庭的一份子；而人類的大家庭又和世間眾生萬物有剪不斷的錯綜牽連。

整合我們的自我，不僅在於包容分化的小我和私有的內團體，包容人際關係牽連出來像是擴大版小我的分化大我，另也要大我、小我兼容並蓄，而可以叫作「**大小我**」（MWe）。

「**大小我**」可以看作是我們的整合自我（integrated identity），也就是分化的**小我**連接上分化的**大我**，一體並存於已經整合也一直會繼續整合的自我當中。

我們意識裡的自我感覺是我們針對心靈輸送來的感官流進行詮釋而創造出來，我們覺得自己在世間是個怎樣的人，就是這樣子來的。既然我們對自己的感覺是從心靈來的，我們要是透過感官的上行處理接收到這樣的感覺，加以觀察，同時開放下行概念和察知作用，我們的詮釋、建構、敘事心理說不定願意承認我們的自我其實有可能是複數的動詞。

我們要是願意接受自我有可能既已整合也一直還在整合，人生目標說不定會拓展得更為遠大，而將自己推進到更大的整體當中；有那麼多的研究外加古往今來的智慧傳統都說，這便是生命安適的必要條件。不論我們要把這說是「靈性」（spirituality）的境界，具有意義和連結，還是簡單說成這樣人生才會過得精采、豐富，培養「大小我」這種整合自我便是在將心靈於涉身、關係兩邊的本質融合起來發揮綜效。「大小我」的整體生命大於局部的總和。

　　我們先前談過，自我可以看作是大系統中的一個節點，而這大系統又是由眾多有交互作用的節點所組成的。這節點在我們就是軀體，而「自我」在進入現代之後的用法，通常便等於自身節點。可是，萬一把自我看作自身節點反而會約束我們去感受真確的真實呢？萬一自我也就是系統全體呢？沒錯，我們是有自身身軀上的自我，有「小我」。還有，我們是有小型的「團體自我」也沒錯，我們是有內團體這樣的小圈圈。可是，我們一樣也有「系統自我」（system-self），我們也是「大我」，等於人類全體的大家庭、還是我們這星球生命整體的一份子。我們的個人自我於全體自我俱是一體。自我層層疊疊經過分化、連接，而形成整合的自我從自身之內、之間的能量訊息流動迸現出來。這便是我們「大小我」的整合自我。

　　我們要是以「我們」為複數動詞而非單數名詞，以「大小我」去迎納、接受、敘事、發送、連結，這時我們就不僅等於遇到刺激就會出現的一組神經反應而已，我們同時也嵌合在交錯緊密的關係世界當中，是其間全然涉身的一份子。

10-3　省察提要：大小我，力行整合的自我，善良心

　　我們這一趟旅程探索心靈的「內裡」和「間際」，潛入主觀的汪洋，討論科學概念、複雜系統、自動組織，到了這時已經該道一聲後會有期了，至少目前暫時如此，於現在這一刻如此。我們提出一些迫切的問題，努力琢磨初步的答案，憑藉的全是我們心靈中的心理運作。這些疑問、回應，引領我們在這一趟旅程一起追尋，將

Photo by Alexander Seigel

　　　　　　　　　　　　心腦奇航：從神經科學出發，通往身心整合之旅

Photo by Lee Freedman

我們是到底是什麼一層又一層挖掘出來。而在一則則問題之間，我們也邀各位再作進一步的探討，廣開一扇扇窗口去看清楚，去有所行動，

　　在此就請再想一想自己究竟是因為人生的什麼事而踏上這一趟旅途，因而促使自己打開心靈走上各位說不定從沒走過的嶄新道路去體驗世界。例如各位要是檢視一下崇慕、感恩的相關研究結果，可能就會主動多和大自然、多和他人接觸，迎進無邊無際的生命，而對人生一刻接一刻不斷推進的神聖旅程充滿尊重與敬畏。崇慕和感恩常常也可以看作是在培養安住當下的能力。至於安住當下對我們又有什麼用處呢？有強化人體的免疫系統，減少發炎反應，放大表觀遺傳調節作用，改善心血管指標（cardiovascular profile），連修復、維護我們染色體終端的酵素都可以提高。

　　我們進而會欣然包容我們在這世界交錯連結、無可劃分卻不太

可見的現實。能夠安住當下，便能開放迎納我們自己的歷史，接受個別分立的自我所在的高原和尖峰。我們由安住當下學會駕馭覺察輪的輪軸，有助於我們將連通或然平原的機制融入日常生活，我們對自己的感覺隨之就能加深、擴大。

一刻接一刻連通到這一片潛能的汪洋，有助於我們掙脫放不下過去、瞎操心未來的牢籠。

不過，安住當下的效用可不止於釋放我們的心靈、促進自身健康而已。

有機會扭轉自我，固然會將健康帶進個人的自我；不過，自我並不是受限於頭顱或是體表的。我們的心靈以及從心靈來的自我，都是涉身的，這也沒錯，但也都是有關係因素的。重視小我的個人自我和大我交錯連結，便能將兩邊連接到「大小我」的整合當中。

大家想像得到科學界要是樂於接受心靈有進行整合的潛力，那會如何呢？要是學校把教學的重點放在協力合作而不是個別競爭呢？或者是社會在我們心場構成的世界當中滿載的都是力行整合的自我感覺呢？要是競爭理應鼓勵，那為什麼不鼓勵學生把競爭放在協力合作，爭相發揮創意去為當今世界最艱鉅的問題找到可能的解決方案呢？我們競爭的，假如是世人共同面臨的挑戰，那麼有人贏了，解決問題了，不是人人同蒙其利嗎？不論是健康的飲食、水源、空氣不足還是暴力橫行、動植物種滅絕、氣候變遷等等課題，我們可以競爭的事情可多了。人類先天就是協力合作的物種[17]

17　凱爾特納、傑森・馬許（Jason Marsh）、傑瑞米・亞當斯密（Jeremy Adams-Smith）三人合編的《慈悲本能：人性本善的科學》（*The Compassionate Instinct: The Science of Human Goodness*），指出當今的科學已經從闡述人性自私、好鬥的一面轉向挖掘人性本善的根源，諸如從演化角度探究靈長類和平相處的社會行為、以神經科學實驗找到仁愛和慈悲之類情緒的神經基礎，發現催產素（oxytocin）這樣的荷爾蒙可以強化信任感，關於助人為樂甚至犧牲自己也有相關的心理研究，助人也樂也確實會在大腦引發快樂的反應。歷歷舉證說明人性除了有劣根性也同樣有先天的仁與善。舉凡同理心、感恩、慈悲、利他、公平、信任、合作等等，以前看作是有違人類

Photo by Madeleine Seigel

（Keltner, Marsh & Adams-Smith，2010），這才是科學、學校、整體社會真正應該傳授的人類敘事，媒體和養育下一代的父母也一樣。大小我在這世間、在這人生，能做的事情就以協力合作為核心。

　　說人類的自我是個別分立的，這假相最大的問題之一便是我們要是相信的話，那麼在我們心靈的深處、甚至就在心我們心靈的淺表，就會出現失聯、孤立、沮喪的感覺。我們的現代數位科技卻好像只會強化分立自我的經驗（Turkle，2011）。個別分立的妄想帶來的另一問題便是我們把所在的星球當作垃圾箱，我們不僅不關愛大自然，我們還視地球為垃圾場。

　　經由安住當下而敞開心靈，能體驗到我們的生命是緊緊交錯連

求生本能的異常表現，其實原本就是靈長類演化的根本。

結的，感覺得到地球也是我們的一部分，也落在我們擴張的「心智體」中；我們之所以是我們，心智體佔的份量不下於我們生存所在的「肉身體」[18]。我們必須珍愛自然世界，才會有動力去呵護、保存我們的星球。

我們天生就是要對外連結的。主張自我只存在於軀體之內或只在軀體的頭顱當中，隱含的破壞力猶待我們去掙脫。我們的自我是從心靈迸現出來的，而涉身的、存在於關係上的心靈本身，又再是

18　**心智體**（mental body）、**肉身體**（somatic bodies；也作 physical body）：一般多用於玄學如神智學（theosophy）、宗教信仰或是新世紀運動學說，美國物理學家芭芭拉・布烈能（Barbara Brennan；1939-）寫過一本能量療癒的靈修名著，《雙手的光》（*Hands of Light：A Guide to Healing Through the Human Energy Field*；1988），將人體的能量場分成七層：「以太體」（etheric body）、「情緒體」（emotional body）、「理智體」（mental body）、「星光體」（astral body）、「以太模板體」（etheric template）、「精妙體」（celestial body）、「因果體」（ketheric body）。另還有不少別的組合，端看信奉的精神宗派、治療門派而定。

迸現出來的。我們經由大小我有助於培養新世代的人類去領會一個人既有整合出來的自我也有進行整合的心靈，而能由內而外去認識這當中有多大的力量和潛能。

我們的心靈，是我們共用的動詞，不是我們個別擁有而陷在孤立絕望當中的名詞。

我們歷來認定自己的存在只等於個別分立的自我，再經文化強化，結果形成一處處高原和尖峰。「自我蛻變」（transforming identity）就在於要我們的心靈從高原和尖峰解脫出來。只要連通到或然平原，這裡可能便是意識的源頭，我們便有力量去直接體驗我們生命的交錯連結。這不僅是我們可以細細思索的概念，也是我們的大小我可以沉浸的經驗。蛻變講的不是學習知識——蛻變講的是擴大我們的意識而去變換視野。

所以各位在旅行途中，在探索心靈的途中深入個人自我或是探索世間的地理所在，是不是發覺到世人好像都在苦苦追尋新的人生道路？我在自己一趟又一趟的旅行途中就看得很清楚。我們的人類大家庭像是有什麼就等著要掀開來，要轉換過來，要釋放出去。這樣的需求不僅是從經濟衝突和不確定而來的，不僅是從全球對世人未來的關切而來的，也是從環擁我們的心場發送出訊息強化人人孤立的處境而來的。而各位要怎樣以我們對他人、對自己的觀察，去開闢出整合得更好的覺醒之道、生存之道，創造出整合得更好的自我，整合能力更強的自我和心靈呢？我們能否協力合作去一起推動整合、去改變心靈、探索心靈、喚醒心靈呢？

這些省察和邀約都是你、我的契機，供大家檢視我們一章走過一章的一次次經驗到底是怎麼回事。而且，邀約並未到此為止，只希望這樣邀約大家繼續省察、繼續探索，在各位一路往前推展的旅途當中能有助益。

　　對我個人，這一趟旅程帶領我們走到了諸多智慧傳統已經走到的地方。雖然大家未必找得到「整合」一詞，但是以分化、連結作為安適的源頭，相較於他們的教誨是貫通一致的。世間確實是有顛撲不破的簡單真理凌駕在諸般文化之上、凌駕在我們叫作時間的生命推展之上、凌駕在我們個別分立的感覺之上。這真理可以歸納如下：我們一旦沉落到安住當下，就能領會我們在這人世互相依賴、交錯連結的關係有多深廣。我們一旦從後天學來的下行分立自我所在的高原和尖峰，沉降下來，就會感受到整合後的自我。

我們要是樂於接納大我的自己和小我的自己，兼容並蓄，還能帶出另一則簡單的真理：對他人的自我以及生命交錯連結而形成的的「擴散自我」（distributed self）懷抱善良和慈悲，也是自然的整合之道。我們這樣便會重視差異，促進連接。扎雍克最近在一場討論禪修和道德領導力的聚會上面就說，我們應該可以提倡「普遍領導力」（pervasive leadership），這說的是站在禪定內觀還有為眾人謀福利而負起道德責任的立場，人人都有資格當領袖。我們只要明瞭戴舍‧凱爾特納幾位學者探討崇慕和感恩會激勵一個人去為眾人福祉作奉獻，對於善良和慈悲的效用自然會有深切的崇敬（Keltner et al.，2010）。而說到「禪修」，就是將「神聖」引了進來。懂得敬畏，尊重生命的神聖，以愛和關懷擁抱彼此，都是有整合力的人靈之所以神聖的地方。

　　所以各位是否感覺得到自己內心深處，在心靈的軸心那裡，當下安住在或然平原上面，有一股力量、有明覺的感覺交織在其間，這簡單的真理就是；善良和慈悲因整合而明確可得。

　　各位是否想像得到，有個世界不僅可以讓我們探索心靈的定義，也可以將大家對健康心理和健康世界可能需要哪些基本條件，彼此分享？這便是我們這一趟旅程走到的地方。善良和悲慈是整合彰顯出來的。以安住當下作為通往整合的門戶，善良之於我們的「心」，就像呼吸之於人體一般自然。

　　你我一起，大小我可以將這麼簡單的真理付諸實現，化作我們共享的生命當中千真萬確的事實。

Photo by Madeleine Seigel

——起　點——

致謝
Acknowledgments

　　想像一下內心有滿滿的謝意要說出來，像是要感謝身在此間，要感謝生而為人，要感謝自己活著。但是，承蒙厚愛，有幸和多人一起走過一段段的人生旅途，這些話比起我對他們的欣賞、愛戴、感佩可就相形失色了。這樣的感情在許多方面，也是我們每一個人，此時，此刻活在這星球的每一個人，在我們共同的家園，我們一直叫作「地球」的這一處所，彼此牽繫的感情。我寫這一段的時候，夕陽正漸西沉，我們星球每日的自轉功課做得真好，謝謝你了地球，深深淺淺的緋紅艷紫拼貼在上方的蒼穹，俯視這一彎月牙海灣；我從識事以來，便深愛大海和沙灘，如今，青春歲月即使已經遠颺，生命於我依然朝氣蓬勃、活力飽滿。這樣的感覺，也一樣出之於心底最深沉的敬意，敬那些數十年前、數百年前、千萬年前我們叫作「過去」的歲月當中，來過人世一遭的一個個人；也敬「未來」即將前來的一個個人。世人無不身在綿延不絕、連續不斷的恆長巨鏈當中，錯綜連結在無盡的生命當中，共處於普世共有的人類家庭當中。

　　這樣的體驗，身在此時，此刻，匯聚世間眾人走過的探索之旅，便是孕育這一本書的道路。我有一批出色的實習生為我辛勤蒐羅資料，挖掘科學、哲學、臨床醫療、思想、靈性（spiritual）、通俗等等文獻，看看世人於各形各色的追尋當中是如何看待我們的

「心」的。我這一批思慮周密的得力助手有：梅根・高蒙（Megan Gaumond）、卡莉・葛布萊特（Carly Goldblatt）、瑞秋・奇克霍佛（Rachel Kiekhofer）、蒂娜・馬戈林（Deena Margolin）、戴洛・華特斯（Darrell Walters）、亞曼姐・魏斯（Amanda Weise）等多人。謝謝各位勇於冒險，潛入深淵。

　　本書的初稿幸獲多人審閱，提供實用的看法、深入的見地，穿插在後續多次的修訂稿中。這些人有：黛安・艾克曼（Diane Ackerman）、艾德・貝肯（Ed Bacon）、艾德瑞奇・陳（Aldrich Chan）、艾德莉安娜・柯普蘭（Adriana Copeland）、李・佛里曼（M. Lee Freedman）、麗莎・佛連克（Lisa Freinke）、唐・赫貝爾特（Don Hebert）、奈森尼爾・希納曼（Nathaniel Hinerman）、琳恩・庫特勒（Lynn Kutler）、瑪麗亞・勒若斯（Maria LeRose）、珍妮・羅蘭特（Jenny Lorant）、莎莉・馬斯連斯基（Sally Maslansky）、隆納德・拉賓（Ronald Rabin）、卡洛琳・魏爾奇（Caroline Welch）。謝謝大家費神費時詳讀本書，為我細審內容。

　　我們每年都在洛杉磯加州大學（UCLA）舉辦「人際神經生物學」（Interpersonal Neurobiology）大會，由我的好友兼同儕，瑪麗恩（Marion）和麥特・索羅門（Matt Solomon）夫妻倆兒還邦妮・高德斯坦（Bonnie Goldstein）負責籌備。我們現任的「諾頓人際神經生物學系列」（Norton Interpersonal Neurobiology Series）主編，盧・柯佐里諾（Lou Cozolino），還有前任的書系主編艾倫・丘勒（Allan Schore），同樣齊心協力一起將我們這一塊跨學科的領域推到世人面前。我有榮幸和他們共事，外加多位作家、科學家、執業的專業人士群策群力奮勇興建起橋樑，將各自分立的知識源頭匯通起來。

　　在此也要感謝「葛瑞森研究中心」（Garrison Institute）搭起多

道橋樑，以遠見發起行動、推出教育專案，將大家集體心理的內在智慧連通到社會活動，將個人的省察連通到對星球的責任。我也有幸能和研究中心的共同創辦人戴安娜（Diana）暨強納森·羅斯（Jonathan Rose）夫婦，還有麗賽特·庫柏（Lisette Cooper）、瑞秋·寇恩（Rachel Cowan）、露絲·康明斯（Ruth Cummings）、瑞秋·葛特（Rachel Gutter）、保羅·霍肯（Paul Hawken）、威爾·羅傑斯（Will Rogers）、雪倫·薩茲柏格（Sharon Salzberg）、班奈特·夏皮洛（Bennet Shapiro）、蒙妮卡·溫瑟（Monica Winsor）、安德魯·佐利（Andrew Zolli）諸位人士於研究中心的理事會同席共事。

「心理治療圈」（Psychotherapy Networker）的瑞奇·西蒙（Rich Simon）有多年的教育經驗，和我們始終合作得很愉快，攜手構想尖端科技及其應用應該如何引介給心理衛生領域種種的專業人士。瑞奇很早便首發先聲，開創跨學門的研究路徑，融會詩歌、正念（mindfulness）、神經科學於一爐，盡現於他舉辦的著名年度盛會以及得獎雜誌。

在此我也要謝謝諾頓（Norton）能幹的團隊，如凱文·歐森（Kevin Olson）一心一意為我們和讀者搭橋，再如伊麗莎白·貝爾德（Elizabeth Baird）為我們細心監督文稿的編輯。諾頓的副總裁，黛伯拉·梅爾莫德（Deborah Malmud）始終傾力配合，和我們一起開創「諾頓人際神經生物學系列」，對於她願意冒險踏進這一塊嶄新的領域，在此深摯感謝。謝謝她鼎力支持，謝謝她快樂相伴。另也謝謝諾頓工作團隊的其他成員：茱莉亞·賈德納（Julia Gardiner）、娜塔莎·賽恩（Natasha Senn），瑪萊亞·艾普斯（Mariah Eppes）。

因為這一趟旅程，我走遍了世界各地，與各行各業的人士舉

辦教育課程。關於心、大腦、人際關係等等的相關理念,「善良」（kindness）、「慈悲」（compassion）在我們唇齒相依的世界佔有中心的地位,這些,我從參與工作坊、研討會的各界人士那裡學到了許多,十分感謝。有一次遠行,我在挪威的東道主,出色的心理學家暨畫家,拉什‧伍勒克斯（Lars Ohlckers）,帶我沿著挪威的峽灣徒步探險了一整天。走到一處懸崖平臺邊,在我往前走時,拉什便趁機拍下了我的照片,後來我在他舉辦的研討會上講課,他將照片放出來給大家看。我一看到照片,當下就覺得這拍的正可以拿來作書的封面。在此自然要謝謝拉什靈機一動抓住了那一瞬間,也謝謝他邀請我在那天和他一起健行,領受大自然的神奇。另外還有幾人一樣慷慨出借照片,李‧佛里曼（Lee Freedman）、亞歷山大‧席格（Alexander Siegel）、梅德琳‧席格（Madeleine Siegel）、須崎賢治（Kenji Suzaki）、卡洛琳‧魏爾奇（Caroline Welch）,承蒙他們義助這一趟著述之旅,在此一併致謝。很感激有他們每一位,還有他們用一張張照片烘托出來的感情。

近來我的重心放在講學,針對瞭解人的心理、促進人生安適（well-being）,為形形色色的團體、職業、學科提點各種門道,供作參考。不論是探尋內心還是周遊世界的旅程,在在有賴我們「人際神經生物學」的核心重鎮,「心見研究中心」（Mindsight Institute）諸多傑出幕僚促成,潔西卡‧卓瑞爾（Jessica Dreyer）、戴安娜‧柏貝里安（Diana Berberian）、蒂娜‧馬戈林（Deena Margolin）,還有艾瑞克‧柏格曼（Eric Bergemann）、艾德莉安娜‧柯普蘭（Adriana Copeland）、莉澤‧馬納洛（Liezel Manalo）、馬克‧塞雷達里安（Mark Seraydarian）、安德魯‧舒曼（Andrew Schulman）、阿希什‧索內（Ashish Soni）、艾爾姐‧曾（Alta Tseng）、普莉西拉‧維加（Priscilla Vega）等等。有這麼傑

出的團隊，工作也就等於娛樂。

　　我走了幾十年探索「心」的旅途，走過的途徑旁及多門學科，相當龐雜，要不是有家人支援實在難以成事。我母親，蘇・席格（Sue Siegel），自我從小到大始終帶領我去深入思索我們所在的世界。我的兒子和女兒，亞歷山大和梅德琳・席格，對於我探討現實（reality）、探討人際經驗、也一直是語多投機的討論良伴。而我的人生伴侶，近年也成為我的講學伴侶兼「心見研究中心」的總執行長，也就是我一切有關止觀的嚮導，卡洛琳・魏爾奇，自然還是激勵我、支持我、指導我終身學習的活水泉源。我這一生要不是有她，不會走到目前這樣的境地。謝謝各位陪我走這一段探索之旅，探入人之所以為人的要義。

―― 獻給 卡洛琳（For Caroline）――

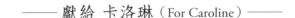

| 附錄 |
延伸閱讀

丹尼爾・席格醫師作品中譯本

• 《教孩子跟情緒做朋友：不是孩子不乖，而是他的左右腦處於分裂狀態！》（2016），丹尼爾・席格（Daniel J. Siegel）、蒂娜・布萊森（Tina Payne Bryson），地平線文化。

• 《教養，從跟孩子的情緒做朋友開始：孩子鬧脾氣，正是開發全腦的好時機》（2016），丹尼爾・席格（Daniel J. Siegel）、蒂娜・佩恩・布萊森（Tina Payne Bryson），采實文化。

• 《青春，一場腦內旋風：「第七感練習」，迎向機會與挑戰！》（2015），丹尼爾・席格（Daniel J. Siegel），大好書屋。

• 《不是孩子不乖，是父母不懂！》（2013），丹尼爾・席格（Daniel J. Siegel）、瑪麗・哈柴爾（Mary Hartzell），野人。

• 《喜悅的腦：大腦神經學與冥想的整合運用》（2011），丹尼爾・席格（Daniel J. Siegel），心靈工坊。

• 《第七感：自我蛻變的新科學》（2010），丹尼爾・席格（Daniel J. Siegel），時報出版。

• 《人際關係與大腦的奧秘》（2007），丹尼爾・席格爾（Daniel J. Siegel），洪葉文化。

• 《打敗基因決定論：一輩子都可以鍛鍊大腦！》（2014），承現峻，時報出版。

其他參考閱讀

- 《留心你的大腦：通往哲學與神經科學的殿堂》（2016），格奧爾格・諾赫夫（Georg Northoff），國立臺灣大學出版中心。

- 《誰是我？意識的哲學與科學》（2016），洪裕宏，時報。

- 《大腦簡史：生物經過四十億年的演化，大腦是否已經超脫自私基因的掌控？》（2016），謝伯讓，貓頭鷹。

- 《其實大腦不懂你的心》（2014），喬凡尼・弗契多（Giovanni Frazzetto），商周。

- 《我們真的有自由意志嗎？：意識、抉擇與背後的大腦科學》（2013），葛詹尼加（Michael S. Gazzaniga），貓頭鷹。

- 《超腦零極限》（2013），狄帕克・喬布拉（Deepak Chopra）、魯道夫・譚茲（Rudolph E. Tanzi），橡實文化。

- 《情緒大腦的祕密檔案：從探索情緒形態到實踐正念冥想》（2013），理查・戴維森（Richard J. Davidson）、夏倫・貝格利（Sharon Begley），遠流。

- 《正念父母心，享受每天的幸福》（2013），麥菈・卡巴金（Myla Kabat-Zinn）、喬・卡巴金（Jon Kabat-Zinn），心靈工坊。

- 《像佛陀一樣快樂：愛和智慧的大腦奧祕》（2011），瑞克・韓森（Rick Hanson）、理查・曼度斯（Richard Mendius），心靈工坊。

- 《大腦、演化、人：是什麼關鍵，造就如此奇妙的人類？》（2011），葛詹尼加（Michael S. Gazzaniga），貓頭鷹。

- 《改變大腦的靈性力量：神經學者的科學實證大發現》（2010），安德魯・紐柏格、馬克・羅勃・瓦德門（Andrew Newberg、Mark Robert Waldman），心靈工坊。

- 《是情緒糟，不是你很糟：穿透憂鬱的內觀力量》（2010），馬克‧威廉斯（Mark Williams）、約翰、蒂斯岱（John Teasdale）、辛德‧西格爾（Zindel Segal）、喬‧卡巴金（Jon Kabat-Zinn），心靈工坊。
- 《當下，繁花盛開》（2008），喬‧卡巴金（Jon Kabat-Zinn），心靈工坊。
- 《禪與腦：開悟如何改變大腦的運作》（2007），詹姆斯‧奧斯丁（James H. Austin），遠流。

Holistic 117

心腦奇航：從神經科學出發，
通往身心整合之旅
MIND：A Journey to the Heart of Being Human
作者一丹尼爾‧席格Daniel J. Siegel, MD　譯者一宋偉航

出版者一心靈工坊文化事業股份有限公司
發行人一王浩威　總編輯一王桂花
責任編輯一趙士尊　封面設計一高鍾琪
內頁照片一丹尼爾‧席格（Daniel J. Siegel）
內頁排版一龍虎電腦排版股份有限公司
通訊地址一10684台北市大安區信義路四段53巷8號2樓
郵政劃撥一19546215 戶名一心靈工坊文化事業股份有限公司
電話一02）2702-9186　傳真一02）2702-9286
Email一service@psygarden.com.tw　網址一www.psygarden.com.tw

製版‧印刷一彩峰造藝股份有限公司
總經銷一大和書報圖書股份有限公司
電話一02）8990-2588 傳真一02）2290-1658
通訊地址一248新北市新莊區五工五路二號
初版一刷一2017年8月　ISBN一978-986-357-096-7 定價一600元

國家圖書館出版品預行編目資料

心腦奇航：從神經科學出發，通往身心整合之旅 / 丹尼爾.席格(Daniel J. Siegal)著；
宋偉航譯. -- 初版. -- 臺北市：心靈工坊文化, 2017.08
面；　公分
譯自：Mind : a joumey to the heart of being human
ISBN 978-986-357-096-7(平裝)

1.生理心理學　2.靈修　3.神經學

172.1　　　　　　　　　　　　　　　　　　　106013063

心靈工坊 PsyGarden 書香家族 讀友卡

感謝您購買心靈工坊的叢書，爲了加強對您的服務，請您詳填本卡，
直接投入郵筒（免貼郵票）或傳真，我們會珍視您的意見，
並提供您最新的活動訊息，共同以書會友，追求身心靈的創意與成長。

書系編號—PA 015　　　　　　　　書名—附身：榮格的比較心靈解剖學

姓名 _____　　是否已加入書香家族？ □是 □現在加入

電話 (O) _____ (H) _____　　手機 _____

E-mail _____　生日　年　　　月　　　日

地址 □□□ _____

服務機構 _____　職稱 _____

您的性別—□1.女 □2.男 □3.其他

婚姻狀況—□1.未婚 □2.已婚 □3.離婚 □4.不婚 □5.同志 □6.喪偶 □7.分居

請問您如何得知這本書？
□1.書店 □2.報章雜誌 □3.廣播電視 □4.親友推介 □5.心靈工坊書訊
□6.廣告DM □7.心靈工坊網站 □8.其他網路媒體 □9.其他

您購買本書的方式？
□1.書店 □2.劃撥郵購 □3.團體訂購 □4.網路訂購 □5.其他

您對本書的意見？
□ 封面設計　1.須再改進 2.尚可 3.滿意 4.非常滿意
□ 版面編排　1.須再改進 2.尚可 3.滿意 4.非常滿意
□ 內容　　　1.須再改進 2.尚可 3.滿意 4.非常滿意
□ 文筆／翻譯 1.須再改進 2.尚可 3.滿意 4.非常滿意
□ 價格　　　1.須再改進 2.尚可 3.滿意 4.非常滿意

您對我們有何建議？

_____

_____

□本人同意_____（請簽名）提供（真實姓名/E-mail/地址/電話/年齡/
等資料），以作為心靈工坊（聯絡/寄貨/加入會員/行銷/會員折扣/等之用，
詳細內容請參閱http://shop.psygarden.com.tw/member_register.asp。

10684台北市信義路四段53巷8號2樓
讀者服務組　收

免　貼　郵　票

（對折線）

加入心靈工坊書香家族會員
共享知識的盛宴，成長的喜悦

請寄回這張回函卡（免貼郵票），
您就成為心靈工坊的書香家族會員，您將可以——

⊙隨時收到新書出版和活動訊息

⊙獲得各項回饋和優惠方案